东北粮食主产区农业适应气候变化理论与技术

赵兰坡 等 编著

科学出版社

北京

内 容 简 介

本书基于东北地区气候总体向"暖干化"方向发展的事实，在不同气候情景模拟试验、田间试验研究的基础上，遵循土壤学与植物营养学、作物栽培学与耕作学、作物病虫害防治及农业气象学等农业多学科的基本原理，根据模拟试验及田间试验的研究成果，改革传统技术中存在的不适应气候变化的环节，构建了东北粮食主产区主要作物适应气候变化的栽培技术与模式，适应与减缓气候变化的土壤改良培肥技术，适应气候变化的作物施肥技术、作物病虫害防控技术、土壤退化防治技术。全书在探讨和论述东北粮食主产区气候变化引发的关键问题、适应气候变化的种植制度变革的基础上，分别介绍了各项适应技术的适应问题、技术原理及技术要点等，并论述了极端气象灾害预防与应急补救措施等。

本书可作为农业领域，以及农业资源与环境、作物栽培学与耕作学及气候变化领域的科研人员、高校师生的专业参考书；也可供农业技术推广和技术服务的科技工作者参考。

图书在版编目（CIP）数据

东北粮食主产区农业适应气候变化理论与技术/赵兰坡等编著. —北京：科学出版社, 2017.6

ISBN 978-7-03-052744-8

Ⅰ. ①东⋯　Ⅱ. ①赵⋯　Ⅲ. ① 气候变化–影响–粮食产区–农业生产–研究–东北地区　Ⅳ. ①F327.3

中国版本图书馆 CIP 数据核字(2017)第 101270 号

责任编辑：李秀伟　白　雪 / 责任校对：郑金红
责任印制：肖　兴 / 封面设计：北京铭轩堂广告设计有限公司

科学出版社 出版

北京东黄城根北街 16 号
邮政编码：100717
http://www.sciencep.com

天津市新科印刷有限公司 印刷

科学出版社发行　各地新华书店经销

*

2017 年 6 月第 一 版　开本：787×1092　1/16
2017 年 6 月第一次印刷　印张：15 3/4　插页：2
字数：356 000

定价：128.00 元

(如有印装质量问题，我社负责调换)

编著者名单

（按姓氏笔画排序）

王　寅　王鸿斌　闫伟平　李志洪　李翠兰　吴海燕
吴景贵　何霄嘉　张　月　张　浩　张晋京　范作伟
赵兰坡　赵兴敏　赵洪祥　耿玉辉　高　强　曹国军
隋　标　彭　畅　谢佳贵

前　　言

东北地区幅员辽阔，拥有丰富的农业资源。由大兴安岭、小兴安岭和长白山脉环绕形成的东北平原是我国重要的粮食主产区。肥沃的黑土地、广袤平坦的地势、充足的光照资源、雨热同季的资源耦合及清洁的水土气环境等诸多农业资源特点，为东北地区的优质粮食等农产品生产奠定了坚实的基础。目前，东北地区已成为我国重要的商品粮生产出口基地，粮食产量占全国粮食总产的 12%以上，出口量占全国出口总量的一半以上，为保障国家粮食安全作出了重要贡献。

气候既是农业生产重要的环境要素，也是重要的资源要素。东北粮食主产区的气候及水资源特点，决定了该区农业属性是典型的雨养农业，即种植业的水分需求主要依靠自然降水来满足。因此，降水的多寡以及有效积温与无霜期等气候要素的变化对该区粮食生产具有很大程度的影响，是决定该区粮食产量稳定性的重要因素。

近些年来，以全球变暖为主要特征的气候变化已被大量的科研和气候事件所证实。据研究，近50年来，中国陆地表面平均气温上升了 1℃以上，平均降水量变化总体趋势虽不显著，但不同区域内降水量的波动性较大；气候变化的另外一个特征是极端气候事件频发，如部分地区的极端强降水、极端干旱、高温热浪及台风等极端天气事件等，甚至2016年冬季京津冀地区的持续雾霾天气也与极端气候有关。同全国一样，近50年来，东北地区平均气温也呈上升趋势，上升速率为 0.3℃/10a，而降水量呈逐渐减少趋势，减少速率为 15mm/10a，气候总体上是向"暖干化"方向发展。因此，在充分认识东北地区的气候变化特征、分析气候变化给该区农业带来的利弊的基础上，适时开展农业适应机制、适应途径及适应技术研究，为充分利用气候变化带来的有利条件，消除或降低气候变化带来的不利影响和风险提供理论和技术支撑，是当前该区农业领域的重要科技攻关任务，也是实现农业可持续发展的重大科技需求。

科研和生产实践证明，近些年来，东北地区的土壤资源退化（土壤酸化、有机质含量和功能下降、土壤沙化及盐碱化加剧、抗逆性减弱、潜在肥力下降等），水稻和玉米等粮食作物种植区域的北移，生育期较长的玉米品种的播种面积增大，作物病虫害发生加剧、治理难度增加，农田旱涝及极端气候事件频发，作物产量对农田土壤的水分依赖性增强等诸多异常问题显现，是与气候变化有密切关系的。由此引发的作物布局和品种结构、作物种植制度与土壤耕作技术等方面的悄然变化也是不可否认的事实。实际上，这也是该区广大农民、农业经营者及农业科技工作者主动适应和刻意减缓气候变化的具体体现，但也不排除市场和经济效益等非气候变化因素的驱动作用。尽管如此，目前东北粮食主产区已有农业技术体系主要还是以粮食高产、高效为目标建立的，真正从适应气候变化的角度研制农业技术尚十分缺乏，适应技术体系的构建尚有研究工作要做。在开发适应技术的同时，更要重视环境友好型的减缓气候变化的技术研究，适应与减缓双重效应的技术研发才是确保该区农业实现可持续发展的重要任务。

迄今为止，中国在节能减排、遏制和减缓气候变化方面做了大量的工作，取得了举世瞩目的成绩，受到世界各国的好评和认可。在"十二五"期间，为使我国北方地区农业、林业及草地畜牧业等领域能够积极主动适应气候变化，趋利避害，为农、林、牧业的可持续发展提供有效的技术支撑，科技部于2012年启动了由中国农业科学院农业环境与可持续发展研究所许吟隆研究员为首席专家，中国农业科学院、中国林业科学研究院、吉林农业大学、河南农业大学、内蒙古大学等科研单位和大学共同承担的"北方重点地区适应气候变化技术开发与应用"科技支撑计划项目。在各参加单位的共同努力下，历经4年的科技攻关研究，项目圆满完成了各项预定任务和目标。在农业适应技术方面，初步构建了东北和黄淮海粮食出产区农业适应技术体系。本书是基于上述项目的课题——"东北与黄淮海粮食主产区适应气候变化技术研发与应用"的东北地区的研究成果撰写的，是在项目首席专家许吟隆研究员的指导下，主要由吉林农业大学资源与环境学院、吉林省商品粮基地土壤资源可持续利用省级重点实验室的团队成员以及吉林省农业科学院等课题参加单位的成员共同完成的。书中的一些适应技术，主要是基于东北地区气候总体是向暖干化方向发展的事实，在经过不同气候情景模拟试验、田间试验研究的基础上，遵循土壤学、植物营养与肥料学、作物栽培学与耕作学、作物病虫害防治以及农业气象学等农业多学科基本原理，根据模拟及田间试验的研究成果，改革传统技术中存在的不适应气候变化的环节，经反复凝练和设计形成的，有的经过田间或生产实践的验证，有的尚未得到实践检验，只是一个基于理论和经验的适应途径或技术路线，还有待进一步验证和完善。

本书的整体设计由"东北与黄淮海粮食主产区适应气候变化技术研发与应用"课题的主持人赵兰坡完成。全书共分9章，各章的撰写分工如下：第一章和第二章，吴海燕、赵洪祥、彭畅、闫伟平、范作伟、赵兰坡；第三章，王鸿斌、赵兴敏、张月；第四章，王寅、耿玉辉、隋标；第五章，吴景贵、赵兴敏；第六章，曹国军、隋标、高强、谢佳贵；第七章，张浩、吴海燕；第八章，李翠兰、张晋京；第九章，李志洪，何霄嘉。全书的修改和校对由赵兴敏、李翠兰和王鸿斌等完成。本课题的执行期间，还得到了项目组织单位吉林省科技厅的配套项目和经费支持，吉林省科技厅赵辉副厅长对项目的实施全程跟踪和指导，社会发展处刘家红处长和李明石副处长对书稿内容提出很多建设性意见，项目专家组成员中国农业大学的郑大玮教授、中国科学院遥感与数字地球研究所冯强研究员、中国21世纪议程管理中心何霄嘉博士等对课题的实施和书稿撰写提出了许多宝贵意见和建议，在此一并深表谢意！

适应气候变化的农业技术研究，刚刚起步，可借鉴的资料和经验还十分缺乏。加之，作者对气候变化规律，气候变化的影响及风险评估，适应气候变化的机制、方式及对策等诸多相关理论的认识还很肤浅，致使本书难以完全站在气候变化的角度，脱离农业常规农业的束缚，构建出显著区别于传统技术的适应技术，书中存在不足之处，敬请读者批评指正。尽管如此，希望本书的出版，能够对农业适应气候变化的技术研究起到抛砖引玉的作用，能够对农业适应气候变化的理论和技术深入研究奠定一定的基础；同时也为广大农业科技工作者、农民及农业企业的科研和生产提供有益的参考书籍。

作　者

2017年1月

目　录

第一章　东北地区气候的变化趋势

第一节　东北地区地理位置及农业资源概况

一、东北地区地理位置概况

东北地区地处寒温带、温带和暖温带的湿润、半湿润和半干旱地区，位于中高纬度欧亚大陆的东岸（38°43′N～53°30′N，115°30′E～135°30′E），包括黑龙江、吉林、辽宁和内蒙古东部区域（赤峰市、通辽市、兴安盟和呼伦贝尔市，简称内蒙古东四盟）（图1-1）。北临有"世界寒极"之称的东西伯利亚，西面是高达千米的内蒙古高原，南邻黄海和渤海，东部面临日本海。整体地势特征是东（长白山脉）、北（小兴安岭）、西（大兴安岭）三面为低山、中山环绕，中部为广阔的平原，主要包括三江平原、松嫩平原和辽河平原（周慧秋和王常君，2006；俞方圆，2011），成为马蹄形的地貌特征。

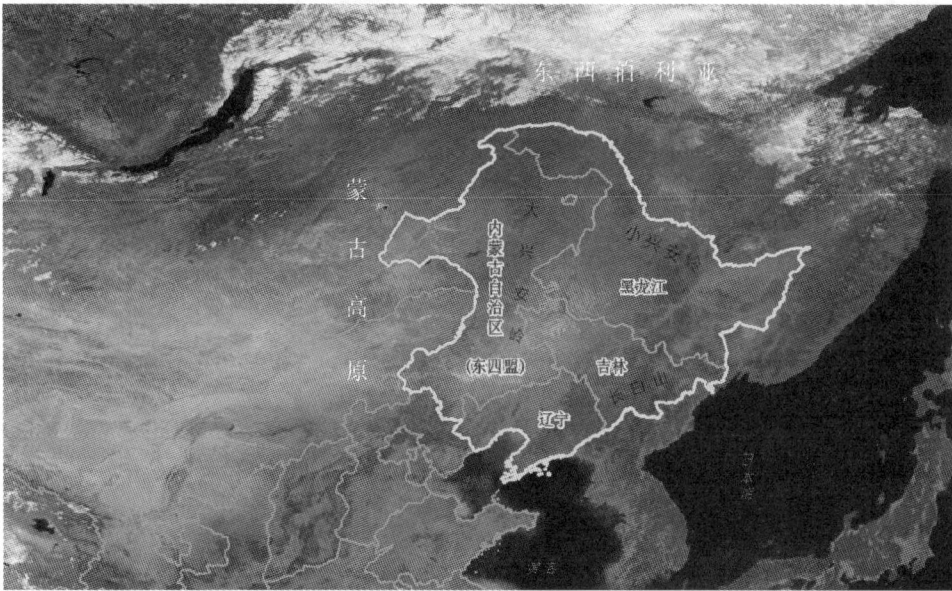

图 1-1　东北地区地理位置示意图

二、东北地区农业资源概况

东北地区幅员辽阔，拥有丰富的农业资源，地势平坦，土地肥沃，光照和水资源条件优越是东北地区农业资源的主要特点。目前，东北地区已成为我国重要的商品粮基地。粮食产量占全国粮食总产的12%以上，其中玉米产量占东北地区粮食总产的40%左右，出口量占全国出口总量的一半以上。东北地区属大陆性季风气候，四季分明，雨热同季，夏季高温多雨，冬季寒冷干燥，≥10℃有效积温在2000～3600℃，夏季平均温度在20～

25℃，全年降水 60%集中在 7～9 月，热量条件可满足玉米、水稻、大豆、向日葵、花生等粮油及杂粮作物一年一季生长需求。受热量及降水等成土条件的影响，土壤资源的类型及利用具有多样性特征。

（一）土壤资源

东北地区土地总面积 $1.24×10^6km^2$，其中耕地面积为 $2.51×10^5km^2$，占土地总面积的 20.2%（图 1-2）。人均耕地高于全国平均水平（1.52 亩[①]）1 倍以上，主要分布在松嫩平原、东北平原的三江平原和辽河平原。耕地多分布在漫岗漫川地上，土壤类型以黑土、黑钙土、草甸土和白浆土为主，是东北"黑土地"主要构成土壤，也是世界上三大黑土带之一。这些土壤的共性是在形成上均具有显著的腐殖质累积过程和淋溶过程，在剖面表层中均有一定厚度、以黑色调为主的腐殖质层（这也是"黑土地"名称的由来），使得这类土壤均具有较高的潜在肥力和优越的理化性质，为作物生长提供了优越的土壤环境。同时，随区域性降水量的差异，在剖面一定深度往往存在钙积现象（如黑钙土和栗钙土）或因垂直和侧向淋溶形成的灰白色的白浆层，使得这些土壤均不同程度地存在农业利用上的障碍性因素。

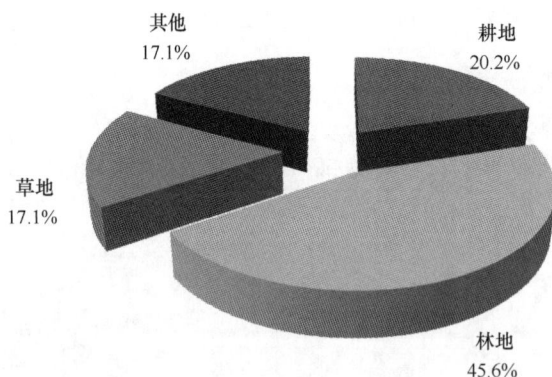

图 1-2　东北地区土地利用现状结构图（中国工程院"东北水资源"项目组，2006）

近些年来，随着人口的增加，除上述农田土壤之外，森林、草原及湿地土壤是东北地区重要的土地资源，也是最重要的后备耕地资源。其中，森林土壤的主要类型有棕色针叶林土、暗棕壤、棕壤、白浆土及风沙土等，草原土壤主要为栗钙土、栗褐土、盐碱化草甸土、沼泽土等（表 1-1）。

表 1-1　东北地区土壤资源的类型及其与气候等土壤形成条件的关系

序号	土壤类型	地貌类型	植被类型	有效积温（℃）	年降水量（mm）	主要成土过程	目前主要利用方式
1	漂灰土	中山、低山	杜鹃及落叶松林	≥2400	350～1100	森林植被下的腐殖质累积过程；灰化、潜育及生草化过程	林地
2	暗棕壤	中山、低山及丘陵	针阔混交林	≤3000	510～1050	森林植被下的腐殖质累积过程；草甸、潜育及白浆化过程	林地

---

① 1 亩≈666.67m²

序号	土壤 类型	地貌 类型	植被 类型	有效积温 （℃）	年降水量 （mm）	主要成土 过程	目前主要 利用方式
3	灰黑土	中山及低山	山地森林草原	1800～2400	350～500	森林植被下的腐殖质累积过程；淋溶过程	林地
4	棕壤	中山、低山及丘陵	夏绿阔叶林	≥3000	520～1050	黏化过程	旱作农田及果园等
5	褐土	低山、丘陵及高阶地	夏绿阔叶林、灌木	3300～3900	400～550	黏化过程	旱作农田及果园等
6	黑土	山前台地及平原阶地	森林草甸及草甸草原	2200～3200	450～600	腐殖质累积过程；淋溶过程	旱田、水田及林地等
7	白浆土	河谷阶地	森林草甸及草甸沼泽	2400～3200	500～800	腐殖质累积过程；白浆化过程	旱田、水田及林地等
8	黑钙土	冲积、洪积台地	草甸草原	1800～3400	350～500	腐殖质累积过程；钙积过程	旱田
9	栗钙土	低山、丘陵、山前冲积、洪积台地及高平原（阶地）	草原及干草原	2000～3400	250～450	腐殖质累积过程；钙积过程	农田、草地、林地等
10	草甸土	谷地及宽广平原	草甸	1800～3600	300～1000	草甸过程	旱田、水田及草地
11	苏打盐碱土	内陆平原洼地及阶地或海滨平原	盐性草甸及盐性草原	1900～3300	250～550	盐化和碱化过程	旱田、水田及草地
12	沼泽土	沼泽地	沼泽植被	1500～3700	310～1000	沼泽过程	沼泽地、水田等
13	风沙土	冲积、风积平原，沙丘、砂岗等	旱生砂地木本、草本植被	1800～3800	350～400	弱生草化阶段	林地、旱田
14	栗褐土	洪冲积扇坡地、河谷台地、黄土丘陵	旱生木本、草本植被	2950～3200	380～400	钙积和弱黏化过程	耕地、草场
15	水稻土	冲积平原、河流阶地	水稻	2485～3540	466～920	潜育化过程	水田

1. 东北地区的主要土壤类型及利用情况

东北地区主要土壤类型涵盖了暗棕壤、草甸土、黑土、棕壤、白浆土、黑钙土、沼泽土、栗钙土、栗褐土 9 个大的土壤类型，占总面积的比率依次为 29.8%、14.1%、9.2%、8.1%、7.5%、6.4%、4.9%、4.4% 和 2.7%，其他如褐土、棕色针叶林土、碱土、水稻土、潮土、风沙土、泥炭土等都有零星分布，占总面积的 11.6%（图 1-3）。

东北地区不同类型土壤的利用方式差别很大。水稻土为开垦土壤，利用率较高，开垦后全部用作水稻种植。黑土（72.3%）、褐土（63.5%）、黑钙土（60.4%）耕地利用率也较高，为 60% 以上；草甸土（41.0%）、栗褐土（37.8%）、风沙土（36.9%）、棕壤（34.9%）、栗钙土（32.0%）、白浆土（30.1%）等类型土壤的耕地利用率也占 30% 以上；泥炭土（13.8%）、沼泽土（13.3%）、新积土（8.3%）、暗棕壤（5.5%）、碱土（4.1%）也有少量用于耕地土壤（图 1-4）。

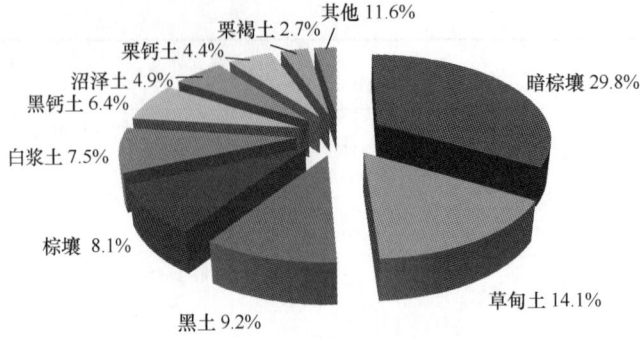

图 1-3　东北地区主要土壤类型面积比例（陈耀邦等，1993；样本数 N=422）

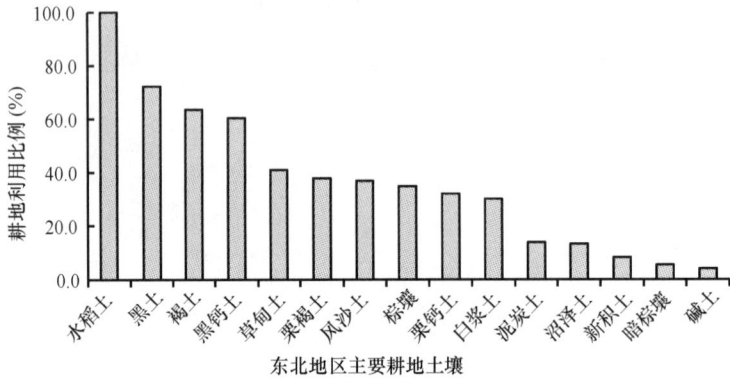

图 1-4　东北地区主要类型土壤耕地利用比例（陈耀邦等，1993；样本数 N=422）

2. 黑龙江省的主要土壤类型及利用情况

黑龙江省主要土壤类型涵盖了暗棕壤、草甸土、黑土、白浆土、沼泽土、黑钙土 6 个大的土壤类型，其他如棕色针叶林土、水稻土、碱土、石质土、泥炭土、风沙土等为零星分布（图 1-5）。

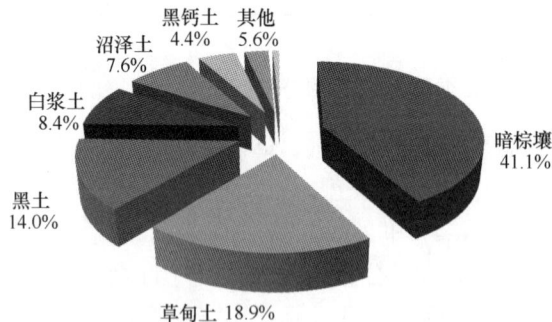

图 1-5　黑龙江省主要土壤类型面积比例（陈耀邦等，1993；样本数 N=122）

黑龙江省耕地土壤以黑土、黑钙土、草甸土、风沙土和白浆土为主，占到了总耕地面积的 91.3%。其中黑土和黑钙土的耕地利用率为 75%，其次为风沙土（52.4%）、草甸土（36.6%）和白浆土（33.8%），沼泽土、新积土、泥炭土、碱土、暗棕壤的利用比例均低于 15%（图 1-6）。

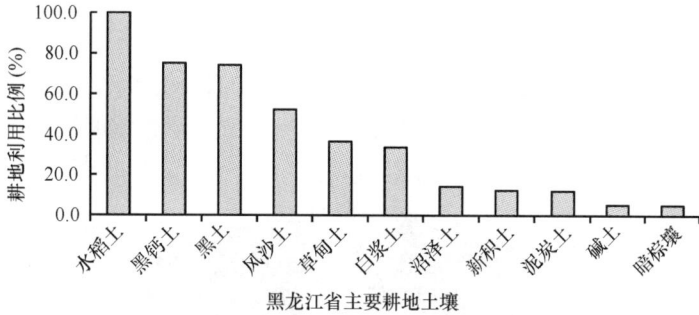

图 1-6 黑龙江省耕地土壤所占面积比例（陈耀邦等，1993；样本数 N=122）

3. 吉林省的主要土壤类型及利用情况

吉林省主要土壤类型包括暗棕壤、黑钙土、白浆土、黑土、碱土 5 个大的土壤类型，栗钙土、棕壤、盐土也有零星分布。暗棕壤所占面积比例最高，约占全省土地面积的 50%，黑钙土和白浆土约各占全省土壤总面积的 18%，黑土约占 9.5%，其他约占 5%（图 1-7）。

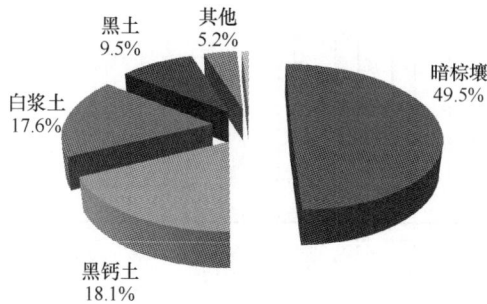

图 1-7 吉林省主要土壤类型面积比例（陈耀邦等，1993；样本数 N=81）

黑土和黑钙土作为吉林省主要耕作土壤，耕地利用率分别占全省土壤总面积的 76.4% 和 61.1%。白浆土、盐土和栗钙土的耕地利用率分别为 25.4%、20.0% 和 17.4%；暗棕壤和碱土也有部分用做耕地（图 1-8）。

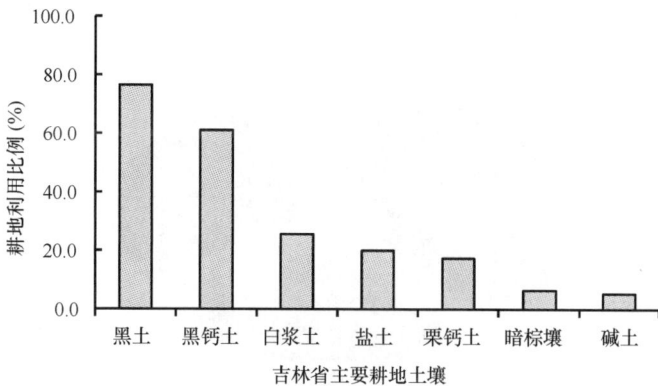

图 1-8 吉林省耕地土壤所占面积比例（陈耀邦等，1993；样本数 N=81）

4. 辽宁省的主要土壤类型及利用情况

辽宁省主要土壤类型以棕壤为主，占全省土地总面积的39.2%，草甸土、褐土分别占11.8%、9.8%，潮土、沼泽土和水稻土占3.0%~4.5%（图1-9）。

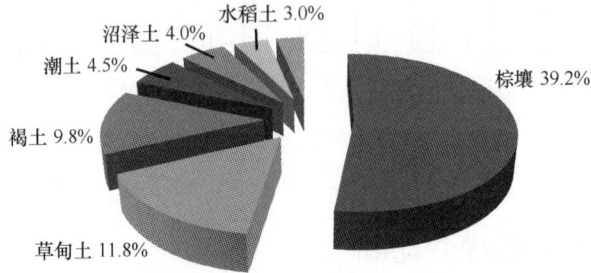

图1-9　辽宁省主要土壤类型面积比例（陈耀邦等，1993；样本数 *N*=161）

不同类型土壤的利用比例依次为水稻土（100%）、黑土（100%）、潮土（98.2%）、红黏土（83.1%）、草甸土（83.0%）、泥炭土（73.8%）、褐土（68.4%）、棕壤（36.0%）、风沙土（31.9%）、沼泽土（10.5%），新积土、石质土等几乎没有利用为耕地（图1-10）。

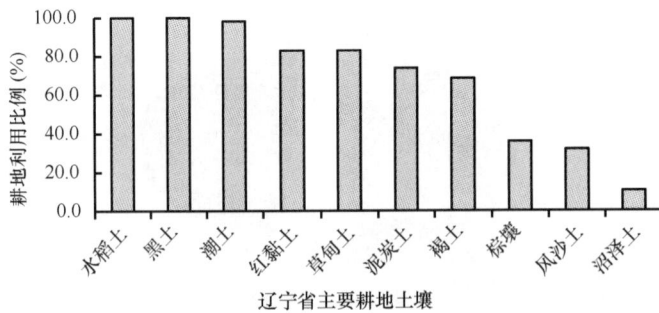

图1-10　辽宁省耕地土壤所占面积比例（陈耀邦等，1993；样本数 *N*=161）

5. 内蒙古东四盟的主要土壤类型及利用情况

内蒙古东四盟主要土壤类型包括栗钙土、栗褐土、草甸土、黑钙土四大土壤类型，以栗钙土所占比例最高，为36.1%，其他3种土壤分别为22.7%、19.6%和7.2%。而黑土、沼泽土、棕壤、褐土和碱土也有零星分布（图1-11）。

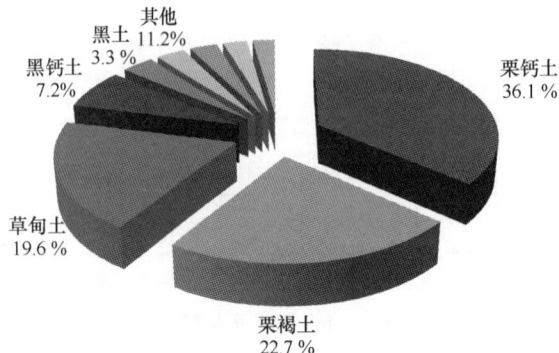

图1-11　内蒙古东四盟耕地土壤所占面积比例（陈耀邦等，1993；样本数 *N*=58）

内蒙古东四盟的耕作土壤为栗褐土、栗钙土、褐土和黑钙土为主。土壤耕地利用率以栗褐土最高为37.8%，其他为栗钙土（32.6%）、褐土（30.4%）、黑钙土（19.0%）、黑土（16.8%）和草甸土（16.1%）（图1-12）。

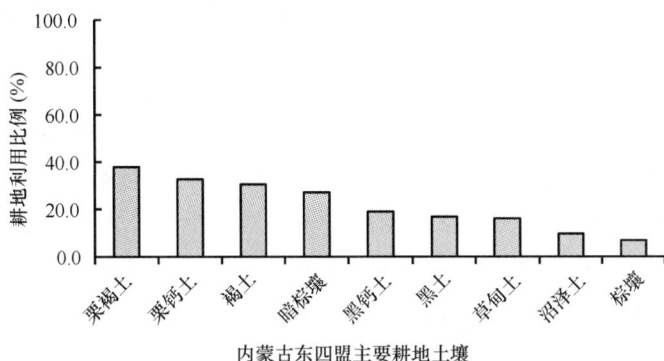

图1-12　内蒙古东四盟主要土壤类型面积比例（陈耀邦等，1993；样本数 N=58）

（二）水资源

1. 东北地区水资源空间分布差异

东北地区水资源比较丰富，地表径流总量约为 $1500×10^8m^3$，但分布不均匀，东部多于西部，北部多于南部。流域内主要河流有松花江、辽河、额尔古纳河、黑龙江、乌苏里江、绥芬河、图们江、鸭绿江以及独流入海河流等。松花江干流两岸河网发育，支流众多，根据松花江干流的地形及河道特性，可分为上、中、下三段，即由三岔河至哈尔滨市为上段，哈尔滨至佳木斯为中段，佳木斯至同江为下段（俞方圆，2011）。

东北地区（辽宁、吉林、黑龙江和内蒙古东四盟）降水呈现出由东部地区（东南部沿海区）向中部（松嫩平原和辽河平原区）、西部地区（内蒙古高原区）递减的特点（唐蕴等，2005）。多年平均情况下，东部、中部及西部地区降水量分别为635mm、481mm、355mm。从各年代降水变化情况看，整个东北地区在 20 世纪 70 年代降水处于枯水期，80 年代和 90 年代降水量普遍增大（表1-2）。这也是水资源空间分布不均匀的原因。

表1-2　东北地区东部、中部和西部不同年代降水量

区域	面积（km²）	20 世纪各年代平均降水量（mm）					
		50 年代	60 年代	70 年代	80 年代	90 年代	平均（40 年）
东部区域	191 921	602.86	629.32	585.82	693.46	665.27	635.18
中部区域	887 420	470.01	460.13	432.85	522.54	526.18	481.08
西部区域	156 609	341.24	306.90	313.45	398.39	419.22	355.36

资料来源：唐蕴等，2005

2. 东北地区水资源总量

根据国家统计局 2004～2013 年数据，东北地区（黑龙江、吉林、辽宁）平均水资

源总量为 1563.02×10^8m^3, 其中地表水资源为 1334.1×10^8m^3, 地下水资源量为 515.2×10^8m^3, 地表水与地下水重复计算量为 286.3×10^8m^3。可以看出, 水资源以地表水为主, 约占 70%, 地下水资源约占 30%。

从各省水资源总量来看, 黑龙江省最高为 781.2×10^8m^3, 约占全国的 3% 左右, 其次为吉林省, 水资源总量为 428.4×10^8m^3, 占全国的 1.6%, 而辽宁省水资源总量最少, 为 353.5×10^8m^3, 占全国的 1.3%。地表水和地下水的整体变化趋势与水资源总量相同, 地表水资源总量平均值为 314.3×10^8～649.3×10^8m^3, 占总水量资源的 70%～76%; 地下水是农业灌溉和农村饮用水的主要来源 (高占义, 2010), 东北地区地下水资源量为 116.3×10^8～282.2×10^8m^3, 占水资源总量的 24%～30%。由于气候变化直接导致降水量减少, 这种降水的减少, 使地下水超采现象严重, 无论是承压水和潜水, 地下水位出现普遍下降的趋势 (图 1-13)。

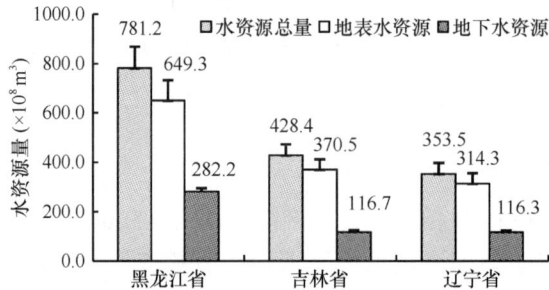

图 1-13 东北三省水资源状况

3. 东北地区水资源人均占有量

东北地区 (辽宁、吉林和黑龙江三省) 耕地资源占全国的 18%, 而水资源仅占全国总量的 6%, 其耕地面积与水资源占有量之间的矛盾突出。人均水资源量、单位面积水资源量和耕地亩均水资源量均低于全国平均水平 (刘作新, 2004)。与世界及中国不同地区人均水资源量对比来看, 中国东北地区处于较低水平 (图 1-14)。东北地区人均水资源量为 1475.6m^3, 低于全国 2003m^3 的平均水平, 其中黑龙江、吉林、辽宁的人均水资源量分别为 2041.6m^3、1567.1m^3、818.2m^3。整体来看, 除黑龙江省接近全国平均水平, 属于轻度缺水外, 其他地区均属于中度或重度缺水 (图 1-15)。

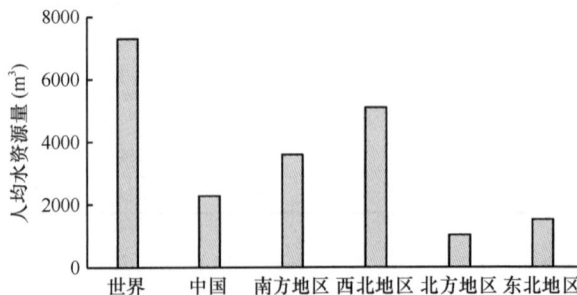

图 1-14 东北地区与世界及中国不同地区人均水资源量对比 (张郁等, 2005)

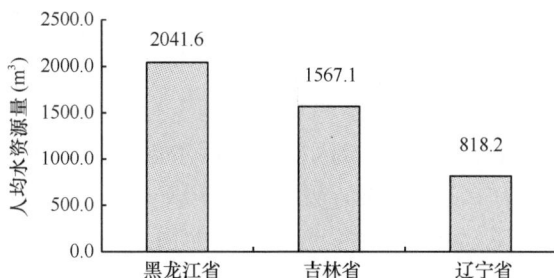

图 1-15　东北三省人均水资源

轻度缺水：1700～3000m³/人；中度缺水：1000～1700m³/人；重度缺水：500～1000m³/人；极度缺水：<500m³/人

（三）光照资源

光照资源一般以全年太阳能总辐射量和全年日照总时数表示。就全球而言，美国西南部、非洲、澳大利亚、中国西藏、中东等地区的全年总辐射量或日照总时数最大，为世界太阳能资源最丰富的地区。我国陆地面积每年接收的太阳辐射总量在 $3.3×10^3$～$8.4×10^6$kJ/（m²·a），相当于 $2.4×10^8$t 标准煤，属于太阳能资源较为丰富的国家之一。

东北地区的辽宁、吉林和黑龙江年日照时数在 2200～3000h，辐射总量在 5016～5852kJ/（m²·a），是我国太阳能资源中等丰富的地区。内蒙古地区的日照时数在 3000～3200h，辐射总量在 5852～6680 kJ/（m²·a），属于太阳能资源较为丰富的地区，具有利用太阳能资源的良好条件。

第二节　东北地区农业气候资源变化

农业气候资源是指对农业生产有利的气候条件和大气中可被农业利用的物质与能量，包括光照、温度、降水、大气成分等气候因子的数量、强度及其组合（许吟隆等，2014）。气候变化对农业生产的影响，首先表现为对农业气候资源的影响，导致大范围内的光、热、水等资源要素存在不同程度的区域差异。东北地区是受气候变化影响较为敏感的地区之一，农业气候资源也产生新的不均衡性和区域差异性。

一、热量资源变化

热量资源是指对农业生产有利的温度条件及其持续时间的组合。表征热量资源的常用指标有年平均气温、无霜期、农耕期、作物生长期、≥0℃（AAT0℃）和≥10℃有效积温（AAT 10℃）、界限温度以上持续天数等（许吟隆等，2014）。近年来东北地区热量资源的变化主要表现在年平均气温、积温以及无霜期等方面。

（一）平均气温的年际变化

近百年来，在全球变暖的气候背景下，中国的平均气温升高了 0.5～0.8℃，东北地区的气温变化情况与全球及全国的变化情况一致，是我国增温最显著的地区之一（丁一汇等，2007）。有研究认为，东北地区近 50 年间（1951～2000 年）平均气温以 0.38℃/10a 倾向率上升，尤其是近 10 年（1991～2000 年）的倾向率达到 0.55℃/10a，明显高于全国 0.23℃/10a 的平均水平，也远高于全球近 50 年 0.13℃/10a 的增温速率（任国玉等，2005；秦大河等，2007）。

松花江流域的年均和四季的增温幅度远远高于全国和全球水平。区域变化表现为吉林、黑龙江、内蒙古三省（自治区）交界区增温趋势最明显，黑龙江的增温速率为 0.41℃/10a，吉林为 0.36℃/10a，辽宁为 0.30℃/10a，辽宁中部和内蒙古东部的中心靠近边境区域为增温较弱的地区；最低气温的增温率是最高气温的 2 倍左右（孙凤华等，2005，2006a）。多模式集成预估结果表明，21 世纪后期中国东北地区气候将明显变暖 3.0℃以上，其中北部变暖更多，降水可能增加，尤以夏季明显（赵宗慈和罗勇，2007）。

对东北地区近 200 个县（市）最近 32 年的逐日气象数据进行分析，结果表明，在 2007 年前平均气温呈上升趋势，从 2007～2013 年，平均气温又逐步下降，2014 年又开始上升（图 1-16）。如果把这 32 年分成 1983～1993 年、1994～2004 年、2005～2014 年三段，发现东北地区 1994～2004 年的平均温度比 1983～1993 年增加了 1.23℃，而 2005～2014 年的平均温度比 1994～2004 年的只增加了 0.04℃。不同区域年际之间的变化趋势基本相同。

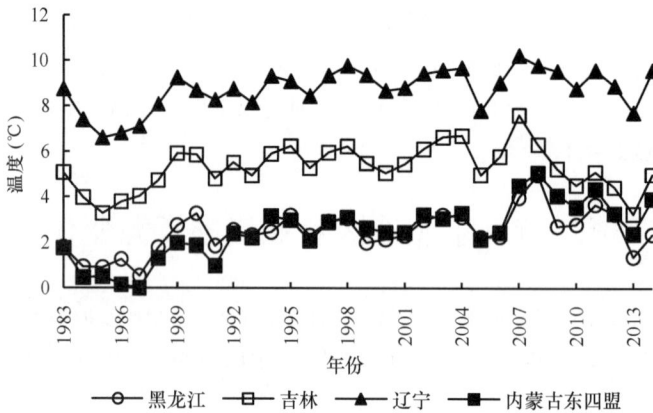

图 1-16 东北地区平均气温年际变化

（二）平均气温的季节变化

东北地区的年平均气温总体呈升高的趋势，而且气温的增高具有明显不对称性，即气温升高呈现明显的季节性差异。四季平均气温增温幅度依次为冬季、春季、秋季和夏季。冬季和春季气温上升相对较快，增温率分别为每 10 年 0.53℃和 0.38℃，远远高于中国近 54 年冬季和春季 0.39℃/10a 和 0.28℃/10a 的增温速率；秋季和夏季气温上升速率相对较慢，增温率均为每 10 年 0.30℃和 0.21℃，但也高于中国近 54 年秋季和夏季 0.20℃/10 年和 0.15℃/10 年的增温速率。气温增高的不对称性也表现出昼夜变化的差异，即以夜间增温为主，气温日较差明显减小（吉奇等，2006；谭凯炎等，2009；赵秀兰，2010）。

把 1983～2014 年这段时期分为三个时间段，对东北地区各季节的平均气温进行分析（表 1-3）。结果发现，1994～2004 年段东北地区冬季（12 月～翌年 2 月）气温较 1983～

1993 年段升高了 1.84℃，但 2005～2014 年段东北地区冬季气温较 1994～2004 年段降低了 0.75℃（图 1-17）；春季（3～5 月）气温变化方面，1994～2004 年段较 1983～1993 年段升高了 1.24℃，但 2005～2014 年段较 1994～2004 年段降低了 0.51℃（图 1-18）；夏季（6～8 月）气温变化方面，温度一直在升高，1994～2004 年段较 1983～1993 年段升高了 1.02℃，而 2005～2014 年段较 1994～2004 年段则升高了 0.88℃（图 1-19）；秋季（9～11 月）气温也是一直在升高，1994～2004 年段较 1983～1993 年段升高了 0.94℃，而 2005～2014 年段较 1994～2004 年段则升高了 0.54℃（图 1-20）。

表 1-3 东北地区不同季节的平均气温 （单位：℃）

时段	冬季	春季	夏季	秋季
1983～1993 年	−14.77	5.37	19.89	5.16
1994～2004 年	−12.93	6.61	20.91	6.10
2005～2014 年	−13.68	6.10	21.79	6.64

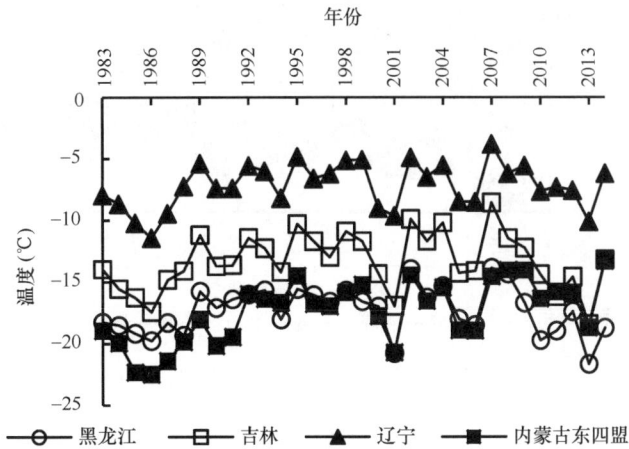

图 1-17 东北地区冬季平均气温变化（12 月～翌年 2 月）

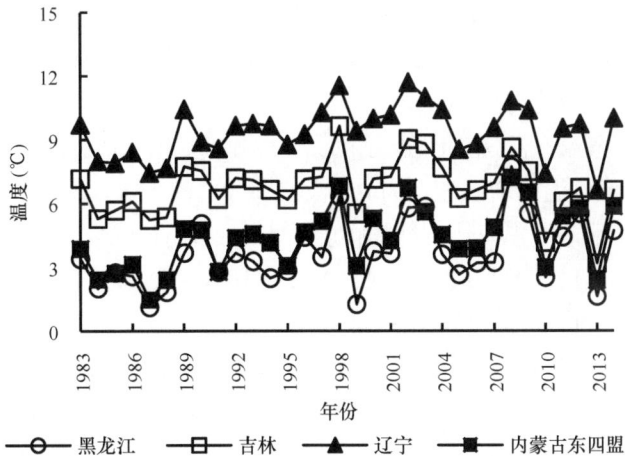

图 1-18 东北地区春季平均气温度变化（3～5 月）

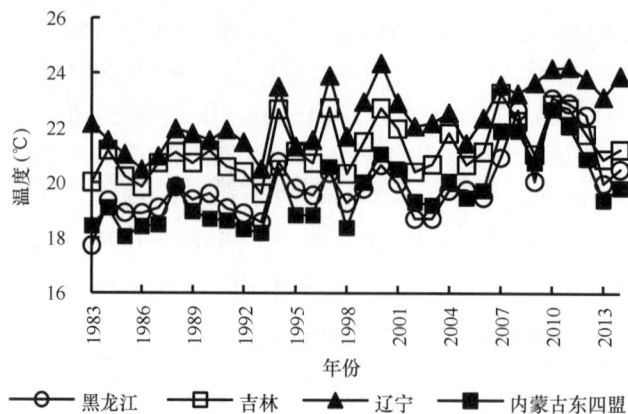

图 1-19　东北地区夏季平均气温变化（6~8 月）

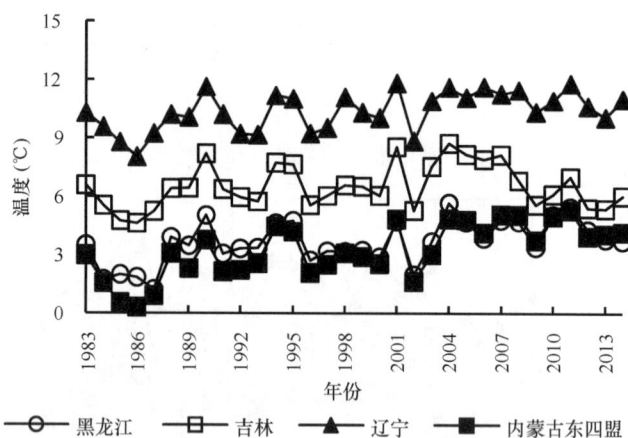

图 1-20　东北地区秋季平均气温变化（9~11 月）

（三）最高气温和最低气温的年际变化

东北地区近 46 年最高气温的增温速率为 0.24 ℃/10a，明显高于中国近 52 年最高气温的 2 倍（任国玉等，2005），而且最高气温增加率也表现出季节性差异，冬季增温最明显，其他季节增温不明显，特殊之处在于辽宁省春夏两季增温速率高于吉林省，这一点与平均气温的区域变化有所不同。

东北地区最低气温升温速率明显高于最高气温的变化，增温速率达到 0.51℃/10a，而中国近 52 年最低气温的增温速率为 0.28℃/10a（任国玉等，2005），区域变化与平均气温的变化趋势一致，即黑龙江省增加幅度最大，吉林省次之，辽宁省增温幅度最小。最低气温的季节变化仍以冬季最大，达到 0.72℃/10a，春季 0.57℃/10a，秋季 0.43℃/10a，夏季 0.32℃/10a，与平均气温变化趋势一致。

东北地区各省份 32 年间最高温度的平均值依次为辽宁（13.56℃）、吉林（10.37℃）、内蒙古东四盟（8.08℃）、黑龙江（7.68℃），辽宁省最高，黑龙江省最低。最低温度平均值依次为辽宁（4.25℃）、吉林（0.011℃）、黑龙江（-2.50℃）、内蒙古东四盟（-2.69℃），辽宁省的最低温度最高，吉林次之，内蒙古东四盟和黑龙江的最低温度交替最低，内蒙古东四盟的昼夜温差最大（10.76℃）（图 1-21）。

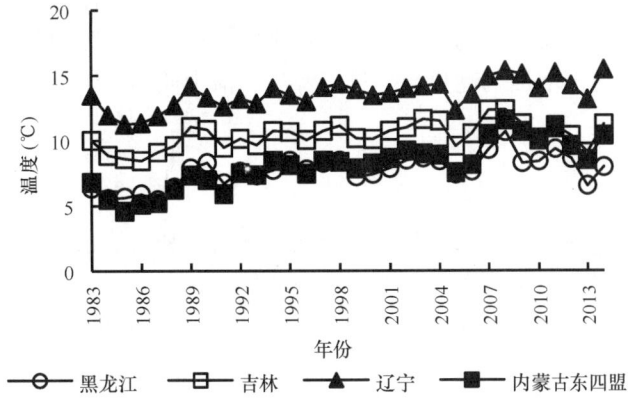

图 1-21　东北地区最高气温变化

对东北地区 1983～2014 年最高温度进行分析（表 1-4），结果表明，1994～2004 年段东北地区最高温度较 1983～1993 年段升高了 1.50℃，2005～2014 年段东北地区最高温度较 1994～2004 年段升高了 0.55℃；最低气温方面，1994～2004 年段东北地区最低温度较 1983～1993 年段升高了 1.17℃，而 2005～2014 年段东北地区最低温度较 1994～2004 年段降低了 0.15℃（图 1-22）。

表 1-4　东北地区最高气温和最低气温

时段	1983～1993 年	1994～2004 年	2005～2014 年
最高温度（℃）	8.77	10.27	10.82
最低温度（℃）	−0.93	0.24	0.09

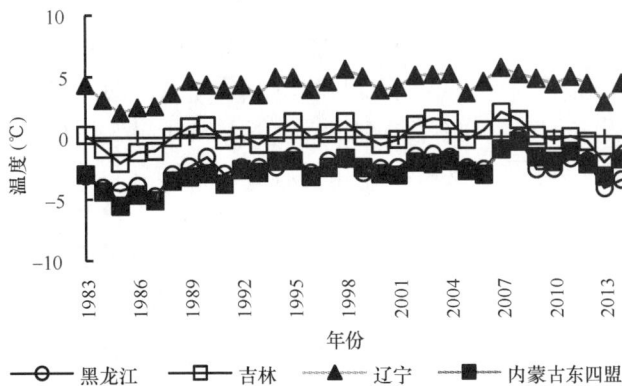

图 1-22　东北地区最低气温变化

（四）有效积温的变化

50 年东北地区主要农作物生长季节内≥10℃有效积温在 2400～2800℃的积温带北移了 1.1°；2800～3200℃的积温带分别北移东扩了 0.85°和 0.67°；>3200℃的积温带所包

括区域面积增加了 $2.2×10^4km^2$，使得主栽作物适宜种植区域明显扩大。辽宁省 $≥10℃$ 有效积温的积温线扩展更加明显，近 50 年 $≥10℃$ 界限温度开始的日期提前 6 天左右，冬小麦种植北界向北移到辽宁省的中北部地区。因此，在不同的时间和空间尺度上，东北地区热量资源都呈现出增加的趋势，热量资源生产潜力明显提高（谢立勇等，2002；居辉等，2008；贾建英等，2009）。

二、水资源变化

作为农业气候资源之一的水资源，是指能为作物所利用的水分，包括自然降水、土壤储存水分、可利用的地表水资源、地下水资源等。

近 50 年来，受全球气候变化与人类活动的影响，我国北方诸河的实测径流量自 20 世纪 80 年代以来普遍呈现衰减趋势（张建云等，2007）。东北地区气候暖干化趋势明显，河川径流量大幅度下降，导致湿地萎缩、土地沙化、水质恶化等诸多生态环境问题，影响水汽循环，改变降水强度、频次及空间分布，进而影响流域水资源量成为东北地区振兴和全面发展的严重障碍（刘卓和刘昌明，2006；IPCC，2008；张爱静，2013）。

（一）降水量的年际、季节及区域变化

东北地区近年来降水量整体上呈减少的趋势，减少幅度不十分明显，呈现出年代和区域的不对称性。20 世纪 70 年代和 2000 年以后属于降水偏少的年份，80 年代属于近 46 年来降水最多的年代。

研究发现，1958～2008 年松花江流域年均降水量呈微弱的下降趋势，年均和汛期降水量的下降幅度分别为 0.81mm/a 和 1.21mm/a；从季节变化来看，冬季和春季平均降水量分别以 0.03mm/a 和 0.13mm/a 的幅度增加，而夏季和秋季平均降水量以 0.56mm/a 和 0.45mm/a 的幅度减少（俞方圆，2011）。

在气候变化背景下东北地区的自然降水量呈现不均衡的区域不对称性，主要表现在东北地区中南部年降水量减少趋势显著，北部和东部年降水量均呈现不同程度的增加（廉毅等，2007；高永刚等，2007）。整个东北是向干旱发展的，20 世纪 90 年代中期以来这种干旱化趋势更加明显，而东北西部亚干旱地区的干旱化相对更加严重（谢安等，2003）。黑龙江省在波动中平稳变化，70 年代后期和 2000 年以后属于降水偏少的年份，80～90 年代有增加趋势。吉林省总体略有增加趋势，80 年代全省年降水量比 70 年代多100mm，2000 年以后降水较 80 年代趋于减少。辽宁省的降水量 80 年代有所增加，其他年代都呈现出逐渐减少的特征，60 年代属降水最丰沛的年代。

有研究认为近 50 年东北地区年降水量和生长季节降水量均不同程度地呈减少趋势（赵秀兰，2010）。尤其是黑龙江东部、吉林西部、辽宁东南部降水量减少更为明显。从季节上看，夏季降水量较冬季减少明显，春季略有增加，但在东北局部区域每年在播种季节的透雨呈现偏晚的趋势（吉奇等，2008；阎琦等，2008；谢立勇等，2011）。

降水资源的变化还表现在年降水日数的改变。王静等（2011）研究认为，三江平原近 50 年（1959～2007 年）的降水日数气象倾向率为 4.3d/10a，呈极显著减少趋势。赵

秀兰（2010）也认为我国近 50 年的年降水日数每 10 年减少 2 天左右，而东北地区年降水日数在近 50 年（1959~2007 年）减少了 3~4 天。

对 1997 年以后东北地区的降水量进行了分析，发现降水量从 2005 年开始呈现增加的趋势，尤以秋季增加最为明显。东北各省之间相互比较，辽宁、吉林、黑龙江的降水量相差不明显，但明显高于内蒙古东四盟的降水量（图 1-23~图 1-26）。

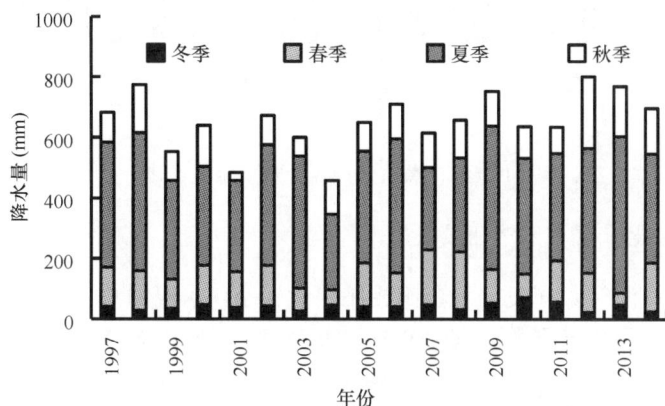

图 1-23 黑龙江省降水量年际变化

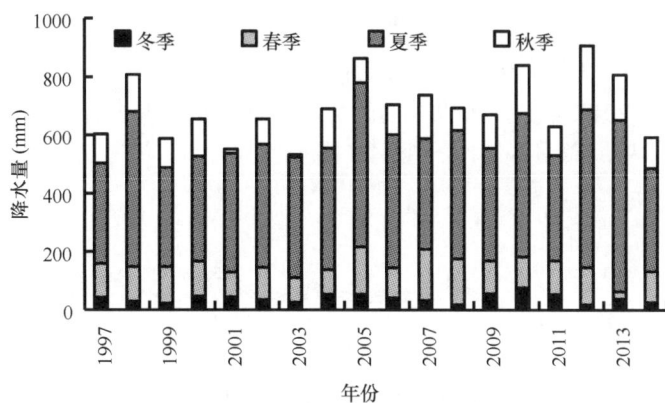

图 1-24 吉林省降水量年际变化

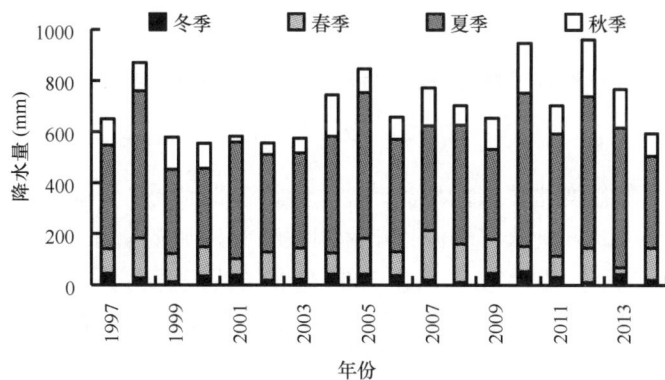

图 1-25 辽宁省降水量年际变化

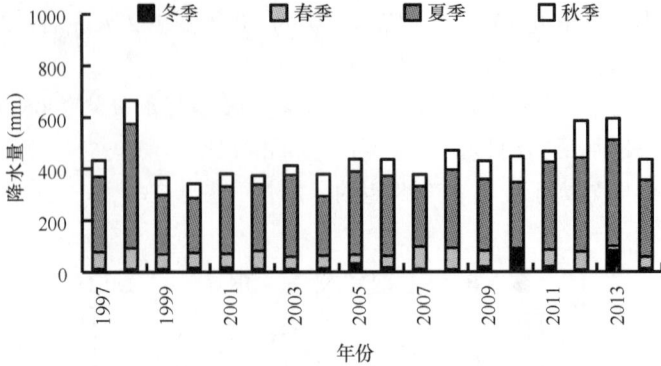

图 1-26 内蒙古东四盟降水量年际变化

（二）气候变化背景下水资源变化

东北地区水资源年际间变化与全国相比幅度较小，水资源总量、地表水资源量和地下水资源量的年际间变异系数分别为 9.6%、9.8% 和 5.8%。而且地表水资源占到水资源总量的 75% 以上，地下水资源占 25%（图 1-27）。东北地区水资源年际变化情况表明，水资源总量的年际变化情况和地表水年际间波动较大，变异系数在 31% 和 34%，且地表水资源占水资源总量的 65%～76%。二者总体的变化趋势分为以下三个时间段，从 2002～2005 年水资源总量呈现上升趋势，2005～2008 年水资源总体呈现下降趋势，而从 2009～2013 年水资源呈现出波动较强的特点，在 2011 年由于极端天气，造成水资源量骤降，而 2012～2013 年又呈现骤升的趋势。而地下水资源变异系数为 15% 左右，相对比较稳定，占水资源总量的 24%～35%（图 1-28）。

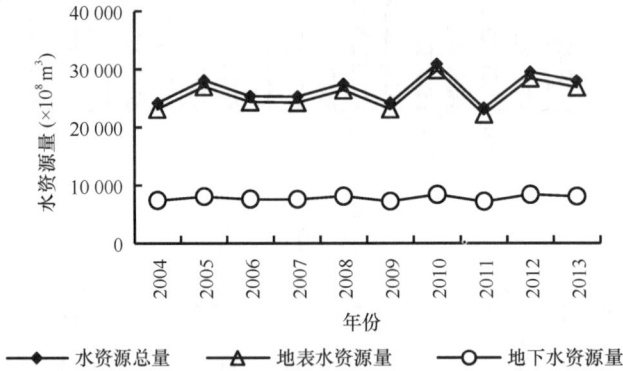

图 1-27 全国水资源量

近年来，由于气候变化复杂性和多样性，导致东北地区水资源量的年际波动较大，尤其各地区水资源总量和地表水资源量年际间波动更为明显（图 1-29 和图 1-30）。在 2004～2008 年以前呈现下降趋势，而在 2009 年各省情况表现不一，黑龙江省表现为急速上升的趋势，其他两个地区表现为下降，在随后 2010～2013 年水资源总量呈现为波动上升的趋势。

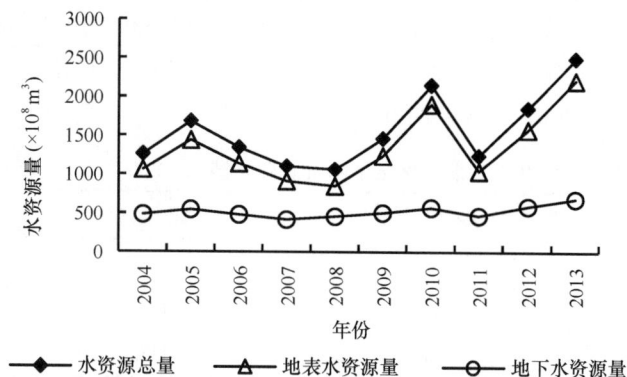

图 1-28　东北三省水资源量

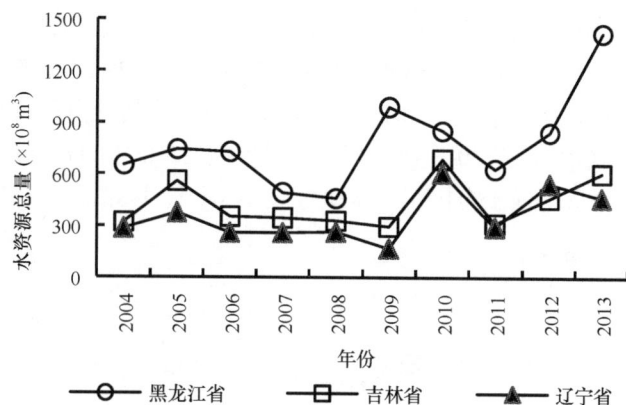

图 1-29　东北三省水资源总量

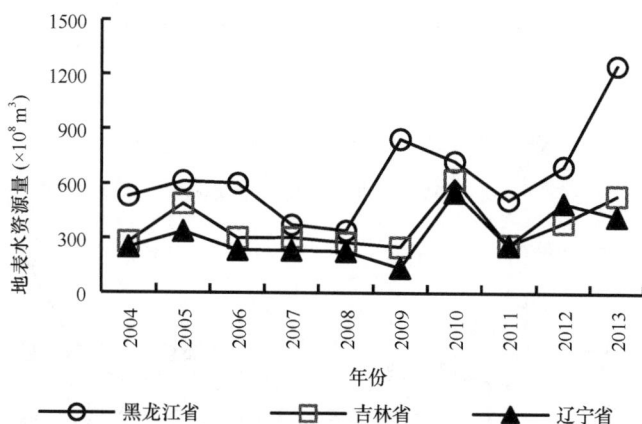

图 1-30　东北三省地表水资源量

东北地区地下水资源量年际间波动较小，各省份表现不同（表 1-5）。黑龙江省地下水资源年际间波动较大（图 1-31），年际间地下水资源的变化范围在 $233 \times 10^8 m^3 \sim 381 \times 10^8 m^3$，年际间变异系数为 13.6%，且黑龙江省地下水资源具有不对称的特点，与东部高平原相比，中部低平原和西部山前地带更有利于地下水资源的富集和赋存。地下水资源主要来源于大气降水，占 78.7%，河流渗水补给占 11.2%（缪晓宇和郭昂青，2010）；

吉林省和辽宁省的变化较为同步,年际间地下水资源量在 $80×10^8m^3$~$160×10^8m^3$ 波动,变异系数约为 8%;而内蒙古地区地下水资源年际间波动最小,变异系数仅为 5.4%左右,地下水资源量在 $207×10^8m^3$~$258×10^8m^3$ 波动。

表1-5 近10年东北地区地下水资源变化情况(2004~2013年)

地区	变化范围($×10^8m^3$)	平均值($×10^8m^3$)	CV(%)
黑龙江省	232.8~381.5	307.2	13.6
吉林省	86.3~160.2	123.3	8.0
辽宁省	87.6~147.4	117.5	7.3

全国人均水资源年际间的变异为 9.1%。各年际间比较,在 2004~2013 年各省人均水资源年际间波动较大,最大值是最小值的 2.3~3.5 倍,变异系数在 32.8%~39.1%,由高到低为辽宁省、黑龙江省、吉林省。2004~2009 年人均水资源较稳定,而 2009~2013 年,由于气候的多变性,各省人均水资源波动较大,尤其以内蒙古和辽宁表现突出。除个别年份,包括 2009 年和 2013 年的黑龙江地区及 2010 年的吉林地区,其余年份东北地区的人均水资源量均低于全国平均水平(表1-6和图1-32)。

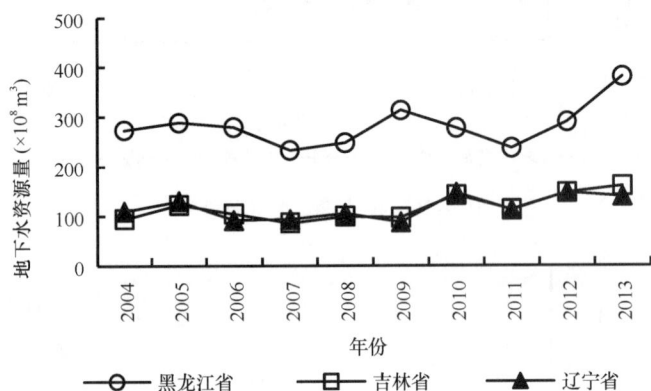

图 1-31 东北三省地下水资源量

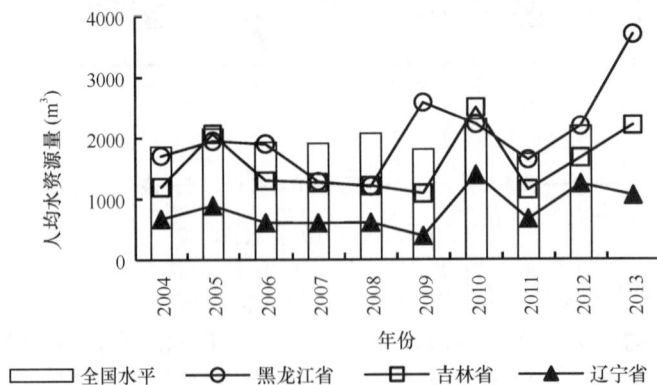

图 1-32 东北三省人均水资源量

表 1-6 近 10 年东北三省和全国人均水资源（2004～2013 年）

地区	变化范围（m³）	平均值（m³）	CV（%）
黑龙江省	1208.0～3702.1	2042	35.3
吉林省	1088.9～2503.3	1567	32.8
辽宁省	396.0～1392.1	818	39.1
全国水平	1730.2～2310.0	2003	9.1

三、光能资源变化

（一）作物生长季日照时数变化

光能资源的变化主要体现在日照时数的变化。气候变化背景下，我国日照时数整体上呈减少趋势，东北和华北地区减少更加明显（张蕾等，2012），近 50 年东北地区年日照时数平均每 10 年减少 30h 左右（赵春雨等，2009）。从空间变化分析，松嫩平原东部、松辽平原及辽河平原西部的大部分地区年日照时数和生长季节日照时数都不同程度地减少。东北三省（黑龙江、吉林、辽宁）日照时数高于 2800h 的区域面积由原来的 $13.6 \times 10^4 km^2$ 减少到 $4.1 \times 10^4 km^2$（曹艳芳等，2009；张丽华等，2009），减少幅度达到 69.9%，减少趋势十分明显。

（二）作物生长季平均日辐射量变化

东北大部分地区陆地表面太阳总辐射整体上呈不显著减少趋势，但区域间有一定的空间差异性。例如，黑龙江省北部和东部、内蒙古东北部、吉林、辽宁大部分地区太阳总辐射呈现减少的趋势，而黑龙江省南部地区却呈出增加的趋势。光能资源的变化不同季节也表现出时间差异性。例如，吉林省冬季太阳总辐射下降趋势显著，夏季显著增加（廉士欢等，2009；王雅婕等，2009）。

对东北地区 31 年的平均日辐射量进行分析，发现太阳总辐射整体上也呈减少趋势，只有最近 10 年夏季的辐射量较上一个 10 年呈增加的趋势。冬季辐射量方面，1994～2004 年时间段辐射量较 1984～1993 年时间段降低了 $0.05MJ/m^2$，2005～2014 年时间段辐射量较 1994～2004 年时间段降低了 $0.34MJ/m^2$；春季辐射量方面，1994～2004 年时间段辐射量较 1984～1993 年时间段降低了 $0.61MJ/m^2$，2005～2014 年时间段辐射量较 1994～2004 年时间段降低了 $0.46MJ/m^2$；夏季辐射量方面，1994～2004 年时间段辐射量较 1984～1993 年时间段降低了 $0.41MJ/m^2$，而 2005～2014 年时间段辐射量则比 1994～2004 年时间段升高了 $0.42MJ/m^2$；秋季辐射量方面，1994～2004 年时间段辐射量较 1984～1993 年时间段降低了 $0.30MJ/m^2$，2005～2014 年时间段辐射量较 1994～2004 年时间段降低了 $0.08MJ/m^2$（图 1-33～图 1-37）。

四、极端气候事件

极端气候事件是指天气或气候状态严重偏离其平均态，在统计意义上不易发生的事件。相对于平均态，极端气候事件对农业生产造成的危害更大，从而引起重大农业气象灾害的发生。在气候变暖的影响下，绝大部分农业气象灾害危害加重、发生频繁,特别是极端气候事件发生频率加大,极大地威胁着中国粮食生产的安全(李祎君等,2010)。

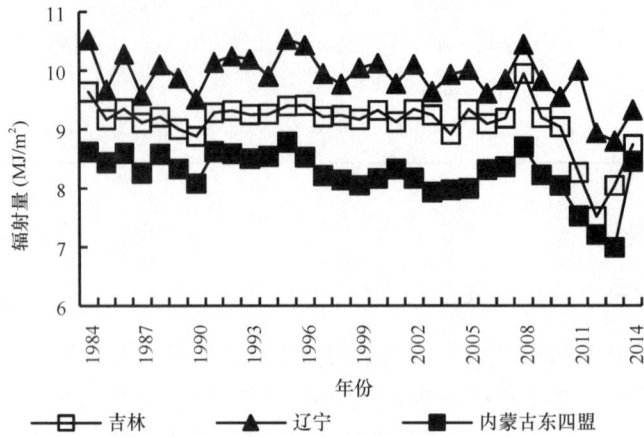

图 1-33 东北地区日辐射量变化

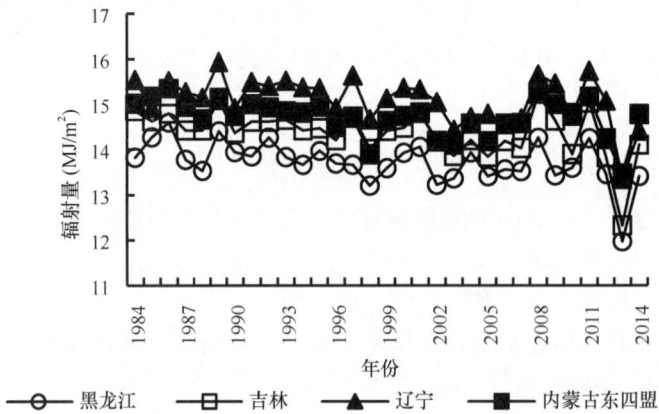

图 1-34 东北地区冬季日辐射量变化

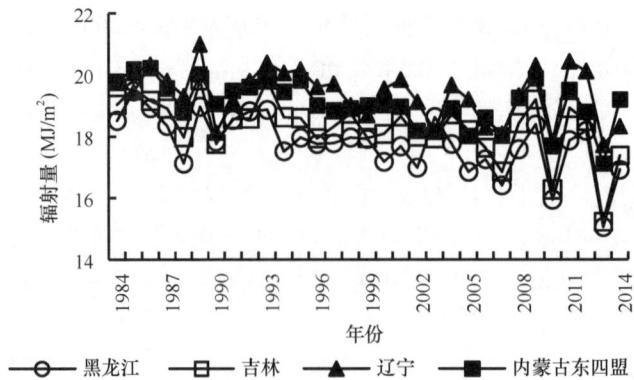

图 1-35 东北地区春季日辐射量变化

我国是世界上遭受气象灾害影响最为严重的国家之一,每年因气象灾害造成的直接经济损失高达全国 GDP 的 3%~6%,占整个自然灾害损失的 70%左右(翟盘茂等,

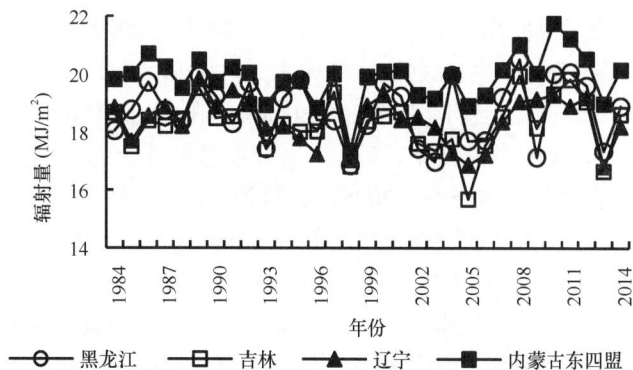

图 1-36 东北地区夏季日辐射量变化

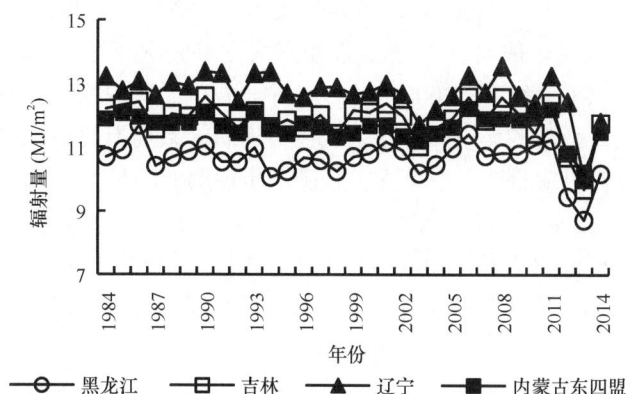

图 1-37 东北地区秋季日辐射量变化

2007）。丁一汇等（2006）研究表明，中国 1950 年之后极端天气事件的频率和强度在不同区域出现了明显不同的变化。总体寒潮事件频数显著下降，华北和东北干旱加剧，而长江中下游洪涝趋势严重，未来中国的极端天气/气候事件发生频率可能会发生变化。东北地区作为粮食主产区，农作物受干旱、洪涝、冰雹、低温冷害等极端气候灾害的影响更大，灾情居于全国中等偏下水平，绝对灾情指数高于西北、华北地区，以旱灾和风雹灾害为主。辽宁、吉林、黑龙江三省是仅次于内蒙古的全国旱灾严重受灾的省份，黑龙江是仅次于内蒙古的全国风雹灾害受灾严重的省份（廖永丰等，2011，2013）。

（一）干旱

干旱是一种自然的气候变异现象，当降水在较长的时间里显著低于正常值，即发生干旱并最终会导致缺水，随着干旱发展，持续性缺水对经济社会和生态环境的影响程度加剧，干旱逐渐由资源问题演变成灾害问题（Rossi and Cancelliere，2013；王刚等，2014）。农业干旱主要是由于农作物需水过程与自然降水过程不协调造成的。一般是指在农作物生长季节内降雨稀少、大气干旱，土壤缺水严重，农作物生长发育受到抑制，导致减产甚至绝收的一种气象灾害（孙凤华等，2006b）。

中国是世界上受气象灾害危害最严重的国家，其中干旱是我国影响区域最广、发生最频繁、对作物产量影响最重的极端气候灾害之一。1950～2001 年我国平均每年受旱面积占全国气象灾害受灾总面积的 56.2%（王春乙，2007），2009 年我国玉米产量因干旱而较 2008 年减产了约 7.5%。东北地区水资源匮乏，降水分布不均匀，流域内丰水年和枯水年水资源量相差数倍，全年降水 70%～80% 集中在 6～9 月，干旱和洪涝灾害都容易发生。而在全球气候变暖的背景下，东北地区降水总量减少，降水分布变得更不均匀，大部分地区有干旱的倾向（吉奇等，2008；阎琦等，2008；谢立勇等，2011），并表现出有一定的阶段性特征。20 世纪 90 年代，东北三省（辽宁、吉林、黑龙江）发生了 3～4 次严重旱灾。21 世纪初，旱灾的发生情况更加严重，甚至达到 10 年 8 旱的程度。尤其是 2001 年春夏连旱，松花江水位降至历史最低水位，给松嫩平原水稻生产带来严重的影响。2006 年，松辽平原流域的年平均降水量、地表水径流量和地下水资源储量分别降至 465.8 mm、$1460 \times 10^8 m^3$ 和 $610 \times 10^8 m^3$，与多年平均值相比分别减少了 9.5%、17.4% 和 10.4%（吴海燕等，2014）。据统计，1949～2007 年发生特大洪涝和特大干旱各 3 次，发生大洪涝 4 次，发生一般涝灾 12 次；发生重大干旱 8 次，发生一般旱灾 16 次（汪金英，2009）。尤其在 21 世纪后，2000～2007 年中，发生旱灾 6 次，其中 2000 年和 2003 年均为大旱，受气候变暖的影响，近年来北极极地涡旋系列指数都呈现不同程度的下降趋势。这些结果均表明东北地区干旱灾害有进一步加剧的趋势。翟盘茂和邹旭恺（2005）的研究表明，1951～2003 年东北地区的干旱不仅范围明显扩大，而且更加频繁，连续干旱最大天数的持续时间也更长（俞方圆，2011）。例如，2009 年 6～9 月，辽宁省发生了严重干旱灾害，辽西北地区灾情尤其严重，农作物几乎绝收（张柱亭等，2013）。

（二）洪涝

洪涝灾害通常是由大气降水偏强引发江河洪水泛滥，或由长期降水产生积水淹没低洼地区，并带来巨大伤亡和财产损失，是世界范围内 15 种对人类产生严重影响的自然灾害之一（Zhou et al.，2002；黄荣辉等，2006）。农业洪涝灾害一般是相伴发生的，洪水对农作物的危害是毁灭性的，而涝害是由于农田积水、作物呼吸等生理功能受阻导致农作物减产的一种气象灾害（马建勇等，2012）。

翟盘茂和邹旭恺（2005）及翟盘茂等（2007）对中国极端降水的研究表明：①全国总降水量变化趋势不明显，但极端强降水强度、极端降水值在增强，极端降水频次增多。②大暴雨、暴雨日数由北向南递增，变异系数由北向南递减。③华北、西北东部和东北东部干旱化倾向明显；长江流域强降水过程明显增多，发生洪涝灾害的频率趋于增加。

东北地区生态环境脆弱，是我国气候变化敏感区。近年来，东北地区水土流失严重，旱涝灾害频发，面临许多生态和环境问题（俞方圆，2011）。

孙凤华等（2006b）的研究表明，东北三省在 1958～2008 年极端降水频率在大部分地区呈下降趋势。暴雨天数呈略微减少的趋势，但强度明显增加，有极端化发展的趋势，旱涝灾害也有加重趋势。白人海和孙永罡（2000）分析认为 1998 年夏季嫩江流域 6～8 月的降水距平百分率超过了历史上的最大值，从而引发了松嫩流域发生的特大洪水。

总体上看，20 世纪 70 年代为相对干旱时期；80～90 年代旱灾和涝灾表现出阶段性的波动，马建勇等（2012）研究认为这一时段旱灾的受灾比为负距平，而涝灾的受灾比为正距平，说明这个时期为相对湿润的时期；而进入 2000 年以后东北地区则处于相对干旱的时段。例如，这一时期辽宁省锦州市作物整个生长季节受到干旱胁迫，本溪的干旱频率也增加了13%，而水涝的发生频率从20世纪60年代的57%降为90年代的23%。大范围洪涝灾害发生频率、强度、突发性以及连续降雨日数较90年代以前明显减少，洪涝灾害发生的概率也明显变小（吉奇等，2008；张丽华等，2009）。

（三）风雹与冷害

大风和冰雹称为风雹灾害。风灾对农作物的伤害主要为机械性的折断及倒伏，冰雹的危害在于它降落过程中的机械破坏作用，同时农作物受到突发的低温胁迫而致使生理功能受阻以及土壤板结等次生危害。而低温灾害是指在农作物生长季节内温度较低，以至于不能满足作物生长、发育、结实等对热量的需求，从而导致减产的一种自然灾害。

马建勇等（2012）研究认为，从1971～2009年近40年间，东北地区风雹灾害以每10年1.1个百分点的速率显著降低，说明现阶段风雹对农作物的影响相对减弱。赵秀兰（2010）认为近50年东北地区寒潮和霜冻害的发生频率和危害性均呈明显减少趋势（钱维宏和张玮玮，2007；李宪萍等，2008）。近20年与30年前相比，黑龙江省穆棱市冰雹发生频率减少40%；辽宁省锦州地区雹灾年发生次数也有所减少，危害程度略有减轻（钱维宏和张玮玮，2007；张丽华等，2009）。

东北地区近几十年低温受灾比曲线的阶段性波动较大，20世纪70年代农作物受低温的影响较大，如在1969年、1972年和1976年发生了严重的低温冷害，使东北地区粮食减产$300×10^8$kg左右。20世纪80年代以后冷害发生的频率逐渐减少。但在90年代及21世纪初期气候变暖的背景下低温的受灾比再现相反趋势（方修琦等，2005；马建勇等，2012）。赵秀兰（2010）认为近50年东北地区夏季低温冷害也呈减少的趋势，但由于东北地区处于高纬度地区，在变暖背景下发生区域性的低温冷害的概率仍然较大，一旦发生低温冷害造成的粮食减产也最为严重。并且随着不同熟期玉米品种种植范围的北移东延，区域或局地低温冷害出现的风险可能会加大（张丽娟，1998；李辑和龚强，2006）。

孙凤华等（2007，2008）研究表明，1959～2002年最高气温和最低气温均表现为明显的增温趋势，冬季增温最强。李兰等（2005）对东北地区44年6～8月气温异常进行分析后得出东北大部分区域的异常方差的年代际变化分量明显大于年际变化分量，说明极端高温事件发生频繁有所增加。2010年6月，东北地区经历了近60年来最热的初夏，而7月吉林和辽宁两省遭受一级暴雨袭击进一步表明东北极端气候事件的不确定性。

（四）台风与暴雨

台风（最大风力12级以上）与热带低压（最大风力<8级）、热带风暴（8级和9级风力）和强热带风暴（10级和11级风力）统称为热带气旋，又称为低气压（冯琳等，2012），是我国主要灾害性天气系统之一（陈联寿等，2012），也是造成东北地区（辽宁、吉林、黑龙江）夏季暴雨的主要天气系统之一（程正泉等，2009；张苏平等，2015）。尽管每年影响北方的台风次数不多，但台风仍然是造成北方暴雨的重要天气系统。东北地区盛夏季节的暴雨，特别是特大范围暴雨，大多有台风参与，特别是在125°E以西登陆北上的台风，往往会给北方带来大风和强降水天气（Foley and Han strum，1994；张

京英等，2010）。例如，1985 年的台风"Lee"和"Mimie"，2012 年的台风"达维"和"布拉万"，都给我国东北地区带来了大范围的暴雨天气。

2012 年汛期，辽宁省受第 10 号台风"达维"和 15 号台风"布拉万"影响，部分地区暴雨洪水成灾。特别是受台风"达维"的影响，辽宁省遭遇范围最广、强度最大的台风降雨，发生了"2012.8.4"特大暴雨并引发洪水，全省平均降水量 103mm。其中，西部地区（朝阳、锦州、葫芦岛、阜新）平均降水量 62mm；中部和北部地区（沈阳、辽阳、鞍山、铁岭、抚顺）平均降水量 110mm；东部与南部地区（本溪、丹东、盘锦、营口、大连）平均降水量 145mm。全省有多条河流发生不同程度的洪涝灾害。"达维"是 1949 年以来登陆我国长江以北地区最强的台风，也是近 10 年来影响北方地区最严重的台风。

2011 年 8 月 8 日吉林省受台风 201109 号"梅花"的影响，大部分出现中到大雨天气。201215 号台风"布拉万"在 2012 年 8 月 28 日夜间影响吉林省，受其影响，吉林省长春地区、四平的公主岭等地均出现大暴雨（徐兴波等，2013）。在吉林省境内造成严重的大风灾害，长春、吉林、白山、通化、延边、四平东部出现了 8 级以上大风，造成玉米乳熟期大面积的倒伏。玉米平均减产 10.16%～24.43%（曹铁华等，2013）。吉林省受灾人口达 308.6 万人，农作物受灾面积 80.5×10^4hm^2，直接经济损失 65.8 亿元（丑士连等，2014）。

2012 年 8 月 29 日零时，台风"布拉万"裹挟着狂风暴雨侵袭黑龙江省；30 日 01 时，哈尔滨、绥化、伊春、鹤岗、牡丹江西北部、佳木斯、双鸭山降大到暴雨，个别点降大暴雨。降雨较大的伊春市五营林业局平山经营所 155mm、巴彦县兴隆镇 140.6mm、哈尔滨市道里区九站公园老头湾 133.2mm、双城市东官镇东升村 120.4mm、绥化市北林区东津镇 118mm。全省累积降雨超过 50mm 的有 203 个站点，大部分县（市）瞬时风力在 6 级以上，最大达 10 级（任丽等，2013）。受台风"布拉万"带来的强降雨及大风天气影响，哈尔滨周边及绥化、牡丹江部分县（市）玉米、水稻等农作物出现不同程度倒伏（罗斌祥，2013）。

第二章 东北粮食主产区气候变化引发的关键问题

在气候变化情景下东北地区的土地生产力、水资源供需状况受到冲击，气象灾害、作物病虫害加剧，进一步增加了农业生产的不稳定性和风险性，从而危及粮食和农产品质量安全，影响农业可持续发展。

第一节 气候变化对土壤肥力的影响

在气候变化背景下东北粮食主产区土壤有机质（SOM）数量和质量明显下降，耕层有机质含量明显减少。黑土一经开垦耕种，由于生态条件的急剧变化，有机质迅速矿化，含量不断下降。吉林省开垦前自然黑土表层有机质含量多在 40～60g/kg，而目前全省耕地黑土有机质基本稳定在 20～30g/kg。腐殖质层厚度渐趋浅薄，自然黑土腐殖质层厚度一般多在 30～70cm，＜30cm 的比较少见，但第 2 次普查结果已有近 40%的面积腐殖质层厚度不足 30cm。黑土层已渐浅薄（汪景宽等，2002a，2002b）。随着开垦年限的增加，土壤的保水、保肥、通气性能等理化性状发生了变化（任宪平，2004），主要表现在土层变薄，耕层有机质含量下降，容重增加，空隙减少，持水量降低，保水、保肥能力减弱。此外，大量使用化肥、农药和除草剂等造成土壤 C/N 下降，加速了土壤矿化速率，土壤微生物区系也发生变化，破坏了土壤团粒结构，恶化了土壤的理化性质，造成土壤肥力下降（崔海山等，2003）。

有关气象因子对土壤肥力影响的研究起步较晚，缺乏系统性的历史数据。但综合分析东北地区不同省份的主要耕作 SOM 等肥力指标与年平均气温、≥10℃有效积温、无霜期等热量因子以及年平均降水量的相关关系，以期为气候变化给农业耕作土壤肥力带来的影响研究提供理论依据。

一、东北地区土壤肥力与气象因子的关系

（一）辽宁省土壤有机质、土壤养分与主要气象因子的关系

1. 辽宁省土壤养分与气象因子的数量指标

辽宁省调查区域的土壤有机质平均含量为 19.39g/kg，全氮 1.27g/kg、速效磷 5.79mg/kg、速效钾 114.78mg/kg，≥10℃有效积温为 3308℃，无霜期为 157 天（表 2-1）。

表 2-1 辽宁省土壤养分与气象因子数量指标

项目	指标	变化范围	平均值
土壤养分	有机质（g/kg）	1.40～76.0	19.39
	全氮（g/kg）	0.24～10.5	1.27
	速效磷（mg/kg）	1～28	5.79
	速效钾（mg/kg）	0.06～423	114.78

续表

项目	指标	变化范围	平均值
气象因子	年平均温度（℃）	2~10.3	7.59
	≥10℃积温（℃）	1700~3940	3308
	无霜期（天）	100~203	157
	年降水量（mm）	317~1100	664

资料来源：陈耀邦等，1993

样本数 N=161

2. 辽宁省土壤养分与气象因子的关系

辽宁省的土壤有机质与年平均温度、≥10℃有效积温、无霜期以及年平均降水量都表现出了极显著的相关关系。调查区域内土壤全氮含量与年平均温度、≥10℃有效积温、无霜期等热量因子达到了显著或极显著负相关，与年降水量呈极显著正相关。土壤速效磷与年平均温度和≥10℃有效积温也呈极显著负相关关系，与年降水量呈极显著正相关。但土壤速效钾与气象因子没有表现出明显的相关关系（表 2-2）。

表 2-2　辽宁省土壤养分与气象因子的相关性

因素	土壤养分				气象因子			
	有机质 （g/kg）	全氮 （g/kg）	速效磷 （mg/kg）	速效钾 （mg/kg）	年平均温度（℃）	≥10℃积温（℃）	无霜期（天）	年降水量（mm）
有机质（g/kg）	1	0.582**	0.479**	0.089	−0.439**	−0.551**	−0.307**	0.458**
全氮（g/kg）		1	0.292**	0.196*	−0.254**	−0.307**	−0.194*	0.242**
速效磷（mg/kg）			1	0.273**	−0.224**	−0.299**	−0.113	0.213**
速效钾（mg/kg）				1	0.001	0.051	0.029	−0.114
年平均温（℃）					1	0.909**	0.886**	−0.073
≥10℃积温（℃）						1	0.781**	−0.270**
无霜期（天）							1	0.066
年降水量（mm）								1

资料来源：陈耀邦等，1993

** 在 0.01 水平显著相关，* 在 0.05 水平显著相关；样本数 N=161

土壤有机质随年平均气温变化的线性函数为 $y = -3.9335x + 49.23$，就是说年平均气温平均每升高 1℃，有机质下降 3.93g/kg，呈极显著负相关关系（r=−0.439**）（图 2-1）。土壤有机质与≥10℃有效积温的函数方程为 $y = -0.0259x + 105$，就是说≥10℃有效积温每升高 100℃，土壤有机质则下降 2.59g/kg，达到极显著负相关（r=−0.551**）（图 2-2）。土壤有机质与无霜期的函数方程为 $y = -0.2095x + 52.39$，说明无霜期每增加 10 天，则土壤有机质下降 2.1g/kg，呈极显著负相关（r=−0.307**）（图 2-3）。而土壤有机质随降水量变化的函数方程为 $y = 0.0348x - 3.706$，说明年平均降水量每增加 100mm，则土壤有机质增加 3.48g/kg，呈极显著正相关关系（$r=0.458^{**}$）（图 2-4），说明无论在何种热量条件下雨量充沛都有利于土壤有机质及土壤养分的积累。

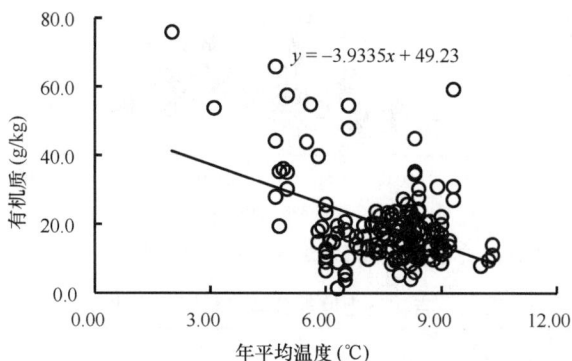

$y = -3.9335x + 49.23$

图 2-1　辽宁省土壤有机质与年平均温度的关系（陈耀邦等，1993；样本数 $N=161$）

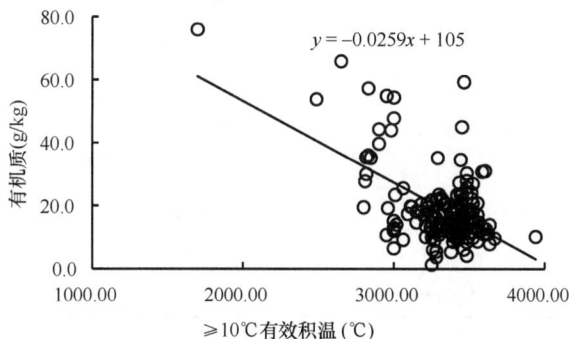

$y = -0.0259x + 105$

图 2-2　辽宁省土壤有机质与≥10℃有效积温的关系（陈耀邦等，1993；样本数 $N=161$）

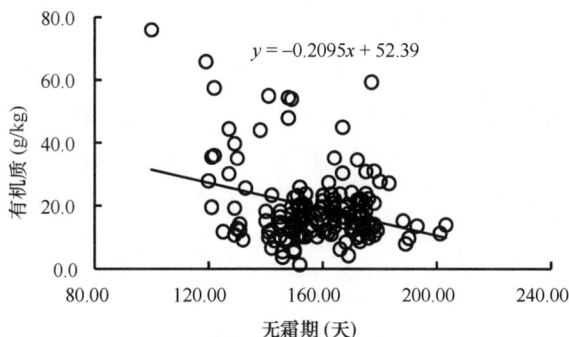

$y = -0.2095x + 52.39$

图 2-3　辽宁省土壤有机质与无霜期的关系（陈耀邦等，1993；样本数 $N=161$）

（二）吉林省土壤有机质、土壤养分与主要气象因子的关系

1. 吉林省土壤养分与气象因子的数量指标

吉林省的土壤有机质平均为 27.81g/kg，土壤养分平均含量分别为全氮 1.50g/kg、碱解氮 139.33mg/kg、速效磷 7.90mg/kg、速效钾 123.92mg/kg。年平均气温 4.49℃，年降水量为 569mm，≥10℃有效积温为 2776℃，无霜期为 134 天（表 2-3）。

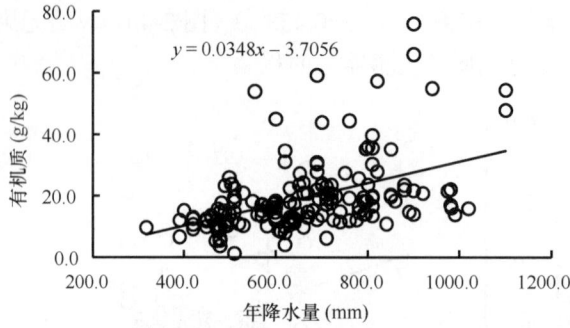

$y = 0.0348x - 3.7056$

图 2-4　辽宁省土壤有机质与平均年降水量的关系（陈耀邦等，1993；样本数 N=161）

表 2-3　吉林省土壤养分与气象因子变化情况

项目	指标	变化范围	平均值
土壤养分	有机质（g/kg）	8.10～78.2	27.81
	全氮（g/kg）	0.68～3.81	1.50
	碱解氮（mg/kg）	32.80～343.00	139.33
	速效磷（mg/kg）	3.00～20.00	7.90
	速效钾（mg/kg）	61.90～177.90	123.92
气象因子	年平均温度（℃）	2.00～6.40	4.49
	≥10℃有效积温（℃）	2024～3175	2776
	无霜期（天）	110～157	134
	年降水量（mm）	370～1000	569

资料来源：陈耀邦等，1993

样本数 N=81

2. 吉林省土壤养分与气象因子的关系

吉林省境内调查区域的土壤有机质与年平均温度、≥10℃有效积温、无霜期以及年平均降水量都表现出了极显著的相关关系。土壤全氮、碱解氮、速效磷与年平均温度、≥10℃有效积温、无霜期等热量因子均达到了极显著负相关，全氮、碱解氮、速效磷与年降水量呈显著或极显著正相关。但土壤速效钾与气象因子没有表现出明显的相关关系，与年平均降水量表现出了显著的负相关关系，可能是钾素在土壤中移到性较大所导致（表 2-4）。

表 2-4　吉林省土壤养分与气象因子的相关性

因素	土壤养分					气象因子			
	有机质（g/kg）	全氮（g/kg）	碱解氮（mg/kg）	速效磷（mg/kg）	速效钾（mg/kg）	年平均温度（℃）	≥10℃有效积温（℃）	无霜期（天）	年平均降水量（mm）
有机质（g/kg）	1	0.832**	0.704**	0.284*	0.150	−0.574**	−0.664**	−0.466**	0.339**
全氮（g/kg）		1	0.688**	0.240*	0.143	−0.521**	−0.562**	−0.452**	0.278*
碱解氮（mg/kg）			1	0.492**	0.010	−0.559**	−0.701**	−0.530**	0.511**
速效磷（mg/kg）				1	0.061	−0.365**	−0.356**	−0.396**	0.218

续表

因素	土壤养分					气象因子			
	有机质（g/kg）	全氮（g/kg）	碱解氮（mg/kg）	速效磷（mg/kg）	速效钾（mg/kg）	年平均温度（℃）	≥10℃有效积温（℃）	无霜期（天）	年平均降水量（mm）
速效钾（mg/kg）					1	−0.139	0.038	−0.020	−0.275*
年平均温度（℃）						1	0.796**	0.780**	−0.216
≥10℃有效积温（℃）							1	0.638**	−0.528**
无霜期（天）								1	−0.400**
年平均降水量（mm）									1

资料来源：陈耀邦等，1993

** 在 0.01 水平显著相关，* 在 0.05 水平显著相关；样本数 N=81

　　土壤有机质随年平均温度变化的线性函数为 $y = −9.067x + 68.485$，就是说年平均气温平均每升高 1℃，有机质下降 9.07g/kg，呈极显著的负相关关系（r=−0.574**）（图 2-5）。土壤有机质与≥10℃有效积温的函数方程为 $y = −0.0368x + 129.88$，就是说≥10℃有效积温每升高 100℃，土壤有机质则下降 3.68 g/kg，达到极显著负相关（r=−0.664**）（图 2-6）。土壤有机质与无霜期的函数方程为 $y = −0.613x + 110.24$，说明无霜期每增加 10 天，则土壤有机质下降 6.13 g/kg，呈极显著负相关（r=−0.446**）（图 2-7）。而土壤有机质随降水量变化的函数方程为 $y = 0.0328x + 9.1613$，说明年平均降水量每增加 100mm，则土壤有机质增加 3.28 g/kg，呈极显著正相关关系（r=0.339**）（图 2-8），说明雨量充沛有利于土壤有机质的积累。

（三）黑龙江省土壤有机质、土壤养分与气象因子的关系

1. 黑龙江省土壤养分与气象因子的数量指标

黑龙江省土壤有机质的平均含量为 49.78g/kg，土壤养分平均含量分别为全氮

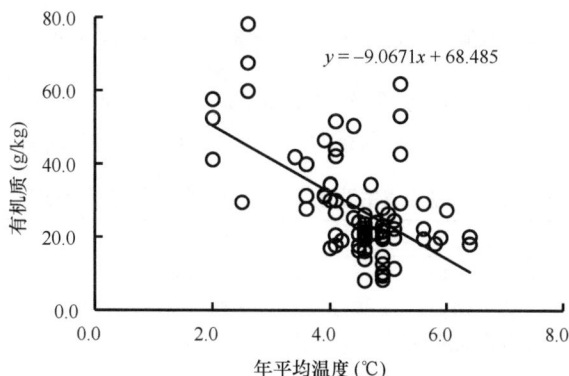

$$y = −9.0671x + 68.485$$

图 2-5　吉林省土壤有机质与年平均温度关系（陈耀邦等，1993；样本数 N=81）

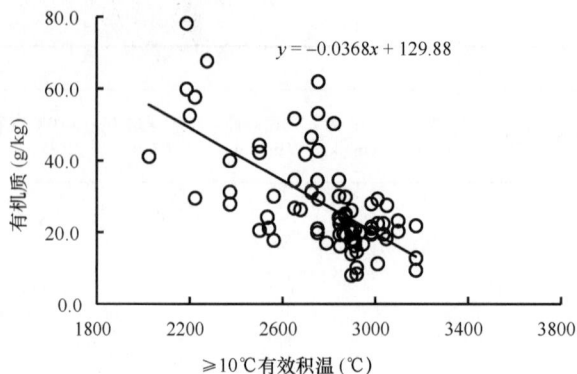

图 2-6　吉林省土壤有机质与≥10℃有效积温的关系（陈耀邦等，1993；样本数 N=81）

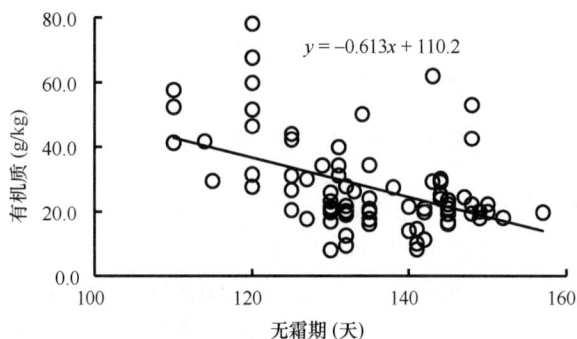

图 2-7　吉林省土壤有机质与无霜期的关系（陈耀邦等，1993；样本数 N=81）

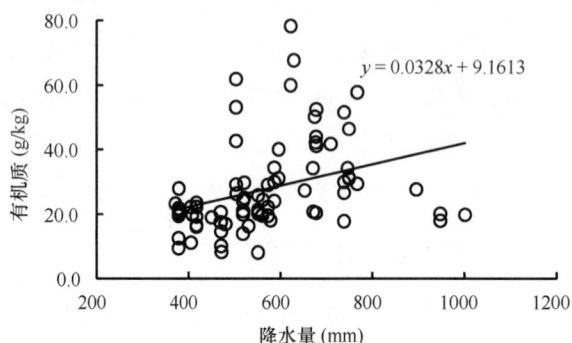

图 2-8　吉林省土壤有机质与年平均降水量的关系（陈耀邦等，1993；样本数 N=81）

2.47g/kg、碱解氮 191.46mg/kg、速效磷 15.28mg/kg、速效钾 193.92mg/kg。年平均气温 2.37℃，年降水量为 526mm，≥10℃有效积温为 2514℃，无霜期为 125 天（表 2-5）。

表 2-5　黑龙江省主要土壤养分与气象因子变化情况

项目	指标	变化范围	平均值
土壤养分	有机质（g/kg）	10.8～149.0	49.78
	全氮（g/kg）	0.56～5.83	2.47
	碱解氮（mg/kg）	77.00～345.00	191.46
	速效磷（mg/kg）	2.00～49.00	15.28
	速效钾（mg/kg）	2.64～356.00	193.92

续表

项目	指标	变化范围	平均值
气象因子	年平均温度（℃）	−5.50～4.90	2.37
	≥10℃有效积温（℃）	1550～2880	2514
	无霜期（天）	80～155	125
	年平均降水量（mm）	329～1100	526

资料来源：陈耀邦等，1993

样本数 N=113

2. 黑龙江省土壤养分与气象因子的关系

黑龙江省境内调查区域的土壤有机质与年平均温度、≥10℃有效积温、无霜期以及年平均降水量都表现出了极显著的相关关系。土壤全氮与年平均温度、≥10℃有效积温、无霜期等热量因子表现出了显著或极显著负相关，与年降水量呈极显著正相关。但土壤碱解氮、速效磷、速效钾与气象因子没有表现出明显的相关关系，碱解氮和速效磷与年平均降水量表现出了显著的正相关关系，速效钾与年平均温度呈显著负相关（表 2-6）。

表 2-6　黑龙江省土壤养分与气象因子的相关性

因素	土壤养分					气象因子			
	有机质（g/kg）	全氮（g/kg）	碱解氮（mg/kg）	速效磷（mg/kg）	速效钾（mg/kg）	年平均温度（℃）	≥10℃有效积温（℃）	无霜期（天）	年平均降水量（mm）
有机质（g/kg）	1	0.916**	0.521**	0.116	0.270**	−0.337**	−0.404**	−0.287**	0.347**
全氮（g/kg）		1	0.538**	0.075	0.283**	−0.218*	−0.301**	−0.191*	0.295**
碱解氮（mg/kg）			1	0.286**	0.247*	−0.089	−0.205*	−0.060	0.267**
速效磷（mg/kg）				1	0.063	−0.020	0.006	0.114	0.213*
速效钾（mg/kg）					1	−0.245*	−0.128	−0.033	−0.007
年平均温（℃）						1	0.853**	0.828**	−0.381**
≥10℃人效积温（℃）							1	0.710**	−0.421**
无霜期（天）								1	−0.374**
年平均降水量（mm）									1

资料来源：陈耀邦等，1993

** 在 0.01 水平显著相关，* 在 0.05 水平显著相关；样本数 N=113

黑龙江省境内调查区域的土壤有机质随年平均温度变化的线性函数为 $y = -5.308x + 62.491$，就是说年平均温度平均每升高 1℃，有机质下降 5.308 g/kg，呈极显著的负相关关系（r=−0.336**）（图 2-9）。土壤有机质与≥10℃有效积温的函数方程为 $y = -0.0384x + 146.47$，就是说≥10℃有效积温每升高 100℃，土壤有机质则下降 3.84g/kg，达到极显著负相关（r=−0.404**）（图 2-10）。土壤有机质与无霜期的函数方程为 $y = -0.4747x + 109.41$，说明无霜期每增加 10 天，则土壤有机质下降 4.75g/kg，呈极显著负相关（r=−0.285**）（图 2-11）。而土壤有机质随降水量变化的函数方程为 $y = 0.0787x + 8.3459$，说明年平均降水量每增加 100mm，则土壤有机质增加 7.87g/kg，呈极显著正相关关系

（$r=0.347^{**}$）（图 2-12），与吉林省的趋势一致，雨量充沛的情况下有利于土壤有机质的积累。

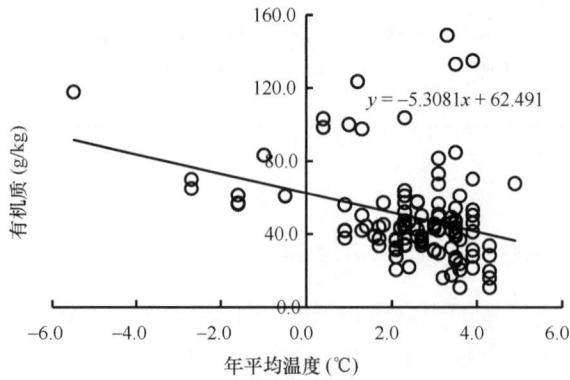

图 2-9　黑龙江省土壤有机质与年平均温度的关系（陈耀邦等，1993；样本数 N=113）

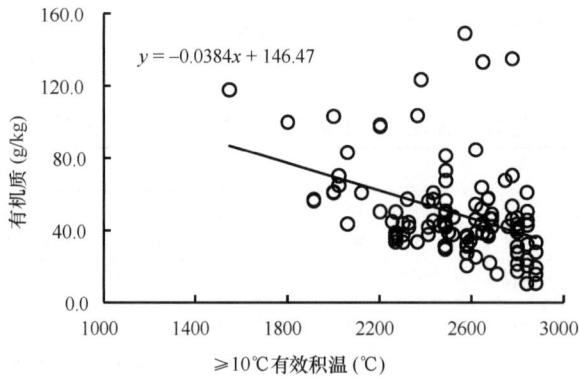

图 2-10　黑龙江省土壤有机质与≥10℃有效积温的关系（陈耀邦等，1993；样本数 N=113）

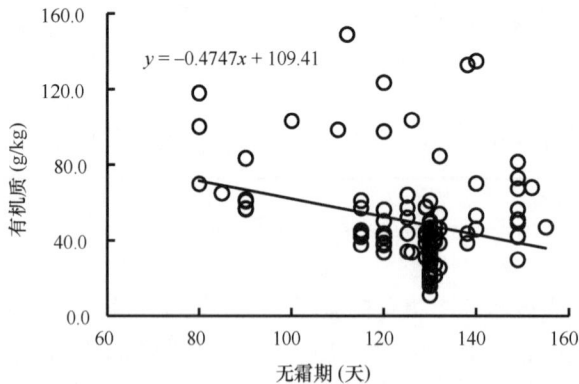

图 2-11　黑龙江省土壤有机质与无霜期变化的关系（陈耀邦等，1993；样本数 N=113）

（四）内蒙古东四盟土壤肥力因子与气象因子的关系

1. 内蒙古东四盟土壤肥力因子与气象因子的变化情况

内蒙古东四盟土壤有机质的平均含量为 26.4g/kg，土壤养分平均含量分别为全氮

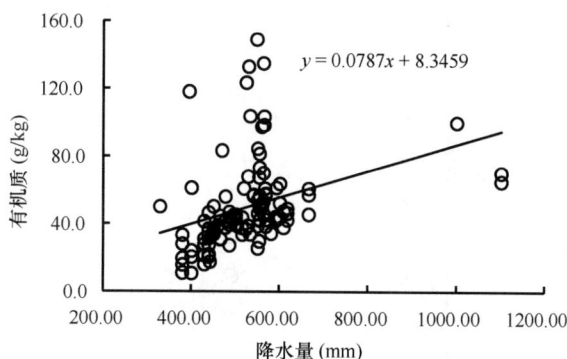

图 2-12　黑龙江省土壤有机质与年平均降水量的关系（陈耀邦等，1993；样本数 N=113）

1.59g/kg、速效磷 4.93mg/kg、速效钾 150.9mg/kg。年平均温度 3.50℃，年降水量为 374mm，
≥10℃有效积温为 2517℃，无霜期为 120 天（表 2-7）。

表 2-7　内蒙古东四盟土壤肥力因子与气象因子变化情况

项目	指标	变化范围	平均值
肥力因子	有机质（g/kg）	6.6~111.8	26.4
	全氮（g/kg）	0.3~6.6	1.59
	速效磷（mg/kg）	1.0~13.0	4.93
	速效钾（mg/kg）	11.0~347.0	150.9
气象因子	年平均温度（℃）	−1.0~7.8	3.50
	年降水量（mm）	270~500	374
	≥10℃有效积温（℃）	1022~3200	2517
	无霜期（天）	90~150	120

资料来源：陈耀邦等，1993
样本数 N=58

2. 内蒙古东四盟土壤肥力因子与气象因子的关系

（1）土壤有机质与气象因子的关系

内蒙古东四盟土壤有机质与年平均温度、≥10℃有效积温、无霜期以及年平均降水
量都表现出了极显著的相关关系。土壤有机质随年平均气温变化的线性函数为 $y=-4.3364x+41.382$，就是说年平均温度平均每升高 1℃，有机质下降 4.336g/kg，呈极显著
的负相关关系（$r=-0.629^{**}$）（图 2-13）。有机质与≥10℃有效积温的函数方程为 $y=-0.0179x+71.438$，就是说≥10℃有效积温每升高 100℃，土壤有机质则下降 1.79g/kg，达到极显著
负相关（$r=-0.496^{**}$）（图 2-14）。土壤有机质与无霜期的函数方程为 $y=-0.5619x+93.661$，
说明无霜期每增加 10 天，则土壤有机质下降 5.62g/kg，呈极显著负相关（$r=-0.495^{**}$）
（图 2-15）。而土壤有机质随水量变化的函数方程为 $y=0.1487x-29.127$，说明年平均
降水量每增加 100mm，则土壤有机质增加 14.87g/kg，呈极显著正相关关系（$r=0.439^{**}$）
（图 2-16）。雨量充沛的情况下有利于土壤有机质的积累。

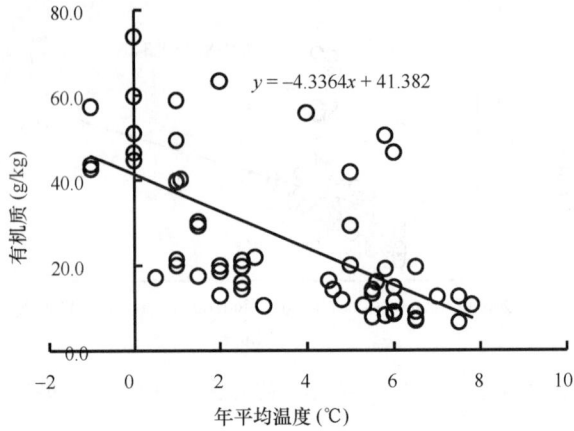

图 2-13　内蒙古东四盟土壤有机质与年平均温度的关系（陈耀邦等，1993；样本数 N=58）

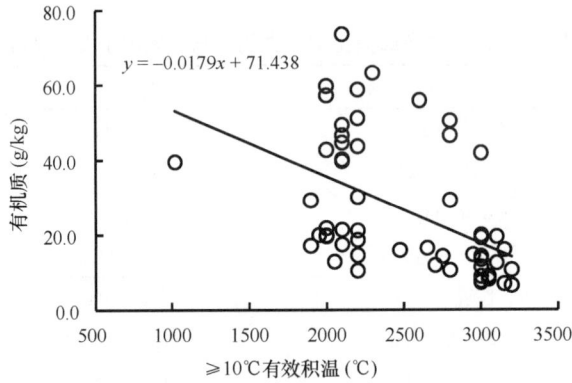

图 2-14　内蒙古东四盟土壤有机质与≥10℃有效积温的关系（陈耀邦等，1993；样本数 N=58）

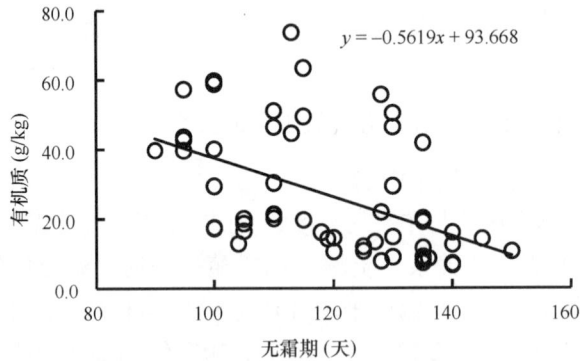

图 2-15　内蒙古东四盟土壤有机质与无霜期的关系（陈耀邦等，1993；样本数 N=58）

（2）土壤养分与气象因子的关系

调查区域内土壤全氮和速效钾与年平均温度、≥10℃有效积温、无霜期等热量因子表现出了极显著或显著负相关，与年降水量呈极显著正相关。速效磷与年平均温度呈极显著负相关，与年平均降水量呈极显著正相关，与有效积温和无霜期没有表现出相关关系。土壤肥力因子之间都表现了极显著的正相关关系（表 2-8）。

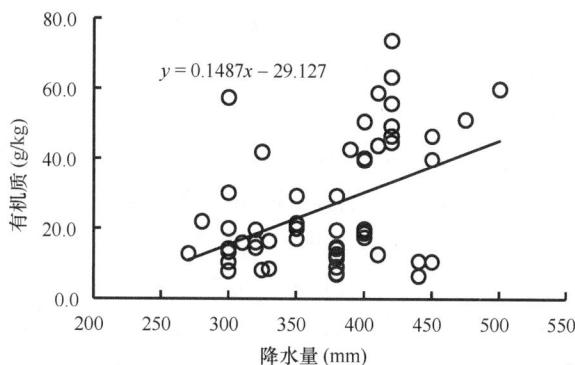

$$y = 0.1487x - 29.127$$

图 2-16　内蒙古东四盟土壤有机质与年降水量的关系（陈耀邦等，1993；样本数 N=58）

表 2-8　内蒙古调查区域土壤肥力因子与气象因子的相关性

因素	土壤肥力因子				气象因子			
	有机质（g/kg）	全氮（g/kg）	速效磷（mg/kg）	速效钾（mg/kg）	年平均温度（℃）	年平均降水量（mm）	≥10℃有效积温（℃）	无霜期（天）
有机质（g/kg）	1	0.933[**]	0.546[**]	0.621[**]	−0.629[**]	0.439[**]	−0.496[**]	−0.495[**]
全氮（g/kg）		1	0.385[**]	0.459[**]	−0.400[**]	0.375[**]	−0.321[*]	−0.317[*]
速效磷（mg/kg）			1	0.685[**]	−0.329[*]	0.440[**]	−0.226	−0.246
速效钾（mg/kg）				1	−0.555[**]	0.497[**]	−0.404[**]	−0.426[**]
年平均温度（℃）					1	−0.091	0.900[**]	0.901[**]
年平均降水量（mm）						1	−0.036	−0.111
≥10℃有效积温（℃）							1	0.879[**]
无霜期（天）								1

资料来源：陈耀邦等，1993

** 在 0.01 水平显著相关，* 在 0.05 水平显著相关；样本数 N=58

　　综合分析了辽宁、吉林、黑龙江和内蒙古东四盟调查区域主要土壤的有机质、全氮、碱解氮、速效磷等养分指标和年平均气温、≥10℃有效积温、无霜期等热量指标。结果表明，黑龙江土壤有机质、全氮、碱解氮、速效磷和速效钾等养分指标均高于吉林、辽宁和内蒙古东四盟，但年平均温度、≥10℃有效积温和无霜期等热量指标则是辽宁明显高于吉林、黑龙江和内蒙古。从宏观上说明随着纬度降低，土壤有机质分解加快，不利于土壤养分的积累，土壤肥力下降。

二、温度和水分对吉林省主要耕作土壤有机碳含量的影响

　　土壤有机碳含量是与气候条件密不可分，中国土壤有机碳含量的分布规律是与气候条件相一致的。理论上讲，气温升高将会有利于有机碳矿化，致使土壤有机碳含量的平衡点降低，反之，则使平衡点升高。同时有机碳的矿化是在一定的土壤含水量条件下进行的，含水量的高低会通过影响土壤微生物的活性，最终影响有机碳的矿化速率。因此，温度和水分及其最佳耦合条件，制约着土壤有机碳矿化速率。此外，气候变化对土壤有机碳的消长的影响，在短时间内很难被认知，只有通过长时间尺度的观测才能被认识。采用现有自然或耕作土壤有机碳含量的分析数据，可用来分析耕作施肥等人为措施对有

机碳变化的影响，但很难厘清气候变化在其中发挥的作用及其强度，因此，模拟培养试验是揭示气候变化对土壤有机碳矿化量迫不得已的方法。

如前所述，吉林省地处温带大陆性季风气候区，年平均降水量仅为400～1300mm，不同地区之间差异很大，西部半干旱的黑钙土区，年降水量仅为370～470mm，而东部白浆土区可达700mm以上，中部黑土地区的降水量则介于两者之间，平均约为500mm。黑钙土区年平均气温4.6℃，全年7月最热，平均23.4℃，1月最冷，平均-17.3℃，白浆土区全年平均气温2～3℃，黑土区年平均气温4.6～5.6℃，由年向北递减，南北相差2.1℃。为揭示在特定气候变化下，吉林省三种主要耕作土壤有机碳的矿化趋势，我们设置了-10℃、10℃、20℃和30℃共4个温度梯度和田间持水量的70%（适宜含水量）及35%（干燥含水量）两个含水量条件下的培养试验，培养时间为150天，取得的主要结果如下。

（一）温度和水分对黑土有机碳含量及矿化率的影响

1. 暖干模式下黑土有机碳含量及矿化率的变化

暖干模式是指相当于田间含水量35%时的土壤含水量（质量含水量为9.5%）条件下的培养模式。结果表明（图2-17），在暖干模式下，黑土的总有机碳含量为-10℃>30℃>20℃>10℃，-10℃处理总有机碳含量最高（20.94g/kg），10℃处理最低（20.1g/kg），-10℃与10℃、20℃、30℃之间差异达到显著水平，10℃与30℃处理之间差异达到显著水平。就是说在一定的温度范围内黑土有机碳的含量随着温度的升高逐渐降低，但当温度继续升高黑土有机碳含量反而表现出升高的趋势。

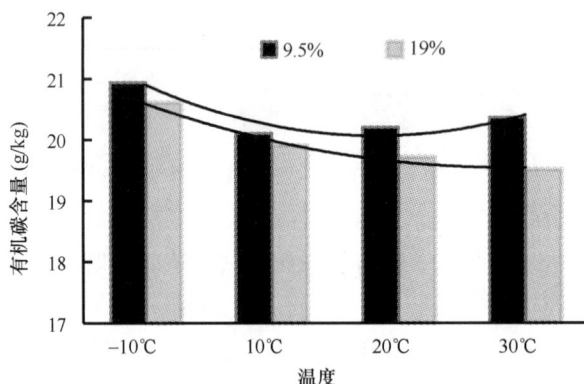

图2-17 温度和水分对黑土有机碳含量的影响

在暖干模式下，黑土有机碳矿化率的变化为10℃>20℃>30℃>-10℃，黑土有机碳的矿化率在10℃最高（11.1%），-10℃有机碳矿化率最低（7.39%）。温度过高或者过低黑土有机碳的矿化率都很低。黑土有机碳含量与矿化率之间表现出很好的负相关（图2-18）。

2. 暖湿模式下黑土有机碳含量及矿化率的变化

暖湿模式是指相当于田间含水量70%时的土壤含水量（质量含水量为19%）条件下

的培养模式。结果表明（图 2-17），在暖湿模式下，黑土总有机碳在–10℃、10℃和 20℃处理下的含量比 30℃分别高出 5.64%、2.00%和 1.03%，随温度的升高，黑土总有机碳含量逐渐减少的趋势十分明显，4 个温度处理之间差异达到显著水平。30℃处理总有机碳含量最低（19.51g/kg），–10℃处理总有机碳含量最高（20.61g/kg）。而在相同的温度条件下，暖干模式处理的黑土总有机碳含量高于暖湿模式处理的总有机碳含量，4 个温度梯度分别高出 1.60%、1.00%、2.49%和 4.36%。说明适宜的水分条件下有利于黑土有机碳的矿化。

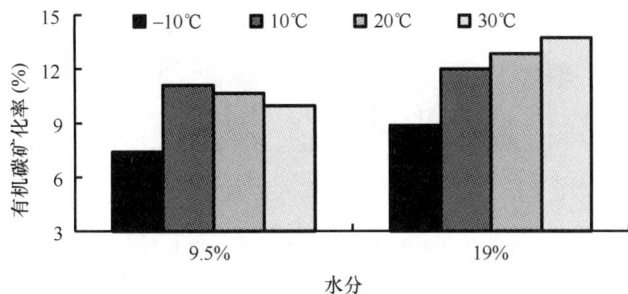

图 2-18　温度和水分对黑土有机碳矿化率的影响

在暖湿条件下，黑土有机碳矿化率在不同温度梯度下的变化趋势也说明了这个问题。随着温度的升高，黑土有机碳矿化率逐渐升高，最大值在 30℃时，矿化率为 13.71%，–10℃时仅为 8.85%，4 个温度梯度间差异显著（图 2-18）。

（二）温度和水分对白浆土有机碳含量及矿化率的影响

1. 暖干模式下白浆土总有机碳含量及矿化率的变化

在暖干模式下（土壤含水量为 8.5%），白浆土的总有机碳含量在 4 个温度梯度下的变化趋势与黑土相同，即–10℃>30℃>20℃>10℃，–10℃处理总有机碳含量最高（16.09 g/kg），10℃处理最低（15.6 g/kg），–10℃、10℃与 20℃和 30℃处理之间差异显著，–10℃与 10℃处理之间差异显著（图 2-19）。

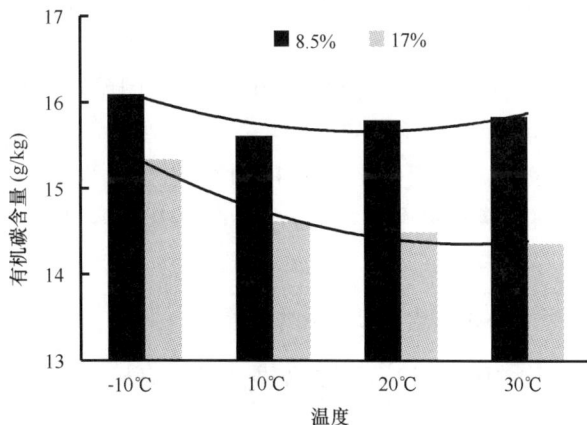

图 2-19　温度和水分对白浆土有机碳含量的影响

在暖干模式下，白浆土有机碳矿化率在 4 个设定温度条件下的变化趋势为 10℃＞20℃＞30℃＞-10℃，10℃处理有机碳矿化率最高（6.59%），-10℃处理最低（3.65%）（图 2-20）。

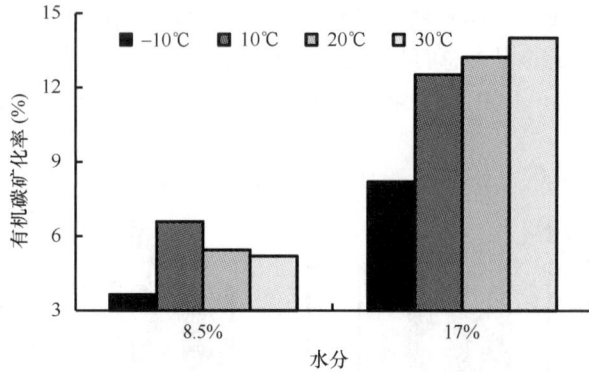

图 2-20　温度和水分对白浆土有机碳矿化率的影响

2. 暖湿模式下白浆土有机碳含量及矿化率的变化

在暖湿模式下（土壤含水量 17%），白浆土总有机碳含量随着温度升高呈现减小的趋势十分明显，总有机碳含量最大值为 15.33g/kg（-10℃），最小值为 14.36g/kg（30℃），-10℃处理与 10℃、20℃、30℃处理之间差异达到显著水平，10℃和 30℃处理之间差异显著（图 2-19）。在 4 个温度梯度下，8.5%水分处理的总有机碳含量大于 17%水分处理，分别高出 4.96%、6.78%、8.97%和 10.24%。

在暖湿模式下，白浆土有机碳矿化率随着温度的升高逐渐升高，最大值为 14.01%（30℃），最小值为 8.2%（-10℃）（图 2-20）。与黑土有机碳矿化率变化规律表现出很好的一致性。

（三）温度和水分对黑钙土有机碳含量及矿化率的影响

1. 暖干模式下黑钙土下有机碳含量及矿化率的变化

在暖干模式下（土壤含水量 7.5%），黑钙土的总有机碳量在 4 个设定温度条件下的变化趋势为-10℃＞30℃＞10℃＞20℃，-10℃处理总有机碳含量最高（12.19g/kg），20℃处理最低（11.77g/kg）。-10℃、30℃与 10℃和 20℃处理之间差异达到显著水平，-10℃与30℃处理之间差异达到显著水平（图 2-21）。

在暖干模式下，黑钙土有机碳矿化率在 4 个设定温度条件下的变化趋势为 20℃＞10℃＞30℃＞-10℃，有机碳矿化率最大值为 8.76%（20℃），最小值为 5.5%（-10℃）（图 2-22）。

2. 暖湿模式下黑钙土有机碳含量及矿化率的变化

暖湿模式下，30℃比-10℃、10℃和 20℃处理的总有机碳含量少 7.18%、5.04%和1.07%，黑钙土总有机碳含量随着温度的升高逐渐降低，最大值为 11.97g/kg（-10℃），最小值为 11.11g/kg（30℃）（图 2-21），4 个温度处理之间差异达到显著水平。在-10℃、

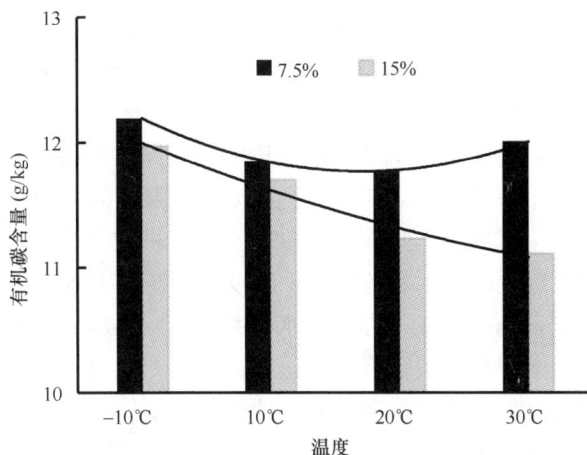

图 2-21　温度和水分对黑钙土有机碳含量的影响

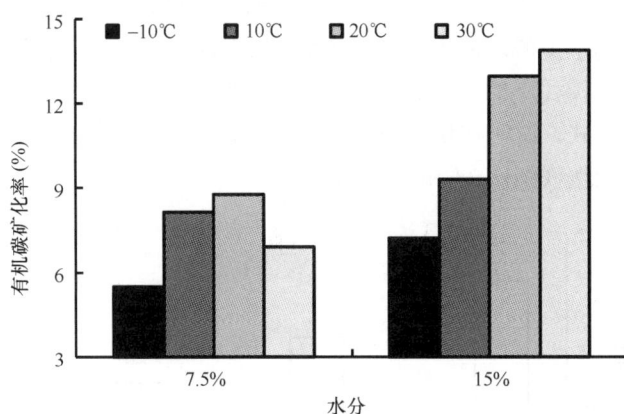

图 2-22　温度和水分对黑钙土有机碳矿化率的影响

10℃、20℃和 30℃ 4 个温度下，7.5%水分处理的总有机碳含量大于 15%水分处理，分别高出 1.84%、1.28%、4.81%和 8.10%。

在暖湿条件下，黑钙土有机碳矿化率随着温度升高逐渐升高，有机碳矿化率 30℃最大（13.88%），−10℃最小（7.21%）（图 2-22）。4 个温度梯度之间差异显著。

研究表明，气候变化对土壤有机碳（SOC）库的影响主要体现在以下方面。首先，温度升高，微生物种群和活性以及碳投入的增加，直接导致土壤中细菌的比例降低，真菌的比例增加，该变化可以明显提高微生物对土壤有机碳的利用效率，且升温也加速了氮素（N）的矿化，使植物和微生物获得更多的可利用性氮（Jenkinson et al.，1991）。而且，生态系统 SOC 对温度升高还有一定的反馈作用，温度升高加速了 SOC 的分解，而 SOC 分解的加快增加了大气 CO_2 浓度，从而又进一步使大气温度增加。其次，降水模式的变化会直接影响植物可利用水的含量和生长季长度，降水减少可以使植物的光合作用速率和生长速率急剧降低。然而，降水对土壤有机碳平衡的影响是因时因地而异，在较为湿润或者干湿交替频繁的生态系统中，降水可能会对土壤呼吸产生一定的抑制作用，而在干旱地区生态系统中，降水可能会强烈加剧土壤呼吸的强度（Orchard and Cook，1983）。另外，CO_2 浓度的升高会增加植物的光合作用，使植物生物量明显增加，从而增加土壤系统碳的归还量（Ma et al.，2007），然而最新的研究显示 CO_2 浓度的增加改变了微生物对有机质的分解速率，导致最终加速了 SOC 的分解（Van Groenigen et al.，2014）。

关于温度和水分协同对土壤有机质分解的影响研究结果结论不一致。Zak 等（1999）通过不同温湿条件的土壤室内试验表明，有机质分解对温度的响应比水分更大。而王彦辉和 Rade（1999）则认为气候因子土壤含水量对土壤有机质分解的影响最强。刘绍辉和方精云（1997）认为适宜范围含水量范围内，温度不会影响土壤有机质分解的作用，但当水分超过或低于这个范围的时候，温度和水分共同影响土壤有机质的分解。

本研究结果表明，土壤有机碳含量与矿化率之间有一定负相关性，温度和降水情况会影响土壤有机碳的含量及矿化率，在水分条件适宜的条件下，温度升高土壤有机碳的矿化率也随之升高，土壤有机碳含量会降低。反之亦然。但温度过高也会影响土壤有机碳的矿化，使土壤有机碳处于相对稳定的状态。不同类型土壤之间由于有机质、pH、土壤结构、理化性质等因素的差异，在相同温度和水分条件下土壤有机碳含量也不同，黑土高于白浆土，黑钙土最低。而土壤有机碳矿化率则是黑土高于黑钙土，白浆土最低。不同土壤类型在暖干模式下的土壤有机碳含量高于暖湿模式，有机碳的矿化率则相反，暖湿模式高于暖干模式，说明在相同的温度条件下，土壤含水量适宜时的土壤有机碳矿化率高于低含水量土壤（图 2-23 和图 2-24）。

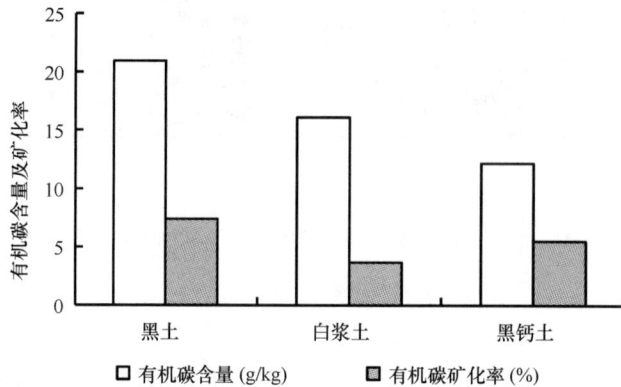

图 2-23　暖干模式下土壤有机碳含量及矿化率

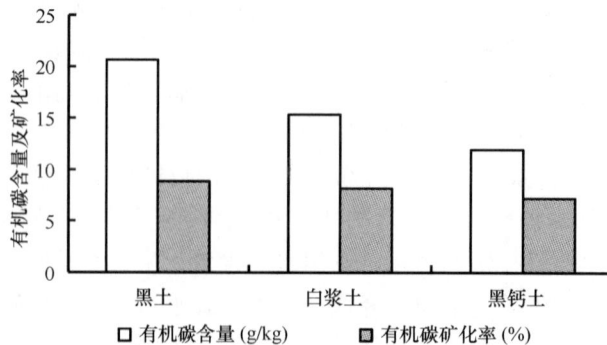

图 2-24　暖湿模式下土壤有机碳含量及矿化率

第二节　气候变化对水资源的影响

我国是世界上主要的干旱国家之一，干旱、半干旱面积约占国土面积的 1/2，且大部分集中在西北、华北和东北地区。东北地区地处寒温带、温带和暖温带的湿润、半湿润和半干旱地区，近年来在气候变暖的影响下水资源供需矛盾突出，而东北地区地表水资源的变化主要受温度和降水量的影响较大。尤其在 1956～2000 年受气温和降水的同时影响，水面蒸发和潜在蒸发呈增加趋势，地表径流呈减少趋势。据 IPCC 第四次评估报告研究结果显示，近百年来中国东北部气候的暖干化趋势明显，未来 21 世纪，东北地区气候有继续变暖的趋势，降水量虽可能有所增加，但气候变暖会导致蒸发量明显增加，其结果是水资源总量减少，需求增加，供需矛盾加剧（曲金华，2007）。

农业是最大的用水部门，而温度是影响作物蒸散发进而影响灌溉需水量的最为重要的气象因素。气候变暖导致蒸散发的增加，加之降水格局的改变，未来如果不采取积极的减缓措施，灌溉需水量的增加将会进一步加剧水资源短缺（Doll，2002；Díaz et al.，2007；Fischer et al.，2007）。气候变化在改变水资源的时空分布、增加水源供水随机特性的同时，也会增大需水的不确定性，使社会经济用水需求发生变化，进一步降低整个水资源系统的稳定性和可靠性。

东北地区水资源系统对气候变化非常敏感，气候平均值的微小变化都将显著地改变径流状况（秦大河，2009）。东北地区主要河流中下游平原地区是农业和工业的中心，人口密度高，人口与水资源和土地之间矛盾突出，且易旱和半干旱地区，灌溉系统和抗旱设施薄弱，由于持续的暖干，东北地区的地下水位持续下降，湖泊消失。在全球变暖的背景下，气候系统的波动性增大，降水的区域分布更加不均，季节性波动增大，洪涝、干旱灾害不断加重。同时，东北区水资源总量严重不足，水资源匮乏已经成为制约东北地区农业、经济发展的瓶颈。

一、东北地区农业用水概况

1994～2002 年各行业用水量变化均呈现出先缓慢上升然后逐渐下降的趋势，其中农业水占 70.3%，工业用水和生活用水分别占 21.4% 和 8.2%（张郁等，2005）。东北地区大量城市用水和工业用水挤占农业用水，而农业用水又挤占生活用水。在水资源总量一定的前提下，各需水方供需矛盾更为突出，水资源的日益短缺更为严重，引发一系列地下水位下降、河道断流、地面下沉等生态环境问题（图 2-25 和图 2-26）。

相关研究结果表明，在相对气温升高 1℃、降水增加 3% 的前提下，我国农业用水将增加 2.7%；气温每升高 1℃ 将导致工业冷却用水增加 1%～2%，生活用水量增加 1% 左右（张建云，2010）。同时，随着水面蒸发增大，生态需水量也将在一定程度上增加（王刚等，2014）。根据近 10 年松辽流域水资源公报来看，农业用水比例波动范围在 68%～78%，从 2001～2007 年呈现出逐年上升的趋势，2007～2011 年呈逐年下降，而 2011～2013 年又表现为上升，变化较大（图 2-27a 和图 2-27b）。吉林省是我国的重要粮食生产基地，在保障粮食安全的同时，对农业用水保障提出了更高的要求，以吉林省农业用水

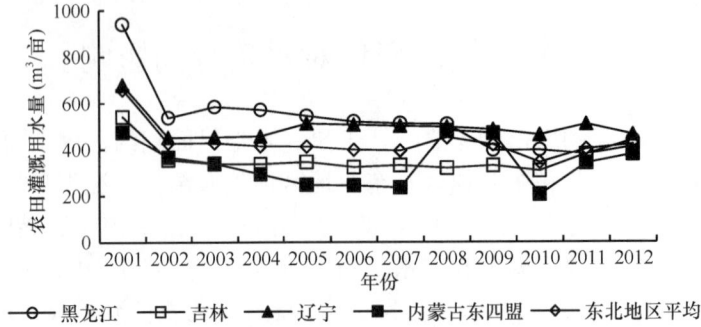

图 2-25 东北地区灌溉亩用水量

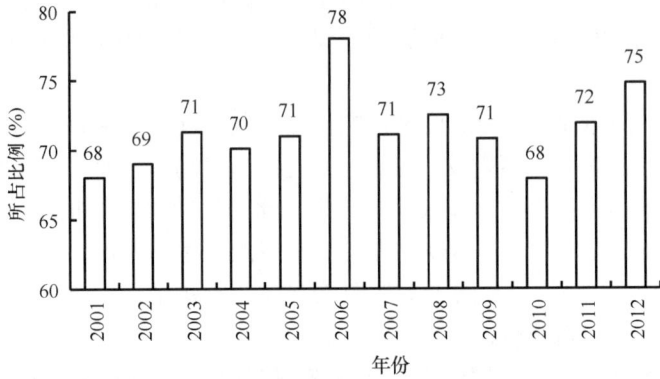

图 2-26 东北地区农业用水所占比例

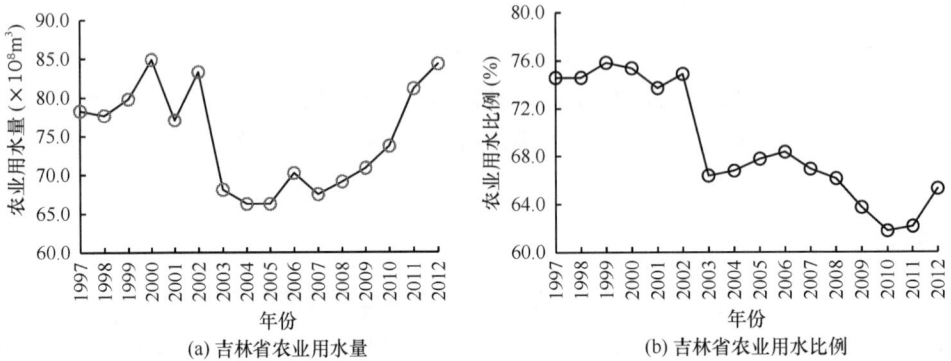

(a) 吉林省农业用水量　　　　　　　(b) 吉林省农业用水比例

图 2-27 吉林省农业用水年际变化

变化情况为例：1997~2012 年，吉林省农业用水量波动较大，总体上经历了先减少后增加的变化过程，而农业用水比例则呈现较为明显的下降趋势，从 1997 年的 75.57%下降为 2012 年的 65.25%，年均下降 0.78%。

二、气温变化对地表水资源的影响

孙力等（2004）及孙力（2007）研究认为，20 世纪 90 年代以来，由于气温的大幅度上升和局部降水的减少，东北地区（特别是中西部）的地表干旱化进程有所发展，如果这种趋势继续发展的话，很可能会通过水文循环而对淡水资源产生重大影响。有关气温变化对地表水资源各分量的影响研究，曲金华（2007）研究认为，气温与地表水蒸发量呈正相关，与地表径流量以及浅层土壤含水量和深层土壤含水量呈负相关关系（表2-9），就是说当气温升高（或降低）时，地表蒸发量将加大（或减少），地表径流量以及浅层和深层土壤含水量减少（或增加）。不同季节地表水各分量对温度变化的响应不同，春季对气温变化响应最敏感的是蒸发量，当气温升高（或降低）1℃，蒸发量可以增加（或减少）6%～10%。夏季对气温变化响应最敏感的是地表径流量，当气温升高（或降低）1℃时，径流量可以减少（或增加）20%～50%。气温对蒸发和浅层及深层土壤含水量的影响相对较小，气温升高（降低）1℃所导致的变化一般在10%以下。从地理区域分析，东北西部的气温变化与地表水资源分量间的相关程度最高，说明该区域地表水资源对气温变化的响应程度最高。

表2-9 东北地区气温与地表水资源各分量的相关系数

地表水资分量	东北全区			东北北部（Ⅰ区）			东北西部（Ⅱ区）			东北东南部（Ⅲ区）		
	春季	夏季	秋季	春季	夏季	秋季	春季	夏季	秋季	春季	夏季	秋季
蒸发量	0.34	0.51	0.13	0.57	0.39	0.16	0.42	0.71	0.23	0.11	0.51	0.22
地表径流量	−0.33	−0.24	−0.12	−0.27	−0.06	−0.01	−0.27	−0.42	−0.15	−0.22	−0.15	−0.18
浅层土壤含水量	−0.29	−0.35	−0.11	−0.45	−0.30	−0.03	−0.38	−0.52	−0.10	−0.08	−0.35	−0.13
深层土壤含水量	−0.36	−0.12	0.01	−0.57	0.17	−0.03	−0.42	−0.33	0.12	−0.11	−0.10	−0.11
大气降水	−0.15	−0.32	0.07	−0.13	−0.24	0.08	−0.28	−0.48	−0.03	−0.01	−0.31	−0.01

资料来源：孙力，2007

三、降水变化对地表水资源的影响

东北地区降水变化对地表水资源的影响与温度的影响相反，就是说降水量与地表水蒸发量呈负相关，与地表径流量、土壤含水量呈正相关。春季，当降水增减10%左右时，地表径流的变化一般不会超过2%。蒸发量一般会变化3%～6%，浅层土壤含水量一般会增减1%，深层土壤含水量的变化会更小一些。夏季受降水影响最大的是地表径流量，当降水增减20%时，地表径流量甚至可以增减55%～60%。说明了东北地区地表水资源各分量对降水变化的响应比温度更加敏感（表2-10）。

表2-10 东北地区降水与地表水资源各分量的相关系数

地表水资分量	东北全区			东北北部（Ⅰ区）			东北西部（Ⅱ区）			东北东南部（Ⅲ区）		
	春季	夏季	秋季	春季	夏季	秋季	春季	夏季	秋季	春季	夏季	秋季
蒸发量	0.91	−0.89	−0.83	−0.77	−0.92	−0.81	−0.92	−0.89	−0.85	0.11	−0.09	−0.11
地表径流量	0.22	0.82	0.70	0.03	0.76	0.80	0.40	0.82	0.74	0.52	0.78	0.67
浅层土壤含水量	0.97	0.98	0.94	0.87	0.98	0.93	0.97	0.99	0.95	0.98	0.94	0.90
深层土壤含水量	0.91	0.92	0.82	0.72	0.96	0.82	0.92	0.97	0.83	0.96	0.73	0.72

资料来源：孙力等，2004

综上所述，在东北地区气温显著升高、降水减少，干旱化趋势增大，径流和地下水整体趋于减少的大背景下（蔡哲等，2011），气温、降水、辐射、蒸散等气象要素的变化，都将影响河川径流量的形成及其流量大小，进而加剧水资源的不稳定性与供需矛盾

（林而达等，2006；於凡和曹颖，2008）。

因此，针对水资源现状，在气候变化背景下，在因地制宜对水资源开发利用的同时，加强气候的预测预报能力，既要合理利用现有的水资源，也应加强水资源的再生能力建设。开展污水资源化技术体系建设，既可以治理污染又能保护环境，同时，针对水资源时空分布的不均衡性，在保证区域生态用水的前提下，通过工程手段，加快以水资源优化配置为主导的水利工程规划和建设，根据流域发展的需要，应及早实行将松花江水调到辽河的跨流域大型调水工程，改善工农业生产和人民生活用水的安全问题，加快推进水资源管理体制综合改革，实现对有限水资源优化配置和合理利用的目标。

第三节　气候变化对农作物病虫害的影响

东北地区是粮食主产区，气候变化对作物病虫害的发生、发展有不可忽视的重要影响（许吟隆等，2014）。全球气候变化表现出温度升高、降水分布不均，极端天气事件多发等特点，导致农业有害生物致灾的生态环境条件发生了变化，尤其是地表温度增加、区域降水变化以及农业结构、种植制度和种植界限变化等，对农作物病虫害的发生与灾变、地理分布、危害程度等产生重大影响。近 60 年间（1949～2009年），全国由病虫害造成的损失增加了 4 倍左右，其中 2000～2006 年，仅水稻、小麦、玉米、大豆 4 种主要粮食作物的实际产量损失就由 105.39×10^8kg 增加到 127.08×10^8kg，损失率增加了 20.58%（霍治国等，2012），中国农业产值因病虫害造成的损失为农业总产值的 20%～25%（王长燕等，2006）。据报道，气候变暖，气温升高后，病虫害的危害加剧 10%～20%，进而导致病虫害造成的粮食减产幅度将进一步增加 10%～20%（祝新建和胡宝霞，1999）。据统计，中国常年病虫害发生面积 2.00 亿～2.33 亿 hm^2，是耕地面积的 2 倍多，每年因病虫害造成的粮食减产幅度占同期粮食生产的 9%。

温度升高加速害虫发育而增加害虫发生世代数量，促使害虫发生期提前，加重苗期为害，降低高纬度地区害虫越冬死亡率，加速种群增长等（李琦，2013）。

一、病虫害发生时期

温度、降水、日照等气象因子可直接影响病虫害的生长发育及其危害程度，多数病虫害随温度的升高、降雨强度的增加以及日照时数的减少，生命活动旺盛，发育速率增加、历期缩短，种群增长力增加，气候变暖导致病虫害的首次出现期、迁飞扩散期及种群高峰期提前（陈瑜和马春森，2010），使翌年病虫危害提前。在 2012 年，全国大部分地区大斑病发生时间较往年明显提前，据调查，黑龙江、辽宁、吉林自 7 月中旬开始见病，比往年提前 1 个月左右，之后病情急剧发展、蔓延上升，进入流行盛期，8 月高温低湿天气促进了病情加重发生流行（刘杰和姜玉英，2014）。同期，吉林玉米大斑病较往年提前一个月发生，且气候条件适宜，最终导致玉米大斑病暴发流行，玉米大斑病发生面积 53.73 万 hm^2，某些地块减产过半，造成严重损失（苏前富等，2013）（表 2-11）。

表 2-11　气候变化对病虫害发生的影响

危害区域	病虫害种类	指标变化	特征描述	资料年代	研究人，发表时间
内蒙古四子王旗	中国草地螟	提前 0.7 天		1979~2008 年	唐继洪，2011
中国农区*	小麦锈病	提前 20~40 天	始见期提前	2001~2002 年	霍治国等，2012
甘肃武威	麦长管蚜	提前 34 天		1990~1999 年	刘明春等，2009
吉林	玉米大斑病	提前 30 天		2012 年	苏前富等，2013
陕西杨凌	玉米蚜	10℃时，需 26 天 25℃时，需 7.9 天	历期缩短	1997~1999 年	王永宏等，2002
浙江诸暨、乔司	西瓜蔓枯病	15℃时，需 10~11 天 28℃时，需要 3.5 天		1987~1990 年	陈熙等，1992
陕西杨凌	玉米蚜	10℃时，产仔量 24~25 头 25℃时，产仔量 35.1~38.5 头	种群增长力增加	1997~1999 年	王永宏等，2002

*表中中国农区包括四川射洪、甘肃天水、湖北谷城、陕西安康、重庆开县、河南西平和山东菏泽

二、病虫害发生范围

温度是限制病虫害特别是虫害在地球上分布的主要因子之一，气候变暖拓宽了农业病虫害的适生区域，必然对虫害的地理分布产生重要影响，使受低温限制的昆虫增加了向两极和高海拔扩散的机会，主要农作物病虫害范围明显扩大，造成其发生界限、越冬北界北移。中国长江流域及东北东部春麦区为小麦赤霉病主要危害区，随气候的变化，小麦赤霉病已向淮河和黄淮流域蔓延扩展，在淮南、淮北地区近年也发生较重（李进永等，2008）。由于气候变暖，冬季温暖少雨，粘虫不仅能在常年不能越冬的地区安全越冬，越冬北界比常年北移 1~2 个纬度（李淑华，1993），越冬范围明显扩大（叶彩玲和霍治国，2001）。多种主要作物的迁飞性害虫比现在分布更广、危害更大。例如，粘虫越冬北界从 33°N 北移到 36°N 附近地区；冬季繁殖气候带，也从 27°N 北移至 30°N 附近，进而造成粘虫越冬和冬季繁殖面积扩大上亿亩之多（李祎君等，2010）。粘虫等迁飞性害虫往北迁飞的时间将提前，而往南回迁越冬的时间将推后，对迁入气候带的为害时间延长，危害呈加重趋势（刘雨芳和古德祥，1997）。

三、病虫害种群世代数及发生量

农作物病害虫的生长发育、繁殖、越冬及分布等生态学特征与气候，特别是与温度条件有密切关系。气候变化对农业病虫害的影响主要表现在气候变暖造成病虫害发生世代数增加，导致农作物害虫繁殖从一代增加到三代，为害程度呈加重趋势（刘雨芳和古德祥，1997）。

研究认为，气候变暖后粘虫在冬季繁殖适宜气候带（18°N~27°N）、冬季越冬气候带（27°N~33°N）以及春季迁入气候带（33°N~36°N）的发生世代均相应地增加了 1 个世代（李淑华，1993），且在有利的环境下，害虫繁殖 1~3 代，害虫的虫口增加，使作物损失更大，对害虫的控制也更加困难（祝新建和胡宝霞，1999）。例如，玉米生产的最大虫害——玉米螟在吉林省每年发生一代或者有不完全的第二代，在气候变暖、温度升高的情景下就演变成完全二代了（王长燕等，2006）。

全球变暖使植物生长更加旺盛，而茂密的荫蔽的环境有利于病原体生长，加重病

害的发生（简桂良等，2011），同时冬季变暖后，有利于害虫安全越冬，其起始发育时间提前、发育速度加快、发育期缩短、繁殖力增强，为害时间延长，为害程度加重（韩永强等，2008；李祎君等，2010）。水稻纹枯病从20世纪50年代的零星发生逐渐加重到猖獗危害，21世纪以来，纹枯病连续偏重发生到大发生（王丽等，2012）。2012年由于东北地区特殊天气造成二代粘虫成虫外迁受阻，成为三代粘虫重发生的重要虫源。三代粘虫在东北、华北大发生，黑龙江三代粘虫在7市30多县的局部地块暴发，为近20年来最重的年份，发生面积35.5万 hm²，在吉林省中西部也偏重发生，对产量造成了严重的影响（刘杰和姜玉英，2014）。

农业病虫害与气象灾害具有相伴发生的偶合性与群发性，这是气候变化对农作物病虫害产生的间接影响。例如，历史上蝗虫成灾往往与大旱、洪水等相伴发生。1999～2003年，我国北方地区连续发生了大面积的严重干旱，同时发生了新中国成立以来极其少见的大面积蝗灾（霍治国等，2002）。在蝗灾发生严重时期，一般旬平均温度比常年偏高1～4℃，各地区降水距平值为负值及土壤相对湿度<40%的概率增加（表2-12）。2001年蝗灾的发生强度大、持续时间长与高温干旱具有相伴发生的群发性。

表 2-12   2001 年主要农区蝗灾发生情况

时间		温度距平值（℃）			降水距平值（mm）			10cm 土壤相对湿度<40%的县的个数		
		东北	华北	黄淮海	东北	华北	黄淮海	东北	华北	黄淮海
3 月	上旬	-2	1	2	223	-97	-99		1	
	中旬	2	4	3	-6	-84	-75		2	
	下旬	-1	1	2	37	-95	-57		6	
4 月	上旬	2	1	1	-43	88	-54		3	3
	中旬	1	2	2	-78	-95	-94		5	1
	下旬	1	-1	-1	-68	23	-27		7	4
5 月	上旬	0	1	1	70	-56	-84	1	4	6
	中旬	4	4	4	-41	-96	-96		14	7
	下旬	1	3	2	-38	-79	-72	1	18	14
6 月	上旬	4	4	2	-70	-90	-81	3	21	9
	中旬	0	0	0	30	126	79		10	7
	下旬	2	1	1	-34	16	57	1	5	
7 月	上旬	2	2	3	22	-63	-31	1	7	
	中旬	1	2	1	-36	-55	-78	3	5	2
	下旬	1	-1	0	1	59	161	3		1
8 月	上旬	0	0	0	-17	-70	-6	1	1	
	中旬	2	0	0	-9	6	-71	2	1	
	下旬	0	0	0	-61	-70	-98			
9 月	上旬	1	1	1	-47	-75	-77	1	4	
	中旬	1	2	1	-70	4	-82	3	5	1
	下旬	0	0	0	-37	-14	-33	3	2	

资料来源：霍治国等，2002

四、病虫害种类

农业生产中的病虫害，不仅受寄主、病源、环境条件的影响，还受人类生产活动的影响，气候变暖后，农业生产系统随之做出适应性调整，农田作物种类、栽培管理条件、耕作制度等发生变化，改变了寄主抗性和某些条件，进而影响病虫害的发生和流行，主要农作物病虫害种群存在此消彼长的演替现象（杨荣明，2004）。在 20 世纪 50～70 年代，每年暴发有害生物约有 10 种，21 世纪以来则增加到 30 种左右。例如，黑龙江省水稻病害以往主要是以稻瘟病为主，而如今细菌性褐斑病和胡麻斑病已逐渐成为危害很严重的常发性病害，而苗期虫害也由以往不是很严重的负泥虫和潜叶蝇等逐渐演化为以二化螟为主的常发性苗期虫害（谢立勇等，2011；矫江等，2008）。

第四节 气候变化对东北地区农作物生产的影响

一、农作物生产潜力

在气候变暖的背景下，中国大陆（西南地区除外）光温生产潜力呈明显大幅度增长的趋势，北方高纬度地区增幅大于南方（章基嘉等，1992；马树庆等，2008a；周光明，2009）。东北三省（黑龙江、吉林和辽宁）由于温度上升，中晚熟品种替换早熟品种以及种植面积的增加，作物的光温生产潜力和气候生产潜力都有不同程度的提高。20 世纪 90 年代以来，松嫩平原的气候生产潜力与近 50 年（1951～2000 年）各年平均气候生产潜力相比，玉米增加 1057kg/hm^2，水稻增加 787kg/hm^2，增加趋势较为明显（周光明，2009）。对局部地区作物产量与气候变化关系的研究也较多，松嫩平原由于南北跨度大，各地气候生产潜力随气候变化也呈现出不同的变化趋势。三种作物（水稻、玉米和大豆）的气候生产潜力空间变化差异较大，水稻气候生产潜力与其光温生产潜力空间变异分布相近，总体上由东北向西南变化程度呈带状降低趋势。玉米和大豆的气候生产潜力空间变化相近，从西北向东南变化幅度减小。西南部三种作物的气候生产潜力的稳定性较高。

近 43 年来黑龙江省玉米模拟产量变化趋势增加，平均增加幅度为 4.81%/10a，气温变化趋势的增高是其模拟产量变化趋势增加的主要气候因素。黑龙江省大豆模拟产量变化趋势总体上呈降低趋势，平均降低幅度为 1.52%/10a（高永刚等，2007；吴海燕等，2014）。

气候变化对作物生产潜力的影响利弊共存，不同生态地区限制作物生长的气象因子不同，对作物的生产潜力影响也不同。东北地区气候变暖导致玉米生长季气温升高、积温增加，使玉米生长发育和灌浆速度加快，生物量增加，从而提高单产，这是气候变暖对作物生产潜力的正效应。但是，如果水分条件得不到满足，气候变暖会限制热量资源的利用，将缩短主要农作物的灌浆时间，降低灌浆速率，使千粒重下降，从而造成明显减产，而且减产幅度明显大于温度升高所带来的正效应。因此，气候变暖利于提高非干旱区玉米单产水平，对干旱区尤其是无灌溉条件地区的作物生产潜力的影响不利（马树庆等，2008b；赵秀兰，2010）。

二、农作物产量

气候变暖使东北地区主要农作物的适宜生长期延长，同时也降低了影响作物生产的低温冷害和霜冻的发生频率。东北地区近 20 年（1984~2003 年）的温度、农业投入、播种面积和粮食产量变化关系研究结果表明，温度的主效大于投入的主效，温度的升高对总产量起到明显促进作用。投入对产量的影响表现为开口向下的抛物线，即早期的投入增加提高了总产量，到后期投入增加，总产量的增加放缓，甚至还有所下降（刘颖杰和林而达，2007）。所以说气候变暖在一定程度上对东北地区的粮食生产有促进作用。

黑龙江省 20 世纪 80 年代相对于 70 年代水稻单产增加了 30.6%，其中气候变暖的贡献率为 12.8%~16.1%，90 年代水稻单产与 80 年代相比增产 42.7%，其中气候变暖的贡献率为 23.2%~28.8%（表 2-13）。与 70 年代和 80 年代相比，90 年代气候变暖对松嫩平原玉米增产的贡献率分别为 17.98% 和 32.78%（表 2-14）。而与 60 年代相比，70 年代、80 年代、90 年代和 21 世纪初气候变暖对玉米增产的贡献率分别为 16.8%、16.0%、20.9% 和 23.9%（表 2-15）。

表 2-13 黑龙江省气候变暖对水稻单产增加的贡献率

时间段	年份	$\Delta T_{5\sim9}$(℃)	α	实际单产（kg/hm²）	技术单产（kg/hm²）	气候单产（kg/hm²）	相对于20世纪70年代变暖贡献率（%）	相对于20世纪80年代变暖贡献率（%）
以 1965~1981 年为基准时段	1971~1980	−0.316	−0.000 64	2 985	2 987	−2		
	1981~1990	0.21	0.038 55	3 897	2 987	115	12.8	
	1991~2000	3.26	0.245 1	5 561	2 987	732		23.2
以 1984~1991 年为基准时段	1981~1990	0.21	−0.018 15	3 897	3 969	−72	16.1	
	1991~2000	3.26	0.079 14	5 561	3 969	314		28.8

注：$\Delta T_{5\sim9}$(℃)为 5~9 月平均气温距平；α 为平均气温影响系数
资料来源：方修琦等，2004

表 2-14 以 1970~1982 年为基准气候变化对玉米产量增加的贡献率

年份	$\Delta T_{5\sim9}$(℃)	α	实际单产（kg/hm²）	技术单产（kg/hm²）	气候单产（kg/hm²）	相对于20世纪70年代气候变化贡献率（%）	相对于20世纪80年代气候变化贡献率（%）
1971~1980	−0.288	−0.013 89	3 582.15	3 632.62	−50.47		
1981~1990	−0.071	−0.001 4	5 762.58	5 771.65	−8.07	−1.94	
1991~2000	−0.46	0.104 11	8 124.38	7 358.33	766.05	17.98	32.78

注：$\Delta T_{5\sim9}$(℃)为 5~9 月平均气温距平；α 为平均气温影响系数
资料来源：王宗明等，2007

在气候变化情景下，部分地区的粮食生产得到发展和提高，但由于天气和气候极端事件的发生强度不断增加，极端气候条件对粮食生产的冲击强度加大（张宇，1993；丁一汇等，2002；肖国举等，2007）。近 50 年来，气象灾害导致的农业受灾面积不断增大，粮食减产逐年增加（周京平和王卫丹，2009）。华北、华东春末高温干热风发生频率和强度呈增加趋势，影响小麦的授粉、灌浆过程，从而导致小麦减产（邓振镛等，2009）。我国主要作物水稻、小麦和玉米产量的变化趋势各异（周锁拴和廖启龙，1999），早稻、晚稻、单季稻均呈现不同幅度的减产，对春小麦产量的影响大于冬小麦，对灌溉小麦的影响小于雨养小麦（张勇勤和向毓意，1999）。春玉米减产 2%～7%，夏玉米减产 5%～7%，灌溉玉米减产 2%～6%，无灌溉玉米减产 6%～7%（王馥棠，2002；宁金花和申双和，2009）。作物产量减少的主要原因是生育期缩短和生育期高温的不利影响（潘根兴等，2011）。

表 2-15　气候变暖对黑龙江省玉米产量增加的贡献率（以 1961～1969 年为基准时段）

年份	$\Delta T_{5\sim9}$（℃）	α	实际单产（kg/hm²）	技术单产（kg/hm²）	气候单产（kg/hm²）	相对于 20 世纪 60 年代气候变化贡献率（%）
1961～1970	−2.70	0.0457	1597.3	1527.5	69.8	
1971～1980	−1.44	0.0952	2453.0	2239.8	213.2	16.8
1981～1990	−0.77	0.1185	3433.2	3069.3	363.8	16.0
1991～2000	1.93	0.1873	5162.3	4348.1	814.2	20.9
2001～2008	3.60	0.2093	4716.7	3900.2	816.4	23.9

注：$\Delta T_{5\sim9}$(℃)为 5～9 月平均气温距平；α 为平均气温影响系数
资料来源：李秀芬等，2011

也有研究认为气候变暖使主要粮食作物生育期缩短，灌浆速率加快，光合作用时间减少而影响干物质积累导致产量下降（赵秀兰，2010）。例如，平均气温每升高 1℃，玉米生育期将缩短 7 天左右，产量下降 5%～6%；水稻生育期缩短 14～15 天，促使水稻分蘖速度加快，有效分蘖减少而导致产量下降幅度达到 14%～17%；小麦生育期也会缩短 10～17 天，减产幅度达到 10%～12%（肖风劲等，2006）。小麦生长季节内温度每升高 1℃，产量将降低 3%～10%（You et al.，2009）。

因此，气候变化对我国主要农作物产量的影响，因不同区域的气候因子与农业资源、技术管理水平等因素的交互作用不同，产生的效应也不尽相同。在北方干旱地区，水分是决定作物产量的关键因子，而在南方湿润地区降水过多则不利于产量的提高。对于某些地区产生正效应的有利条件可能被其他气候因子制约而成为其他地区的不利条件，而温度和 CO_2 浓度的升高对产量的正效应可能被光照资源的减少而抵消。总体而言，我国高纬度地区农业适应性较强，中纬度地区适应性较弱。

三、农作物生产风险评估与预测

气候变暖将影响气候资源的时空分布，在 HadCM2 GX（英国哈德莱中心的一种集合结果的强迫方案）条件下，气候变化将明显增加中国东北地区的土地生产潜力，而将明显减少中国华南、西藏地区的土地生产潜力（唐国平等，2000）。

气候变化对农作物产量的影响有利有弊。气候变化改变了水热条件，促使复种指数增加对粮食增产有益，但温度升高对作物产量的影响是非线性的，当温度高于关键温度后其产量可能会迅速下降（谭凯炎等，2009）。如果不改变现有的种植制度、种植品种和生产水平，在 CO_2 浓度倍增的条件下，到 2030 年由于气候变暖的影响，全国主要粮食作物总产量将平均减少 5%～10%，其中水稻、小麦和玉米三大粮食作物均以下降为主。气候变化将使我国玉米总产量平均减产 3%～6%，春玉米平均减产 2%～7%，夏玉米平均减产 5%～7%；灌溉玉米减产 2%～6%，无灌溉玉米减产 7% 左右。减产的主要原因是温度升高，作物生长发育速度加快，生育时期缩短，光合时间减少，呼吸消耗加剧等。

今后 50 年，全球气候变暖和大气 CO_2 浓度的持续增长将给整个东北平原，特别是中、北部地区的大豆生产带来较为有利的影响，而玉米则在大部分地区表现为明显减产。未来 50 年东北地区大豆和玉米模拟产量的变化趋势表明，从 2010 年到 2030 年再到 2050 年，大豆在各个地区的模拟产量都显示出增加的趋势，而玉米除黑河地区在 2030 年有所增加，其他地区的模拟产量都显示明显降低的趋势。大豆增产的原因，主要是大气 CO_2 浓度的持续增长对光合作用的正效应可以很大程度地补偿增温带来的诸如生育期缩短、呼吸消耗加剧等负效应。而玉米减产原因是由于持续增温明显缩短了模拟生育期（尤其是灌浆期）的天数，使光合作用时间减少，光合产物积累减少；而且研究区域气候有干旱的趋势，也成为产量增加的限制因素（金之庆等，2002）；玉米作为 C_4 植物，对 CO_2 浓度增加的响应不像大豆那样敏感。因此，在降水或灌溉条件较好的平原地区适当压缩玉米面积、逐步扩种大豆，而在较干旱的西部地区，种植耐旱性较强的玉米将不失为适应气候变化的一项良策。

未来农业气象灾害会更加频繁，农业在气候变化条件下会变得更加脆弱。很多全球气候变化的模型都显示土壤有机质随温度的升高分解速率加强，加剧了土壤中碳的损失（Sundquist，1991；Keven，1993；McKane et al.，1997），Kirschbaum（1995）综述了土壤碳库对全球变暖响应，认为在气候变暖的背景下，温度每升高 1℃，土壤有机碳损失 10%或更高，土壤碳循环过程的加速提高了 CO_2 的释放速率，进一步加剧温室效应，是对气候变暖的负反馈。

气候变化引发的温度、降水、光照等自然资源的变化对农作物的品质也产生了一定的影响。在 CO_2 浓度升高的情况下，植株体内吸收的碳增加、氮减少，C/N 增加而蛋白质含量降低，从而使作物品质下降（高素华和王春乙，1994）。而生长期温度升高使玉米生育期、有效灌浆期缩短也是产量及品质下降的原因之一（王静等，2011）。大豆产量和品质对极端天气气候事件的响应更为敏感，如大豆生育期中若遇几天的极端高温就可使大豆早熟而减产，而特大旱灾或涝灾大豆脂肪、蛋白质含量会明显下降，尤其是蛋白质含量损失更大。潘根兴等（2011）研究认为气候变化造成的大豆平均减产率为 27%。其中，干旱成灾年占 22%，平均减产率达到 30%，其次为涝灾和低温冷害。大豆病虫害通常呈"涝病旱虫"的发生态势。总体上气候变化对中国大豆生产不利效应明显。

综合分析气候变化对东北粮食主产区引发的关键问题，拟在主要粮食作物种植制度、栽培技术、土壤固碳培肥、精准施肥、病虫害防治以及极端气候事件的防灾补救技术等方面采取相应的技术集成，充分发挥气候资源的生产潜力、合理利用气候资源趋利避害，以期为适应或减缓气候变化提供技术支持。

第三章 东北粮食主产区适应气候变化的种植制度变革

种植制度是指一个地区或生产单位的作物组成、配置、熟制与种植方式的综合。它与当地农业资源和生产条件相适应，与养殖业和加工业生产相联系，是耕作制度的主体、农业生产的核心。种植制度的形成、发展与变革，受农业气候资源、生产技术以及社会经济的制约（武兰芳等，2002），其中气候条件的影响最为明显，而气候条件中又以温度影响最为显著。农业热量资源是作物生长所必需的环境条件之一，在很大程度上决定了当地的自然景观、所能栽培的作物种类、耕作制度以及各种农事活动（赵俊芳等，2015）。热量条件还直接影响着作物产量和品质，对地区作物类型和品种的重新组合也必将产生深刻影响；热量条件的改变，也将影响一熟制、二熟制、三熟制适宜地区的分布，从而改变种植制度（程延年，1994；张厚瑄，2000；王亚平等，2008）。

气候变化有其自身系统内部的周期性变化，如太阳活动、温度周期、干湿变化等，但通常这样的变化相对缓慢，并且有一定的周期和范围（王绍武和黄建斌，2006）。而近期以温度升高为主要特征的气候变化，主要是缘于人类活动的影响和干预（秦大河等，2007）。研究表明，未来气候变化将使农业生产布局和农作物种植制度发生改变、农业生产成本和投资成本增加（赵俊芳等，2010；周曙东等，2010），对粮食安全生产有着重要影响（姚凤梅等，2011）。为增加产量，提高效益，农作物种植结构必须进行气候适应性调整（王艳秋等，2007）。人为适应气候变化对农业生产布局与结构调整的影响主要表现在种植制度的变化上（李祎君等，2010）。种植结构调整均为人为适应气候变化的行为，是人类面对气候变化已有影响而采取的积极有效的应对措施（李祎君等，2010）。因此，建立可持续发展的、能够适应气候变化特点的种植制度将成为未来农业生产的发展方向。

本章从作物布局、品种布局及种植方式三个方面阐述了气候变化对种植制度的影响，结合东北地区气候特点，提出了作物、品种布局的优化方案及种植方式变革，以期为东北地区农业精细区划、农作物区域布局和结构调整、品种选择及优化育种目标提供参考建议。

第一节 气候变化对作物布局影响与布局优化

农作物是一种重要的人为陆地植被生态系统，对气候变化的响应极其敏感。作物生长发育进程和产量形成很大程度上受气候条件的制约，区域种植结构是人类长期适应当地气候和生态条件及社会经济条件的结果，种植制度与作物布局、品种布局具有密切关系，种植制度发生变化，作物布局肯定发生变化，若作物布局发生变化，则种植熟制与品种布局也可能发生变化（许吟隆等，2014）。

从 1995～2014 年，东北地区粮食播种总面积从 18 250 万 hm^2 增至 25 580 万 hm^2，

呈上升趋势。从种植结构看，玉米播种面积从 7260 万 hm^2 增至 14 840 万 hm^2，增长幅度为 104.41%；稻谷播种面积从 1820 万 hm^2 增至 4590 万 hm^2，增长幅度为 152.20%；小麦和豆类的播种面积分别从 2380 万 hm^2、4100 万 hm^2 下降到 720 万 hm^2、3720 万 hm^2，降幅分别为 69.75% 和 9.27%。截至 2015 年，东北地区粮食作物中玉米、稻谷、春麦、大豆占粮食作物总面积的 93.31%，其中玉米占比增至 58%，成为东北地区第一大粮食作物（董佳苹等，2016）。形成如此种植结构格局的关键因素在于种植收益，近些年，国家对玉米需求量增加迅速，价格较高，效益比较好；东北大米品质好，市场需求大，水稻效益稳定；因此，玉米和稻谷种植面积呈上升趋势。虽然小麦耕作条件同玉米相近，成本不言而喻，另外东北小麦受国家政策影响，退出了国家粮食收购保护，致使小麦播种面积明显减少；由于玉米的越区种植和进口大豆的冲击，以及大豆的比较效益偏低，导致大豆种植面积减少。玉米、水稻在主要粮食作物结构中占比增速快、比例大的另外一个重要因素为气候变化。气候变暖使中、高纬度地区的作物格局发生了很大变化（云雅如等，2005），导致农作物产量、种植面积、种植界限以及种植制度等方面发生改变（王明娜和潘华盛，2009），东北地区气候变暖，为作物布局的调整提供了可能，其主要变化为水稻和玉米的扩种（王媛等，2005）。东北低高原半干旱温凉作物一熟区、东北平原丘陵半湿润温凉作物一熟区面积均在增加（李克南等，2010；陈兆波等，2013）。

一、气候变化对作物布局的影响

气候变化导致不同区域热量、水分、光照及病虫害等环境发生改变，作物布局也必须进行相应的调整。研究表明，年平均温度每增加 1℃，北半球中纬度的作物带将在水平方向北移 15～200km，垂直方向上移 150～200m（Newman，1980）。东北地区因其纬度偏高、增暖明显、降水量减少，干旱显著增加，农业生产受到较大影响（Liu et al.，2009；张建平等，2009；刘实等，2010）。屠其璞等（1999）在研究中国近百年气候变化区域特征时也指出，东北地区的升温幅度明显高于中国其他地区和北半球。与 20 世纪 60～70 年代相比，80～90 年代的平均气温已经上升了 1.0～2.5℃（金之庆等，2002），增温幅度之大，居全国各农区之首。

（一）同一作物对不同气候区的适应性

环境的变化必然引起植物生理状态的改变，并使植物释放不同方式的生物信号来适应变化的环境。从北半球植物物候变化平均情况来看，1950～2000 年，植物叶片伸展和开花期分别提前了 1～4 周和 1 周，叶片脱落推迟了 1～2 周，生育期平均延长了 3 周（农业科学委员会，2011）。东北地区的松嫩平原，近 60 年气候变化十分明显，气温平均升高了 1.79℃，年 ≥10℃ 有效积温平均增加了 228℃，积温线明显北移，2700℃·a、2800℃·a、2900℃·a 线向北位移了 100～240km（杨飞等，2012）。近 50 年松嫩平原的玉米、水稻和大豆的气候生产潜力呈递增趋势，中晚熟品种替换早熟品种及种植面积的增加，使粮食产量大幅提高（贾建英，2009）。

气候变暖扩大了农业生产布局范围，作物的种植北界北推，范围扩大至 49°45′N 以南的地区、上界升高至海拔 400m（葛道阔和金之庆，2009）。东北地区，20 世纪 90 年代以来气候增暖明显，冬小麦的种植北界可向北移至大约 42.5°N（辽宁省中北部），但由于水热条件和经济效益等原因，冬小麦的种植面积并没有增加（谢立勇等，2002）。热量条件的改善同时使低冷害有所减轻，晚熟作物品种面积增加（居煇等，2007a）。近20年黑龙江省平均播种日期变化趋势是每年提前0.10天，而吉林省、辽宁省每年分别推迟0.18天和0.21天。黑龙江省、吉林省以及辽宁省春玉米平均成熟日期变化趋势分别为每年推迟0.39天、0.35天和0.55天，平均生育期天数变化趋势分别为每年增加0.49天、0.17天和0.34天，成熟日期推迟的幅度大于播种日期的推迟幅度导致东北春玉米生育天数增加，如表3-1所示（李正国等，2013；陈群等，2014）。随着纬度的北移，玉米播种-出苗和出苗-吐丝阶段生育期长短显著增加，纬度每升高1°，玉米播种-出苗和出苗-吐丝阶段的生育期分别延长了0.7天和1.25天；玉米吐丝-成熟阶段随着纬度的北移显著降低，纬度每升高1°，玉米吐丝-成熟阶段的生育期降低0.8天；影响玉米营养生产阶段生育期长短的主要气象因素是温度，而影响玉米生殖生长阶段生育期长短的主要气象因素是该阶段的降水量；玉米营养生长阶段所需的GDD（积温）随纬度的北移显著增加，而生殖生长阶段随纬度的北移显著降低；玉米的光周期和总叶片数随纬度的北移显著增加（张福锁等，2013）。

表 3-1　近 20 年东北三省玉米的主要生育期统计

生育期	黑龙江		吉林		辽宁	
	1990～1999 年	2000～2009 年	1990～1999 年	2000～2009 年	1990～1999 年	2000～2009 年
出苗期（月/日）	05/22	05/20	05/18	05/18	05/13	05/12
成熟期（月/日）	09/23	09/24	09/19	09/21	09/16	09/20
生育期长度（天）	124	126	125	127	125	131

资料来源：李正国等，2013

从气候生产潜力的变化可以看出，按≥10℃初日播种，当温度上升到一定程度时，辽宁省的玉米生长过程中，特别是成熟期会遇到高温的不利影响，造成产量下降。为了使玉米的生长避开不利的高温阶段，可以采用调整播种期或者采用耐高温的夏玉米品种等方法来提高玉米的生产效益。而对于热量相对不足的吉林省和黑龙江省，随着热量资源的增加，2000年之后玉米气候生产潜力不断增加（袁彬等，2012）。

据2010年中华人民共和国国家统计局的数据显示，东北地区水稻的种植面积在过去30年内迅速增长。2000年东北地区水稻的种植面积为2.57万km^2，到2010年面积已增至4.33万km^2，10年间种植面积的增长率约为68%（Zhang et al.，2015），这直接导致东北地区水稻产量大幅提升。在此期间，中国的水稻总产量从3%增长到13%，可见东北地区的水稻产量对全国水稻总产量起着至关重要的作用。研究表明，1981～2000年，气候变暖背景下，气温升高使单季稻种植期和成熟期每10年分别推迟了16.2天和21.3天；使早稻种植期、开花期和成熟期每10年分别提早5.7天、6.2天和3.6天，但对晚稻生育期没有显著影响（Tao et al.，2006；段居琦，2012）。值得注意的是，辽南地区的辽河中下游水量虽较丰，却因其为人口、工业、水田的集中地区，人均水量只有200m^3左右，目前用水已经很紧张。东北地区除黑龙江省还有部分地区的过境水可被开发利用外，吉林和辽宁已很难有可供进一步开发的水源，所以今后这两个省份的水稻种植面积也不会有较大幅度的增长（刘顺飞，2007）。

此外，从水稻所需的生长条件角度看，其需要较高的热量条件和较为湿润的土壤环境，在其生长阶段任何气温或降水量的改变都会对水稻的产量造成影响（Paterson and Lima，2010）。另外，水稻田还是甲烷排放的重要来源之一（Li et al.，2005），大气中超过 10% 的甲烷都来自水稻田的排放（IPCC，2007），这些可能对气候变化产生实质的影响。因此，监测东北地区水稻种植面积的变化动态并探索其与气候变化之间的关系，对农业与环境的可持续发展、粮食与水安全以及温室气体的排放等都有着十分重要的影响。

（二）同一气候区内不同作物种类的适应性

作物分布是长期适应原产地自然环境的结果，在栽培过程中对温度、光能、水分等条件有一定要求，由此而制约着作物在不同地区的分布。从温度条件看，全世界 4 种不同的温度地带都各有与之相适应的作物种类。①寒温带：有春小麦、春大麦、春燕麦、黑麦、粟、黍、樱、马铃薯、豌豆、蚕豆、亚麻、甜菜等；②温带：有冬小麦、冬大麦、粟、高粱、大豆、蚕豆、菜豆、油菜、向日葵、大麻等；③亚热带：有水稻、玉米、高粱、甘薯、大豆、菜豆、油菜、花生、芝麻、油桐、桑、茶、棉、黄麻、红麻、苎麻等；④热带：有水稻、甘薯、木薯、花生、海岛棉、咖啡、可可、橡胶树、油棕、黄麻等。但这种适应性也不是绝对的。有些作物由于遗传基因的变异，经过天然或人为的选择，也能改变其本性。例如，水稻、玉米、高粱本为喜温作物，通过多年在高纬度地区生长，可以产生生育期短、耐寒力强的品种，能在 50°N、40°S 处栽培。甘薯、棉花、苎麻的一些品种也可引种到 40°N，木薯可引种到 25°N。同时有些本来适于寒温带的作物，如麦类，也可在低纬度地区利用冬季时节或在高海拔地区栽培。但作物适应性变化的范围不能超过一定限度，否则将生长不良或不能成活。

不同作物经过天然或人为改变其本性，能够适应同一气候区的选择。东北地区可以划分为两个一级区，即东北西北部半干旱喜温作物一熟区和东北平原丘陵半湿润温凉作物一熟区。东北西北部半干旱喜温作物一熟区包括两个二级区，其中之一为东北内蒙古长城沿线半干旱喜温作物一熟区：包括吉林与辽宁的西部、内蒙古的通辽市与赤峰市、冀北的承德与张家口坝下地区和北京市延庆区。耕地主要分布于丘陵与山间盆地河谷上，海拔 200～500m，≥0℃积温 2800～4000℃，≥10℃积温 2500～3600℃，极端最低气温低于-22℃，无霜期 125～150 天，降水 400～500mm。农业以旱作为主，作物多为喜温的谷子、玉米、高粱、马铃薯及豆类等。有部分南部的河谷盆地可种冬小麦。辽宁省朝阳地区可种特早熟棉花。东北西部与通辽市多种植甜菜、向日葵等经济作物，一年一熟为主。东北平原丘陵半湿润温凉作物一熟区包括三个二级区：①三江平原长白山北部早熟温凉作物一熟区，包括三江平原、松嫩平原与长白山北部的部分，≥0℃积温 2000～2600℃，≥10℃积温 1600～2200℃，无霜期 120～140 天，大部分地区降水 500mm 左右，蒸发量低，主要作物除春小麦外，有早熟大豆、谷子、早熟玉米等。此外，兴安岭山麓有部分耕地，主要作物是春小麦、马铃薯与大豆。②松嫩平原长白山南部中热温凉作物一熟区，包括吉林中东部和黑龙江东南部以及长白山地南部，≥0℃积温 2600～3300℃，≥10℃积温 2500～3000℃。降水量 500～700mm，无霜期 140～160 天，作物是中熟的玉米、大豆、谷子和春小麦。适宜甜菜、向日葵、亚麻等经济作物。③辽宁平原丘陵喜温作物一熟填闲区。≥0℃积温 3600～4000℃，≥10℃积温 3000～3600℃，降水量 500～800mm，无霜期 150～280 天。作物以喜温的玉米、高粱、大豆、谷子为主，南部较暖处可种植冬小麦、棉花、花生等经济作物。

辽河流域是东北水稻集中产区，耕作较细，单产较高（韩湘玲，1986），但同时也是春玉米的优势产区，单产水平在全国名列前茅。近 20 年来，东北三省大部分地区≥10℃初日出现了提前趋势，初霜日不断推迟，温度生长期天数持续增加，≥10℃积温总体呈升高趋势。在此背景下，水稻和玉米均出现了出苗期提前、成熟期推后以及生育期延长的趋势；大豆则表现为出苗期提前、成熟期提前、生育期缩短的趋势；而春小麦典型物候期的变化趋势不明显（李正国等，2011）。

（三）作物布局的变化

各种作物的配置结构，受气候条件的制约，有明显的地域性差别。决定作物配置比例的主要依据是气候决定的产量高低和稳产程度。它不仅要考虑同一种作物不同地区间的差别，而且要考虑同一地区中不同作物间的对比。相对择优来确定作物比例（孙玉亭，1986）。研究表明，水稻、小麦和玉米种植比例与年均气温存在一定的关系，年均气温低于 15℃时，小麦、玉米种植比例高于水稻的种植比例。当年均气温高于 15℃时，水稻的种植比例明显占优势，玉米、小麦的种植比例减少（李祎君等，2010）。近 20 年来，随着气候明显增暖，产量较高的玉米有迅速扩种之势，这也是东北地区玉米显著增产的重要原因；但另外一方面，营养价值高、产量较低的大豆等作物的种植面积则相对萎缩（金之庆等，2002）。

1980～2012 年，东北地区几种主要作物的种植比例变化比较剧烈（表 3-2）。在过去的 30 多年中，玉米、水稻和花生呈上升趋势，大豆先螺旋上升再下降，小麦、谷子和高粱呈显著下降趋势。水稻变化最为剧烈，呈现持续上升趋势，从 1980 年播种比例的 5.10%，急剧上升到 2012 年的 20.37%；花生从 1980 年的 0.65%，上升到 2012 年的 2.42%；玉米从 1980 年的 29.92%，上升至 1995 年的 38.41%，之后的 10 年间略有下降，下降幅度在 2 个百分点左右，到 2012 年又跃升至 49.08%。大豆从 1980～2005 年，一直保持上升趋势，但从 2005 年开始，种植比例有所下降，由 22.87%下降至 13.83%。小麦、谷子和高粱均呈显著下降，下降最为剧烈的是小麦的种植比例，从 1980 年的 13.72%，下降至 2012 年的 1.01%，谷子和高粱也下降至 1%以下。

表 3-2　东北三省历年不同农作物的种植比例　　　　　（单位：%）

年份	作物						
	玉米	水稻	大豆	小麦	花生	谷子	高粱
1980	29.92	5.10	15.97	13.72	0.65	8.26	6.39
1985	27.24	7.30	18.58	12.97	1.63	5.99	4.66
1990	35.48	10.08	17.83	12.06	0.52	2.67	4.18
1995	38.41	10.64	19.38	8.38	0.72	1.38	3.49
2000	36.06	15.32	21.20	4.49	1.23	1.11	2.44
2005	36.04	15.25	22.87	1.49	1.64	0.75	1.43
2010	44.32	19.21	18.87	1.36	2.29	0.56	0.89
2011	45.65	19.90	16.80	1.43	2.40	0.50	0.83
2012	49.08	20.37	13.83	1.01	2.42	0.44	0.94

注：表 3-2～表 3-5 数据源自中华人民共和国国家统计局网站：www.stats.gov.cn

玉米、水稻和花生种植比例剧烈变化的原因,一方面由于种植玉米、水稻和花生的经济效益较高,每公顷的纯效益均在万元以上;另一方面则是由于气候变化的原因,这也是种植比例剧烈变化的主要原因。而大豆、小麦、谷子和高粱多是由于其效益较低、收益差造成的,而不同作物又各具特点。

1. 水稻

东北地区虽然水资源短缺,但水稻产量潜力大、品质好、商品率高,在稳定东北粮仓和保障国家粮食安全上具有举足轻重的地位。东北地区水稻种植主要集中于辽宁南部和吉林、黑龙江中部和东部。气候变暖后,水稻种植面积大幅北扩(信乃诠和程延年,1995;刘颖杰和林而达,2007),以前是水稻禁区的伊春、黑河,2005年后也种植了水稻(崔学桢和马跃平,2005)。因此,水稻种植在东北地区发展很快。

2. 玉米

东北玉米是我国为数不多的在国家市场上具有竞争力的大宗农产品,是粮饲兼用的高产作物,用途广泛,产业链较长。东北三省的玉米种植面积占全国玉米种植面积的 26.6%,在我国的粮食生产中占据重要地位(李荣平等,2010)。近年来,玉米的种植范围由南向北或由低海拔向高海拔扩展,种植区域扩大(金之庆等,1996;张丽娟,1998;冯玉香和何维勋,2000)。20世纪60年代,玉米种植界线大致为庄河—锦州—兴隆一线地区,2000年后东北玉米在松嫩平原地区的最北分布界线向北推进了 4 个纬度,到达大兴安岭和伊春地区(周立宏等,2006),玉米带东移北扩明显。

3. 花生

花生是我国主要油料作物之一,在油料作物中种植面积仅次于油菜排在第三位,总产量却居于第一位。我国花生在种植面积和总产量上均具有竞争优势,已成为世界上最大的花生生产国。目前,东北地区已成为我国优质花生生产、加工和出口的基地。花生多栽种在丘陵沙地和风沙土区,生育期积温 2300~3300℃,日照时数 900~1450h,降水量 330~600mm,由于其耗水少,耐干旱,田间管理简便,在东北干旱地区,其收益较玉米等粮食作物好很多,因此,无论在种植面积,还是在总产上均发展很快。

4. 大豆、小麦、谷子和高粱

大豆种植面积的锐减源于技术创新动力不足,生产技术水平无法满足当下生产需要。国产大豆竞争力低下、生产成本上涨过快,致使大豆生产的利益驱动力减弱,对新技术的投入和使用动力不足(郭天宝等,2015),但主要原因是受进口转基因大豆的冲击和国家扶持力度不够,而且这种影响造成的国产非转基因大豆种植面积的下滑还会继续发展(赵季秋,2013)。

小麦是谷类中比较复杂的农作物,不同区域、温度、环境均对它的生产过程产生影响。由于产量不高,种植比例急剧下降,没有继续下降的空间。

谷子分蘖力强、抗病、抗倒伏，耐瘠薄、耐盐碱、适应性强，凡是能长草的土地就能种谷子，但必须有较好的排水条件。谷子耐贮藏，在安全水平下较其他粮食易于保管，不怕鼠害、不易生虫、不易霉变。但由于产量低，效益不好，种植比例锐减（表3-2）。

高粱在中国的分布范围广泛，以东北各地最多。由于各地区的气候与土壤条件差异，栽培制度不同，东北栽培区域大致分为春播早熟区（黑龙江、吉林、内蒙古等地）和春播晚熟区（辽宁）。高粱具有喜温暖、抗旱、耐涝的特点，但由于产量不高，效益不好，在东北各地品种表现不稳定，因此，种植比例急剧减少。

上述为东北地区主要作物的种植比例剧烈变化的整体特点，但不同省份间存在较大差异，各自变化情况不尽相同。

如表3-3所示，1980~2012年，辽宁省的玉米、水稻和花生种植比例呈上升趋势，其他作物均在减少，其中大豆和高粱减少幅度最大。玉米的种植与其他作物相比，所占比例最大，其面积只是在1985年略有下降，约占32.33%的比例，在其他年份均呈稳步上升的趋势，2012年种植比例达到52.41%。水稻的种植面积呈上升趋势，2010年后增长至15.72%左右。1980~2010年，小麦和谷子的种植面积变幅均不大。大豆和高粱的种植面积均呈下降趋势，其中大豆面积约减少10个百分点，高粱面积减少了13个百分点以上。

表3-3　辽宁省历年不同农作物的种植比例　　　　　（单位：%）

年份	作物						
	玉米	水稻	大豆	小麦	花生	谷子	高粱
1980	36.82	10.03	12.29	1.06	2.53	4.94	14.51
1985	32.33	12.96	10.60	0.32	6.79	5.67	11.24
1990	37.74	15.01	9.64	3.16	2.16	4.68	10.91
1995	41.87	13.04	7.53	4.73	2.61	2.84	8.51
2000	43.26	13.52	8.34	3.25	3.94	2.40	5.21
2005	47.21	14.97	6.68	0.59	4.54	2.38	2.97
2010	51.38	16.63	3.03	0.18	8.16	1.89	1.73
2011	51.49	15.91	2.90	0.17	9.10	1.53	1.42
2012	52.41	15.72	2.75	0.16	8.54	1.23	1.21

如表3-4所示，1980~2012年，吉林省几种主要作物的变化趋势与辽宁省略有不同，玉米种植比例最大，其次是水稻和大豆。玉米种植面积一直呈逐步上升的趋势，30多年间约增加了20个百分点。水稻的种植面积也在稳步升高，不过增幅远不如玉米面积大，30多年间增加了近7个百分点。大豆呈螺旋式减少趋势，由1980年的13.66%，减少到2012年的4.33%。花生种植呈稳步上升趋势，谷子种植面积的下降趋势十分明显，减少9个百分点以上。小麦和高粱种植面积呈下降趋势，由于原来种植比例较小，因此，变幅不是十分显著。

表 3-4　吉林省历年不同农作物的种植比例　　　　　（单位：%）

年份	作物						
	玉米	水稻	大豆	小麦	花生	谷子	高粱
1980	41.28	6.20	13.66	3.37	0.20	10.21	5.74
1985	41.32	7.98	11.76	1.75	0.33	6.79	4.92
1990	54.93	10.36	11.48	1.49	0.14	2.20	3.08
1995	57.74	10.58	9.33	1.98	0.53	0.85	3.16
2000	57.45	12.87	11.87	1.70	1.19	0.57	2.68
2005	56.02	13.20	10.19	0.19	2.26	0.25	1.72
2010	58.35	12.90	7.22	0.07	2.59	0.61	1.83
2011	60.02	13.24	5.84	0.06	2.27	0.67	1.93
2012	61.79	13.19	4.33	0.06	2.66	0.67	2.39

如表 3-5 所示，1980~2012 年黑龙江省各种农作物种植比例与吉林省、辽宁省相比差别较大。玉米种植比例最大，其次是水稻和大豆。玉米的种植面积在不断增加，1985年下降至最低点的 18.37%，之后开始增加至 1995 年的 27.88%，后 10 年中又在下降，到 2012 年增至最大值 42.42%，30 多年间增加了近 20 个百分点。大豆的种植面积仅次于水稻，到 2005 年时达到最大种植比例为 35.19%，之后开始下降，到 2012 年时下降至 21.77%，这也是东北地区大豆保持较大种植面积的根本原因所在。小麦的种植面积在 30 年间一直呈下降趋势，且降幅最大，达到了 22 个百分点。与小麦相反，水稻的种植面积一直在上升，且升幅迅猛，30 年间增加了 23 个百分点左右。气候变暖后，水稻种植面积大幅北扩，以前是水稻禁区的伊春、黑河，2005 年后也种植了水稻，这可能是水稻面积增加的根本原因所在。谷子的种植面积降幅也较大，约减少了 8 个百分点。其他作物花生种植比例在增加，高粱种植面积在减少，但变幅不大。

黑龙江和吉林地区水稻种植面积扩大是对东北气候变化的积极响应，特别是黑龙江省，2000 年水稻种植面积是 1980 年的 7 倍（矫江，2002）。2008 年水稻种植面积达到了 245 万 hm^2，总产量为 1835 万 t，同时，原有适宜种植区种植面积扩大、产量提高（李大林，2010；赵秀兰，2010）。但黑龙江省的大面积天然湿地变成人工湿地，使得植被单一，极有可能影响该地区的生态结构和功能，可能为稻瘟病发生提供有利条件，威胁当地的生物多样性，进而加剧气候的不利影响和气象灾害的发生（谢立勇等，2009）。

表 3-5　黑龙江省历年不同农作物的种植比例　　　　　（单位：%）

年份	作物						
	玉米	水稻	大豆	小麦	花生	谷子	高粱
1980	21.59	2.41	18.68	24.12	0.03	8.81	3.11
1985	18.37	4.54	25.26	23.75	0.02	5.74	1.69
1990	25.34	7.87	24.29	20.81	0.01	2.05	1.86
1995	27.88	9.66	29.06	12.91	0.03	1.01	1.55
2000	22.86	17.21	30.74	6.33	0.20	0.88	1.24
2005	22.02	16.36	35.19	2.46	0.24	0.38	0.71
2010	35.94	22.78	29.19	2.30	0.19	0.10	0.21
2011	37.53	24.10	26.19	2.44	0.18	0.08	0.16
2012	42.42	25.09	21.77	1.72	0.20	0.07	0.21

二、适应气候变化的作物布局优化

农作物种植布局应基于恢复和培养地力需求，本着有利于建立合理的作物生态结构。通过用地作物与养地作物合理轮作的生态关系，取得均衡、充分利用土壤养分的效果。改善土壤理化性状，调节土壤肥力水平，防治病虫草害，是创造合理、高效的农田生态系统的重要环节，是科学解决种植业生产中生物因素与环境因素矛盾的主要途径。

当种植业结构合理时，可使各种作物各抒其长，均衡增加产量，改善品质，提高经济效益，有利于生产系统结构和功能的改进，有利于人民生活水平和食物质量的提高；种植业结构失调会出现一些作物盲目发展，导致农田生态系统恶化，经济效益不能持续稳步地提高，从而影响整个国民经济的发展。因此，综合考虑气候等诸方面影响因素，合理布局农作物，是农业发展中的一个重要战略问题。

（一）玉米带布局

东北地区是北半球欧亚大陆的第三个高增温区，也是 20 世纪中国变暖趋势最为明显的地区之一。由于气候变暖导致的气候带移动对种植业会有较大影响，会使中纬度和高纬度地区如东北春玉米区的作物布局发生较大变化（王石立等，2003）。为响应气候变化，玉米带种植策略应做出相应调整，适宜在温暖半湿润或湿润气候区旱作地和温暖干旱或半干旱气候区灌溉地发展。吉林省中部地区，位于 42°N～45°30′N，123°5′E～127°5′E，日照时数在 2600～2800h；年辐射量在 48.07 万～50.16 万 J/cm²；≥10℃有效积温为 2800～3200℃，无霜期为 140 天；地表水总量为 $19.25 \times 10^8 m^3$，占全省地表水总量的 5.4%；降水量在 500～600mm，雨热同季，高温多雨的季节正值作物生长旺盛时期。基本相当于美国玉米带的纬度（40°N～45°N），自然条件很相似。玉米种植面积比例较大，种植面积占 70.66%（吉林省统计局和国家统计吉林调查总队，2005）。玉米种植结构上应大力发展高油玉米、高淀粉玉米、高赖氨酸玉米和糯玉米、青饲玉米生产，适当压缩普通玉米种植面积（蔡红梅，2008）。同时，结合区内畜牧业发展的需求，积极发展籽粒与青贮兼用型玉米生产，促进玉米生产结构的优化。而吉林省西部地区土壤瘠薄，盐碱地面积大，降水量少，种植玉米产量不高不稳，为此，应该压缩玉米种植面积，使玉米种植面积占粮豆总面积的 40% 左右即可。在玉米种植结构中应压缩普通玉米面积，增加高油玉米和高淀粉玉米面积。黑龙江省玉米的比例由南往北逐渐缩小，松花江地区南部、绥化地区南部及嫩江地区南部玉米的种植比例占 50%～60%，中部地区（温和农业气候带和温凉农业气候带）玉米种植比例一般应在 30%～40%，而在北部冷凉农业气候带和寒冷农业气候带，玉米的比例要下降到 10% 以下（孙玉婷，1986）。东北地区的玉米是我国为数不多的在国际市场上具有竞争力的大宗商品，应具有较大的种植面积。玉米种植面积的变化总是落后于温度的变化，但随着人类对气候变化认识能力的不断提高，响应气候变化周期的缩短，农业种植结构布局的调整便会加快。

（二）水稻布局

水稻是温暖或温热半湿润气候区和温和半干旱气候区灌溉地的优势作物。东北地区主要种植一季水稻，截至 2014 年，东北稻区水稻种植面积已发展到近 4590 万 hm²。水稻是对气温要求比较高的作物，对气候变暖会比较敏感，支持大范围水稻种植的临界温度条件为≥10℃有效积温 2300～2400℃，积温增加后，原水稻种植区保持不变的同时，水稻集中种植区随≥10℃有效积温 2300～2400℃线北移。部分原来玉米生长的优势地区，由于满足了喜暖喜湿作物水稻的种植条件，并且水稻的经济效益优于玉米，因此，玉米被扩充的水稻所代替，水稻的种植北界已经移至 52°N 的黑龙江呼玛等地区（云雅如，2004）。

东北稻区种植面积虽小，但产量潜力大、米质优。吉林、黑龙江水稻单产增加的幅度明显大于辽宁，水稻种植面积占主要粮食作物（水稻、小麦、玉米）种植面积的比例以黑龙江增加的幅度最大，吉林次之（王媛等，2005）。中稻在黑龙江省的种植比例最大（生育期110～170 天），在气候变暖的背景下出现不同幅度的减产，减产幅度在6%～7%，减产原因主要为温度升高，水稻发育期加快，生育期缩短，产量降低。但随着气候进一步变暖水稻将北扩，2030～2050 年黑河和沿黑龙江流域及大兴安岭已成为水稻主要种植区（潘华盛等，2004）。

考虑气候变化的影响，气候变暖引起东北地区极端高温年的概率增加，极端低温年的概率减小，热量资源普遍增加，北部增加幅度大于南部地区，北部热量资源的年际变率减小，南部热量资源的年际变率增加。根据热量资源的变化，水稻品种行为随之调整，即水稻偏晚熟品种的种植范围应该会向北、向东扩展，无论是否更换品种黑龙江省、吉林省大部分地区的水稻期望单产都会增加，如果更换了更适应较暖气候条件的偏晚熟品种，增产的幅度会更大；辽宁省主要种植晚熟品种，热量条件已经接近一季稻所需热量的上限，随着气候变暖水稻期望单产则会下降（王媛等，2005）。总之，东北地区污染少，是优质绿色粳稻理想的种植区域。未来应稳定扩大种植面积，不断提高单产和品质，以供应东北、华北、西北及南方大城市的粳米市场，并考虑优先发展三江平源、松嫩平原和辽河平原等具有一定生产规模的区域（杨春，2009）。

（三）杂粮布局

杂粮是泛指小品种的谷类、豆类、薯类的总称，适宜在温和半干旱半湿润气候区旱作地发展。40°N～43°N 的地带是世界优质杂粮的主产区。杂粮适宜种植区的气象条件为生长季平均气温多在 18℃以上，≥10℃有效积温在 3000℃以上，生长季降水量在 350mm左右，无霜期在 140～150 天。光热有余，降水够用，无霜期长，适宜种植中晚熟和晚熟型品种，单产水平最高。生产中应特别注意抗旱和品种类型选择问题。较适宜种植区为生长季平均气温为 16～18℃，≥10℃有效积温在 2600～3000℃，生长季降水量在 315～350mm，无霜期在 125～140 天。光热水够用，可满足中熟、中晚熟品种的需求，单产水平较高，生产中应特别注意防旱、防霜冻等气象问题。不适宜种植区为生长季平均气温一般在 16℃以下，≥10℃有效积温低于 2600℃，生长季降水量在 315mm 以下，无霜期在125 天以下。无霜期短，热量不足，仅可种植一些早熟型的杂豆品种，但产量相对较低，一般不适宜发展豆类种植业（扎日等，2012）。东北地区应依据地理位置、气候特点、适宜杂粮生长发育的生态条件，合理进行杂粮布局调整。首先是辽宁省小杂粮种植区域可划分为（孙桂华，2003），①辽西小杂粮种植带。包括凌源、建平、喀左、朝阳、北票、建昌、阜新、彰武等。年平均气温 7～9℃，≥10℃的有效积温 3000～3400℃，年降水量 400～600mm，属于半干旱地区，经常遭受干旱的威胁。无霜期 150～170 天。由于坡地比例大，水土流失严重，土壤耕层浅薄，具有天旱、地薄的特点。种植玉米、大豆、小麦等需水量大的作物，产量受到很大的影响。而杂粮具有耐旱、耐瘠薄的生育特点，能获得较好的收成，应积极发展谷子、糜子、芝麻、小豆、绿豆等杂粮作物生产，适度控制玉米、大豆、小麦等大田作物的面积。②辽北小杂粮种植带。包括沈阳地区的康平、法库两县。年平均气温为 7～8℃，≥10℃有效积温 3000～3200℃，年降水量 500～600mm，无霜期 150～155 天。气候特点是风大，干旱，水土流失严重。发展玉米、大豆、高粱等需肥水较多的大田作物已受到一定的限制。应因地制宜大力发展小豆、绿豆、芝麻、糜子等小杂粮。③辽东小杂粮种植带。包括抚顺、本溪、桓仁、宽甸、岫岩、凤城、清原、新宾等市县。年平均气温 5～8℃，≥10℃有效积温 2700～3400℃，年降水量 750～1200mm，无霜期 140～160 天。建议在辽东小杂粮种植带的林、果的行间，种植一些耐阴性较强、又耐瘠薄的绿豆、小豆等杂粮作物。吉林省西部地区年日照时数较长，为 2900～3000h；年总辐射量均在 50.16 万 J/cm² 以上。无霜期为 140 天；降水量在 400mm 左右。为半干旱区，干燥度＞1.2。土壤瘠薄，盐碱地面积大，降水量少，种植玉米产量不高不稳，为此，应该压缩玉米种植面积。应积极扩大油料作物、糖料作物和小杂粮的种植面积，主要应发展绿豆、红小豆生产，建设优质的小杂粮生产基地，可供出口，增加创汇，提高农业生产效益（蔡红梅等，2008）。黑龙江省进一步优化粮食种植品种结构，提升杂粮种植比例，增加杂粮种植品种数量，推广优质杂粮品种（吕世翔等，2014）。基本形成了三江平原以宝泉岭等农场为主的红小豆种植基地，以红旗岭农场、八五二农场、八五一一农场、庆丰农场、双鸭山农场和小兴安岭脚下的海伦农场、红光农场、绥棱农场等为主的白瓜子种植基地，以友谊农场、和平牧场、宝泉岭农场、富裕牧场等为主的花生种植基地，以尖山农场、八五三农场、八五二农场、五九七农场等为主的小粒白芸豆和红芸豆生产基地。

第二节　气候变化对作物品种布局的影响与布局调整

气候变化导致光、热、水等农业气候资源发生变化，从而对作物种植范围、产量和品质形成产生影响。针对气候变化对农业的可能影响，分析未来光、温、水资源重新分配和农业气象灾害的新格局，改进作物品种布局，选用抗旱、抗涝、抗高温等抗逆品种等都能达到适应气候变化的目的（李虹，1998）。

一、气候变化对作物品种布局的影响

气候变暖可使越冬作物的种植北界北移，复种指数提高，相对而言，喜温作物种植面积增加；同时可使冷凉地区作物生长季延长，作物品种熟性由早熟向中晚熟方向发展，作物单产有所增加。气候变暖总体上对东北地区粮食生产有促进作用。东北地区作物生长季延长，使引进中晚熟高产大豆、玉米等作物品种成为可能，低温冷害和霜冻发生频率减少，对东北地区粮食生产具有正面影响。同时，东北地区水稻生长期内光、热资源同步，且昼夜温差较大，为东北水稻发挥高产优质潜力提供了机遇。

（一）同一作物品种对不同气候区的适应性

积温是影响作物产量的主要因子，温度通过影响植物体内生理机能而作用于作物的生长发育。温度较高时，酶的活性增强，物质代谢旺盛，养分吸收、运输速度快，细胞分裂与组织分化迅速，促进植株生长发育。相反，则抑制作物的生育活动。对于同一玉米品种而言，温度升高使作物生长发育速率加快，生育期缩短（王琪等，2009；吕硕等，2013）。由于气候变暖和无霜期延长，吉林省的玉米品种熟期较以前延长了7～10天，高产晚熟玉米种植面积增长迅速（潘铁夫，1998）。张厚宝等（2009）研究表明，郑单958在东北春玉米区，吐丝到收获天数随纬度的升高由南到北呈递减趋势，但其他各生育阶段天数，随纬度的升高逐渐延长，随经度的升高也是逐渐延长。在积温、降水量和日照时数的影响下，玉米生育期随播期的推迟逐渐缩短。根据积温的差异，初步认为45°N是郑单958在东北春玉米区的种植安全线，并建议不要盲目扩大其种植范围。适宜区年≥10℃有效积温范围为3200～3500℃；次适宜区年≥10℃有效积温范围为2900～3200℃，或者3500～3800℃；不适宜区年≥10℃有效积温范围为<2900℃或者>3800℃。

（二）同一气候区内不同作物品种的适应性

东北地区气候变暖，农作物生长季内热量资源增加，有利于作物产量潜力的提高（袁彬等，2012；翟志芬等，2012；钟新科等，2012）。例如，近年来辽宁省昌图县及吉林省梨树县玉米产量大面积超过15 000kg/hm²；2007年黑龙江三江平原水稻小面积单产达14 955kg/hm²，创历史最高纪录。这主要归因于当年夏季连续40天的晴天提供了充足的热量资源以及人工灌溉满足了水稻的用水需求（谢立勇等，2009）。随着热量条件改善，各地普遍改用生育期更长的品种以挖掘增产潜力。但同一气候区内不同作物品种的适应性略有差异。

2013～2014年，在吉林省梨树县气候条件下，选择当地主推早、中、晚熟的12个玉米品种进行光合特性和适宜播期种植试验。早熟品种为吉单27、穗禾369、长单529、天农9；中熟品种为先玉335、吉单536、迪卡516、利民33；中晚熟品种为农华101、郑单958、良玉99、京科968。研究表明：在2013年的气候条件下，中晚熟和中熟品种有较高的光合能力，且经济产量值高（图3-1），与早熟品种（除长单529外）相比较，中晚熟和中熟品种的玉米更能适应当年的气候条件。在2014年气候条件下，早熟品种有较强的光合能力，整体产量较高（图3-2），而中晚熟和中熟品种产量较低，但综合产量也达到10 000kg/hm²以上，综合考虑，早熟品种更适宜当年的气候条件。

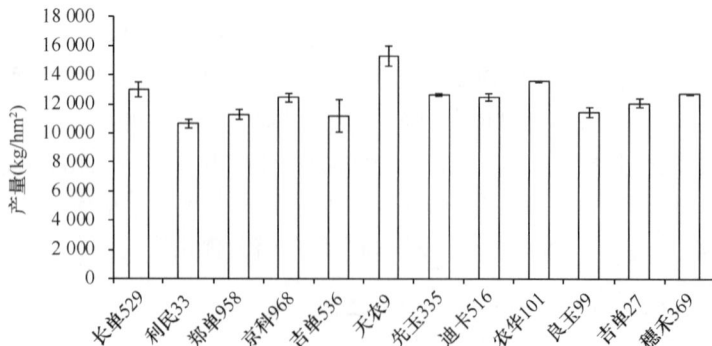

图3-1　2013年12个玉米品种籽粒产量

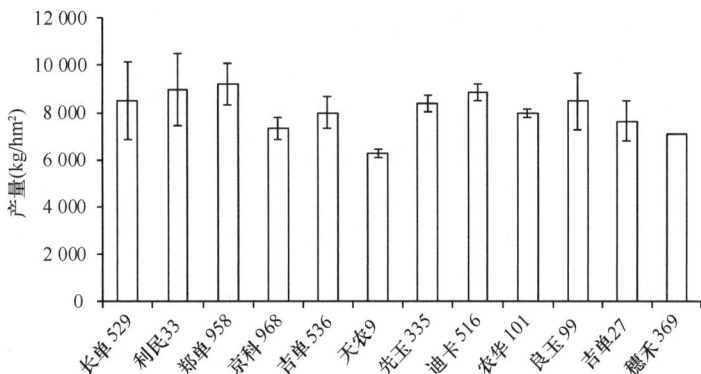

图 3-2　2014 年 12 个玉米品种籽粒产量

综合两年试验结果，早熟品种产量波动较大，2014 年和 2013 年相比较，平均产量相差近 4000kg/hm²。中晚熟和中熟品种尽管两年的气候差异较大，但相同熟期的不同品种的产量相对稳定。晚熟品种光合能力较低，但是在一定气候条件下，其产量仍可以超过中早熟和中熟品种。因此，为更好地提高玉米产量，在东北地区仍要以中熟品种的种植为主，在保障中熟品种光合能力的前提下，可以通过施肥、灌溉等耕作手段，进一步提高中熟品种的产量能力。对于中晚熟品种，要在保证其高产的条件下，进一步提高其群体光合作用，以达到进一步增产的目的。

（三）品种布局的变化

适应气候变化的品种布局调整主要体现在 4 个方面：随着热量资源的增多，生育期延长，部分地区中晚熟品种逐渐替代早熟品种；受气候暖干化影响，一些地区呈现干旱缺水趋势，耐干旱品种逐渐替代原有耗水量较大的品种；由于温度升高，部分地区冬性较弱的品种替代冬性较强的品种；受气候变化影响极端气候事件（干旱、暴雨）频发，灾后紧急种植适宜救灾的作物，替代原有作物，实现抗灾、救灾的目标（许吟隆等，2014）。

20 世纪 80 年代以来，东北地区平均气温上升 1.0～2.5℃，物候期提前，积温增加，作物有效生育期延长，作物布局和面积发生了较大的变化（刘颖杰和林而达，2007）。针对气候变化对农业的可能影响，要分析未来光、温、水资源重新分配和农业气象灾害的新格局，改进作物品种布局，选用抗旱、抗涝、抗高温等抗逆品种（李虹，1998）。在新的气候环境中，农民可以选择作物新品种替代产量低的作物品种（Adams et al.，1999；Seo and Mendelsohn，2008）。高产品种将会被抗逆性强的品种代替，旱地作物和耐热性作物的种植面积将扩大（周平，2001）。例如，吉林省的玉米品种熟期较以前延长了 7～10 天，原本满足 15～16 叶玉米种植的地区可以改种 19～21 叶的品种，将早熟品种更换为中晚熟品种在产量与品质上可以得到提高，经济效益增加（朱晓禧等，2008）。应该注意的是作物不同熟型品种因气候变暖，种植在适宜的积温区域内，可充分实现作物产量潜力，保证高产稳产，但盲目跨积温区种植，易使作物遭遇低温冷害导致严重减产。

二、适应气候变化的作物品种布局调整

一般把日平均气温稳定到达 10℃及其以上的日期，称为作物的安全生长期；安全生

长期的长短和这期间内温度高低，积温的多少，是决定作物品种布局的重要依据。不同气候区域适宜发展的作物一般为，玉米适宜在温暖半湿润或湿润气候区旱作地和温暖干旱或半干旱气候区灌溉地发展；水稻是温暖或温热半湿润气候区和温和半干旱气候区灌溉地的优势作物；春小麦是温凉半湿润或湿润气候区旱作地和温凉干旱或半干旱气候区灌溉地的优势作物；大豆适于气候温和湿润、地势平坦、土层深厚的土壤。气候变化导致温度和降水产生变化，进而对品种布局调整产生影响。品种布局具体原则如下。

（一）玉米品种布局

根据东北三省 2010～2012 年推广的主要玉米品种的产量调查表明，随着年度气候条件的不同，不同的玉米品种产量年际间稳定性差异很大。2010 年调查的 75 个品种中，玉米产量在 10 000 kg/hm² 以上的有 27 个；2011 年调查 65 个品种，产量均在 10 000 kg/hm² 以上；2012 年调查的 74 个品种中，产量在 10 000 kg/hm² 以上的有 71 个。从综合情况看，稳定型品种为先玉 335，3 年中其产量均在上述统计范围内。相对稳定的品种为北育 288 和郝育 18，有 2 年其产量在上述统计范围内。其他品种在不同年际间产量出现较大的波动性。因此，可以肯定不同的玉米品种产量受气候变化影响较大。我们认为，在同一个气候区内，玉米品种的合理布局应该是相对稳定型和波动型品种要同时存在，既可以保证产量的稳定性，同时由于气候条件的变化，而达到增产的作用。

（二）水稻品种布局

东北水稻土由于母土类型和发育程度不同，土类以下细分为淹育水稻土、潜育水稻土和盐渍水稻土。淹育水稻土发育于草甸土、新积土、黑土、黑钙土、暗棕壤和白浆土等，属于幼年型水稻土，除耕作层有铁锈斑纹、结构被破坏外，并有不明显的犁底层，下部的母质特征及属性明显；潜育水稻土发育于沼泽土和泥炭土，地形低洼，地下水位高，除表土有网状锈纹外，土体下部有青灰色呈软块状的潜育层；盐渍水稻土多发育于盐土或盐化草甸土、盐化新积土等土壤，盐渍水稻土仍保留母土的盐渍特征，50cm 内最高含盐层盐分含量≥0.1%。

1. 淹育和潜育水稻土水稻品种布局

淹育水稻土和潜育水稻土均属于障碍性小或无障碍土壤，根据东北地区气候变化特点，水稻品种的合理布局应该如下所述。

1）东北大部分地区属于早、中熟一季粳稻区，无霜期相对较短。气候变化对水稻品种的影响主要是生育期太短，往往不能成熟，极易遭遇低温冷害，生产风险太大。例如，2002 年吉林、黑龙江粮食障碍性冷害导致大面积空壳减产，两省东部低温冷害造成的减产高达 30%以上（钱正英，2007）。生育期适合的杂交种又无产量优势，因此，在东北稻区品种应以常规超级稻为主。

2）针对辽宁中部和南部地区，无霜期较长、有效积温相对多，应以超级杂交粳稻为主要发展空间。

2. 盐碱土区水稻品种布局

东北盐碱土属于盐分障碍土壤，不同气候积温带水稻种植品种、特性及田间管理等如表 3-6 所示。调查表明，由于盐碱土区气候变化的特点，目前东北盐碱地水稻种植以中熟水稻品种为主，其次为中早熟水稻品种，而中晚熟及晚熟品种则相对较少，早熟与极早熟品种基本未见栽培。在中晚熟及晚熟水稻品种的引进及种植栽培上则相对盲目，尤其是新品种引进，基本未考虑天气变化对水稻成熟的影响。对东北盐碱地区由南到北不同气候积温带水稻种植品种及田间管理等的调查情况如表 3-6 所示。

表 3-6　盐碱土区水稻品种及特性

	品种	耐盐碱程度	生育期（天）	育苗期（月、日）	插秧期（月、日）	备注
晚熟品种（143天以上）	吉粳 88（超级稻 1 号）	中	143～145	4 月上旬	5.20～5.27	
	吉粳 803	中	145	4 月上旬	5.20～5.27	
	稻花香	弱	140～145	4 月上旬	5.20～6.1	怕早霜
中熟品种（138～140 天）	吉粳 503	中	138～140	4 月上旬		
	吉粳 83（丰优 307）		140			抗耐病、抗霜打、抗旱性强
	丰优 301		138			耐病、抗寒、抗旱、耐盐碱
中熟品种（133～137 天）	558	强	132～133	4.14～4.15	5.14～5.15	
	农大 37	弱	132～133	4.14～4.15	5.14～5.15	
	小高粱	强	132～133	4.14～4.15	5.14～5.15	
	122		132～133	4.14～4.15	5.14～5.15	
	黏稻	中	135～137	4 月上旬	5.20～6.1	
	长粒香	中	135	4 月上旬	5.20～6.1	
	黑稻	中	135	4 月上旬	5.20～6.1	
	超级稻	中	135	4 月上旬	5.20～6.1	
	吉开 318（高产 106）		135			抗寒、耐盐碱，
	吉粳 74（丰优 203）		136～137			耐寒、抗轻霜、抗旱、耐盐碱
中早熟品种（128～132 天）	超级稻	强	128～130	4 月 14 日、15 日	5 月 14 日、15 日	
	白稻 8		128～130	4 月 14 日、15 日	5 月 14 日、15 日	
	8945（长白 9 号）	强	130	4 月上旬	5.20～6.1	抗倒伏
	长白 10	强	130	4 月上旬		米质不好
	白粳 1 号	强	131	4 月上旬	5.20～6.1	面积大
	长白 13（组培 42）		130～132			抗旱、耐盐碱，抗瘟性较强

此外，98-122、龙洋直穗、赋育 333、农大 27、吉农大 809、吉农大 819、吉农大 505、东稻 4 号、吉粳 511、白粳 1 号等也是调查获取的适应盐碱土区气候特点的耐盐碱、高产品种。

因此，考虑到≥10℃有效积温、无霜期长短及低温冷害等气候影响，盐碱土区水稻品种布局应以中熟品种为主，中早熟品种次之，而中晚熟及晚熟品种则慎重考虑。

需要提及的是，在气温升高、干旱加剧的前提下，盐碱土地区碱化现象更加严重，而不同的水稻品种，对盐碱的适应程度各不相同，因而根据土壤盐碱程度有选择地种植不同水稻品种十分必要。研究表明，当年新开的盐碱土水田，由于土壤尚未熟化，盐碱相对较重，这时候应该以追求稳产为主，因而比较适合的水稻品种为松粳 3 号，这一水稻品种既有较高的耐盐碱性，抗逆性也较强，产量相对较高，是比较理想的新开盐碱土水田种植品种。但当盐碱地种植水稻多年后的水田，盐碱化已经不是主要制约因素，这时应以追求高产为目标，因而可以选择一些更加适合当地气候的高产水稻品种，目前发现比较适合盐碱土区的水稻品种为吉农大 809，这一品种在相对熟化的土壤条件下，具有极高的产量潜力。因此，根据土壤盐碱条件不同，因地制宜，选择相对适宜的水稻品种，才能更好地利用土地资源，保证水稻种植的稳产和高产。

第三节　气候变化对种植方式影响与种植方式变革

种植方式包括轮作、连作、间作、套作、混作和单作等。种植制度是耕作制度的主体。一个合理的种植制度应该有利于土地、劳力等资源的最有效利用和取得当地当时条件下农作物生产的最佳社会经济效益，有利于协调种植业内部各种作物之间的关系，促进种植业以及畜牧业、林业、渔业、农村工副业等的全面发展。气候变化对农业生产的影响主要体现在作物生产、种植制度、区域性生产等方面，将改变农业生产条件（灌排设施、农机具和技术配套、化肥与农药用量、种子改良等），提高农业生产成本，大幅度增加农业投资（刘颖杰，2008）。

一、气候变化对作物种植方式的影响

轮作是我国农业生产上巧耕种、巧安排的传统经验。各种轮作换茬方式，是根据不同的自然条件、经济条件和作物特性等，在一定的地段上，对作物进行周期性的配置和合理的换茬。我国幅员广阔，地形、气候、土壤以及农作物的种类都很复杂，因此，各地现行轮作换茬的形式很繁多。

东北地区的黑土地带，年降水量为 500～600mm，春季干旱多风，夏季为雨季，年平均温度为 1～2℃，生育期较短。轮作制度一般为小麦—大豆—高粱或谷子 3 年轮作，小麦—大豆—谷子或高粱—玉米 4 年轮作。其原因主要是：把大豆茬作为高粱、玉米或谷子的前茬，而不作为小麦的前茬。高粱种在大豆茬上，土热潮，早熟，产量高。小麦茬不宜再种高粱、玉米；麦茬玉米，小苗发红，秸秆矮，秋雨多时贪青；麦茬高粱，不保苗，贪青晚熟。麦茬最适宜的作物为大豆。但在气候变化的大背景下，受经济效益的影响，东北地区固有的轮作换茬种植制度逐渐被一种作物的连作种植方式所替代。

（一）大豆—玉米轮作变玉米连作

轮作是农田用地和养地相结合、提高作物产量和改善农田生态环境的一项农业技术措施（沈学年和刘巽浩，1983）。大豆—玉米轮作不但可以消除连作对 2 种作物的不利影响，而且由于大豆可以进行生物固氮，种植大豆后在土壤中存留的氮素供后茬玉米利用，以减少对氮肥的依赖（Stella and Max，2001）。大豆—玉米轮作在提高其产量的同时，有提高土地水分利用效率等优势（Copeland et al.，1993）。在大豆—玉米轮作条件下，玉米生育期内土壤水分的变异系数小，有利于植物的吸收与缓冲。大豆—玉米轮作

较玉米连作土壤含水率在玉米需水的关键时期有不同程度的增加,20cm 及 40cm 土壤层次分别增加 2.0～4.2mm 和 2.6～6.7mm 的降水(彭畅等,2010)。大豆—玉米轮作益处多多,但东北地区的玉米连作种植面积逐年攀升,2012 年与 2002 年相比较,辽宁、吉林、黑龙江和内蒙古 4 省(自治区)玉米种植面积增幅分别为 37.33%、21.34%、114.02% 和 151.34%,尤其在吉林东部半山区,随种植面积的不断扩大,玉米长年处于连作状态,大幅度限制了该地区作物产量优势的发挥(周岚等,2013)。近 20 年来,随着气候明显增暖,产量较高的玉米有迅速扩种之势,这也是东北地区玉米显著增产的重要原因;但另外一方面,营养价值高、产量较低的大豆种植面积则相对萎缩(金之庆等,2002)。

(二)粮草轮作变粮食连作

粮草兼顾一方面可为畜牧业提供大量优质青饲料,提高畜牧业产出效率;另一方面,可以节省大量耕地,同时培肥地力、保持水土,促进农业可持续发展。在种植制度方面,可选择粮草轮作、粮草套种等种植制度,充分利用中低产田以及闲置荒地等种植牧草。有计划因地制宜发展粮草轮作,是改变低产面貌的一项有效措施,也是用地和养地相结合,达到稳产多收的重要途径之一。粮草轮作可利用草木犀庞大的根系穿插、挤压和腐殖质的胶结作用,增加土壤团粒结构,增厚熟化层,改善土壤结构。坡地种植,能有效地防止水土流失(王建国等,1995);通过生物深松作用,使土壤疏松。草木犀根系穿透能力强,土壤结构得到了改善,通气性强,提高了土壤保水能力;草木犀根瘤的固氮作用和大量的根系、残枝落叶遗留土壤,增加了土壤有机质和养分。东北地区具有开展粮草轮作的生态条件,但同时也是我国重要的商品粮生产基地,农作物用地与饲草料用地矛盾比较突出。引草入田,发展农区草业,对于缓解该地区的人土(地)矛盾、草畜矛盾有重要意义(邢福等,2011)。牧草连作、草经轮作、粮草轮作或粮草经轮作的生态效益较好,而玉米连作的生态效益较差(祝廷成等,2003)。

我国农区种草一直是以绿肥为主,20 世纪 50 年代大约为 333 万 hm^2,60 年代达 400 万 hm^2,70 年代超过 667 万 hm^2,最高年份接近 1000 万 hm^2,之后开始下降,一直保留在 667 万 hm^2 上下(田福平等,2012)。粮草轮作是用养结合、培肥地力的好形式。但随着人口的增加,人均耕地面积逐渐减少,只为恢复植被、改善生态环境的粮草轮作方式,不可能被现阶段人民群众所接受,推广比较困难。

值得期盼的是,农业部(农发〔2015〕2 号)关于进一步调整优化农业结构的指导意见指出,推动我国“耕地农业”向“粮草兼顾”转型,“十三五”期间将推行“粮草兼顾”战略。但必须注意的是,种草必须与农民的长期利益相结合,产出的草必须转化为经济效益,否则必然挫伤农牧民继续种草的积极性。

(三)种植方式多样性锐减

间作、套作、混作制是我国农民经济利用土地,提高复种指数,有效利用生长季节,提高单位面积产量的创造。间作、套作、混作在作物的配合上需要很高的技术性,作物种类配合得好,两种作物都能增产,配合不好,常常造成两种作物对光照、空气、土壤养分的相互竞争,使一种作物减产,或两种作物同时减产。所以进行间作、套作、混作时,必须充分考虑到不同作物的特性及其对土壤营养的需要情况。东北地区玉米与其他作物（草）轮作、间作和套种，是充分利用农田资源，提高复种指数的重要途径。

东北区目前种植制度主要有玉米连作、水稻连作、大豆—玉米轮作三种，产量以连作玉米产量最高，其次为连作水稻，大豆—玉米轮作产量最低。因此，造成大豆—玉米轮作较玉米连作产量较低，效益较差。另外一方面，玉米连作、水稻连作或大豆重茬种植适合机械化生产，劳动强度降低，适合规模化经营。

正是由于国家政策导向、农村市场经济的发展和农民商品经济观念的逐渐增强，在短期行为还比较严重的情况下，违背了作物合理的轮作换茬的客观规律，特别是在东北地区，随着人口的增加，人均耕地面积逐渐减少，种植方式多样性锐减，而玉米连作和大豆重茬种植面积逐年增加，2002 年辽宁、吉林、黑龙江和内蒙古 4 省（自治区）玉米种植面积分别为 156.68 万 hm^2、260.94 万 hm^2、213.27 hm^2 万和 151.89 万 hm^2。到 2012 年，辽宁种植面积增至 215.14 万 hm^2，吉林玉米种植面积增至 316.62 万 hm^2，黑龙江种植面积增至 536.04 万 hm^2，内蒙古种植面积增至 325.09 万 hm^2（周岚等，2013）。

值得注意的是，农作物产量受气候、技术措施和社会经济等因素的影响，年际间有相当大的变异（王蓉芳等，2000）。未来 50 年内，气候变化对东北平原的大豆生产有利，对玉米生产在大多数平原地区则弊多利少。因此，作为一种适应气候变化的长远对策，在平原地区逐步扩种大豆，适度压缩玉米种植面积较为合理（金之庆等，2002）。

二、适应气候变化的作物种植方式变革

东北地区因其纬度偏高，增暖明显，降水量减少，干旱显著增加，农业生产受到较大影响（徐斌等，1999）。气候的冷暖、干湿变率可能增大，特别是降水变化的不确定性，作物种植制度可能发生较大变化（周平，2001）。根据"东北与黄淮海粮食主产区适应气候变化技术研发与应用"课题组几年的研究并参考他人的研究结果，我们建议，东北地区适应气候变化的几种主要作物的种植方式如下所述。

（一）连作玉米适应气候变化的种植模式

玉米喜肥水，有丰产的潜力，在东北地区气候条件下，适应性比其他作物较广，产量高，并有省工省肥、可以连作的特点。由于气候变化及种植收益等原因，东北地区玉米已成为第一大粮食作物。调整种植方式与密度，可以协调群体与个体的光能利用、水分、营养分配的关系，最终影响玉米的产量（王敬亚等，2009）。调整行距及秸秆覆盖等是最常见的改变种植方式的方法。

1. 保水抗风蚀种植方式

近 50 年，东北地区增温显著，干旱成灾频度和成灾程度呈逐年扩大的趋势，干旱和水资源短缺已成为限制北方农业和农村发展的首要因素。玉米生长季节持续干旱，严重影响玉米生长发育，另外，春季极端大风天气对土壤的侵蚀，影响作物苗期生长，造成玉米严重减产。

该种植方式即在玉米连作体系中，以 180cm 为一个组合垄，大垄 120～140cm，小垄 40～60cm。种 2 垄空 1 垄、平作免耕、秸秆整株全覆盖、隔年轮换种植，使用免耕机播种，3 垄的株数放在 2 垄上，公顷保苗株数不变，田间管理同均匀垄。

该方式抗旱保墒、防风固土、通风透光、保护环境减少污染、省时、省工、省力、减少燃油消耗，降低化肥施用量。适用于东北西南部气温较高，降水偏少，风沙较大的黑土、黑钙土、棕壤及褐土等地区。

2. 水肥一体化种植方式

半干旱地区水资源短缺、季节性干旱明显，玉米生产中干旱胁迫最高可减产49%。在地下水资源比较丰富的地区，玉米生产中"饱和式单一灌溉土壤"，使水肥脱节、水肥资源生产效率低，造成肥料的大量浪费，加之技术措施不到位，玉米产量稳定性很差。

该种植方式是通过压力管道系统与安装在末级管道上的灌水器，将肥料溶液以较小流量均匀、准确地直接输送到作物根部附近的土壤表面或土层中的灌水和施肥方法。为节约材料，一般采用大垄双行种植，即宽行80cm、窄行40cm，宽窄行各年交替种植；平作不起垄；生长期间可进行一次深松，达30cm；可留高茬30~40cm，根茬自然腐烂还田。

该方式是解除季节性干旱和中后期脱肥对产量影响的最先进灌溉技术之一，利用滴灌设施，根据玉米生长发育各个阶段对水分和养分的需要及土壤水分、养分供给状况，最经济有效、及时准确供给作物所需要的水分、养分，可随意控制水分、养分供应量，实现对玉米个体和群体的综合调控，满足玉米生育需要，达到高产高效、抵御自然干旱的目的。适用于水资源短缺、季节性干旱明显的东北西部风沙土、淡黑钙土地区。

3. 蓄水保墒耕作种植方式

东北地区气候变化的总体趋势是增暖、变干，年降水量呈减少趋势。变暖的季节有从冬春季向夏季延伸的趋势（钱正英，2007）。气温升高，加之土地承包经营后，地块零碎，翻地面积缩小，耕翻深度变浅。黏壤土翻耕后，表土更为疏松，加速了土壤有机质的矿化速度。据长期定位监测，黑土耕层有机质正在以平均每年 0.1%的速度下降，年矿化率为 0.4%~0.7%。黑土腐殖质层逐渐变薄和含量不断降低的同时，土壤一系列理化性状也渐趋恶化，表现为结构性变坏、密度增大、孔隙减少、持水量降低、保水保肥性能减弱、土壤日趋板结、耕性越来越差、抗旱涝能力降低，使玉米产量一直维持在较低的水平。

该种植方式是涵盖土壤耕作和作物种植两个方面。即通过耕、靶、压等一整套机械的作用，为玉米生长创造良好的生长条件。即在秋季玉米收获过程中，将秸秆粉碎还田，以大马力拖拉机深翻 30cm，实现秸秆全部还田，有条件的地方可用重靶在深翻地前靶地一次，使根茬和秸秆粉碎均匀。然后通过镇压保证土壤墒情。在播种时，温度较低的地区，可采用均匀垄种植；气温较高的地区，可采用平作不起垄，大垄双行、条带种植等均可。为节约动力及能源，也可以每隔三年用大型拖拉机于秋季深翻（25~30cm）一次，并通过高留茬或结合联合收割机的应用等将1/3的玉米秸秆还田。其田间管理同均匀垄。

该方式可建立疏松的耕作层次，改善土壤耕层结构，接纳大气降水，最大限度地蓄水保墒，减少蒸发及其他非生产性土壤水分消耗，提高有限降水的利用率。秸秆还田既可减少因农民焚烧产生的环境污染，又可增加土壤有机质及速效养分含量，促进玉米根系的发育及提高根系对养分的吸收能力，提高化肥的利用率。每隔三年深翻一次，可节约动力及能源。适用于东北中、北部机械化水平较高，降水较多，土壤质地黏重的黑土、黑钙土及白浆土地区。

（二）连作水稻适应气候变化的种植模式

同 20 世纪 60 年代相比，东北单季稻种植区内，黑龙江大部、吉林省、辽宁省增温幅度在 5%～15%，东北北部增幅达到 15%～20%；总降水量减少幅度在 10% 以内；东北大部分地区总日照数降低幅度在 10% 以内，但东北北部和东部部分地区水稻生育期内总日照数增加在 10% 以内（张福锁等，2013）。

1. 稀植壮秧种植方式

目前，东北地区水稻栽培主要有盘育苗机械插秧、旱育苗手插秧和水稻直播等方式。盘育苗机械插秧和旱育苗手插秧在水稻生产中占 90% 以上，并且盘育苗机械插秧技术在生产中呈增加趋势。气候变暖，秧苗移栽期提前，水稻生育期增加，使高产晚熟品种的栽种成为可能；降水、日照数减少，水稻种植方式也将相应改变。

该种植方式是通过大中棚育苗、稀植壮秧、大垄双行种植来实现。具体可概括为，选良种、优质型，建温室、用大棚，早扣布、融冻层，配床土、水气通，育壮秧、稀播种，带蘖栽、长秧龄，超稀植、透光风，增农肥、多功能，测施肥、配方精，综合防、草病虫，优质米、精加工，创高产、效益宏（韩贵清，2011）。灌水的原则是插秧后深水护苗，返青期和分蘖期保持浅水 2～3cm，以利增加水温和土温、促进水稻生长和分蘖发生，为促进分蘖不过盛，前期灌水以浅水层为主；为控蘖、壮秆、蹲节、防病、促转换，分蘖末期要及时落干晒田；抽穗期水深 3～5cm，齐穗后干干湿湿，达到"以水调气，以气养根，以根保叶，以叶保产"。

该方式具有通风透光、节约用水的作用，水稻产量可达 9000kg/hm^2 以上，适用于东北淹育水稻土和潜育水稻土等绝大部分地区。

2. 水稻直播种植方式

东北地区春季温度波动大，降水总体减少，以及水资源短缺等问题。水稻直播正成为适应气候变化的一种重要的种植方式。

该种植方式是不进行育秧、移栽而直接将种子播于大田的一种栽培方式。水稻直播可节省大量劳力，缓解劳力季节性紧张的矛盾，可实现水稻生产的轻型化、专业化、规模化。水稻直播节省了泡田环节，对节约水资源具有重要的意义。但与移栽水稻相比，直播水稻存在着难全苗、成穗率偏低、草害重、易倒伏四大难题，从而影响其产量。并且东北地区气候虽呈变暖趋势，但春季温度低且波动幅度大，不满足发展直播种稻的基本条件（矫江等，2008；韩贵清，2011）。

该方式与旱育苗插秧栽培相比，虽产量低而不稳，但对于东北地区适应气候变化的水稻种植来说，是一项重要举措，在种植中掌握好"全苗早发、除草防害、增肥防早衰、健壮栽培防倒伏"等措施，水稻直播种植方式一定会有广阔的推广前景。适用于东北淹育水稻土和潜育水稻土等绝大部分地区。

3. 盐碱地水稻种植方式

盐碱地种稻是盐碱地改良利用最有效的途径之一，也是促进盐碱土区农民增收、农业增效的最佳途径。对于东北地区的苏打盐碱地，特别是新开水田，气候变化引发的春季多风干旱、易涝、早霜等低温冷害发生频繁，土壤盐碱化程度加重，土壤肥力低下、性质不良等一系列问题，导致土壤磷、锌等营养元素有效性降低，肥料利用率不高，水稻产量波动性加剧。

该种植方式是以"淡化表层"节水创建和土壤改良培肥为核心，通过"淡化表层"快速创建与熟化、抗低温、增磷补锌防霜冻施肥技术等配套措施，很好地解决了东北盐碱土区因气候变化引发的干旱导致土壤盐碱加重，水稻品种选择盲目性大，盐碱地稻区春季低温、盐碱导致的土壤有效养分含量低、缓苗慢，夏季低温，秋季早霜冻害频发、水稻营养不均衡、抵抗力弱等问题。其他的田间管理同稀植壮秧种植方式。

该方式具有适合区域发展现状、经济有效、科技含量高、易于规模化推广的特点，可有效解决盐碱土水田开发中遇到的技术瓶颈问题，适用于东北苏打盐碱土水田开发利用地区。

（三）大豆适应气候变化的种植模式

大豆是耐冷凉的作物，在东北地区主要分布在黑龙江和吉林两省，且主要种植地区为三江平原和松嫩平原。气候变化使三江平原气候暖干化明显（孙凤华等，2005），松嫩平原表层土壤存在干旱化趋向（姜丽霞等，2009），这种气候条件对大豆干物质积累形成均存在不利影响，未来气候的暖干化将对大豆的生产构成严重威胁。

1. 抗涝抗冷高产综合型种植方式

该种植方式是秋季一半秸秆粉碎起垄，春季大垄高台密植为主，选抗冷、耐涝品种，中耕深松土壤。该方式可解决春涝低温，作物的播期延后，造成大豆生育前缩短，后期遇上冷害，影响大豆的产量问题。适用于黑龙江东部三江平原低洼低涝地区。

2. 抗旱节水高产综合型种植方式

该种植方式是秋季一半秸秆粉碎还田（另一半作为饲料）覆盖保墒、春季以不冻土层原垄卡种保墒，选用抗旱品种，中耕深松接纳自然降水。该方式可解决每年由于春、夏伏连旱造成的大豆严重减产问题。适用于黑龙江西南部干旱地区（韩贵清，2011）。

第四章　东北粮食主产区主要作物适应气候变化的栽培技术与模式

第一节　适应气候变化的玉米栽培技术

一、适应气温升高的玉米栽培技术

（一）适应问题

近年来，由于东北地区气候变化导致玉米生育期内热量资源大幅增加，气温升高（陈长青等，2011）。1971～2007 年，东北地区玉米生长季每 10 年平均增温 0.42℃，高于中国近 50 年平均气温的上升速率（0.22℃/10a），同时也明显高于全球或北半球同期平均增温速率（0.13℃/10a），说明该区域在玉米生长季增温也较明显。从增温时间来看，从 20 世纪 80 年代末期开始气温上升明显并一直持续到目前，而且还有保持继续加速上升的趋势。最高、最低气温方面，最低气温的增温速率为 0.51℃/10a，而最高气温为 0.24℃/10a，最低气温的增温速率是最高气温增温速率的 2 倍左右，可见最低气温的显著升高对东北地区的气候变暖贡献较大。

2001～2007 年东北地区春玉米生长季有效积温的空间分布，发现有效积温从南到北逐渐降低，范围为 3239～1750℃。玉米为喜温作物，年≥10℃的积温在 2000℃以上可满足其需求，因此目前东北地区除最北部不能种植春玉米外，其他的广大地区均能满足其积温需求。而在已有种植区，玉米适宜播种期随着气候变暖而逐渐提前，与 20 世纪 60 年代相比，目前玉米适宜生长区域内适宜的播种期普遍提前了 2～10 天。

（二）技术原理

针对近年来东北地区热量资源增加、玉米适宜生育期延长，而目前主要种植品种为中早熟品种，从而导致光热资源利用率不高的问题，提出适当的作物栽培技术。该技术主要通过更换适宜熟型的玉米品种，适当调整播种期和收获期，同时配合科学施肥措施，以实现东北区域气候变化条件下玉米的适应性高产栽培，促进产量提高。

（三）技术要点

1. 更换不同熟型品种

气候变暖条件下，东北地区不同地区可调整种植不同熟型的玉米品种（王培娟等，2011）。例如，小兴安岭地区由之前不能种植玉米，目前可以种植极早熟品种，而松嫩平原南部到吉林省中部地区目前可种植偏晚熟品种，三江平原可以种植中熟和中晚熟品种，长白山地带可种植早熟品种。具体的品种熟性变更建议如表 4-1 所示。

表 4-1　东北地区玉米品种熟性的变更

原品种熟性	更改后的品种熟性
不可种植	极早熟品种
极早熟品种	早熟品种
早熟品种	中熟和中早熟品种
中早熟品种	中熟和中晚熟品种
中熟品种	中晚熟品种

资料来源：贾建英，2009

2. 选择适宜播期

东北地区一般在春季 5～10cm 地温稳定通过 8～10℃时进行播种，播种时间大致为 4 月 25 日～5 月 5 日。气候变暖条件下，东北地区玉米应适当提早进行播种（贾建英，2009），目前各地区的适宜播种期建议如表 4-2 所示。

表 4-2　东北不同地区玉米适宜播种期

地区	适宜播种期
小兴安岭地区	5 月 12 日～5 月 17 日
黑龙江省南部地区	5 月 7 日～5 月 12 日
吉林省东部地区	4 月 22 日～4 月 27 日
吉林省中西部地区	5 月 12 日～5 月 17 日
辽宁省	4 月 17 日～4 月 27 日

资料来源：贾建英，2009

3. 配合科学施肥

根据土壤肥力情况和目标产量确定氮、磷、钾肥用量。氮肥采用总量控制，分期调控；磷钾采用恒量监控，中微量元素采用因缺补缺的原则。目标产量为 9000～10 500kg/hm^2 时，施肥量应控制在：氮肥 170～200kg/hm^2，磷肥 70～90kg/hm^2，钾肥 60～80kg/hm^2，硫酸锌 15～30kg/hm^2。其中，氮肥的基追比为 1∶2，磷、钾肥可全部作为基肥。

氮肥和磷、钾肥的少部分可作为种肥施用，施入种侧下 5～8cm。基肥施用可结合秋翻地或整地将化肥中氮肥的基肥和磷、钾肥（不含种肥）及锌肥深施于耕层 8～10cm 处，若采用一次性施肥方案，建议施用缓控释肥料（要求总氮量中有 30%以上释放期为 50～60 天的缓控释氮素；总施氮量可减少 10%，施肥深度 10～15cm）。追肥在 6 月中下旬采用机械或人工深施，深度为 10～15cm。

4. 适时进行收获

玉米的适宜收获时间为籽粒去掉尖冠后出现黑色层、乳线的消失，吉林地区一般在 9 月末至 10 月初。更换不同熟型品种后，收获时应注意籽粒的含水率，含水率高可能导致捂堆霉烂情况发生，影响玉米品质。晚熟品种收获时籽粒的平均含水率比中熟品种高

8%～10%，中晚熟品种则比中熟品种高 4%～5%。

（四）技术效果

在气温升高、热量增加的情况下，通过选择合适熟型的玉米品种，在保证养分合理供应的条件下，适时进行早播可提高产量。2011 年和 2012 年在辽宁省沈阳市的研究结果显示（表 4-3），相比常规播种，适时早播在两年试验中均提高了玉米产量，并在 2012 年达到显著差异，两年平均增产 571.1kg/hm²，增幅为 5.5%。而晚播则显著降低了玉米的产量水平，2011 年和 2012 年均显著造成减产，产量下降 3103.7kg/hm² 和 2084.5kg/hm²，平均减产 2594.1kg/hm²，降幅达 25.1%。分析产量构成因素，适时早播增加产量的主要原因是显著提高了收获时的有效穗数，同时对百粒重也有所提高。

表 4-3　不同播期对玉米和产量性状的影响

年份	播期	产量（kg/hm²）	较常规增产（kg/hm²）	增幅（%）	穗数（个/m²）	穗粒数（个/穗）	百粒重（g）
	早播	9 986.9a	262.9	2.70	6.52a	502.7a	30.9a
2011	常规	9 724.0a			5.96b	541.4a	30.1a
	晚播	6 620.3b	−3 103.7	−31.9	5.15c	418.7b	27.9b
	早播	11 849.4a	879.3	8.00	7.04a	562.2a	32.3a
2012	常规	10 970.1b			6.79b	576.8a	30.9a
	晚播	8 885.6c	−2 084.5	−19.0	6.65b	512.9b	23.9b
	早播	10 918.2a	571.1	5.50	6.78a	532.5a	31.6a
两年平均	常规	10 347.1a			6.38b	559.1a	30.5a
	晚播	7 753.0b	−2 594.1	−25.1	5.90c	465.8b	25.9b

资料来源：于吉琳，2013

注：不同小写字母表示不同播期间存在显著差异，$P < 0.05$

二、适应干旱的玉米栽培技术

（一）适应问题

近年来，在全球气候变暖的背景下，东北地区的干旱逆境发生频率提高，尤其是中西部地区玉米生育期内的干旱发生相对严重（陈长青等，2011）。1971～2007 年，东北地区玉米生长季的降水量总体上呈现震荡变化趋势，年际间变化较大，变异系数为14.0%，并有减少的趋势。37 年间的玉米生长季平均降水量为 433mm，而 20 世纪 90 年代中期以后气候干燥化明显，干旱趋势有所增强。21 世纪以来平均降水量仅为 383mm，明显低于整个时期的平均降水量。

除了干旱发生频率增加，东北地区玉米生长季内的干旱还呈现出明显的季节性和区域性。从玉米的发育阶段来看，苗期干旱的频率较高，随生育期后移干旱频率明显减少，以轻旱为主要发生类型，春秋降水量少是发生干旱的主要原因。从空间分布上看，降水量呈东北向西南逐渐减少的趋势，区域性明显，辽宁西北部吉林西部至黑龙江西南部地区降水量一般在 350mm 以下，难以满足玉米生长的正常水分需求，干旱的发生频率较高。

（二）技术原理

针对东北地区气候变化导致干旱发生频率和极端事件强度增加，限制雨养条件下玉米生产的问题，提出适当的栽培技术。该技术模式通过选种耐旱性强的玉米品种、推广调亏灌溉技术和水肥一体化技术，配合中耕、合理施肥等措施，以增强玉米植株的耐旱性，减轻干旱胁迫的负面影响。

（三）技术要点

1. 选择耐旱性较强的品种

在干旱增多的气候条件下，选择玉米品种时应重点考虑抗旱、高产、稳产品种。选用生育期较长、增产潜力大、株型紧凑、不易早衰、抗病性强、抗逆性强的高产品种比较适合。但是，目前技术条件下仅通过变更玉米品种而完全实现抗旱目标还比较困难，因此主要还是应该通过采用合理的农艺措施实现节水栽培，增强玉米耐旱能力。

2. 适期播种，进行种子抗旱锻炼

东北地区一般在春季5～10cm地温稳定通过8～10℃时进行播种，播种时间大致为4月25日～5月5日。气候变暖条件下，尤其是春旱发生时，一方面土壤含水量低，同时春季多大风天气，极易导致蒸发量大，失墒快。因此，应在可能的条件下抓住有利墒情尽早播种，按照积温带抢墒播种。

播种前，可采用干湿循环法处理玉米种子，进行抗旱锻炼，从而提高抗旱能力。将玉米种子在20～25℃温水中浸泡两昼夜，捞出后晾干播种。经过抗旱锻炼的种子，根系生长快，幼苗矮健，叶片增宽，含水量较多。另外，还可以采用药剂浸种法，用氯化钙1kg兑水100kg浸种或闷种500kg，5～6h后即可播种，对玉米抗旱保苗也有良好的效果。

3. 推广隔沟交替灌溉技术

常规沟灌条件下，土壤水分蒸发较多，而到达深层土壤的水分因此减少。采用隔沟交替灌溉技术，可节约一定的灌水量，但仍可维持适宜的土壤水分状况。隔沟灌溉条件下，土壤水分在下渗的同时也有一定的侧渗，有利于刺激根系生长，形成较好的根系分布，提高玉米后期的抗旱性。

4. 适当使用抗旱剂、保水剂

玉米栽培中，抗旱剂的使用可改变玉米的生理环境，减缓超氧化物歧化酶的下降幅度及丙二醛的增加幅度，控制叶片细胞中的叶绿素含量及叶片的衰老速率，将玉米的光合作用和生产能力维持在一定水平，从而提高抗旱能力。保水剂作为一种高吸水性的树脂材料，具有高吸水性和保水性。在旱地玉米种植中，保水材料可以维持一段时间的玉米地干旱状态，通过缓慢释放储存的水量来满足玉米后期的生长需求。

5. 科学施肥

根据土壤肥力情况和目标产量确定氮、磷、钾肥用量。氮肥采用总量控制，分期调控；磷钾采用恒量监控，中微量元素采用因缺补缺的原则。目标产量为9000～10 500kg/hm² 时，施肥量应控制在：氮肥170～200kg/hm²，磷肥70～90kg/hm²，钾肥60～80kg/hm²，硫酸锌15～30kg/hm²。其中，氮肥的基追比为1∶2，氮肥和磷、钾肥的

少部分可作为种肥施用,施入种侧下 5～8cm。

气候干旱条件下,可适当增施磷、钾肥,促进玉米根系生长,提高玉米抗旱能力。基肥施用可采用沟施,适当增加施肥深度,促进玉米根系的下扎,提高抗旱能力。生育期内根据植株生长发育状况和干旱发生条件,适时进行随水施肥或叶面喷肥措施。中后期干旱可采用叶面喷施措施,补充氮、磷、钾营养及硼、锌等微量元素,兼具补水抗旱和增加养分吸收的作用。

6. 适时中耕

目前,由于劳动力减少而价格提高,多数农户在玉米生产中已不再进行中耕这一相对"费工"的环节,因此不利于土壤水分的涵养与保持。在有条件的地区,还应适时进行中耕,尤其是常年不进行深松的土壤,进行中耕的效果更好。中耕促根一般应进行 2次,苗期可浅耕 1 次,以松土除草为主,随幼苗生长到拔节前再中耕 1 次,掌握苗旁宜浅、行间要深的原则,主要作用是松土除草,改善土壤透气性,增加土壤微生物活动能力,减少地面水分蒸发,减少地面径流,以促进根系生长,提高玉米抗旱能力。

（四）技术效果

在选择抗性强玉米品种和保证施肥、养分供应的基础上,通过合理的水分调控措施,可有效提高玉米应对干旱的抗性和适应能力,减轻胁迫影响。漆栋良等（2013）研究发现,与常规沟灌和固定隔沟灌溉相比,采用交替隔沟灌溉更有利于玉米根系的生长,明显提高了 0～100cm 土层中各生育期玉米的根长密度。主要原因是交替灌溉使土壤垂直剖面和水平面上的干燥区域交替出现,可使不同区域或部位的根系交替经受一定程度的干旱锻炼,从而能多次利用交替灌水对根系生长补偿效应的刺激作用。产量和水分利用结果显示（表 4-4）,在耗水量相差不大的情况下,交替隔沟灌溉处理的玉米产量显著高于常规沟灌和固定隔沟灌溉处理,水分利用效率显著高于常规沟灌处理。相比固定隔沟灌溉处理,交替隔沟灌溉处理玉米产量增加了 8.84%,水分利用效率提高 8.72%。

表 4-4　不同灌水方式下玉米的产量和水分利用效率

处理	耗水量（m^3）	产量（kg/hm^2）	水分利用效率（kg/m^3）
常规沟灌	4 009	11 188c	2.79b
交替隔沟灌溉	4 051	13 132a	3.24a
固定隔沟灌溉	4 026	12 065b	2.98a

注:不同小写字母表示不同处理间存在显著差异,$P < 0.05$

吉林省梨树县多年的研究显示,采用滴灌施肥技术进行水肥一体化可有效提高玉米生育期内的耐旱性,保障获得高产,尤其是在沙土地区。2009～2015 年的 7 年间,梨树县风沙土地区采用滴灌施肥技术相比农户常规管理平均增产 31.6%（图 4-1）。

三、适应降水增多的玉米栽培技术

（一）适应问题

近年来,尽管东北地区干旱趋势增强,但降水量年际波动亦较大,极端降雨事件时有发生,尤其是极端暴雨天气造成的涝渍灾害有增多趋势。玉米是一种需水量大但又不

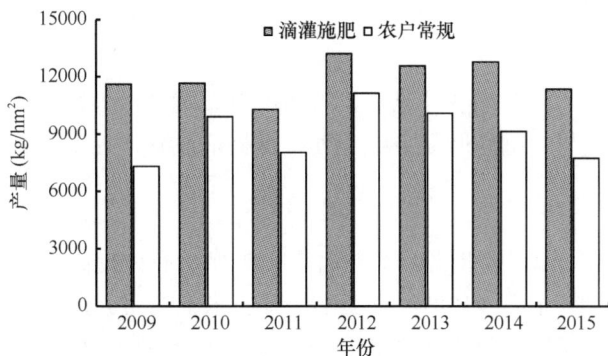

图 4-1 梨树县风沙土地区滴灌施肥效果

耐涝的作物，其不同发育阶段对涝渍害的敏感程度不同。涝渍可使玉米生育期推迟，一方面是由于根系吸收能力降低，减少了对养分的吸收，使植株营养生长受到抑制；另一方面是受涝渍影响的玉米在土壤水分恢复正常水平后，还存在一个缓苗期。1998 年，东北地区在玉米抽雄—乳熟阶段由于极端降雨而发生了严重的涝渍灾害，导致玉米生产大面积受灾。极端降雨事件造成的涝渍已成为影响东北玉米生产的重要环境因素之一。

（二）技术原理

该技术主要针对东北地区气候变化条件下降水量波动大，极端降雨引发涝渍灾害发生而导致玉米生产受限，造成减产的问题，提出适当的作物栽培技术。该技术主要通过调整耕作方式提高田块排水能力、选用喜水抗涝品种和及时补施氮肥等方法提高玉米的抗涝能力。

（三）技术要点

1. 选择耐涝性品种

进行品种选择时，重点考虑抗涝、高产、稳产品种。抗涝品种一般根系具有发达的气腔，受涝条件下抗性较强，叶色较好。东北地区可选用沈单 16、丹玉 90、铁单 17、丹 2143 等抗涝性较好的玉米品种。

2. 改变耕作方式、提高田块排水能力

根据研究经验，宽垄、深垄的耕作方式有利于排水，从而减轻涝渍灾害程度。在低洼易涝地区，可在农田里挖沟起垄，在垄台上种植玉米，有利于改善通气条件，减轻涝害，变害为利将玉米行间垄沟，与行间垂直的主排渠及每隔 25m 左右与行间平行的田间排水沟联成一体，沟深逐级加深，使田间积水迅速排出。涝渍发生后，应及时进行中耕松土，促使玉米恢复生长。

3. 涝渍灾害后及时追肥

"旱来水收、涝来肥收"是我国农业生产实践中总结出来的有效经验。涝害发生后，除及时排水和进行中耕外，还要及时进行追肥以缓解灾害影响，保障玉米营养供应。玉米受涝后，可增施碱解氮肥，改变植株氮素营养，促使其迅速恢复生长，减轻涝害损失。

4. 适时收获

玉米遭受涝害后，生育期往往推迟，若霜冻早发就会极大影响产量。为避免损失，可采取隔行、隔株去雄、打底叶等方法促使植株提前成熟，提早收获。

（四）技术效果

选择合适的耕作方式、适时早播、进行苗期追肥可有效提高玉米的抗涝能力，维持较高的产量水平。吴荣生等（1987）在黄淮海夏玉米上的研究发现，耕作方面，采取垄作方式相比平作方式可实现每亩增产 55.1kg；播期选择方面，6 月 12 日播种较 6 月 17 日播种每亩增产 21.8kg，较 6 月 22 日播种增产 56.75kg，说明早播有利于促进植株发育，增强对涝害的抵抗能力；而施肥方面，苗期每亩追施氮肥 5kg 以上相比不追肥可有效提高玉米产量，而且播期和施肥之间存在显著的耦合作用。

四、适应低温冷害的玉米栽培技术

（一）适应问题

东北地区玉米的低温冷害是指低温使玉米生育过程中因热量不足，造成生育期延迟，后期易遇低温、霜冻造成减产。玉米低温冷害分三种情况：一是早春低温，春季出现连续的低温阴雨天气，导致玉米苗根系不发达、抗性降低、苗黄苗弱。二是夏季低温（凉夏），持续时间较长，抽穗期推迟，在持续低温影响下玉米灌浆期缩短，在早霜到来时籽粒不能正常成熟。如果早霜提前到来，则遭受低温减产更为严重。三是秋季降温早，籽粒灌浆期缩短。玉米生育前期温度不低，但秋季降温过早，降温强度强、速度快。初霜到来早，灌浆期气温低，灌浆速度缓慢，且灌浆期明显缩短，籽粒不能正常成熟而减产。

随着玉米生产的发展，玉米种植区域不断北移，使得品种生育期与种植地区有效积温接近或超出，加之近年来东北地区气候变化较大，不确定性低温天气增多，低温冷害的发生频率增加，玉米生产风险加大。因此，急需加强玉米耐低温冷害研究，并采取多种措施降低冷害对玉米生产造成的损失。

（二）技术原理

该技术主要针对东北地区气候变化，低温霜冻等天气条件阻碍玉米生长，延迟发育，造成减产的问题，提出适当的作物栽培技术。该技术主要通过选种耐低温早熟品种、适时播种、苗期深松、进行垄作、采用科学的施肥与管理措施，以提高玉米的抗寒抗冻能力，促进逆境条件下的生长，降低产量损失。

（三）技术要点

1. 选择耐低温早熟品种

因地制宜选用适合当地的耐低温、早熟优质玉米良种。玉米冷害多为延迟性冷害，主要是积温不足引起的。搞好品种规划，使各品种所需积温与当地可能提供的积温相协调，避免盲目选用晚熟品种，应选用适合本地种植的熟期较早的品种。

2. 苗期深松、垄作栽培

进行苗期深松、垄作栽培。玉米出苗后对于土壤水分较大的地块可进行深松，深度在 35cm 左右，能起到散墒、沥水、增温、灭草等作用。土壤水分适宜的地块，进行深趟一犁，可增温 1～2℃。整个生育期做到三铲三趟，达到放寒、增温、松土、促根、灭草的目的，促进生长发育，促早熟。

3. 适时播种，进行种子处理

一般当春季 5～10cm 地温稳定通过 8～10℃时进行播种，低温发生条件下，可在播种前对种子进行处理，用浓度 0.02%～0.05%的硫酸铜、氯化锌、钼酸铵等溶液浸种，可提高种子在低温下的发芽力，并使玉米提前成熟，减轻冷害。

4. 改变栽植方式

低温冻害严重时，可选用育苗移栽或地膜覆盖进行栽培。地膜覆盖栽培玉米，可使早春 5cm 地温早、晚提高 0.3～0.8℃，中午提高 0.5～11.8℃。晚春 5cm 地温早、晚提高 0.8～4℃，中午提高 1～7.5℃。土壤含水量增加 3.6%～9.4%，早出苗 4～9 天，吐丝期提早 10～15 天。还可以促进土壤微生物活动，使作物吸收土壤中更多的有效养分，促进玉米生长发育，提高抵抗低温冷害的能力。玉米育苗移栽是有水源地区争取玉米早熟高产的有效措施。可增加积温 250～300℃，比直播增产 20%～30%。在上年秋季选岗平地打床，翌年 4 月播种催芽种子，浇透水，播后立即覆膜，出苗至 2 叶期控制在 28～30℃，2 叶期至炼苗前控制在 25℃左右，以控制叶片生长，促进次生根发育。移栽前 7 天开始炼苗，逐渐增加揭膜面积，并控制水分，育壮苗。

5. 科学施肥、提高抗性

在保证玉米生育期养分供应的前提下，增加种苗肥的磷、钾养分，适当早追肥。苗期施磷肥对于缓解玉米低温冷害有一定的效果，不仅可以保证玉米苗期对磷素的需要，而且还可以提高玉米根系的活性，是玉米抗低温发苗的最有效措施。最好的办法是在玉米种肥中施入磷肥总量的 1/3 磷肥。苗期早追肥可以弥补因地温低土壤微生物活动弱，土壤养分释放少，底肥、口肥不能及时满足玉米对肥料需求量的要求，从而促进玉米早生快发，起到发苗、促早熟和增产的作用。

（四）技术效果

在选用抗性较强品种、适时播种基础上，合理施肥有助于提高玉米对低温胁迫的抵抗能力，减轻逆境影响。陈兵兵等（2011）研究发现，施用磷肥可增强玉米苗期超氧化物歧化酶（SOD）活性，减少细胞膜透性，增加干物重；施用钾可降低电解质的平均渗出率，提高可溶性糖含量；而施用硅肥可提高叶绿素含量，降低绝对电解质渗出量。

吉林省梨树县农业推广技术总站的研究发现，采用垄作方式相比其他方式最有利于保持地温（图 4-2）。因此为提高玉米应对低温的影响，推荐采用垄作方式进行栽培。在采取保护性耕作的地区，苗带不应进行秸秆覆盖，以避免增加低温的持续时间，影响出苗。

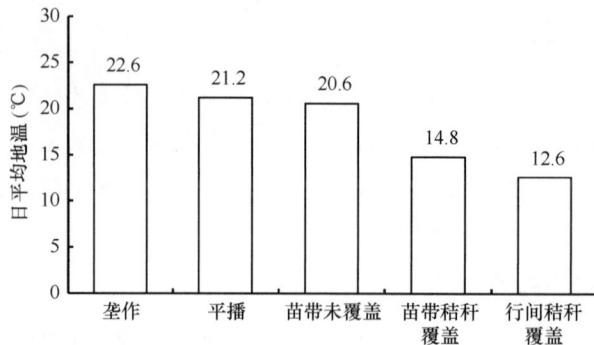

图 4-2 不同耕作方式对玉米苗期地温的影响

五、适应寡照的玉米栽培技术

（一）适应问题

近年来，由于气候变化而导致东部玉米种植带部分地区出现较多的寡照现象，导致光合生产潜力下降，影响玉米的物质生产和产量水平。陈长青等（2011）研究显示，东北地区 1971~2007 年玉米生长的光合生产潜力呈现下降趋势，而光温生产潜力波动上升。太阳辐射量的减少导致光合生产潜力下降，而平均温度的波动上升抵消了太阳辐射量减少带来的光温生产潜力下降，使光温生产潜力缓慢波动上升。但是，东北地区玉米种植长期采用传统的常规均匀垄距种植模式，垄向有南北等多个方向，垄距为 60cm 和 65cm，灭茬后扶原垄均匀垄。这样的种植结构不利于高效利用光温潜力，而且导致玉米群体内部通风透光不好、群体郁闭，影响玉米群体的光能利用效率。在当前东北气候变化情况下，寡照事件的发生更易加重光能利用能力的下降，限制玉米生长，造成减产。

（二）技术原理

该技术主要针对东北地区气候变化，光温潜力利用不足，导致玉米生长受阻造成减产的问题，提出适当的作物栽培技术。该技术主要通过调整垄向和垄距，增加光照时间和强度，提高光能利用率，凸显通风透光效果，促进玉米生长发育，提高产量。

（三）技术要点

1. 选择优质品种

进行品种选择时，考虑耐密、优质、高产、抗倒伏、抗性强的品种，应以中晚熟半耐密品种为主，搭配种植一定面积的晚熟稀植型及中熟耐密型品种。以先玉 335、良玉 11、良玉 99、迪卡 516 等为主，搭配种植良玉 208、宁玉 303 等玉米新品种。良玉 99、良玉 11、良玉 208、迪卡 516 等品种的保苗密度在 6.0 万~6.5 万株/hm²；先玉 335、宁玉 303 保苗密度在 5.5 万~6.0 万株/hm²。

用种子清选机将种子严格筛选，去除小粒、杂粒、瘪粒及破损粒，使种子大小均匀，饱满一致，然后将精选后的种子包衣。在种衣剂的选用上要因地制宜，注意选用专用剂型。

2. 改变种植垄向

建议选择磁南偏西 18°～20°垄向的地块，或者把其他垄向的地块改成磁南偏西 18°～20°垄向。

3. 更改种植方式

（1）采用大垄双行或宽窄行的种植方式代替均匀垄距种植

大垄双行是将均匀垄距的两垄（垄距 60～65cm）合成一大垄，在垄上种 2 行玉米，小行间距 40cm，大行间距 80cm 或 90cm。

宽窄行是将均匀垄距的两垄不合成大垄，直接按 40cm 小行和 80cm 大行进行播种，播种后即形成大小垄。大垄双行或宽窄行的优势是通风透光，形成垄垄是边行，棵棵是地头，有利于光合作用，也有利于田间作业。

（2）采用高光效休耕轮作的种植方式代替均匀垄距种植

高光效休耕轮作模式具体操作为，第一年按耕作行宽 30cm，休闲行宽 170cm 进行播种，在耕作行上种植 2 行玉米，株距为 13～15cm，播深 3～4cm，深浅一致，播后及时镇压，每公顷保苗 6.0 万～6.5 万株；第二年在第一年耕作行的东侧间隔 30cm 处进行播种，仍按耕作行宽 30cm，休闲行宽 170cm 进行播种；第三年播种与第二年播种同侧，再间隔 30cm 左右，仍按耕作行宽 30cm，休闲行宽 170cm 进行播种；第四年播种再回到第一年的播种位置。高光效休耕轮作模式 3 年完成一个工作周期，4 年一个轮回。

（四）技术效果

通过调整垄向和垄距，有利于增强大田玉米通风和透光能力，有效增强玉米光合作用，有利于通风透光，提高光合效率，实现增产；由于边行的光能和土壤养分条件优越造成的边际效应明显；另外，可以增强土地肥力，玉米收获后高留茬 30cm 左右，增加了秸秆还田量，增加土壤有机质。

吉林省公主岭地区研究结果显示，高光效栽培模式下玉米产量为 11 949kg/hm^2，宽窄行栽培模式下玉米产量为 10 996kg/hm^2，均高于均匀垄栽培模式下的玉米产量 10 729kg/hm^2。

吉林省四平市连续三年的研究结果显示（表 4-5），2011～2013 年高光效栽培模式的玉米产量逐年递增，2012 年和 2013 年高光效较均匀垄分别增产 502.1kg/hm^2 和 916.4kg/hm^2，增幅分别为 5.0%和 9.09%。从产量构成上看，高光效栽培模式提高产量主要是显著增加了每穗的籽粒数。

表 4-5　2011～2013 年不同种植模式玉米产量及其构成因素

年份	种植模式	玉米品种	穗数（个/hm^2）	穗粒数（个/穗）	百粒重（g）	产量（kg/hm^2）	增产（kg/hm^2）	增幅（%）
2011	高光效	良玉 11	53 112	630	30	10 038.2	3.1	0.03
	均匀垄	良玉 11	54 391	615	30	10 035.1		
2012	高光效	良玉 11	55 580	632	30	10 538.2	502.1	5.0
	均匀垄	良玉 11	54 842	610	30	10 036.1		
2013	高光效	良玉 11	57 936	633	30	11 002.0	916.4	9.09
	均匀垄	良玉 11	54 576	616	30	10 085.6		

黑龙江省鸡西市研究发现，玉米采用高光效保护性耕作栽培模式平均产量为 10 500 kg/hm²，比均匀垄对照的产量 8595 kg/hm²，增产 1905 kg/hm²，玉米水分平均少 5.5%，相应产量增加 577.5 kg/hm²，共计增产 2482.5 kg/hm²，增幅 28.9%，玉米价格按每千克 1.4 元计算，每公顷增收 3475.5 元。

六、适应多风的玉米栽培技术

（一）适应问题

东北地区属大陆性季风气候，春、秋易出现季节性大风天气。近年来，在东北地区气候变化的情况下，极端大风天气的发生频率和可能性显著提高。玉米在中后期的生长迅速，植株高大，茎秆脆弱，木质化程度低。大风天气增多易导致玉米发生倒伏，特别是在当前高密度种植条件下，玉米发生倒伏已成为影响玉米高产的严重问题，而且倒伏也给田间管理和收获带来不便。因而，采取综合技术措施和科学的栽培管理方法，有效地防止玉米倒伏，对确保丰产尤为重要。

（二）技术原理

该技术主要针对东北地区气候变化，极端大风天气发生造成玉米大面积倒伏，降低产量的问题，提出适当的作物栽培技术。该技术主要通过选种耐密抗倒品种、合理密植与栽培、优化水肥管理、适时进行化控，提高玉米抗倒伏能力，减轻倒伏对产量的影响，实现高产稳产。

（三）技术要点

1. 选择耐密抗倒品种

进行品种选择时，重点考虑耐密性好、抗倒伏能力强的品种，一般具有株高相对较矮、穗位较低、雄穗小、根系发达、茎秆细且韧性强等特点，如先玉 335、良玉 11、良玉 99、迪卡 516、良玉 208、宁玉 303 等。用种子清选机将种子严格筛选，去除小粒、杂粒、瘪粒及破损粒，使种子大小均匀，饱满一致，然后将精选后的种子包衣。在种衣剂的选用上要因地制宜，注意选用专用剂型。

2. 实施秋翻地、深松整地

秋收后最好进行秋翻地，翻地最佳深度为 20～25cm，打破犁底层，翻后及时拖平耙压，增施有机肥。春灭茬整地应在春季土壤化冻层达到 15～18cm 时进行灭茬、整地。吉林地区一般在 3 月末～4 月初进行春整地，要做到随灭茬、翻地镇压、拖平或旋耕机旋耕拖平，一次完成整地。

采取深松方法，有效缓解土壤的板结问题，打破犁底层，降低土壤容重，使根分支大大增加，促进根系下扎，增强抗倒伏能力。

3. 合理密植

综合考虑玉米品种特性、气候条件、日照时数、土壤肥力等多种因素确定种植密度。植株高大、叶片数多、叶片较平展、群体透光性差的品种一般耐密性差，种植密度不宜过高，适宜密度为 4.5 万～5.25 万株/hm²。植株较矮、叶片上冲、株型紧凑、群体透光性好的品种或茎秆坚韧、根系发达的品种耐密性强，适宜密度为 6.75 万～9 万株/hm²，一些株型紧凑但抗倒能力稍差的品种，适宜密度为 6 万～7.5 万株/hm²。还有一些紧凑大穗型的品种，个体生产能力强、群体增产潜力大，适宜密度为 5.25 万～8.25 万株/hm²。

4. 科学施肥

在保证玉米生育期养分供应的前提下，优化水肥管理。底肥深施，促进玉米根系下扎，合理进行灌溉，苗期和拔节期适当干旱蹲苗，促进生根，提高抗倒伏能力。施肥种类上应注意氮磷钾肥的配合使用，增施有机肥，特别是注意减少氮肥用量，而增加钾肥用量。

5. 采取化控技术

采用植物生长调节剂喷洒玉米植株，降低植株高度、穗位下部节间长度，增加节间直径和根系数量，增强抗倒伏能力。采用化控技术应注意作物对化控物质反应很敏感，少量喷施就会产生显著反应。因此，玉米进行抗倒伏化控喷施过程中要严格按照说明进行，掌握好喷施量与喷施时间。

（四）技术效果

研究显示，采用耐密品种后，大风气候条件下、中、高密度种植条件下玉米田间的倒伏发生率明显减小，空秆率显著较低，产量相对较高。如表 4-6 所示，随着群体密度增加，玉米倒伏程度加重，空秆率增加，不同品种间差异极显著。非耐密的品种 JK518 对密度的反应敏感，玉米抽雄前在密度＞7.5 万株/hm² 时倒伏较为严重，倒伏率高达 48.2%～88.8%，空秆率也较高，产量仅为 5670～8070kg/hm²。而采用耐密品种 DH3719，其抗倒伏能力强，在高密度条件下田间倒伏率和空秆率均非常低，产量可达 11 410～13 350 kg/hm²。

表 4-6　不同耐密性玉米品种的田间倒伏和空秆状况及产量表现

品种	密度（万株/hm²）	空秆率（%）	倒伏率（%）	倒伏时期	产量（kg/hm²）
耐密品种 DH3719	3.00	1.40	0		7 670
	5.25	2.30	0		8 840
	7.50	3.80	0		11 410
	9.75	3.40	3.30	蜡熟期	13 350
	12.0	7.90	3.40	蜡熟期	12 010
	平均	3.76	1.34		
非耐密品种 JK518	3.00	2.40	2.40	蜡熟期	7 920
	5.25	6.50	5.70	蜡熟期	10 680
	7.50	29.5	48.2	60%抽雄期+40%蜡熟期	8 070
	9.75	49.3	75.6	抽雄期	6 090
	12.0	61.0	88.8	抽雄期	5 670
	平均	29.7	44.1		7 690

资料来源：黄建军等，2009

除选用耐密抗倒品种，结合优化水肥管理和适时的化控措施也可有效提高玉米的抗倒伏能力。孙世贤等（1989）结果表明，玉米倒伏率与茎秆含钾量、粗纤维含量、硬皮组织厚度、维管束面积的大小有密切关系，在平衡适量施用氮、磷肥基础上增施钾肥可增加茎秆含钾量，提高粗纤维含量，促进硬皮组织和维管束鞘发育，提高茎秆强度从而减轻玉米倒伏及其对产量的影响。李波等（2012）研究发现（表4-7），施钾肥显著提高玉米茎秆单位面积内的维管束，增加穿刺强度，降低植株倒伏率和产量损失。

表4-7　施钾量对茎秆穿刺强度的影响　　　　　　　　（单位：N/mm^2）

年份	品种	基部节间	K0	K120	K180	K240	K300	K360
2010	登海661	3	42.5	44.9	45.1	44.0	44.3	43.3
		4	41.7	44.7	45.7	43.5	42.7	42.3
		5	39.3	41.8	42.4	42.4	40.7	41.2
		6	37.4	41.2	41.8	40.6	40.3	40.3
2011	登海661	3	41.5	45.3	44.5	43.4	43.1	43.9
		4	41.4	45.9	44.2	41.4	41.7	41.3
		5	38.8	42.0	42.9	40.6	40.8	40.6
		6	36.2	42.7	42.1	41.0	41.0	39.5
	郑单958	3	37.3	38.6	42.3	43.8	41.5	41.9
		4	36.8	36.0	37.3	37.3	40.3	41.1
		5	33.9	33.5	35.1	34.7	39.7	42.6
		6	32.7	32.0	34.7	34.2	38.9	39.0

注：K0、K120、K180、K240、K300、K360分别表示施钾（K$_2$O）量为0kg/hm^2、120kg/hm^2、180kg/hm^2、240kg/hm^2、300kg/hm^2、360kg/hm^2

李宁等（2010）研究显示（表4-8），采用化控措施可显著降低两个玉米品种的空秆率，减少成熟期的总倒折率，最终保证较高的产量。

表4-8　化控处理对玉米群体特征和成熟期总倒折率的影响

处理	总株数（万株/hm^2）	有效穗数（万穗/hm^2）	空秆率（%）	双穗率（%）	成熟期总倒折率（%）
CK1	7.08±0.04	7.03±0.04	3.83±0.19	0	0.97±0.33
化控1	7.04±0.08	7.02±0.08	1.14±0.19	0	0
CK2	8.27±0.09	7.76±0.38	2.88±0.20	0.59±0.07	28.43±4.97
化控2	8.29±0.11	8.08±0.20	1.19±0.17	0.13±0.05	10.74±3.16

第二节　适应气候变化的水稻栽培技术

一、适应气温升高的水稻栽培技术

东北地区是我国增温最显著的地区之一，近50年间平均气温以0.38℃/10a倾向率上升，≥10℃的有效积温也显著增加。气温升高对水稻的影响往往是双方面的，一方面气温升高有利于种植积温更高、生育期更长的水稻品种，从而获得更高粮食产量；另一方面，由于温度升高，水稻生长发育加快，从而导致常规种植水稻出现早衰，产量下降等情况，同时温度升高也会通过改变水稻的生理代谢进而影响稻米的品质。针对气温升高对水稻的影响，可采用如下技术措施进行应对。

（一）适宜气温升高的水稻品种选择

1. 技术原理

该技术针对东北地区气温升高的背景下，利用气温升高，水稻生育期间有效积温增加，适宜水稻生长的生育期延长这一条件，适当调整选择生育期更长的水稻品种，使种植的水稻品种更加符合气候变化下的水稻生长环境，减少气温升高带来的早衰、品质下降等不利影响，同时能更加充分利用热量资源，达到趋利避害的双重效果。

2. 技术要点

水稻品种选择时，要根据气温变化幅度，在原有水稻品种生育期的基础上，考虑到当地的原有水稻品种生育期、品种特性、适宜环境等综合条件，选取比原有水稻品种生育期天数适当增加的水稻品种，选取时要考虑到气温的变化幅度，水稻品种生育期增加幅度不宜过大，一般以熟期增加一个跨度的水稻品种为宜，同时也要考虑到新的水稻品种对当地生长环境条件的适宜程度，最后要注意新品种种植的水肥管理和病虫害防治，避免过晚成熟受到冷害的影响。

3. 技术效果

根据气温的变化，选择生育期与气温相适宜的水稻品种，往往可达到趋利避害的效果，盛婧等（2007）利用人工气候箱研究了水稻结实期不同温度对稻米结实与品质的影响。图 4-3 为灌浆结实期不同时段 40℃高温处理对水稻结实率的影响，研究结果发现，灌浆结实期不同时段的高温处理对水稻结实与稻米品质的影响存在显著差异：灌浆前期的高温主要引起结实率的下降；而灌浆中期和后期的高温主要是影响籽粒粒重。因此，灌浆前期适宜的温度条件对水稻优质栽培意义重大。

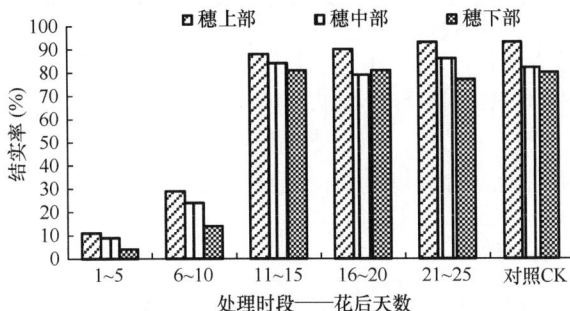

图 4-3　灌浆结实期不同时段 40℃高温处理对特优 559 结实率的影响（盛婧等，2007）

（二）适宜气温升高的水稻插秧时间选择

1. 技术原理

以往水稻插秧由于水稻生育期与无霜期时间相接近，所以插秧后如果秋季霜降过早，往往导致水稻成熟度不够而受到霜害减产，为了避免早霜来临时水稻尚未成熟这一问题，所以插秧时间尽可能提前，以获取充分的生长时间和最大的产量。但插秧时间提前又要面临早春低温冷害的威胁。在东北地区气温升高这一背景下，有效积温的升高，能够充分满足甚至超过现有种植的水稻品种生育期内的积温需求,因而水稻插秧时间上适当延后也可以成熟,既保证插秧时对地温的要求,也避免由于土温过低缓苗慢甚至早春冻害的发生,从而实现产量稳产高产。

2. 技术要点

插秧时间的确定,首先要充分考虑到当地气温是否符合适宜插秧的温度条件,由于水稻有效积温已经能够充分满足水稻生育期内的生长需求,所以插秧时间不必提前,甚至可以适当延后,等晚霜完全结束后再进行。一般要求日平均气温要稳定通过13℃以上,才达到水稻插秧适宜温度指标;另外,插秧时间也不宜过晚,要考虑到无霜期的天数是否满足水稻延迟插秧后的生育期时间,以保证能够在秋季充分成熟,同时也要考虑到将水稻抽穗时间控制在夏季温度最适合的季节而达到高产。

3. 技术效果

根据气温升高有效积温增加这一特点,适当根据气温情况选择安全的插秧时间,可以避免春季低温冷害的影响,实现水稻的稳产高产。图4-4为黑龙江省方正县历年日平均稳定通过12℃初日及水稻产量,说明水稻育秧和插秧期的适时温度与产量有着密切的关系,特别是适时插秧的温度与产量之间的关系更为重要(徐明霞,2006)。

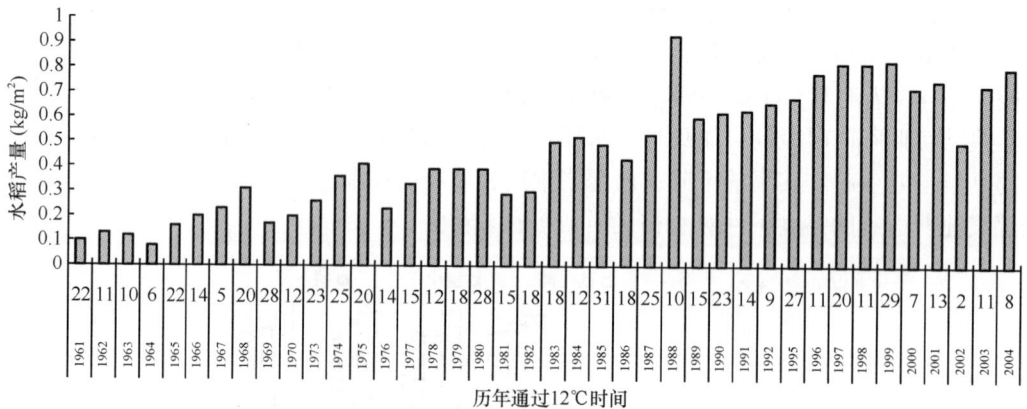

图4-4　历年5月日平均稳定通过12℃初日及水稻产量(徐明霞,2006)

二、适应干旱的水稻栽培技术

近50年来,东北地区气候干旱趋势明显,降水量整体上呈减少的趋势,水资源的供需矛盾加剧。干旱及水资源的减少对水稻生产的影响主要体现在两方面,一方面是水资源短缺下的水稻种植面积减少;另一方面,由于水资源的减少,现有水田无法充分保障灌溉需求,影响了水稻的产量和品质。针对东北地区干旱对水稻生产的影响,可采用如下技术措施进行应对。

(一)水稻浅湿调控灌溉技术

1. 技术原理

由于水稻对淹水和旱田的双重适应性,且不同生育期对生理需水需求的不同,在一定条件下减少耕作需水和生态需水，也能满足水稻正常生理需水要求，保证植株正常生长发育。采用优化水稻生理需水的方法，优先满足水稻关键时期的需水需求，减少其他时期的用水，实施田间高效水分管理，实现有限水分在水稻不同生育时期的优化分配，从而实现节水增效的目的。

2. 技术要点

这一技术是将水田灌溉采用浅水、湿润和间歇三种方法结合，根据水稻的需水特性和生长规律，以控制稻田水层上限和水稻根系层土壤含水量的下限为手段，确定水稻各生育阶段的灌溉。只在移栽至分蘖前期和孕穗至抽穗扬花期保持 2～3cm 浅水层，其余生育期灌水上限为 2～3cm，下限指标为土壤饱和含水量的 70%～80%，一般灌水后间隔 4～6 天再灌水。

3. 技术效果

朱庭芸（1985）在辽宁省 1982～1984 年连续三年的节水栽培试验结果显示（图 4-5），浅湿灌溉平均亩产 640.6kg，比淹水灌溉增产 7.5%，亩用水量（灌溉定额）比淹水灌溉省水 40.9%。水的生产效率浅湿灌溉为 1.62kg/m^2，比淹水灌溉提高 44.9%。

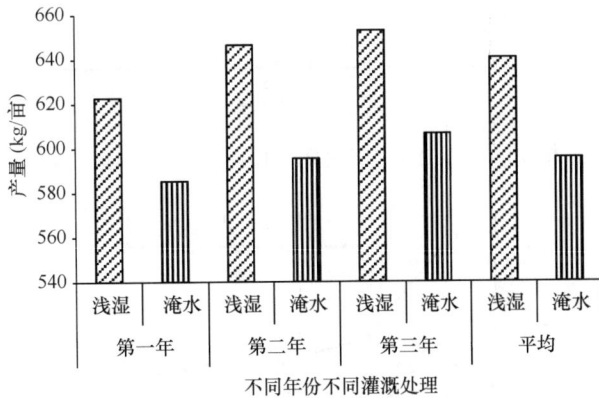

图 4-5　节水栽培试验示范田增产效果（朱庭芸，1985）

（二）盐碱地水田的泡田洗盐节水技术

1. 技术原理

盐碱地水田与其他水田相比，由于盐碱重，需要进行多次泡田洗盐才能种植水稻，所以盐碱地水田相对传统水田需水较多。针对这一情况，我们通过泡田结合施用铝离子改良剂的方法，利用铝离子将土壤吸附钠离子交换至水溶液中，从而加速土壤的脱盐过程，减少了泡田的次数，实现了节水的目的。

2. 技术要点

在泡田前将铝离子改良剂施入到盐碱地中并配合耙地与土壤混匀，一般改良剂施用量为 400～600 kg/hm^2，具体施用量可根据土壤碱化程度适度调整。然后放水进行泡田，需要注意的是，泡田时间需要比传统泡田时间略长，让钠离子充分被置换进入到水溶液中，然后将水放掉，实现泡田洗盐的目的。一般结合铝离子改良剂一次泡田就能达到普通多次泡田的洗盐效果。

3. 技术效果

图 4-6 和图 4-7 是在泡田过程中，添加了铝离子改良剂后，不同洗盐次数对土壤含盐量与 pH 的影响。可以看出，随改良剂用量的增加，土壤含盐量与 pH 呈下降趋势。从洗盐效果上看，加入改良剂后，土壤脱盐效率均较对照明显增高，当改良剂用量达到 0.4% 以上时，第一次洗盐后的土壤含盐量就可达到对照的二次洗盐效果，这种效应在 pH 的影响上也表现出同样规律。这说明，在泡田洗盐的同时，结合施用铝离子改良剂可加速土壤脱盐，并且改良剂用量达 0.4% 以上时，可相应减少洗盐次数，从而达到节水的目的。

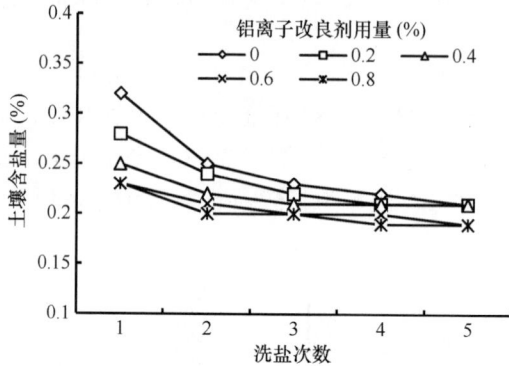

图 4-6　改良剂+泡田次数对土壤含盐量的淋洗效果

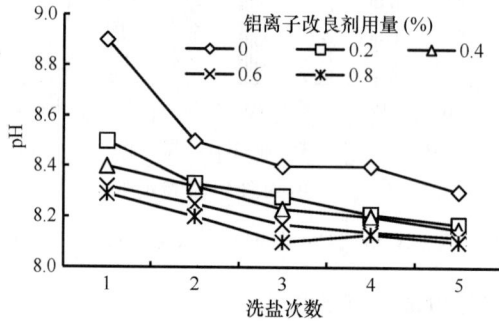

图 4-7　改良剂+泡田次数对土壤 pH 的淋洗效果

三、适应低温的水稻栽培技术

近些年来，气候变化的又一个特点是低温冷害发生更加普遍多发，其结果一方面导致水稻生长缓慢，成熟延迟，灌浆不满，瘪粒多，粒重降低导致减产；另一方面，生殖生长期的低温，会影响幼穗发育，使花粉粒成熟度不好，不能授粉而形成空壳，最终导致减产。对低温冷害可采用如下技术措施进行预防。

（一）抵御低温的施肥技术

1. 技术原理

科学施肥在抵御低温冷害中起着十分重要的作用。由于水稻生长速度受施肥影响较大，生长具有较大的可塑性，因而，可以充分利用肥料的科学调控，调控水稻的生长速度，避开水稻在敏感时期受低温的影响。同时合理的肥料还可以改善水稻抗逆性，使水稻植株更加健壮，增强水稻对低温的抗寒能力。

2. 技术要点

控制氮肥的施用，增施磷肥，配合钾肥、硅肥及微量元素。在低温冷害年份，应将施氮量减少 20%～30%。氮肥的 70%～80% 作底肥和蘖肥，剩下的作穗肥，但同时要依天气情况施用，如果天气晴，气温高，可施用；如果阴雨天气，则不能施用；在施氮肥同时，增施磷肥来提高作物的抗逆性，一般可作基肥集中施用在根系附近；钾肥、硅肥和微量元素能使稻株健壮，抗逆性增强，并能使稻株提前成熟。应将 60%～70% 的钾肥作基肥，余下的作追肥施用。硅肥为水稻生长发育所必需的元素，可使植株硅质化，促进水稻的新陈代谢，增强水稻的抗逆能力。微量元素可提高水稻品质，稻米适口性更好。

3. 技术效果

磷对提升低温条件下水稻幼苗耐冷性具有非常重要的作用。通过在育苗床土中适当增施磷肥，可提升水稻幼苗低温下耐冷级别，增强水稻幼苗素质，减缓水稻幼苗叶绿素相对含量的降低程度，提高净光合速率、光能转化效率以及不饱和脂肪酸指数，从而提高水稻幼苗的耐冷性，且增磷对非耐冷品种的影响要明显高于耐冷品种。

图 4-8 为低温条件下磷肥对水稻幼苗生物量的影响。其中磷肥施用量分设 $0g/m^2$、$25g/m^2$、$50g/m^2$、$75g/m^2$、$100g/m^2$ 5 个处理，一组低温处理日平均气温 8℃，一组常温处理（对照组）日平均气温 25℃。可见，常温条件下，随施磷量增加，百株干重呈现先升后降的趋势，而在低温处理下，百株干重受到抑制，虽然变化趋势与对照相似，但磷肥最适施用量明显高于常温对照处理，证明在低温条件下施磷可提高幼苗的耐冷性（侯立刚等，2013）。

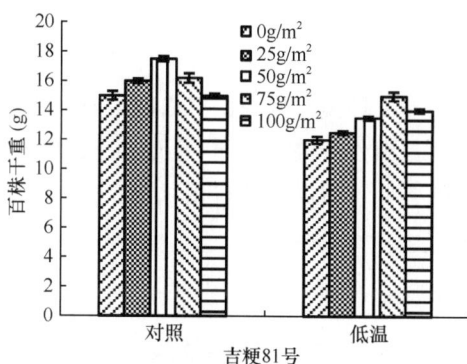

图 4-8　低温条件下磷肥对水稻幼苗生物量的影响（侯立刚等，2013）

（二）合理灌水抗低温技术

1. 技术原理

利用水分热容量大，能够有效缓冲温度变化的特点，通过深水灌溉，在降温的时候，水分降温的同时放出热量传递给秧苗，使秧苗不被冻坏，达到水分调温的目的，缓解和降低气温降低对水稻造成的不利影响。

2. 技术要点

抵御冷害最有效的方法是在低温期进行深水灌溉。若遇低温，用高于地表 15cm 的水层深水灌溉，另外，可采取设晒水池、加宽延长水路、渠道覆膜、加宽垫高进水口和回水灌溉等综合增温措施，有效防御低温冷害。

3. 技术效果

邹江石等（2005）利用深水灌溉（处理）和湿润灌溉（对照），研究了灌水后冠层增温的空间和时间规律。结果表明（图4-9），灌水稻田的日平均气温自水层向上递减，说明水层的热源效应明显。稻田灌水增温的幅度在水稻各高度差异很大。20cm 高度处为 3.1℃，40cm 处为 0.9℃，60cm 处为 0.5℃，100cm 为 0.2℃，150cm 处无增温效果。在 20cm 高度处，平均增温效果完全能超过防御低温的 2℃增温指标要求。

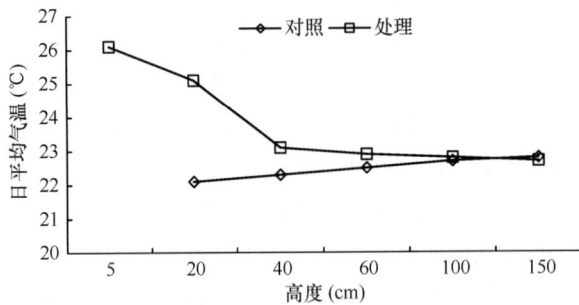

图4-9 20 cm、40 cm、60 cm、100cm 和 150 cm 高度处灌水增温的逐时效应（邹江石等，2005）

（三）防止冷害导致稻苗立枯病的育苗技术

1. 技术原理

立枯病是由秧苗素质、外界环境、病原菌三者相互作用的结果，而外界环境中，低温是立枯病发生的主导因素，由于低温发生时，防止立枯病发生的关键在于壮苗，如果苗壮则抵抗能力强，发病概率低，所以前期育苗壮苗很关键。而立枯病发生时，则需采取药剂处理等多种方式防治。

2. 技术要点

壮苗的一个关键是播种量要适合，过密则秧苗弱，所以播种不能过密。前期温度、水分控制也很重要，温度不宜过高，水分也不宜过勤，防止秧苗徒长，影响根系发育而导致苗弱。当稻苗长到 2.5 片叶后，需要从外界补充养分，这时要结合浇水施磷酸二氢钾。此外要做好通风炼苗，若遇低温，夜间在棚四周加盖草帘、棉被或在苗床上覆盖地膜、报纸等进行保温。

当发生立枯病时，要在发病初期及时进行药剂防治。推荐使用 30%恶霉灵·甲霜灵水剂，兑水 3000 倍液，每平方米喷 2~3kg；97%恶霉灵粉剂，每平方米 1g 兑水浇灌；另外，对发生生理性病害和药害的水稻苗床，可在上述杀菌剂使用时，适量加小叶敌、天丰素等植物生长调节剂及安全可靠的叶面肥来提高秧苗素质，缓解生理学病害和药害。

3．技术效果

王金霞等（2003）通过调查不同药剂对立枯病防治效果，结果表明，从苗期防病效果上看（图 4-10），壮秧剂和移栽灵对立枯病、青枯病均有 90% 的防治效果，移栽灵和壮秧剂使用简单方便，防治立枯病效果好，而福美双发病率最高，建议内蒙古地区水稻育秧防治立枯病以移栽灵为主，适当推广壮秧剂。

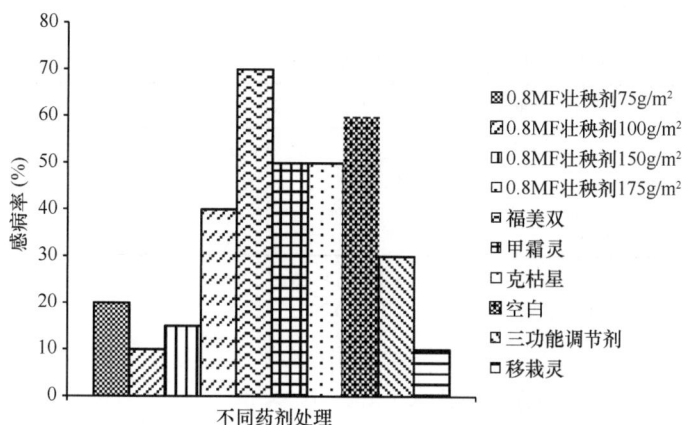

图 4-10　不同药剂防治立枯病秧苗素质调查（王金霞等，2003）

四、适应多风的水稻栽培技术

气候变化导致极端气候事件发生的频率和强度增加，其中大风天气出现的频率增加也是导致水稻减产的一个重要原因。其主要影响一是大风造成水稻的倒伏；二是大风造成茎叶损伤，如茎叶擦伤、撕裂和折损；三是大风发生时水稻植株之间发生摆动，导致稻穗之间相互摩擦，使谷壳变色，影响灌浆结实。针对大风频发的极端气候事件，可采用以下措施预防，以减轻对农业生产的不良影响。

（一）应对多风气候的水稻品种选择

1．技术原理

水稻形态特征与抗倒伏能力有很重要的关系，研究表明，株高、基部茎秆截面面积与上 1、上 5 伸长节是影响水稻抗倒伏能力的主要因子；以茎秆倒伏指数和田间茎秆强度为抗倒伏性的基本指标，选择抗倒伏性较强的水稻品种，利用抗倒伏水稻品种的根系发达、茎秆粗壮等特点，抵御大风对水稻造成的影响。

2．技术要点

一般抗倒伏能力强的品种分蘖能力弱，而分蘖能力强的抗倒性差。原则上要选用分蘖力中等以上，同时考虑株高，在株高相同的条件下，选择上 1 伸长节节间长度短且占株高比例小，基部茎秆截面面积大，基部两节间的长度略短但占株高比例偏大的形态构成特点的品种，这类品种是抗倒伏性较强的水稻品种。

3. 技术效果

杨艳华等（2011）以抗倒伏品种南粳 44 和武运粳 7 号与不抗倒伏品系宁 7412 为试验材料，通过氮钾肥配比试验，以探明株高、基部间形态性状与抗倒性的关系。表 4-9 显示，水稻倒伏指数与基部节间长度呈显著正相关，与基部节间的粗度、壁厚和截面面积呈显著负相关；水稻的抗倒伏能力存在着品种间差异；表明水稻基部节间的长度、粗度、壁厚和截面面积对品种抗倒伏能力影响较大，这些性状的优化组合是提高水稻品种抗倒伏能力的关键。

表 4-9　不同水稻品种（系）的倒伏指数、株高、基部节间长度和倒 1 节间长度

品种（系）	倒伏指数	株高（m）	基部第 1 节间长（cm）	基部第 2 节间长（cm）	基部第 3 节间长（cm）	倒 1 节间长（cm）
南粳 44	161.5a	97.4a	0.92a	5.62a	8.02a	25.29a
武运粳 7 号	158.1a	100.3a	0.88a	5.58a	8.67a	25.51a
宁 7412	210.1b	98.4a	0.95a	8.08a	11.61b	27.99b

注：不同小写字母表示不同品种（系）间存在显著差异，$P<0.05$
资料来源：杨艳华等，2011

（二）多风气候下的水稻施肥技术

1. 技术原理

稻田供肥水平的不同，水稻的个体长相和群体结构会发生明显的差异，个体的长相和群体结构的不同对不良环境的抵抗能力也随之发生变化。不同肥料对水稻生长影响也不尽相同，因此，合理配方施肥，做到氮磷钾配合施用能有效降低极端气候对水稻的危害。

2. 技术要点

氮肥是影响水稻产量的重要因素，但氮肥供应过多，往往引发植株徒长，造成茎秆细弱而发生倒伏，除了施用量以外，施肥时期也很重要，水稻抽穗前 40 天施氮过多极易发生倒伏，因而应该合理施用氮肥。除了氮肥外，硅、钾肥对水稻茎壁厚度、韧性都有较大影响。因而在合理施用氮肥的基础上，提高硅、钾肥的用量，可有效防止水稻倒伏的发生。

3. 技术效果

李国辉等（2013）通过大田试验研究施氮对水稻茎秆抗倒伏能力的影响及其与茎秆形态性状和力学性状的关系及其作用机制，结果表明（图 4-11），施氮影响水稻茎秆的形态和力学性状。随着施氮量的增加，株高增加，重心上移，基部节间长度增加，节间充实度下降，抗折力和弹性模量减小，茎秆倒伏指数增加，抗倒伏能力下降；倒伏指数与株高、重心高度及基部节间长度呈正相关，而与基部节间充实度、抗折力及弹性模量

呈负相关，且相关系数大多达到显著或极显著水平。因而株高、重心高度、基部节间长度和基部节间充实度等形态性状，以及弯曲力矩、抗折力等力学性状，是影响水稻茎秆抗倒伏能力的主要因素。

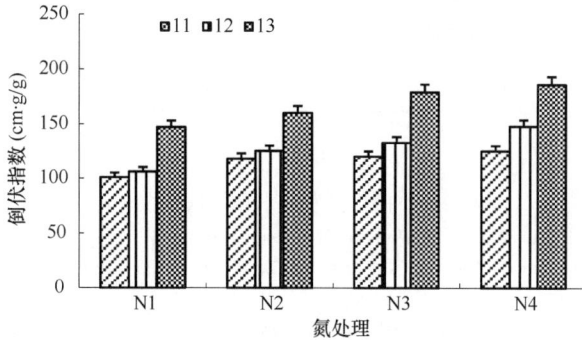

图 4-11　不同施氮处理早季穗后 15 天基部节间的倒伏指数（李国辉等，2003）

将基部第 1 伸长节间称为第 1 节间，用 11 表示；依次向上，分别为第 2 节间（12）和第 3 节间（13）。早季设置 4 个氮水平，分别为 0（N1）、60 kg N/hm²（N2）、120 kg N/hm²（N3）和 180 kg N/hm²（N4）

（三）水稻抗倒伏综合栽培技术措施

1. 技术原理

提高水稻抗倒伏能力，除了某些单一因素对其影响较大外，水稻生产的各个环节综合影响也都对水稻抗倒伏能力产生重要影响。注意水稻生产中的各个细节，消除减轻不利水稻生长的每一个影响因素，可实现水稻抗倒伏能力综合提高。

2. 技术要点

除了水稻品种对抗倒伏有差异外，在栽培过程中，要培育壮苗，同时插秧要尽早，避免过晚，插秧密度不能过大，否则水稻茎秆细弱造成倒伏。另外整地质量要好，如果耕层浅，地不平都不利于水稻根系发育，造成浅根倒；在分蘖末期即拔节期排水烤田也很重要，注意分蘖肥不要过于拖后，造成水稻基部茎节伸长，造成基茎倒。此外，对病虫害也要加强预防，避免病虫害引起的倒伏等。

3. 技术效果

许俊伟等（2015）研究了机插密度对水稻抗倒伏能力及产量的影响，图 4-12 为灌浆成熟过程中不同密度基部第 2 节间倒伏指数的动态变化，如图可见，密度对倒伏指数［倒伏指数按 Seko 等（1959）的方法计算，等于弯曲力矩/抗折力×100，弯曲力矩=节间基部至穗顶长度（cm）×该节间基部至穗顶鲜重（g）；用茎秆强度测量仪测定基部第 2 节间中部茎秆的抗折力］的影响表现为 A<B<C<D<E<F，处理间差异明显。随灌浆时间的增加呈现先增加后降低的变化趋势，其高峰值出现在抽穗后 30 天左右；此外研究还发现随着密度的增加，表观倒伏率都呈现增加的趋势。随着密度的增加，茎秆的倒伏指数逐渐增大，茎粗、单位节间干重和茎壁厚度都呈下降趋势。

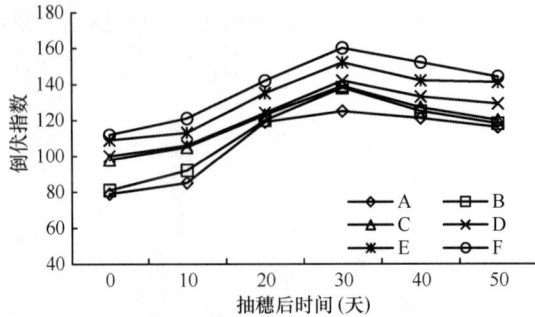

图 4-12　不同机插密度水稻倒伏指数变化

A. 插秧密度为 31.7cm×30.0cm；B. 插秧密度为 22.2cm×30.0cm；C. 插秧密度为 17.1cm×30.0cm；
D. 插秧密度为 13.9cm×30.0cm；E. 插秧密度为 11.7cm×30.0cm；F. 插秧密度为 10.6cm×30.0cm

第三节　适应气候变化的大豆栽培技术

一、适应气温升高的大豆栽培技术

热量条件是大豆全部生育过程最基本的环境条件之一。东北地区近 50 年平均气温上升速率要高于全球的平均气温上升速率，且保持继续加速上升的趋势。气温上升给大豆的种植带来较多变化及影响。一方面表现为大豆由于生育期积温升高出现的生育期缩短而早熟现象，其结果往往导致减产；另一方面由于气温升高，也给种植生育期更长的大豆品种带来机会，为获得更高产量提供可能。适应气温升高的大豆栽培技术措施如下所述。

（一）适宜气温升高的大豆品种选择

1. 技术原理

温度只要变化在某个一定的幅度内，大豆都能完成其全部生育过程达到成熟。然而，只有在最适宜的温度条件下才能充分发挥其品种固有的生产潜力得到最高产量。由于气温升高，有效积温增加而导致原有种植大豆品种生育期缩短，带来产量的减少，针对这一问题，通过调整大豆种植品种的熟期，适当选择适宜当前气温增高的大豆品种，根据气温变化选择生育期延长的大豆品种进行种植，从而达到充分利用热量资源，提高大豆产量，趋利避害的效果。

2. 技术要点

根据东北不同地区气温增加的具体情况，选择生育期和有效积温都更加符合当前气温变化的大豆品种，一般在原有种植品种基础上适当延长一个跨度即可。品种选择要在稳产的基础上考虑增产作用，注意不能选择有效积温达到最高临界范围的大豆品种，防止由于秋季早霜过早等原因造成减产。在新品种种植时要注意新的品种与当地生长环境条件的适宜情况，注意与新品种相配套的水肥管理及病虫害防治工作，提高新品种引进的成功率。

3．技术效果

高振福和郑玉才（1985）研究发现，不同时期温度与产量可形成抛物线形关系曲线。大豆种植前期温度偏高不利于产量形成。中期温度升高对产量形成有利。后期高温又对产量构成不利影响。通过温度时间与大豆产量形成的研究，了解温度的时间分布对大豆产量形成的影响，生产上根据各地实际温度情况以及大豆品种对温度的反应，确定播种的品种，判断大豆适宜的种植区域。

（二）适应气温升高的大豆播期选择

1．技术原理

由于播期不同，大豆出苗时间会有所不同，对生长过程中所经历的各个生长阶段所处的气候环境条件适宜情况也各不相同，因而对最终产量也会产生较大的影响。对此，利用调整播期的方法，使大豆生长处于最优的生长环境，从而为取得稳产高产奠定良好基础。

2．技术要点

根据大豆品种的生育期、有效积温情况及抗逆性等品种特性，结合当地气温变化情况，选择适宜的播种期，一般在当前积温满足的条件下，播种至出苗的最佳温度适宜在12℃以上，过早会导致出苗时间延迟，并导致减产，而过晚则会使大豆后期容易遭受早霜等冷害的影响而减产。

3．技术效果

梁群等（2015）研究发现，温度变化对大豆各个生长时期生长速度的影响最终体现在产量上。实验结果表明，在 5 个播种处理中，4 月 30 日和 5 月 10 日产量最高，播种过早产量相对较低，播种过晚产量则更低。播种期平均气温在 15.0～20.0℃能够得到最高产量，在这一温度范围内大豆正常发芽和出苗速度可以保证，特别是在这一时期播种可以使大豆出苗之后生长的各个阶段都能够处在适宜的气候环境条件之中，从而获得最高产量。大豆产量与≥10℃积温呈线性关系，建立模式为 y（产量）=2.9398$\sum t$≥10℃−5708.4（r=0.794 4，P<0.01），由此模式推算≥10℃有效积温每增加 100℃，产量增加约 294kg/hm^2。

二、适应干旱的大豆栽培技术

在气温升高气候变暖的背景下，东北地区降水量整体上呈减少的趋势，气候干旱趋势明显，水资源对农业生产的影响加剧。干旱及水资源的减少对大豆生产的影响主要体现在，一方面是由于水资源短缺，苗期的干旱难以满足大豆发芽的需求；另一方面，由于水资源的减少，整个生育期尤其是需水关键期的缺水，影响了大豆的产量和品质。针对东北地区干旱对大豆生产的影响，应对技术措施如下所述。

（一）大豆抗旱品种选择

1．技术原理

大豆对水分条件十分敏感，干旱对大豆的影响格外严重，要提高大豆产量就必须要增强大豆的抗旱性。通过大豆各项生理指标与品种抗旱性的关联度选择抗旱大豆品种，利用大豆生理抗旱能力，提高对干旱的抵抗能力。

2. 技术要点

根据干旱特性，选择抗旱性强的大豆品种，一般植株地上部的大豆的叶片相对含水量、过氧化物酶活性、净光合速率、相对导电率、可溶性糖及游离氨基酸的含量是衡量抗旱性的重要指标。另外地下根系根量大，且分布较深的品种抗旱性也较好，在选择大豆品种时应该给予考虑。

3. 技术效果

于凤丽等（2013）研究了在正常供水和水分胁迫两种环境下，20种大豆品种开花结荚期的相对电导率、叶片相对含水量（RWC）、过氧化物酶活性（POD）、净光合速率（Pn）4项生理生化指标，通过田间试验分析大豆品种的抗旱性，发现对产量起主要作用的是有效穗数、结实粒、千粒重。其中可推广品种成熟期植株着色表现良好，具有不倒伏、稻瘟病少、抗病性强的特点，且在田间表现成熟整齐一致。

（二）抗旱施肥技术

1. 技术原理

适宜合理的施肥可以促进大豆的生长发育，提高其抗逆性，尤其干旱条件下，大豆往往生长较弱，通过氮的调控，可提高作物光合速率和渗透调节能力；磷能够提高叶片光合速率和气孔导度，增加细胞膜的稳定性和叶片束缚水的含量，改善作物水分状况，使作物耐旱性增强，磷还对根系生长具有促进作用，有利于作物保持吸水和失水之间的水分平衡；钾有助于提高叶片水势和相对含水量，使叶片渗透调节能力增强，钾还能改善作物的糖分代谢，可显著提高作物的抗旱能力。

2. 技术要点

及时追施苗肥。春播阶段干旱容易造成大豆前期生长较弱，为促进生长发育，提高抗逆性要及时进行追肥。通过看苗追肥，加速大豆生育进程，促使大豆提早成熟。在追施氮素肥料时，施用量不能过大，追施时期不能过晚，防止贪青晚熟；而磷、钾肥则需适量增施，可以提高作物产量，改善品质，有壮秆、抗病、促早熟作用。

3. 技术效果

孙继颖等（2007）研究发现，旱作条件下，适当增施氮肥，使得大豆根际土壤水势下降，则较远土壤中的水分向大豆根系周围移动，使得根际土壤含水量升高，利于大豆吸收利用，提高水分利用效率。改善大豆生长发育，提高产量，当氮肥增加到一定程度时，虽然对于根系的水分依然有很好的调节作用，但由于施氮量过高而影响到大豆自身的生长，造成大豆产量、品质及水分利用效率降低，使得以肥调水的作用效果下降（图4-13）。

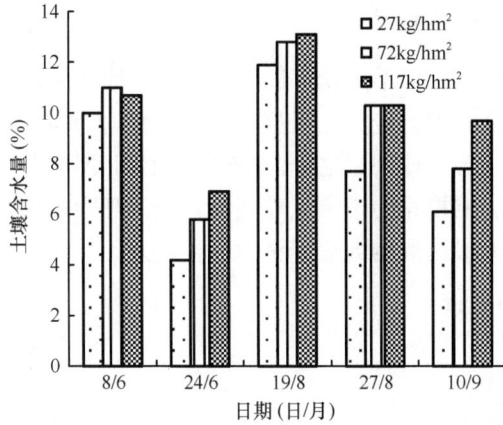

图 4-13　不同施氮肥水平下大豆田耕层土壤含水量变化（孙继颖等，2007）

（三）耕作抗旱技术

1．技术原理

利用对土壤的耕作，改善大豆根系的生长状况，促进根系生长发育，同时利用培垄，加深埋深来实现大豆抗旱抗倒伏，最后还可以利用中耕铲除杂草，减少杂草对水肥的争夺。

2．技术要点

大豆要实现抗旱、促早熟，早铲早趟很重要。在整个生育期要力争做到三铲三趟。第一遍在大豆出苗后到第一片复叶展开前进行，铲后深趟不培土，趟深 10～12cm；第 2 遍在距第一次中耕 7～10 天，大豆苗高 10cm 左右时进行，趟深 8～10cm；第 3 遍在距第 2 次中耕 10～15 天，要在大豆封垄前趟完，趟深 7～8cm，培土要达到第一复叶节。中耕深度应随根系生长状况由深到浅再到浅的方式进行，并伴随着中耕锄草，要向根部壅上，逐渐培起土埂，以利于耐旱、抗倒。在大豆生育后期，对铲趟不净的杂草，8 月上旬草籽形成前拔一遍大草。

3．技术效果

肖佳雷（2013）探讨了 6 种栽培模式（常规垄作、垄三栽培、原垄卡种、大垄密植、小垄密植和平播密植）、土壤深松和化控技术对土壤含水量、土壤容重及产量影响，发现不同栽培模式对土壤含水量和容重的影响较大，垄三栽培、原垄卡种和大垄密植模式、深松处理比对照（常规垄作）全生育期土壤含水量提高 0.76%～1.46%；土壤容重比对照降低 0.1～0.2g/cm³；土壤水分利用率依次为小垄密植>大垄密植>原垄卡种、平播密植、垄三栽培>常规垄作；产量水平为小垄密植>大垄密植>原垄卡种>平播密植>垄三栽培>常规垄作（对照）；深松比常规垄作（对照）增产 25.5%（表 4-10）。

表 4-10　大豆产量构成因素差异性分析

处理	株数（株/m²）	株数（个）	单株粒重（g）	理论产量(kg/亩)	实际产量（kg/亩）	经济系数
常规垄作	25Aa	48Bb	10.8Bb	270.10Bb	180.67Bb	0.35Bb
深松处理	24Aa	55Aa	12.2Aa	340.23Aa	226.67Aa	0.40Aa

资料来源：肖佳雷，2013

注：不同小写字母表示不同处理间存在显著差异，$P<0.05$；不同大写字母表示不同处理间存在极显著差异，$P<0.01$

三、适应降水增多的大豆栽培技术

大豆是需水量大的作物，但不耐涝。近年来，东北地区降水时空分布很不均衡，同一年内不同时期降水量分布差异较大，且极端降雨事件时有发生，极易造成涝渍灾害，已成为影响大豆生产的重要气候因素之一。水分过多往往造成茎叶生长过旺，花蕾脱落。大豆分枝期水分过多会影响根系的正常生理活动，减弱呼吸能力，不利于水分平衡，妨碍花芽分化及根系发育，最终影响大豆产量。

（一）大豆耐涝品种选择

1. 技术原理

大豆遭受涝害后由于根系缺氧，根系发育不良、生育期延迟、落花落荚、病害严重，甚至植株死亡，给大豆生产带来严重损失。不同大豆品种对涝害的耐性存在差异。通过涝害对大豆生长发育及根部生理指标的影响，筛选耐涝性较好的品种大豆，在湿涝环境中，自身调节能力增强，恢复生长快，抵抗由于水分过多带来的不利影响。降低了涝害对大豆植株的严重影响，获得较好的经济产量。

2. 技术要点

对于容易发生降雨集中的地区，首先要选择耐涝性强的大豆品种，利用品种自身耐涝性及抗逆性强的优势，抵御水分过多带来的影响。在选择品种的同时，还要考虑到品种的适宜性，尤其对于从其他地域引进的品种，要考虑到品种对当地环境的适应性，防止由于品种对环境的不适应而影响产量。此外还要注意针对新品种的养分供应，病虫害防治等综合栽培技术措施，最大效益地发挥新品种的优势。

3. 技术效果

三江平原耕地土质黏重，春季干旱和低温冷凉严重限制了大豆苗期根系的生长和幼苗的发育。孙广玉（2001）通过对黑龙江省三江平原大豆抗涝防旱土壤耕作技术试验证明，在种植密度相同的情况下，垄作明显提高大豆产量。大豆产量的提高主要是通过提高大豆根系活性和根系产量，同时垄作明显提高耕层温度（图 4-14）。因而可以在三江平原地区低湿草甸白浆土实行交叉深松 35cm 以上，坚持秸秆还田，大力使用有机肥，在秋翻秋整地的基础上进行垄作栽培以实现增产的目的。

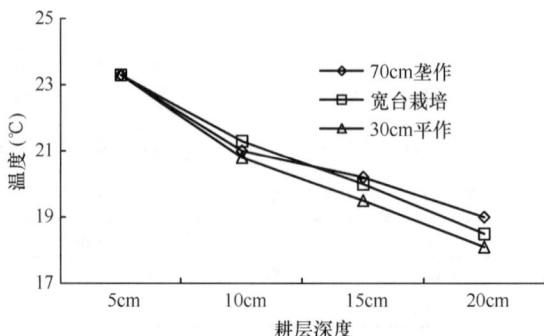

图 4-14 不同耕作的耕层温度变化（孙广玉，2001）

（二）抗涝综合栽培技术

1．技术原理

通过开沟和机械排水等方式，达到去除田间积水和耕层滞水的目的，同时利用中耕，破除板结土壤，达到散墒、培土的作用，最后结合实际情况进行养分的补充及病虫害的防治，最终通过综合措施实现抗涝的目的。

2．技术要点

对平时排水不畅容易积水的地块，要进行开沟排水，防止土壤积水对大豆生长产生涝害。如果地块已经发生内涝，要及时通过机械排水和挖沟排水等措施，最快速度排除田间积水和耕层滞水。排水后，要结合中耕松土来打破淤积造成的板结状况，同时可以散除水分和铲除杂草，并结合中耕进行培土，防止泡水后土体过松大豆倒伏。由于积水后，田间土壤湿度较大，有利于多种病虫害的发生，还要及时进行根腐病、霜霉病、菌核病及褐斑病、角斑病等病害的防治。

3．技术效果

黑龙江省农业科学院牡丹江分院在 2013 年自然湿涝条件下，对东北春大豆品种进行筛选鉴定，结果表明，耐涝大豆品种表现为出苗齐全，不发生死苗烂苗现象，开花鼓粒期落花落荚相对较少，成熟期获得相对较高的产量，具有较强的生态适应性。在此基础上，进一步根据收获大豆经济产量的高低，以及大豆一生对湿涝环境的适应能力，将参试材料分为强耐涝、耐涝、中耐涝和弱耐涝大豆品种 4 种类型（任海祥等，2014）。

四、适应低温的大豆栽培技术

大豆是喜温作物，尤其生长后期对温度特别敏感。东北地区由于气温变化较大，在大豆生长期间，可能会发生低温冷害甚至冻害，延迟性冷害往往造成生育期延迟，抽穗延迟，灌浆速度慢，不能及时成熟，植株遭受霜冻而死；障碍性冷害则是在大豆生殖器官发育期间遇到低温，使花器不能正常发育，导致受精不良，不能结实。以上都会对大豆产量造成很大影响。

（一）抗低温大豆品种选择

1．技术原理

在抵抗低温大豆品种的选择上，一方面通过选取耐寒能力较强的大豆品种，通过耐寒大豆生理生化特性抵御低温的危害；另一方面通过对地温气候规律的掌握，结合栽培时期的选择，避开低温对大豆的冷害，实现和保证大豆的稳产高产。

2．技术要点

主要包含两个方面，一是要掌握低温气候规律，根据气温变化合理安排品种搭配和播栽期，避开低温的危害。一般早春如果温度过低，应该暂缓播种，等温度上升以后再进行播种。如果播种时期延后过多，应选用适合本地种植的熟期较早的品种，如以往种植中熟品种，播期较晚则可以选择中早熟品种进行代替，保证在无霜期内能够成熟。二是通过选择耐寒性大豆品种，保证在比平时更低的温度下正常生长。选择这类品种时要考虑到品种与当地环境的适合情况，同时做好对应品种的水肥及病虫害防治等相应管理措施。

3．技术效果

李育军等（1990）利用人工气候箱的方法，对我国东北春大豆品种（系）进行了萌发期抗冷的筛选与研究，结果发现，百粒重与抗冷性呈极显著的负相关，且呈线性关系。说明小粒品种相对发芽率高，较抗冷；大粒品种相对发芽率低，较不抗冷。实验表明（图4-15）：大豆 6℃下发芽，来源不同地区的不同品种（系）发芽率变化很大，变幅范围从0～100%，表现出不同程度的抗冷性。

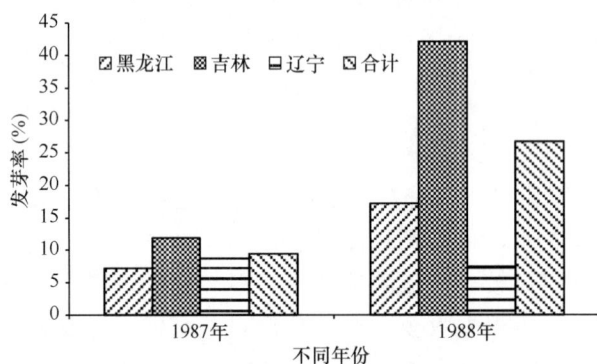

图 4-15　大豆在 6℃下的发芽率（李育军等，1990）

（二）抗低温综合田间管理措施

1．技术原理

通过改善和利用田间小气候生态环境，增强抗御低温能力。包括利用适时中耕来灭虫除草，结合平衡施肥和合理施肥来提高大豆对低温的抵抗能力，实施地膜覆盖来提高地温，促进微生物生命活动，最终通过综合田间管理措施实现大豆抵抗低温冷害的能力。

2．技术要点

在东北地区，抗低温冷害，不能单纯依赖某种措施，可以通过合理轮作，科学耕作，适期播种，控制好播深，适时中耕，及时中耕除草，有利于降低根腐病、食心虫等病虫害的发生和危害，同时中耕可以达到碎土、灭草的目的。根据田间土壤等情况，平衡施肥、合理施肥，其中注意控制氮肥的施入，提高磷钾肥的施入比例。个别地区还可以采用地膜覆盖、以水增温等农艺措施，选用和喷洒化学保温剂等功能性植物营养剂抗低温冷害的综合措施。科学使用除草剂等，以上这些措施都能达到减轻低温危害的目的。

3．技术效果

陈其鲜等（2016）研究了不同地膜覆盖对大豆田保墒增温增产的效应，试验共 5 个处理，分别为全膜双垄沟播（FMDRF）、全膜覆土平作（FFMSC）、全膜平铺（FFMNSC）、半膜覆盖平作（HFM）和露地平作（NM，对照），从图 4-16 看出，不同生育时期全膜双垄沟播和全膜平铺的温度基本相同，略高于全膜覆土平作，显著高于半膜覆盖平作及露地平作。地膜的增温作用显著。从总体看，全膜双垄沟播 0～20cm 耕层土壤温度均高于半膜覆盖平作和露地平作。

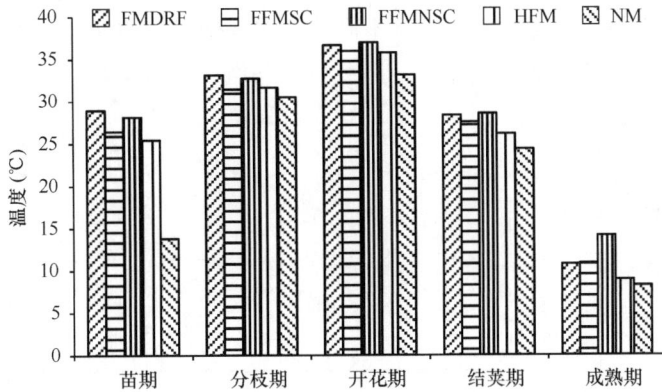

图 4-16　不同覆膜模式下大豆田土壤温度的变化（陈其鲜等，2016）

五、适应多风的大豆栽培技术

受气候变化影响，东北地区每年大风天气也逐年增多，包括受到固定的季节性温差变化影响的大风天气，以及不固定的台风等风灾的影响的极端天气。这些大风天气一方面直接造成大豆倒伏导致减产，另一方面也会由于大风吹袭导致豆荚损失而造成减产。

（一）抗倒伏大豆品种选择

1．技术原理

大豆品种的抗倒伏性的形成与光照和肥力的绝对水平及两者的相对比例有关。同等抗倒伏性的大豆品种其抗倒伏适应性差异还表现在对土壤肥力的反应范围上。一些品种的适应范围较宽，而另一些较窄。抗倒伏性是一个多种性状构成的综合性状，其中茎秆的强韧度占有最重要地位。利用抗倒伏大豆品种的根系分布发达、茎秆韧性强等特点，抵御大风的侵袭，不发生倒伏，同时能充分利用水肥资源，提高产量而不会发生徒长等不利于抗倒伏的性状，最终实现大豆的稳产高产。

2．技术要点

按当地生态类型和市场需求，因地制宜地选择熟期适宜、高产、优质、抗逆性强的已通过审（认）定的品种。选择抗倒伏大豆品种，第一指标就是要考虑大豆的抗倒伏能力，可根据当地天气预报情况选择适合本地环境特点的抗倒伏大豆品种；除了考虑抗倒伏能力外，还要考虑到品种对水肥资源的利用情况，抗倒伏基础上越能充分利用当地水肥资源的大豆品种，就越能充分发挥其生产潜力，增加产量，并对不同环境变化具有良好的适应性，具有适宜抗倒伏性的大豆品种能充分发挥其产量潜力并在各年份间保持较稳定的产量；最后还应根据地力选用适当的品种，中高肥以上的土地应选用茎秆粗壮，植株稍矮，抗倒耐肥的品种。播量要适中，出苗后及时间苗，打造密度合理的群体。

3. 技术效果

杨庆凯等（1986）在哈尔滨市的东北农学院香坊试验站研究表明，倒伏品种产量低，倒伏和产量相关性达到极显著水平，且不同的品种倒伏引起的减产有所不同（图4-17）。植株高度与倒伏的相关性达高度显著，茎秆强度与倒伏关系最为密切。

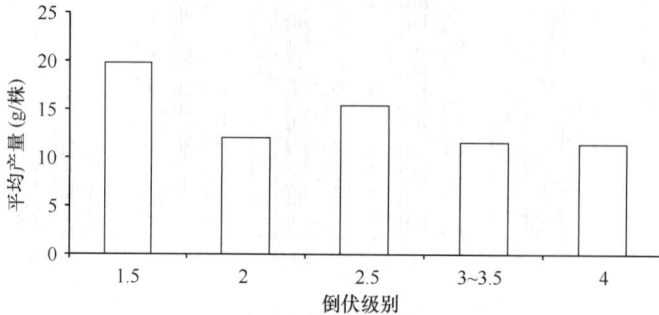

图 4-17 倒伏对产量的影响（杨庆凯等，1986）

（二）抗倒伏施肥技术

1. 技术原理

利用不同类型肥料对大豆生长作用功能不同的原理，通过将不同类型肥料的比例合理搭配，以及不同施用方法的结合，来促进大豆根系生长，以及秸秆韧性的增强，减少秸秆的徒长，从而提高大豆抗倒伏能力，实现大豆产量的稳定与提高。

2. 技术要点

要做到合理施肥，氮、磷、钾比例协调，大豆虽然需氮量大，但根瘤能固氮，所以氮肥可以少施。施氮量不宜过大，否则既会对生物固氮起到抑制作用，又会因为氮肥过量造成植株旺长而倒伏。要增施磷、钾肥，尤其钾肥，是重要的生长调节物质，能抑制株高生长，具有防止倒伏的作用。追肥也要适当，肥力较高、种肥充足的地块，若大豆长势繁茂，可不追施氮肥，适当追施磷、钾肥，以促熟、抗倒伏；地力瘠薄、种肥施量少、豆苗细弱的地块，应进行苗期追肥。在土壤养分供给不足情况下，还可以适当进行叶面追肥，叶面喷施抗逆性强的叶面肥。

3. 技术效果

向达兵（2012）研究了不同施钾量对大豆根系发育及倒伏情况的影响。研究认为，适宜的钾肥的应用增加了大豆的一级侧根数、一级侧根总长度、根干重和根冠比，大豆倒伏率与根体积、一级侧根数、一级侧根总长度、根干重和根冠比呈极显著的负相关关系。大豆根体积越大，侧根数越多，根冠比越大，则越不容易发生倒伏。适宜的钾肥能够有效地促进根系生长发育，增加植株固持能力，从而减少倒伏的发生。由图 4-18 可知，大豆倒伏率随施钾量增加呈逐渐降低的趋势。

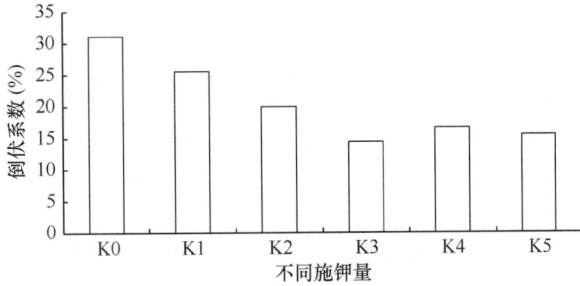

图 4-18 施钾量和倒伏系数的关系（向达兵，2012）

K0: K_2O 0kg/hm²; K1: K_2O 37.5kg/hm²; K2: K_2O 75.0kg/hm²; K3: K_2O 112.5kg/hm²; K4: K_2O 150kg/hm²; K5: K_2O 187.5kg/hm²

第四节 适应气候变化的作物间作模式

一、适应干旱的作物间作模式

（一）适应问题

在气候变化背景下东北地区的自然降水量呈现不均衡的区域不对称性，主要表现在东北地区中南部年降水量线性趋势显著减少，北部和东部年降水量均呈现不同程度的增加（高永刚等，2007；廉毅等，2007），整个东北地区是向干旱发展的，20 世纪 90 年代中期以来这种干旱化趋势更加明显，而东北西部亚干旱地区的干旱化相对更加严重（谢安等，2003）。有研究认为近 50 年东北地区年降水量和生长季节降水量均不同程度地呈减少趋势（赵秀兰，2010）。在旱作农业生产中，水分不足和水分利用效率低是作物产量的主要制约因素。因此，如何充分利用有限的降水资源，通过种植模式、施肥、品种选择等措施提高水分利用效率，是旱作农业生产中的核心问题。

（二）技术原理

间套作能够促进植物根系对农田水分的充分利用，有利于增加根层土壤的贮水量；间套作一方面减小棵间蒸发抑制无效蒸腾，另一方面优化作物系统的源-库关系，创造出有利于植物生长发育的小气候，为资源在时间和空间上的集约利用和高产打好基础，在不增加农田灌溉水的同时大幅度提高单位面积产量，促进作物水分利用效率明显提高。

（三）技术要点

1. 间作作物

东北地区可以采用玉米和小麦/大豆进行间作,玉米与小麦间作由于二者生长旺盛期不同，可以充分利用水分、光照等资源。

2. 间作模式

采用 4:2 模式，即 4 垄宽玉米种植带间作 2 垄宽小麦种植带。4:2 种植模式既能提高水分利用效率，也可以尽量减少产量损失。

3. 间作密度

采取间作后由于通风透光性较玉米清种好，因此为了提高产量要增加玉米带上玉米种植密度，玉米带上玉米种植密度在 7.5 万～9.0 万株/hm²。

4. 养分管理

由于玉米带玉米密度增加，因此玉米带上施肥量特别是氮肥用量要相应增加 20%～30%。

（四）技术效果

1. 不同间作模式对玉米小麦产量的影响

从表 4-11 可见，采用间作模式后玉米产量都显著增加，其单产随着种植密度提高而增加，2：2 种植模式下玉米带密度达到 8.8 万株/ hm²，产量达到 16 505kg/hm²，比清种增产 23.7%。小麦产量在 4913～5447kg/hm²，穗数为 441 万～551 万穗/hm²，其产量与密度正相关。在间作模式下，由于通风透光性大幅提高，所以可以通过大幅提高种植密度来增加产量。

表 4-11 不同米麦间作下产量及产量构成

处理		密度（穗数）（万/hm²）	穗粒数	百（千）粒重（g）	产量（kg/hm²）	增产率（%）
4：2		6.3±0.31b	655±43ab	43.4±0.35b	15 112±384b	13.3
3：2	玉米	6.2±0.10b	635±27b	44.9±0.30a	14 782±382b	10.8
2：2		8.8±0.35a	535±25c	43.6±0.25b	16 505±909a	23.7
清种玉米		5.5±0.10c	700±03a	42.5±0.17c	13 343±199c	
4：2		441±10b	33.8±0.26a	42.0±0.21a	4 913±261b	
3：2	小麦	551±17a	30.6±0.45b	41.2±0.31b	5 447±212a	
2：2		502±52ab	30.2±2.00b	41.0±0.21b	5 023±160ab	

注：不同小写字母表示不同处理间存在显著差异，$P<0.05$

表 4-12 为不同间作模式下混合产量情况。结果表明，混合计算之后间作玉米产量均低于清种玉米处理，主要是由于混合之后间作模式玉米种植密度显著低于清种玉米。由于小麦单产低于玉米单产，所以玉米小麦间作混合产量也是显著低于清种玉米产量，其中 4：2 间作模式处理混合产量降低为 12.2%，在三个间作模式中产量降低最少。

表 4-12 玉米小麦间作混合产量

处理	玉米密度（万/hm²）	玉米产量（kg/hm²）	小麦密度（万/hm²）	小麦产量(kg/hm²)	混合产量（kg/hm²）	增产率（%）
4：2	4.2	10 074±256	147±3.4	1 638±87	11 712±222b	−12.2
3：2	3.7	8 869±229	220±6.8	2 179±85	11 048±165c	−17.2
2：2	4.4	8 252±454	251±26	2 511±80	10 763±376c	−19.3
清种	5.5	13 343±199	—	—	13 343±199a	—

注：不同小写字母表示不同处理间存在显著差异，$P<0.05$

2. 不同玉米小麦间作模式对水分消耗及水分利用效率的影响

从表 4-13 可见,玉米耗水量为 469.4～504.2mm,其中 4∶2 处理耗水量最低,三种间作模式水分利用率均显著高于玉米清种处理。间作小麦耗水量为 311.5～322.6mm,水分利用率为 15.2～17.5 kg/(hm²·mm)。混合后玉米小麦耗水量为 410.4～420.5mm,三种间作模式混合耗水量均显著低于玉米清种处理。混合后水分利用率为 26.2～27.9kg/(hm²·mm),其中 4∶2 间作处理的水分利用效率最高,为 27.9 kg/(hm²·mm),3∶2 和 2∶2 处理由于产量较低所以其水分利用率均低于玉米清种处理。

表 4-13　玉米小麦间作耗水量与水分利用率

处理	玉米		小麦		混合耗水量(mm)	混合水分利用率 [kg/(hm²·mm)]
	耗水量(mm)	水分利用率 [kg/(hm²·mm)]	耗水量(mm)	水分利用率 [kg/(hm²·mm)]		
4∶2	469.4	32.2	322.6	15.2	420.5	27.9
3∶2	483.3	30.6	311.5	17.5	414.6	26.6
2∶2	504.2	32.7	316.5	15.9	410.4	26.2
清种	498.4	26.8	—	—	498.4	26.8

综上所述,玉米小麦间作可以降低生长季耗水量,由于小麦单产显著低于玉米单产,因此间作会在一定程度上降低总的籽粒产量,在三种间作模式中,玉米小麦 4∶2 间作处理混合产量最高,并且其混合水分利用率要高于玉米清种。因此,玉米小麦 4∶2 间作模式不仅能够获得较高的籽粒产量,还可以提高综合水分利用效率。

二、适应降水增多的作物间作模式

(一)适应问题

在气候变暖的影响下,绝大部分农业气象灾害危害加重、发生频繁,特别是极端气候事件发生频率加大,极大地威胁着中国粮食安全(李祎君和王春乙,2010)。对 1997 年以后的降水量进行了分析,发现东北地区的降水量从 2005 年开始呈现增加的趋势,尤以秋季增加最为明显。孙凤华等(2006b)的研究表明,东北三省在 1958～2008 年极端降水频率在大部分地区呈下降趋势,暴雨天数呈略微减少的趋势,但强度明显增加,有极端化发展的趋势,旱涝灾害也有加重趋势。同时东北地区生态环境脆弱,是我国气候变化敏感区。东北地区有大量的坡耕地,而不合理的耕作模式和种植制度造成的水土流失,不仅进一步造成坡耕地的土壤肥力下降,而且带来严重的生态和环境灾害。有研究表明,粮食间作能有效地保持坡耕地水土资源,减少土壤侵蚀,对于坡耕地水土保持具有重要的意义(安瞳昕等,2007)。

(二)技术原理

一般认为间作可以通过以下两个方面减少水土流失,一方面间作可促进土壤容重降低,使得降水更容易渗入土中,进而减少了坡地地表径流,土壤侵蚀减轻(Fu et al.,2003);另一方面间混作使地面作物覆盖度增大,减少了雨滴直接击溅地表,同时由于作物根系增多,改善了土壤理化性质,从而起到了保持水土的作用。

（三）技术要点

1）适用于坡度<5°的缓坡。

2）选用大豆作为坡地玉米间作作物，在玉米种植带上每50m设置一个间作带。

3）大豆种植带宽度在4m以上，种植方式为横坡无垄条播。

（四）技术效果

图4-19为吉林农业大学水土保持基地不同地埂植被带的农田地表径流阻断拦蓄模拟试验小区布置图。设置7个小区，每个小区面积为200m²（50m×4m），基地内缓坡耕地上（坡度<5°），耕作方式为常规顺坡垄作。过滤带植物选择耐密植的谷子和大豆，种植方式为横坡无垄条播。

1	2	3	4	5	6	7
小区面积 50m×4m	小区面积 50m×4m	小区面积 50m×4m	小区面积 50m×4m	小区面积 50m×4m	小区面积 50m×4m	小区面积 50m×4m
玉米 顺坡	玉米 顺坡	玉米 顺坡	玉米 顺坡	玉米 顺坡	玉米 顺坡	玉米 顺坡 （对照）
谷子 带宽4.2m	大豆 带宽4.2m	谷子 带宽3.0m	大豆 带宽3.0m	谷子 带宽1.8m	大豆 带宽1.8m	

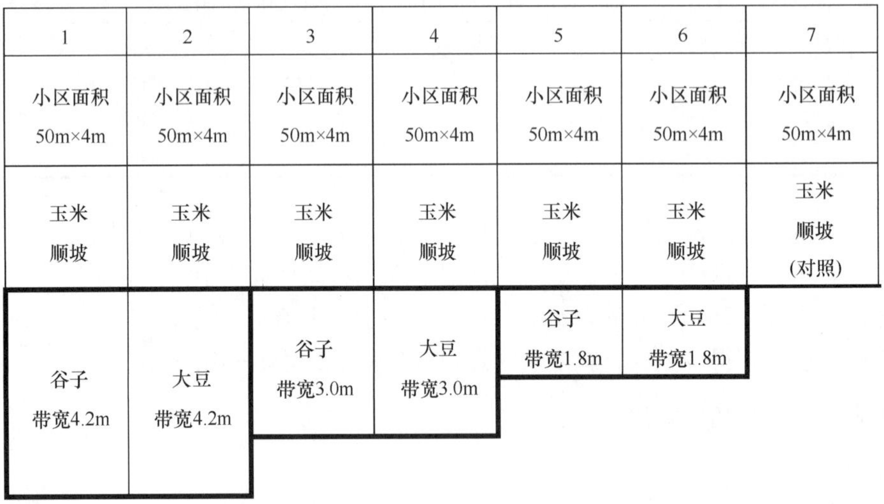

图4-19 植被过滤带小区布置示意图

1. 植被过滤带对径流泥沙的拦蓄作用

由表4-14可见，两种植被过滤带对垄作农田中含沙水流均有过滤和拦蓄作用。随着过滤带宽度的增大，各带内所拦蓄的泥沙量逐渐增加，两种作物间比较可知，4.2m宽的过滤带的拦蓄效果，谷子的拦蓄量大于大豆，而在3.0m宽的过滤带和1.8m宽的过滤带的泥沙拦蓄效果是大豆的泥沙拦蓄量大于谷子。其中，谷子过滤带的最大拦沙率为72.41%，最小拦沙率为44.83%；而大豆过滤带的最大拦沙率为68.97%，最小拦沙率为62.07%；可见过滤带的泥沙拦蓄作用在不同带宽之间的差异性表现为谷子过滤带大于大

表4-14 过滤带对径流泥沙的拦蓄作用

处理	谷子		大豆		谷子		大豆	
	流失量 (t/hm²)	占对照 (%)	流失量 (t/hm²)	占对照 (%)	拦蓄量 (t/hm²)	占对照 (%)	拦蓄量 (t/hm²)	占对照 (%)
对照	2.88	100	2.88	100	0	0	0	0
4.2m带宽	0.8	27.59	0.89	31.03	2.09	72.41	1.99	68.97
3.0m带宽	1.29	44.83	0.99	34.48	1.59	55.17	1.89	65.52
1.8m带宽	1.59	55.17	1.09	37.93	1.29	44.83	1.79	62.07

豆过滤带。说明谷子作为过滤带作物时对宽度的要求较高，而大豆作为过滤带作物时对宽度的要求不高，这可能因为作物苗期（6～8 月）大豆的茎秆较谷子粗壮，对径流泥沙的拦蓄作用显著优于谷子。

2. 植被过滤带对土壤氮、磷养分流失的影响

由表 4-15 可见，植被过滤带内部所拦蓄的泥沙中含有的总碱解氮量为，4.2m 带宽的过滤带内，谷子过滤带的碱解氮拦蓄量高于大豆过滤带 36.9%，差异明显；而在 3.0m 和 1.8m 过滤带内，两种作物的碱解氮拦蓄量相差不大。与对照相比，各过滤带下方流失的土壤颗粒中吸附的碱解氮含量显著低于对照流失的碱解氮量，并且在相应带宽的各过滤带下方，大豆过滤带的碱解氮流失量均低于谷子的碱解氮流失量。

表 4-15　植被过滤带对土壤碱解氮的拦蓄作用

处理	拦蓄的碱解氮（kg/hm²）		流失的碱解氮（kg/hm²）		拦蓄氮/流失氮（%）	
	谷子	大豆	谷子	大豆	谷子	大豆
对照	0	0	1.041	1.041	0	0
4.2m 带宽	0.967	0.61	0.369	0.275	2.63	2.22
3.0m 带宽	1.015	1.023	0.824	0.538	1.23	1.9
1.8m 带宽	0.521	0.485	0.641	0.296	0.81	1.64

与对照处理中流失的碱解氮总量相比，各过滤带的碱解氮拦蓄率表现为，4.2m 宽的处理中，谷子的碱解氮拦蓄率大于大豆，3.0m 与 1.8m 宽的处理中，谷子与大豆的碱解氮拦蓄率基本相当。

由表 4-16 可见，大豆过滤带对速效磷的阻控拦蓄作用强于谷子，表现为各带宽处理中，大豆带内拦蓄的速效磷量均大于谷子带，其中 1.8m 宽的过滤带内大豆的速效磷拦蓄量是谷子的 1.97 倍。

表 4-16　植被过滤带对土壤速效磷的拦蓄作用

处理	拦蓄的速效磷（kg/hm²）		流失的速效磷（kg/hm²）		拦蓄磷/流失磷（%）	
	谷子	大豆	谷子	大豆	谷子	大豆
对照	0	0	0.335	0.335	0	0
4.2m 带宽	0.218	0.233	0.083	0.105	65.01	69.47
3.0m 带宽	0.231	0.247	0.187	0.13	68.86	73.65
1.8m 带宽	0.149	0.294	0.183	0.18	44.5	87.89

与对照处理的速效磷流失量相比，大豆过滤带内各带宽处理的速效磷拦蓄率均大于谷子过滤带的拦蓄率，表明大豆过滤带对速效磷的拦蓄阻控效果最为突出。

综上所述，在坡地种植玉米，通过设置大豆地埂植被带可以显著降低由于降雨造成的泥沙流失，以及由于泥沙流失带来的碱解氮、速效磷的流失。

第五章 适应与减缓气候变化的土壤改良培肥技术

第一节 适应气候变化的土壤固碳培肥技术

一、适应气候变暖的玉米秸秆深翻还田技术

（一）适应问题

近 50 年来，由于气候变化，东北地区无霜期显著延长，≥10℃的积温总体呈增加趋势。适合于东北地区种植的作物生长期天数显著增多，黑龙江北部、吉林东部普遍增加 10 天左右。就全国各省区域的年均温变化比较而言，东北地区年均温增幅最大。在热量资源随气候变化而变化的背景下，耕地土壤中的生物活性显著提高，活跃期也相伴延长，土壤有机质的周转速度加快，从而导致土壤中的有机质下降速度增加，同时，有机质的质量在微生物活性提高后也在发生着显著的变化，如胡富比（胡敏酸与富里酸含量的比值 HA/FA）趋于下降，土壤有机质也有加速老化的趋势。在这一气候变化的背景下，传统的一些培肥方法已难于遏制土壤有机质的数量下降和品质劣化的趋势，因此，需要制定出适应气候变化、保持土壤有机质的数量和品质的土壤固碳培肥技术。

（二）技术原理

秸秆还田可增加土壤新鲜有机质含量，提高土壤肥力。作物秸秆的成分主要是纤维素、半纤维素和一定数量的木质素、蛋白质及糖类。这些物质经过发酵、腐解、分解转化为土壤重要组成成分——有机质。有机质是衡量土壤肥力的重要指标。因为土壤有机质不仅是植物所需营养元素的来源，还决定着土壤结构性、土壤耕性、土壤代换性和土壤缓冲性，以及在防治土壤侵蚀、增加透水性和提高水分利用率等方面皆具有重要的作用。研究表明，土壤表层中含有比较丰富的微生物与酶，且表层土壤透气性好，土壤昼夜温差变化较深层土壤大，这些条件都有利于作物秸秆的分解，因此，将秸秆还入土壤中的较深层次，减缓了气候变化引发的表土水热变化对有机质分解加速的影响，进而达到减缓和抑制有机质快速分解的目的。

（三）技术要点

1. 秸秆粉碎的质量

秸秆粉碎（切碎）长度最好＜5cm，勿超 12cm，留茬高度越低越好，撒施要均匀。

2. 秸秆直接还田

适宜秸秆腐烂的 C：N 为 20：1～25：1，而秸秆本身的碳氮比值都较高，玉米秸秆为 50：1～70：1。在秸秆腐烂过程中，由于碳氮比过高，就会出现微生物与农作物争氮现象，把农作物所需要的碱解氮素夺走，使幼苗发黄，生长缓慢，不利于培育壮苗。

因此，在秸秆还田的同时，要配合施入化肥氮素，保持秸秆分解所需合理的碳氮比。一般每 100 kg 风干的秸秆掺入 1kg 左右的纯氮比较合适。

3．根据当地的实际情况来确定秸秆还田的数量和时机

一般秸秆还田数量不宜过多，每亩还田 300～400kg 为宜，否则耕翻难于覆盖。但进行全量还田时，一定要深耕重耙，耕深一定要达到 30cm，保证秸秆翻入地下并盖严。秸秆含水量 30%以上时，还田效果好。

（四）技术效果

由表 5-1 可见，玉米秸秆粉碎深还，可以显著提高土壤有机质含量和质量。秸秆深翻与对照相比，显著提高了耕层土壤有机质含量。另外可以看到，随施肥年限的延长，对照处理的有机质含量呈下降趋势，而秸秆深还处理的表层各种腐殖质含量则呈上升趋势。

表 5-1　秸秆深还对土壤及其腐殖质组分有机碳含量的影响

处理	采集深度（cm）	原土有机碳（g/kg）	水溶性有机碳（g/kg）	富里酸（g/kg）	胡敏酸（g/kg）	胡敏素（g/kg）
对照	0～20	8.061±1.169b	0.072±0.002b	1.435±0.016b	1.884±0.170ab	4.281±0.892ab
	20～40	6.334±0.181c	0.053±0.005c	1.332±0.062c	1.642±0.168bc	3.181±0.235bc
秸秆深还	0～20	10.73±1.08a	0.091±0.010a	1.567±0.018a	2.093±0.190a	5.075±0.575
	20～40	5.933±0.296c	0.060±0.001c	1.269±0.040c	1.476±0.193c	3.118±638c

注：不同小写字母表示不同处理间存在显著差异，$P < 0.05$

秸秆深还在各项土壤养分指标和作物产量方面均有显著优势。如图 5-1 所示，与秸秆移除相比，秸秆覆盖可使土壤生物量碳增加 37.50%，而秸秆深还可使土壤微生物量碳含量增加 71.26%。而土壤微生物量氮含量依次为秸秆移除＜秸秆覆盖还田＜秸秆深还。

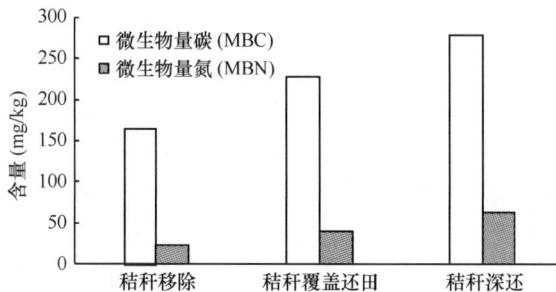

图 5-1　秸秆还田方式对土壤微生物量氮及微生物量碳的影响

二、土壤固碳保氮的有机无机夹心肥料块施用技术

（一）适应问题

近 100 多年来，全球平均气温经历了冷—暖—冷—暖两次波动，总体呈现上升趋势，进入 20 世纪 80 年代后，全球气温明显上升。1980～1999 年的平均气温增加 0.48℃，多

个全球气候系统模式集合预估，中国年均温在 21 世纪近期增温 1℃以上，21 世纪中期增温 2℃以上，21 世纪末期增温 2.5～4.6℃。就全国各省区域的年均温变化比较而言，东北地区年均温增幅度最大。而气候变暖一方面会加速土壤有机质分解，另一方面，也会加速土壤养分的流失。王修兰和徐师华（1996）的试验表明，在 450～1125kg/hm² 施肥水平下，每升温 1℃，氨释放量平均增加 4%，释放周期缩短 3.6 天。研究也证明气候变暖加剧了畜禽粪便排放后对环境的污染程度，因此，如何在气候变暖的前提下，减少养分的流失，并高效利用畜禽粪便资源又不污染环境，已经成为循环农业研究中的一个重要的课题。

（二）技术原理

针对气候变暖后引发的化学肥料挥发损失增大，畜禽粪便排放后对环境的污染程度加剧等问题，我们首先对畜禽粪进行改性处理，并辅之以大量和微量营养元素以及保水剂等，同时采用土壤诊断施用技术形成配方，研制成高效多功能肥料块，并获得国家专利。经过多年的试验，取得了非常好的效果。试验结果表明：该肥料能够修复改良土壤，提高土壤养分利用效率，优化土壤微域环境，改善作物品质，降低温室气体排放，提高土壤有机质的品质和数量，增强土壤自我修复能力。从表 5-2 的数据可以看出，不同的畜禽粪肥料块的氨挥发损失较机械混配施用处理显著减少。其中，肥料块 A 氨挥发损失减少 92.5%，肥料块 B 氨挥发损失减少 91.1%，肥料块 C 氨挥发损失减少 78.5%，肥料块 D 氨挥发损失减少 86.1%。但包被的粪肥种类不同，氨挥发损失的减少有一定的差别。

表 5-2　肥料块氨气挥发特性研究　　　　　　（单位：mg）

种类	施入后的时间（天）							
	1	3	6	9	12	15	18	合计
肥料块 A	0.1	0.2	0.25	0.1	0.2	0.3	0.3	1.45
肥料块 B	0.2	0.1	0.6	0.4	0.2	0.2	0.1	1.80
肥料块 C	0.5	1.5	1.2	0.6	0.5	0.3	0.5	5.1
肥料块 D	0.3	0.2	0.9	0.8	0.5	0.5	0.5	3.7
散混施 A	1.3	3.6	5.1	2.2	2.3	2.1	2.7	19.3
散混施 B	1.5	3.4	5.8	2.7	2.2	2.2	2.4	20.2
散混施 C	1.3	4.2	7.9	2.8	2.5	2.5	2.5	23.7
散混施 D	0.5	1.6	7.8	4.4	3.6	4.5	4.3	26.7

从图 5-2 可见，牛粪肥料块的 CO_2 释放量较机械混配施用处理显著减少，减少幅度在 21%～45%。在试验培养的 100 天内，前 3 天的 CO_2 释放量较大，但肥料块的处理 CO_2 释放量较机械混配处理减少 30%～45%。因此，牛粪肥料块大大降低了 CO_2 等温室气体的排放量，为气候变化下的农业温室气体减排探索出了一个新的途径。

（三）技术要点

1. 点施肥

传统的施肥方式有穴施、撒施和条施，三种方法中以穴施肥料的利用效率最高。牛粪肥料块把有机无机肥料高密度压缩到一块，并形成有机包被，施于土壤后形成肥料点，其肥料的利用效率又大大高于穴施，同时，其有机包被吸收水分膨胀，又形成水分的贮藏库，大大提高土壤的保水保肥能力，显著优化了土壤的微域环境（图 5-3）。

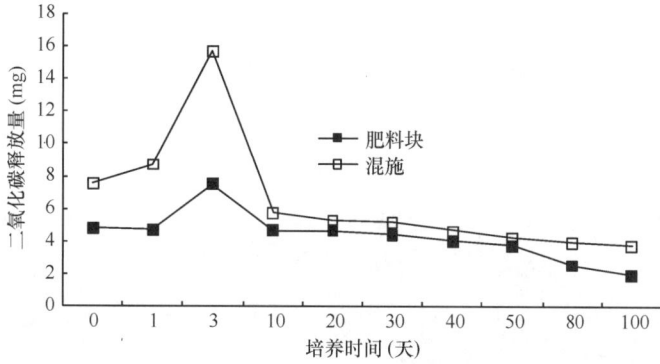

图 5-2 肥料块二氧化碳的释放

图 5-3 夹心肥料块点施肥（另见彩图）

2. 免耕作

针对土壤的土传病害和作物的虫害等配有一定比例的杀菌剂和杀虫剂，肥料块中的有机成分比例占 2/3 以上并配有高分子保水剂，保证了肥料土壤微域的通透性能，因此，玉米整个生育期完全可以免耕作（图 5-4）。

图 5-4 夹心肥料块免耕作（另见彩图）

3．轮簇植

玉米种植时，以肥料块为中心，玉米种子轮簇种植在肥料块周围。玉米根系生长后，紧密缠围于肥料块周围，极大增加了根系对肥料块中养分的吸收比例，同时，肥料块簇间的距离为 1～1.2m，显著增强了玉米栽培的通风性能（图5-5）。

图5-5　围绕夹心肥料块的轮簇种植（另见彩图）

4．免追肥

由于肥料块中大量元素和微量元素养分皆按照玉米整个生育期的需求诊断配置，同时，外层的有机包被和化学肥料高密度压制保证了化学肥料的缓慢释放和养分的不被淋洗及挥发损失。因此，牛粪肥料块中的养分足够玉米整个生育期生长发育的需要，从而省去玉米追肥的环节（图5-6）。

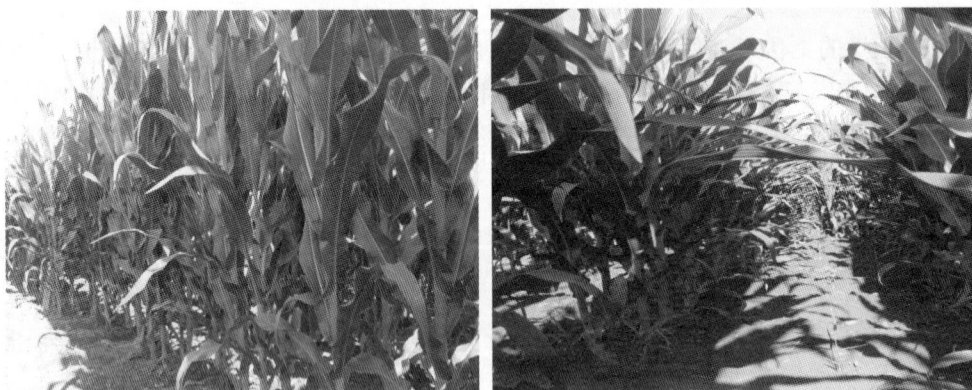

图5-6　施用夹心肥料块玉米在大喇叭口期的生长状况（另见彩图）

5．整秆还田或制作饲料

玉米的所有秸秆可以全部整秆还田，有利于土壤保墒和有机质的提高。由于牛粪肥料块显著增加了玉米秸秆的蛋白质含量，并降低了秸秆对有害重金属的吸收，因此，施用肥料块的玉米秸秆是优质的青贮饲料或黄贮饲料的原料（图5-7）。

玉米秸秆饲料

图 5-7　施用夹心肥料块玉米收获后还田及饲料化（另见彩图）

（四）技术效果

对玉米产量的影响：从图 5-8 可以看到，与单施化肥处理（CK）相比，施用有机无机夹心肥料后玉米的产量明显增加，其中夹心肥料 A（TA）可以使玉米产量增加 680.04～1369.67 kg/hm²，平均增加了 1155.39 kg/hm²，增加幅度为 7%～17%，平均增加幅度为 14%；施用夹心肥料 B（TB）可以使玉米产量增加 295.57～985.37 kg/hm²，平均增加 544.23 kg/hm²，增加幅度为 23%～38%，平均增加幅度为 6%；施用夹心肥料 C（TC）可以使玉米产量增加 566.24～1035.88 kg/hm²，平均增加了 729.5 kg/hm²，增加幅度为 6%～12%，平均增加幅度为 8%。方差分析结果表明，除农安双河川村夹心肥料 B 与对照相比差异不显著外，其余处理与对照比均达到显著水平。

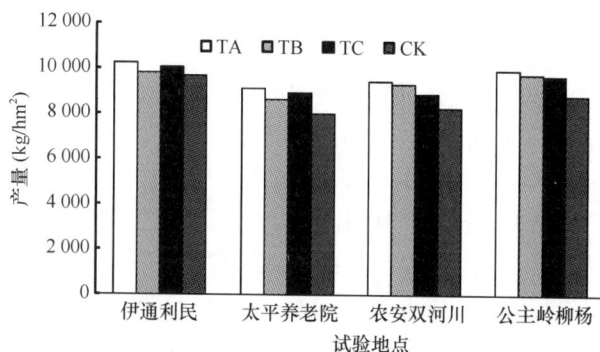

图 5-8　夹心肥料对玉米产量的影响

夹心肥料 A、B、C 之间：夹心肥料 A 处理比其他两个夹心肥料 B 和 C 处理的玉米产量高，与夹心肥料 A 相比，夹心肥料 B 和 C 处理在玉米产量上都与夹心肥料 A 差异显著，达到了差异显著性水平，而夹心肥料 B 和 C 在玉米产量上差异很小，没有达到差异显著性水平。

从图 5-9 可以看到，延迟玉米播种期 7d 后，与单施化肥 CK1 处理相比，施用有机无机夹心肥料后玉米的产量明显增加，其中夹心肥料 A（TA1）可以使玉米产量增加 637.77～1368.52 kg/hm²，平均增加 982.07 kg/hm²，增加幅度为 6%～15%，平均增加幅度为 12%；施用夹心肥料 B(TB1)可以使玉米产量增加 327.83～1125.93 kg/hm²,平均增加了 709.85 kg/hm²,增加幅度为 4%～14%,平均增加幅度为 9%;施用夹心肥料 C(TC1)可以使玉米产量增加 324.83～1189.38 kg/hm²,平均增加 754.67 kg/hm²,增加幅度为 4%～15%,平均增加幅度为 9%。方差分析结果表明,三种夹心肥料处理都表现出了明显的差异,与 CK1 相比都达到差异显著水平。

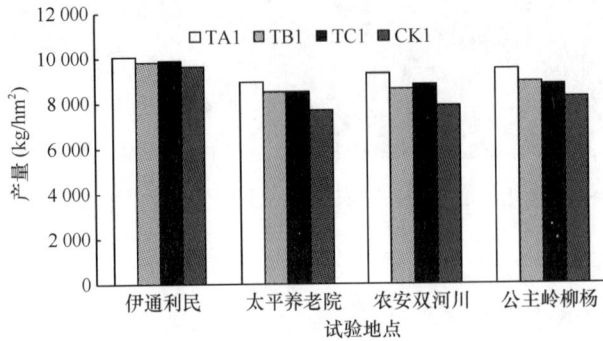

图 5-9　夹心肥料对玉米产量的影响

夹心肥料 A、B、C 之间:夹心肥料 A 处理比其他两个夹心肥料 B 和 C 处理的玉米产量,与夹心肥料 A 相比,夹心肥料 B 和 C 处理在玉米产量上都与夹心肥料 A 差异显著,达到了差异显著性水平,而夹心肥料 B 和 C 除了公主岭柳杨村试验地表现出差异显著外,其他 3 个试验地夹心肥料 B 和 C 在玉米产量上差异不明显,没有达到差异显著性水平。

三、固碳增汇减排的稻草混浆还田技术

(一)适应问题

工业革命以来,大气中 CO_2、CH_4 和 N_2O 的浓度持续上升,2005 年分别达到了 379ppmv[①]、1.77ppmv 和 319ppbv[②](Forster et al.,2007)。模型预测表明到 2100 年大气中 CO_2 的浓度将增加至 540～970ppmv,CH_4 的浓度增加范围为 0.19～1.97ppmv,N_2O 的浓度增加范围为 38～144ppbv。而 CH_4 和 N_2O 是仅次于 CO_2 的重要温室气体,对温室效应的贡献分别为 18%和 6%(Forster et al.,2007)。研究表明:全球稻田厌氧分解导致 CH_4 排放量达 31～112Tg/a,农业土壤 N_2O 的排放量为 1.7～4.8Tg/a(Smith et al.,2008)。目前,减少温室气体排放并促进陆地生态系统固碳已成为应对全球气候变化的重要手段之一。而对于水田土壤来说,由于秸秆还田已经成为秸秆转化的一条主要途径和土壤培肥的一个重要手段,因此,采取科学有效的还田措施,增强土壤的固碳增汇能力,减少温室气体的排放,是农业生产应对气候变化必然的选择。

(二)技术原理

稻田 CH_4 的排放是土壤 CH_4 的产生、氧化以及向大气传输这三个过程相互作用的结果。在浅水稻田生态系统中,水土界面的下层为无氧区,在这里,微生物将包括有机肥料、

---

① 1ppm=10^{-6}
② 1ppb=10^{-9}

动植物残体、土壤腐殖质和其他有机物以及水稻根系的脱落物和分泌物等转化成简单的产甲烷前体，产甲烷菌在厌氧条件下作用于这些产甲烷前体，生成 CH_4。这一过程主要包括两个途径：一是在专性矿物质学营养产甲烷菌的参与下，产甲烷菌以 H_2 或有机分子作为 H 供体还原 CO_2 形成 CH_4：$CO_2 + 4H_2$——$CH_4 + 2H_2O$；二是在甲基营养产甲烷菌的参与下，通过乙酸脱羧基生成 CH_4：CH_3COOH——$CH_4 + CO_2$，这一过程被认为是大气 CH_4 产生的主要途径，占到总 CH_4 产生量的 70% 左右。而稻田生态系统内的水体和表层土壤以及植物的根区则是有氧区，如果将稻草施用在这个区域，则可抑制甲烷细菌的繁殖和生长，同时，通过秸秆与黏粒的复混，可大大降低秸秆的矿质化作用，并大大提高腐殖化系数。

（三）技术要点

1）将稻草铡碎或用乱草机打碎，长度为 5～20cm；将铡碎或打碎好的稻草均匀地撒于田面。

2）在土壤含水量 15%～25%，将稻草翻入 10cm 土层中，稻草混拌于耕层中的覆盖率大于 95%；

3）翻前要施肥，一般每 $1000m^2$ 施氮磷化肥 20～30kg，氮磷比为 3∶1。

4）灌水入田，令土壤含水量为 30% 左右，进行泡田 1～2 天。

5）悬浆耙混：泡田结束后，进行耙混。耙混土层厚度为 12～15cm。使稻草均匀与土壤混合，并且耕层内无大土块，每平方米耕层内，最大外形尺寸＞5cm 的土块≤5 个。

6）要采用落水晒田并进行间断灌溉的水浆管理。

（四）技术效果

秸秆覆盖在土壤表层，大部分稻草在土壤表面即进行有氧降解，产生的降解物立刻被氧化最终以 CO_2 形式释放，因此产生甲烷的量很少；另外，秸秆降解产生的营养物质只有很少一部分渗透到土壤深处，因而为土壤产甲烷菌提供的营养基质也减少。因此，秸秆表层覆盖既可以提高稻田土壤固碳量，又可以减缓温室气体的排放。李成芳等（2011）研究也得出相似结果，如图 5-10 所示，秸秆还田显著降低稻田甲烷排放，即甲烷累积排放量随秸秆施用量的增加而降低。

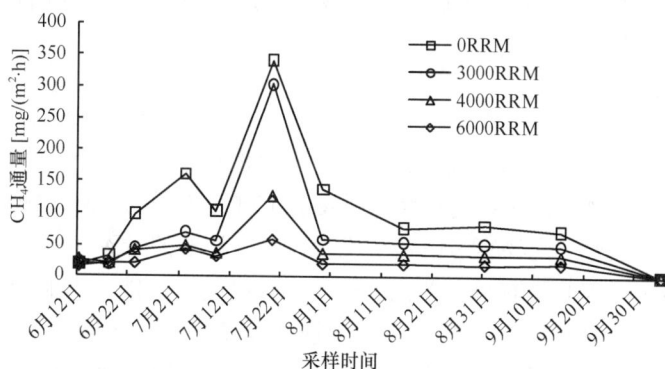

图 5-10　免耕秸秆还田稻田 CH_4 通量的季节性变化

0RRM：免耕不施用秸秆；3000RRM：免耕施用 $3000kg/hm^2$ 秸秆；4000RRM：免耕施用 $4000kg/hm^2$ 秸秆；6000RRM：免耕施用 $6000kg/hm^2$ 秸秆

我们进行连续 2 年的微区试验和 1 年的小区试验表明（表 5-3），玉米秸秆和稻草施入水田后，第一年对水稻产量皆没有显著的影响，而第二年的水稻产量提高的幅度较大。

表 5-3　不同试验区施用非腐解有机物料对水稻产量的影响

处理	微区试验（g/区）				小区试验（kg/hm²）		
	第一年		第二年		苏打草甸型水稻土（1）	苏打草甸型水稻土（2）	草甸黑土型水稻土
	草甸黑土型水稻土	苏打草甸型水稻土	草甸黑土型水稻土	苏打草甸型水稻土			
稻草+NPK	485.2	407.8	421.5	324.9	7303.7	6408.6	8086.7
玉米秸秆+NPK	482.3	412.4	428.7	336.4	7248.7	6564.6	8038.3
NPK	484.4	408.5	407.2	317.8	7319.6	6331.7	8073.3

注：NPK 表示氮磷钾肥

四、适应气候变暖的秸秆生物炭化施用技术

（一）适应问题

针对气候变暖引发的土壤有机质分解加快，一直以来都是通过向土壤中施入不同的有机物料或者有机肥来达到补充和提高土壤有机质的目的。施用禽畜粪便可以增加农田土壤有机碳输入量，促进土壤中水稳性团粒结构的形成，加速土壤有机碳积累（陈泮勤等，2008）。但一系列的研究表明，有机肥对土壤中温室气体排放的影响首先因有机肥种类不同而异。王明星（2001）对湖南桃源的早、晚稻研究也证实沼渣肥对稻田 CH_4 排放的正效应要低于新鲜有机肥，并且作为一种有机肥，将禽畜粪便施用于稻田也会导致甲烷排放的增加。逯非等（2009）研究总结了施用化学氮肥、免耕和保护性耕作、灌溉、稻秆还田、施用畜禽粪便以及污灌的土壤固碳潜力，温室气体泄露和净减排潜力。结果表明，温室气体泄露可抵消以上措施土壤固碳效益的 241%～660%。因此，与土壤碳库相比，采用固碳措施引起的 CH_4 和 N_2O 排放量变化对总温室气体排放的影响更加显著，都可能是重要的泄露因素。近年来在全球气候变暖与能源、粮食危机日益蔓延的大背景下，各种生物质在高温热解转变为生物炭之后还田成为一种新的农田固碳措施得到越来越多的研究关注。

（二）技术原理

将玉米秸秆经过炭化技术变成生物炭，由于生物炭是一类难溶的、稳定的、高度芳香化的、富含碳素的物质，其对气候变化引发的土壤有机质的分解加速具有重要的缓冲作用。从微观结构上看，生物炭多由紧密堆积、高度扭曲的芳香环片层组成，生物炭表面多孔性特征显著，因此具有较大的比表面积和较高的表面能。表面极性官能团较少，主要基团包括羧基、酚羟基、羰基、内酯、吡喃酮、酸酐等，构成了生物炭良好的吸附特性。因此，生物炭能够显著提高土壤 pH、改变土壤质地、增大盐基交换量，从而引起土壤阳离子交换量（CEC）增加，同时，由于生物炭含有丰富的芳环结构和羟羧基等基团，显著增加了离子交换的位点，其表面交换活性更高，也影响植物对营养元素的吸

收效果。施用生物炭能够促进土壤有机质水平的提高，一方面生物炭能吸附土壤有机分子，通过表面催化活性促进小的有机分子聚合形成土壤腐殖质，另一方面生物炭本身极为缓慢的分解有助于腐殖质的形成，通过长期作用促进土壤肥力的提高。例如，Glaser 等（2001）认为，在热带地区，含有生物炭的土壤由于其高度的化学稳定性和生物稳定性，相较其他形式的有机质更难以在高温高湿环境下被分解，从而提高了 SOM 含量，成为其重要的"库"。

（三）技术要点

1. 生物炭的制取

生物炭生产设备采用连续竖式生物炭化炉生产，炭化温度 350～500℃，生物质材料的 35%转化为生物炭，生产的生物炭过 5mm 筛。

2. 生物炭与化肥复合

生物炭含有 K、Ca 和 Mg 的含量分别是 0.16%、1.01%和 0.62%。因此，根据栽培作物和土壤，配以适量的化学肥料。

3. 生物炭造粒

由于粉状的生物炭轻，施用时很难操作，风吹后很容易漂散，因此，最好与化学肥料进行混合后挤压造粒，或者自身成粒，并增加相对密度。

4. 机械化施用

造粒后的生物炭可进行机械化施用，施用的深度为 15～20cm。

（四）技术效果

研究表明，如果采用合适的技术将稻秆就地转化成生物炭可以避免约 50Tg/a 的秸秆温室气体排放量（以 C 计），土壤碳汇每年可以增加 20Tg 以上，占农田总固碳潜力的 1/3。关于这种固碳措施对其他温室气体泄露即其净减排潜力的评价，Woolf 等（2010）的研究提供了一种认识的视角和工具，他们运用生命周期评估的方法学分析了不同利用程度下全球稻秆转化为生物炭每年可以减少 1.0～1.8Pg CO_2 当量的温室气体排放，其中 50%来自避免稻秆燃烧释放，30%来自能源替代排放，而另外 20%是避免了堆肥中 CH_4 和 N_2O 的排放。表 5-4 为金梁等（2015）汇总的室内分析和田间情况调查对土壤中生物炭稳定性的估测。

表 5-4　生物炭稳定性的室内/田间试验

生物炭源	试验内容	降解速率
中稻秸秆炭	研究对土壤结构稳定性的影响	1388 年（单施）；355 年（与化肥配施）
芒果树炭	2 年土壤呼吸和淋溶监测（生物炭施入后）	3624 年（平均停留时间）
稻壳炭	3 年生物炭碳素监测（生物炭施入后）	>1000 年（平均停留时间）
稻壳炭	2 年温室气体监测（生物炭施入后 2 年）	数百年（平均停留时间）
天然野火	100 年前天然野火发生地测量炭库	293 年
天然野火	50 年前天然野火发生地测量木炭	半衰期<50 年
刀耕火种	100 年火成序列测量黑炭库	8.3 年（平均停留时间）

目前关于生物炭改良土壤肥力的研究已经扩展到生态系统水平，如 Laird 等（2009）认为传统的获取生物能源的热解技术将生物质与土壤系统隔离，是以消耗土壤有机质和降低土壤肥力为代价的，而生物炭还田既可以补偿土壤有机质的消耗，又能够改良土壤肥力，从而实现能量和物质的循环效益最大化。目前，研究人员普遍观察到生物炭对植株产量的影响，部分研究数据列于表 5-5（李力等，2011）。

表 5-5　生物炭对植株生物量的影响

作物	施用量	影响数据
小麦		干重提高约 66.7%
高粱	$10t/hm^2$	干重提高约 16.7%
萝卜		干重提高≥50%
番茄	$10\ t/hm^2$	果实数量提高 64% 果实产量提高 64% 干重提高 19% 株高提高 30%
玉米	$8\ t/hm^2$ $20\ t/hm^2$	产量提高 71% 产量提高 140%
水稻	$25.5\sim45.5g/kg$（干重）	生物量提高 166%，果实产量提高 294%，果实数量提高 232%，根的生物量提高 147%
辣椒	$1\%\sim5\%$	生物量提高 28.4%～228.9%不等；果实产量提高 16.1%～25.8%不等

第二节　适应气候变化的土壤增温及热调控技术

一、适应低温干旱的土壤地膜覆盖技术

（一）适应问题

我国北方春玉米区由于气候变化，引发春季低温、冷害，秋季降温快以及干旱，是制约玉米生产发展的重要障碍因素，而地膜覆盖栽培具有显著的增温、保墒、肥地、抑草作用，协调了土壤耕层的水、热、气、养和改善土壤物理性状，创造了玉米种子发芽和幼苗生长的生态环境，防灾、增产效果极其显著。

（二）技术原理

地膜覆盖具有如下的作用：①提高土温。地膜覆盖在冬春季节有提高地温和保墒的作用。地膜覆盖的土壤耕作层的温度，一般比露地提高土温 2～3℃，可促进蔬菜早出苗、早发育，使春季提前播种或提前定植 10～20 天。②抑制土温。夏季覆盖薄膜，可抑制土壤温度上升。例如，使用白黑及银黑双面薄膜等材料覆盖后，均可对土温的上升起抑制作用。③提高肥料利用率，增加土壤营养。地膜覆盖可防止日晒雨淋，使肥料不致流失，同时可提高土温，加强植株根系的吸收能力。由于土壤温度、水分条件改善，有利于微生物的活动，利于促进土壤有机物和矿物质的分解，土壤养分增多。因此，地膜覆盖可以充分发挥肥效。④改善土壤的物理性状。地膜覆盖的土壤容重比不覆盖的小，降雨使土壤中氧含量比露地的高，从而有利于植株根系的生长。同时由于水土流失少，可

防止土壤板结，改善土壤理化性状。⑤减少水分蒸发，有明显保水作用。⑥增加光效应。透明地膜本身及附着在地膜下的小水珠的反射作用，使近地表的反射光增加，有效地改变了作物生育期的光照条件，使蔬菜光合作用强度提高，光合作用时间延长，从而增加了光合产量和有机物质的积累。⑦防止土壤盐渍化。地膜覆盖后，由于土壤水分的运动是由下向上移动，表土含水量高，相对降低了土壤盐分含量，从而起到抑盐的作用。⑧抑制杂草生长，减轻病虫危害。由于地膜有反光的特性，具有驱避蚜虫和减轻病毒病的作用。试验表明，地膜覆盖可减轻瓜类蓟马的为害，明显地提高产量，增加经济效益。⑨促进作物早熟。由于地膜覆盖对植株地下部分及地上部分的调节作用和对生长的促进作用，使栽培蔬菜进入产品形成期提早，增加了春季栽培作物的前期产量，因而也提高了总产量。

（三）技术要点

玉米地膜覆盖栽培，具有明显的增湿、保墒、保肥、保全苗、抑制杂草生长、减少虫害、促进玉米生长发育、早熟、增产的作用。技术要点如下。

1. 整地

地膜覆盖栽培玉米，要求地势平坦、土层深厚、土质疏松、灌水方便、肥力条件较好的土壤地块。前茬作物收获后，及时深耕垡土，多次耙糖、镇压保墒，达到地平、土绵、墒足、上虚下实。

2. 选用良种

根据栽培地气候特点及积温条件，选用适当的主栽品种。为防治地下害虫的发生，移栽前用敌杀死 3000 倍液均匀喷施地下。在一叶一心或二叶一心期即可移栽。干旱少雨时要提早到一叶一心期移栽，将苗分成好、差两类分地块移栽。

3. 合理密植

每亩栽 2800～3100 株，采用宽窄行种植。宽行 3.6 尺[①]，窄行 1.8 尺，株距 0.7～0.8 尺。

4. 施足底肥

以农家肥为主，化肥施用本着底肥重磷、追肥重氮的原则进行，既可防止玉米苗期徒长，又能防止后期不脱肥，保证玉米后期正常生育。一般亩施优质农家肥 6000～7000kg、复合肥 20kg，P_2O_5 10kg 作底肥，结合播前浅犁地一次施入，实行集中沟施肥效更好。

5. 盖膜严密，保证覆盖质量

玉米地膜覆盖宜采用宽窄行规格种植，行要开直，实行先播种后盖膜，随种随盖的方法。播种行向，可采用顺风种植，以减少风力接触面，以防止揭膜。并在盖膜前把地面的前茬、残留根茬、秸秆、石块等杂物清除干净。打碎土块，以免划破或顶起地膜。

---

① 1 尺≈33.33cm

盖膜时一定要把好质量关，盖膜一定要严密，将地膜拉紧、拉展、铺平、铺匀，膜的四周各开一条浅沟，把地膜用土压紧、压严，以防大风揭掉地膜 。但膜边压土不宜过多，以最大限度地保持膜面宽度，扩宽采光面，做到严、紧、平、宽的要求。

（四）技术效果

地膜覆盖还可降低土壤体积质量，增加土壤孔隙度和土壤微生物数量。如表 5-6 所示，细菌、放线菌、固氮菌和真菌数量分别增加了 40.4%、32.4%、123.7%、43.6%。

表 5-6   地膜覆盖对玉米地耕层土壤微生物数量的影响（每克土壤含量）

处理	细菌（×10^6）	放线菌（×10^4）	真菌（×10^3）	固氮菌（×10^2）
覆膜	73	98	35.9	20.8
未覆膜	52	74	25	9.3

由图 5-11 可见，覆膜处理对土壤微生物量的提升显著，对于玉米而言，在同一生育期不同处理之间土壤微生物量碳含量也存在较大差异，覆膜处理显著高于非覆膜处理。苗期时以 F（覆秸）处理微生物量碳的含量最高，为 290.62mg/kg，以 A（常常）处理含量最低，为 203.62mg/kg，较含量最高的 F（覆秸）处理少了 29.94%。在成熟期时各处理仍以 F（覆秸）处理含量最高，为 221.54mg/kg，以 B（常秸）处理含量最低，其值为 156.46mg/kg，较含量最高的 F（覆秸）处理减少了 29.38%。

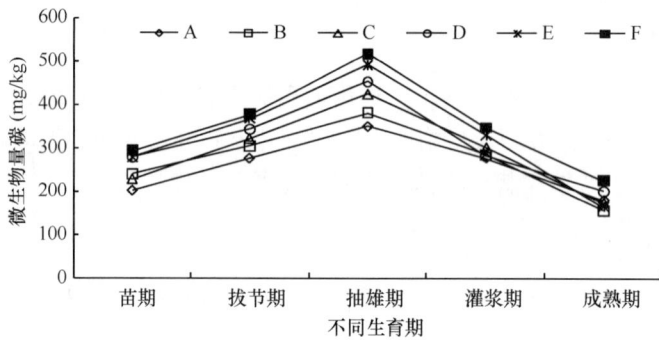

图 5-11   覆膜处理对土壤微生物量碳影响

A：常规耕作+常规播种，简称为"常常"；B：常规耕作+秸秆鸡粪，简称为"常秸"；C：地表覆膜+常规播种，简称为"地常"；D：覆膜滴灌+常规播种，简称为"覆常"；E：地表覆盖+秸秆鸡粪，简称为"地秸"；F：覆膜滴灌+秸秆鸡粪，简称为"覆秸"

地膜覆盖可有效促进土壤氮、磷、钾的转化，土壤碱解氮、速效磷和速效钾含量明显提高（表 5-7）。

表 5-7   地膜覆盖对土壤耕层土壤养分含量的影响

处理	有机质（g/kg）	碱解氮（mg/kg）	速效磷（mg/kg）	速效钾（mg/kg）
覆膜	26.61	77.03	35.62	145.85
未覆膜	24.42	75.15	31.43	133.23

从表 5-8 可以看出，各覆膜处理穗长均显著高于不覆膜处理（$P < 0.05$），各覆膜处理间差异不显著，最长的 SL 为 18.17cm，较最短的 CK 长 7.07cm，较 QP、TL、TP 分

别长 1.77cm、2.04cm、1.97cm。各处理穗粗大小排序为 SL＞QP＞TP＞TL＞CK，SL 处理穗粗与 QP 间差异不显著，但显著高于 TP、TL 和 CK（$P<0.05$），QP、TP 和 TL 3 个处理间差异不显著，但均显著高于 CK。各处理间穗行数差异性与穗长一致，覆膜处理间差异不显著，但均显著大于 CK，TP 有最大穗行数为 16.26 行，比 SL、QP、TL、CK 分别大 0.13 行、0.39 行、0.53 行和 2.19 行。籽粒产量依次为 SL＞QP＞TP＞TL＞CK，地膜覆盖产量显著高于非地膜覆盖处理。

表 5-8　不同处理下玉米经济性状比较

处理	穗长（cm）	穗粗（cm）	穗行数（行）	行粒数（个）	穗粒数（个）	百粒重（g）	出籽率（%）	籽粒产量（kg/hm²）	G_n/B_s
SL	18.17a	4.23a	16.13a	36.67a	586.67a	15.90a	80.77a	6129.0a	0.2139
QP	16.40a	4.03ab	15.87a	33.53a	530.70b	13.73b	72.90b	5028.0b	0.2117
TL	16.13a	3.82b	15.73a	28.47b	444.87c	8.93c	55.27c	3718.5c	0.1535
TP	16.20a	3.88b	16.26a	28.67b	465.50c	7.70c	59.37c	4641.0b	0.1841
CK	11.10b	3.47c	14.07b	20.77c	287.67d	4.57d	27.50d	535.5d	0.0551

注：全膜双垄沟播（SL）、条膜起垄覆盖（TL）、条膜平铺覆盖（TP）、全膜平铺覆盖（QP）和不覆膜的大田（CK）。G_n/B_s 为籽粒产量与地上部总生物量的比值。不同小写字母表示不同处理间存在显著差异 $P<0.05$

二、适应极端气候变化的土壤覆膜滴灌技术

（一）适应问题

东北地区的西部属于年降水量 250～550mm 的半干旱地区。由于极端气候频发，春季干旱和土壤蒸发快一直是影响作物栽培的限制因素。而土壤覆膜滴灌具有显著的增温、保墒、肥地、抑草作用，协调了土壤耕层的水、热、气、养和改善土壤物理性状，创造了玉米种子发芽和幼苗生长的生态环境，防灾、增产效果极其显著。

（二）技术原理

针对气候变化引发的干旱，土壤蒸发量过大，可利用水资源严重不足的问题，将膜下滴灌技术引入吉林省西部地区。膜下滴灌主要是将滴灌带铺设在膜下，利用地面给水管道（主管、副管）将灌溉水源送入滴灌带，滴灌带上设有滴头，使水不断地滴入土壤中直至渗入作物根部，以减少土壤的田间蒸发，提高水的利用率。该项技术在气候变化背景下在吉林西部干旱地区大面积推广具有深远的意义。膜下滴灌是现代节水灌溉中一次新的突破。它结合不同形式节水灌溉方法的优点，建立了单独的灌溉系统，利用少量的水使大面积的耕地得到有效灌溉，使之达到灌溉节水、保水、保温，改善土壤性状、光照条件，加速作物生长发育进程，提高粮食产量的目的。

（三）技术要点

1. 精细整地

整地的质量是关键，直接影响到播种质量、覆膜质量和玉米生长。通过深松、旋耕作业，适时整地，疏松土壤，上虚下实，清除杂草根茬，能起到增温保墒防渍的效果。

2. 施基肥

采用一次性深施肥，施肥深度在 8～10cm，要施在种子的侧下方，与种子的隔离带保证 6cm 左右，亩基施配方肥（氮-磷-钾：20-15-5）40kg 左右。整地时可亩施农家肥 2000kg 左右。

3. 铺设滴灌带

在小行玉米播种带中间，利用铺管装置，铺设一条滴灌带。

4. 覆膜方式

双行覆膜，膜幅宽 80～100cm。

5. 播种

采取垄作种植，大行 85cm，小行 40cm。精播要求每穴一粒种子，空穴率不大于 1%，亩播量 1.1～1.5kg。播种行距 40cm，株距 22～25cm，播深为 2.5～5cm。

6. 采取膜上播种，即先铺膜，后播种

种子采用鸭子嘴式播种器在膜上打孔，播入土中。这种作业方式的优点是可一次完成全过程，不用或很少用人工放膜，节省劳动力，需注意的是膜上播种孔需盖实，防止跑墒。

（四）技术效果

我们于 2013～2016 年在吉林省镇赉天成农场对沟灌与膜下滴灌的经济效益和生态效益进行了对比，结果表明，膜下滴灌具有更好的经济和生态效益。如表 5-9 所示，第一年、第二年、第三年、第四年玉米膜下滴灌平均灌溉水量为 4611m³/hm²，沟灌平均灌溉水量为 7871m³/hm²，膜下滴灌灌溉水量比沟灌减少 3260m³/hm²。第一年、第二年、第三年、第四年年节水率分别为 40.8%、40.9%、42.3% 和 41.8%，平均节水率为 41.4%。第一年、第二年、第三年、第四年膜下滴灌较沟灌玉米单产均有不同程度增加，增产率分别为 25.7%、22.0%、25.8% 和 24.1%。从玉米产量的平均值看，玉米单产膜下滴灌为 8159kg/hm²，沟灌为 6560kg/hm²，膜下滴灌比沟灌玉米单产提高了 24.38%，增产效果明显。

表 5-9 膜下滴灌与沟灌条件下节水效果比较

项目	第一年		第二年		第三年		第四年	
	滴灌	沟灌	滴灌	沟灌	滴灌	沟灌	滴灌	沟灌
灌溉水量（m³/hm²）	5000	8450	4870	8235	4325	7500	4250	7300
节水率（%）	40.8		40.9		42.3		41.8	
玉米产量（kg/hm²）	8552	6805	8227	6743	8050	6400	7805	6290
产量提高（%）	25.7		22.0		25.8		24.1	

针对黑土区玉米带低温冷害、春季干旱、水土流失等问题，2014 年我们采用地膜覆盖技术集成有机培肥进行相关的适应性研究。并根据玉米栽培和播种模式及施肥模式的适应性要求，确定适应气候变化的黑土区新型保护性栽培方法。试验设计分为如下 6 个处理：常规耕作+常规播种（A）、常规耕作+秸秆鸡粪（B）、地表覆膜+常规播种（C）、覆膜滴灌+常规播种（D）、地表覆膜+秸秆鸡粪（E）、覆膜滴灌+秸秆鸡粪（F）。玉米品

种为先玉 335。

从表 5-10 中数据可见，覆膜栽培大大促进了玉米产量的提升，2014 年由于早春多雨、低温，因此，这种正向效应非常显著。滴灌也对产量的提升有一定的作用。因此，覆膜滴灌技术是东北玉米带适应气候变化栽培技术的一种理想选择（图 5-12）。

表 5-10　不同栽培方式对玉米产量的影响

小区处理方式	穗长（cm）	径粗（cm）	百粒重（g）	产量（kg/hm²）
常规耕作+常规播种	19.99	5.518	44.79	11 830
常规耕作+秸秆鸡粪	20.30	5.557	46.61	12 084
地膜覆膜+常规播种	20.72	5.624	47.06	12 539
覆膜滴灌+常规播种	20.56	5.638	45.47	13 130
地表覆膜+秸秆鸡粪	20.70	5.626	48.06	12 872
覆膜滴灌+秸秆鸡粪	20.91	5.653	47.32	13 414

图 5-12　不同有机培肥模式下覆膜滴灌效果试验（另见彩图）

三、适应气候变暖的水稻土深耕晒阀技术

（一）适应问题

随着气候变暖，东北稻区的气温普遍升高，水分蒸发变强，水田土壤耕层的储水能力则成为水稻高产稳产的重要因素。同时，这种变化也对水田土壤的晒垡提供了比较好的先决条件。干湿交替和冻融交替，随着气候变化出现的频次也会显著增加。一些黏重土壤，如土粒过于分散，则湿时形成浮泥，干时收缩成为硬块，既不便于耕作，也不利于作物生长。

（二）技术原理

深耕晒垡可以调节土壤固、液、气三相比例，改善土体构造，使土壤既有高度保水性，又有适度透水性；既有较高保肥力，又有及时释放肥料的能力；干时疏松，湿时柔软，符合丰产稻田的要求。对土壤耕层浅、犁底层黏重、透水性差、还原性强的稻田，通过采用深耕、晒垡等办法，加深耕作层，打破犁底层。增加土壤通气性，促使结构的形成和养分的释放。对渗漏量大、保水性差、氧化过程旺盛的新开稻田，则可以采取多次水耕水耙。使耕层土壤起浆下沉，并通过晒垡促使犁底层的形成，提高其保水、保肥能力。

（三）技术要点

1. 深翻晒垡

在秋天或者早春进行水田深翻，一般用动力铧式犁平翻，翻耕的适耕土壤水分范围是18%～23%，土质过于黏重的则还应低些。深翻厚度在12～20cm，然后充分晒垡。

2. 旱耙地

耕翻后的稻田土壤，进行旱耙地，主要作用是碎土。旱耙地的机具一般采用拖拉机牵引缺口耙或圆盘耙。

3. 旱平地

经过旱耙或旋耕的稻田土壤，还要进行旱整平，提早做好水整地和插秧的准备。

4. 在旱整地的基础上，进行适当的水整地

使稻田土壤达到上糊下松，有水有气，保水保肥。水田整地应按插秧计划提前进行，以便在插秧作业前留下足够的泥浆沉降时间，防止漂苗、倒苗和插植过深。土壤质地不同，需要的沉降时间也不同。一般黏土需7天；黏壤土需5～6天；壤土需3～4天；沙壤土需2天。

（四）技术效果

深耕晒垡能改善土壤通气状况，迅速提高土壤的氧化还原电位，加强好氧微生物活动，促进有机质分解，明显增加土壤有效养分，并降低或消除还原性物质的危害，从而减少对作物的危害，使作物增产。耕翻晒垡还可使土壤经常处于干湿交替（热胀冷缩）和冬季冰冻融散状态，有利于疏松土壤，改善土壤的物理性质，这对于土质黏重、含有机质多的烂泥田更为重要。表5-11是不同耕作措施对水稻土耕层及理化性质的影响（刘艳等，2013），结果表明，深翻的耕作措施可以降低土壤容重，增大土壤总孔隙度和土壤的通气性。

表 5-11　不同耕作方法的土壤物理性质

处理	土壤容重（g/cm³）	最大田间持水量（%）	土壤总孔隙度（%）	毛管孔隙度（%）	非毛管孔隙度（%）	土壤通气性（%）
旋耕	1.19	0.42	55.28	49.24	6.04	10.53
翻耕	1.16	0.41	56.08	47.85	8.23	10.52
深翻	1.14	0.41	56.82	47.02	9.8	11.27

此外，深翻还增加土壤中好氧性微生物放线菌和真菌的数量（表5-12）。

表 5-12　不同耕作方式对土壤微生物数量的影响

处理	细菌 (×10^5 个/g)	放线菌 (×10^4 个/g)	真菌 (×10^3 个/g)
旋耕	13.2a	1.11c	1.16b
翻耕	9.4b	1.72b	1.69ab
深翻	10.1b	2.08a	1.87a

注：不同小写字母表示不同处理间存在显著差异，$P<0.05$

第三节　适应气候变化的土壤保墒扩容增库技术

一、适应降水不均的土壤深翻保墒扩容技术

（一）适应问题

由于气候变化，全球温度普遍升高，北半球较高纬度地区温度升幅较大。温度的升高，加快了地表水的蒸发，导致水循环加剧，暴雨出现频率增加，且这种大降水量的降水方式未能高效利用，水资源承载力降低。另外，近些年来各地降水量和蒸发量的时空分布发生显著变化，降水的区域性、不均衡性愈发明显突出，降水的月相、季节、年际变化振荡加剧，扰乱了局部区域农业用水供需平衡，水资源短缺及其承载力将成为一个严峻的问题。大气水分循环加剧，气候变化幅度加大，不稳定因素增多，导致众多小概率、高影响度极端气候灾害的频繁发生与强度加剧（20 世纪 90 年代，全球极端气候灾害比 50 年代高出 5 倍以上），如干旱、洪涝、低温暴雪、飓风、热昼、热夜和热浪等，这些极端气候灾害对农业生产系统的不利影响往往大于气候平均变率所带来的影响，未来农业生产的全球可持续发展将面临巨大威胁。

（二）技术原理

蓄水保墒耕作技术是针对气候变化下干旱缺水地区最重要的防旱抗旱措施，就是通过耕、耙、耱、锄、压等一整套有效的土壤耕作措施，改善土壤耕层结构，更好地纳蓄雨水，尽量减少土壤蒸发和其他非生产性的土壤水分消耗，为作物生长发育和高产稳产创造一个水、肥、气、热相协调的土壤环境。耕作保墒包括蓄墒、收墒、保墒三个方面，是干旱缺水地区防旱抗旱的重要措施。主要技术内容包括深耕蓄墒、耙耱保墒、镇压提墒、中耕保墒、深耕、深种和深锄等。

（三）技术要点

1. 深耕时间

适时深耕是蓄雨纳墒的关键，深耕的时间应根据农田水分收支状况决定，一般宜在伏天和早秋进行。对于一年一熟麦收后休闲的农田要及早进行伏深耕或深松耕。

2. 深耕深度

耕翻深度因耕翻工具、土壤等条件不同而异，应因地制宜，合理确定。一般耕深以

20～22cm 为宜，有条件的地方可加深到 25～28cm，深松耕深度可至 30cm。

3．深耕后效

深耕有明显的后效，一般可达 2～3 年。因此，同一块地可每 2～3 年进行一次深耕。

（四）技术效果

黄明等（2009）研究了旱作条件下传统耕作、免耕覆盖、深松覆盖耕作模式冬小麦花后土壤水分和养分的状况。结果表明（表 5-13），传统耕作模式花后在 0～40cm 的土壤水分分别比免耕覆盖、深松覆盖低 4.13%、6.23%，干物质积累也不及后者；开花期和灌浆期 0～40cm 土层土壤碱解氮含量免耕覆盖、深松覆盖、一次深翻分别比传统耕作提高 7.20%、10.48%、3.46% 和 7.22%、11.42%、2.25%，速效磷含量分别提高 23.20%，30.67%、2.62% 和 14.95%、19.05%、2.51%，速效钾含量分别提高 3.68%、4.23%、1.27% 和 4.27%、5.92%、2.18%，免耕覆盖和深松覆盖与传统耕作间差异均达显著或极显著水平，一次深翻与传统耕作间差异不显著。表 5-14 也表明，不同耕作方式对小麦旗叶叶绿素含量的影响也有所不同。

表 5-13　不同耕作方式对 0～40cm 土层土壤含水率和土壤速效养分含量的影响

处理	土壤含水率（V/V）		碱解氮（mg/kg）		速效磷（mg/kg）		速效钾（mg/kg）	
	开花期	灌浆期	开花期	灌浆期	开花期	灌浆期	开花期	灌浆期
一次深翻	14.78aA	12.12aA	53.89AB	49.96aAB	7.83aA	7.75aA	75.17abAB	77.17bB
免耕覆盖	15.89bAB	12.86bAB	55.84cB	52.39bBC	9.40bB	8.69bB	76.89bcAB	78.97cC
深松覆盖	16.21bB	13.32bB	57.55dC	54.44cC	9.97cC	9.00bB	77.30cB	79.99cC
传统耕作	15.26aA	12.19aA	52.09aA	48.86aA	7.63aA	7.56aA	74.16aA	75.52aA

资料来源：黄明等，2009

注：不同小写字母表示不同处理间存在显著差异，$P<0.05$；不同大写字母表示不同处理间存在极显著差异，$P<0.01$

表 5-14　不同耕作方式对小麦旗叶叶绿素含量的影响

处理	花后天数/天							平均
	0	5	10	15	20	25	30	（mg/g）
一次深翻	3.07a	3.34a	3.28a	3.10a	1.60a	0.87a	0.09a	2.19a
免耕覆盖	2.93a	3.17a	3.15a	3.25ab	1.94b	1.07b	0.18b	2.24a
深松覆盖	2.86a	3.24a	3.35a	3.53b	1.79b	1.04b	0.17b	2.28a
传统耕作	2.99a	3.14a	3.37a	2.99a	1.60a	1.01b	0.10a	2.17a

资料来源：黄明等，2009

注：不同小写字母表示不同处理间存在显著差异，$P<0.05$

二、适应早春干旱的土壤镇压提墒扩容技术

（一）适应问题

由于气候变化，全球温度普遍升高，北半球较高纬度地区温度升幅较大。温度的升高，加快了地表水的蒸发，导致土壤干旱发生，尤其在东北地区，早春的干旱发生频次呈现增加的趋势。水资源短缺和极端气候灾害对农业生产系统的不利影响往往大于气候平均变率所带来的影响，未来农业生产的全球可持续发展将面临巨大威胁。因此，采取

适当的聚墒和保墒措施是适应和应对气候变化的必然选择。

（二）技术原理

针对气候变化引发的土壤干旱，采取镇压的方式增强土壤的聚墒和保墒能力。镇压一般是在土壤墒情不足时采取的一种抗旱保墒措施。镇压后表层出现一层很薄的碎土时是采用镇压措施的最佳时期，土壤过干或过湿都不宜采用。土壤过干或在沙性很大的土壤上进行镇压，不仅压不实，反而会更疏松，容易引起风蚀；土壤湿度过大时镇压，容易压死耕层，造成土壤板结。此外，盐碱地镇压后容易返盐碱，也不宜镇压。

（三）技术要点

1. 播前、播后镇压

播种前土壤墒情太差，表层干土层太厚，播种后种子不易发芽或发芽不好，尤其是小粒种子不易与土壤紧密接触，得不到足够的水分时，就需要进行镇压，使土壤下层的水分沿毛细管移动到播种层上来，以利于种子发芽出苗。

2. 冬季镇压

冬季地面土块太多太大，容易透风跑墒。在土壤开始冻结后进行冬季镇压，压碎地面土块，使碎土比较严密地覆盖地面，以利冻结聚墒和保墒。

（四）技术效果

我们自 2013 年开始，对土壤镇压提墒的效果进行了研究，与常规耕作种植相比，通过分层盖土、垄侧和苗带镇压、密实土壤促进了底层土壤水分上移（表 5-15），利于种子发芽生根、提高了出苗率，也显著地提高了产量（表 5-16）。

表 5-15 不同耕作方式下镇压对土壤含水量的影响 （单位：%）

处理	镇压	不镇压
一次深翻	15.28	12.67
免耕覆盖	16.39	13.26
深松覆盖	16.71	13.72
传统耕作	15.56	12.69

表 5-16 垄上镇压式玉米精密播种对玉米产量的影响

年份	试验面积（m²）	单位面积保苗数(万株/hm²)	穗粒质量（g）	百粒质量（g）	穗粒数（穗）	产量（kg/hm²）
2013	200	6.5	220	27.4	802	8992
2014	200	6.5	228	28	865	9300
2015	200	6.5	225.81	28.7	869	9625

三、雨养农区适应气候干旱化的留茬少耕秸秆全量覆盖技术

（一）适应问题

由于气候变化，东北地区平均气温升高，导致水循环加剧，暴雨出现频率增加，且

这种大降水量的降水方式未能高效利用，水资源承载力降低，导致土壤侵蚀、流失加剧，同时，作物倒伏情况严重。因此，为了适应和减缓气候变化对东北黑土造成的这些负面影响，从耕作栽培出发，研发节水保墒、培肥地力、固根防倒、防止"三流"（水、土、肥流失）、保护生态、发展可持续农业的有效措施已经成为不二的选择。

（二）技术原理

玉米留茬少耕秸秆全程覆盖技术是通过秸秆覆盖免耕保持土壤孔隙度，确保孔径分布均匀、连续而且稳定，因此，有较高的入渗能力和保水能力，可把雨水和灌溉水更多地保持在耕层内。而覆盖在地表的秸秆又可减少土壤水分蒸发，在干旱时，土壤的深层水容易因毛细管作用而向上输送，所以秸秆覆盖和免耕增强了土壤的蓄水功能，提高了作物对土壤水分的利用率。同时，玉米秸秆的全覆盖也可大大减缓气候变化导致的大雨或暴雨对土壤的侵蚀作用。

（三）技术要点

1）收获后秸秆和残茬留在地表作为覆盖物，是减少水土流失的关键。因此，要尽可能多地把秸秆保留在地表，在进行整地、播种、除草等作业时要尽可能减少对覆盖的破坏。

2）与常规耕作不同，秸秆全覆盖耕作的种子和肥料要播施到有秸秆覆盖的地里，所以必须使用专用的免耕播种机。有无合适的免耕播种机是能否采用本项技术的关键。免耕播种是收获后未经任何耕作直接播种，少耕播种是指在播前进行了耙地、松地或平地等表土作业，再用免耕播种机进行施肥、播种，以提高播种质量。

3）防治病虫草害是该技术实施成功与否的重要环节之一。为了使覆盖田块农作物生长过程中免受病虫草害的影响，保证农作物正常生长，目前主要用化学药品防治病虫草害的发生，也可结合浅松和耙地等作业进行机械除草。

4）3 年左右要对土壤进行深松处理，深松就是疏松土壤（作业深度 30cm 以上），打破犁底层，不翻动打乱耕作层，只对土壤起到松动作用，增强降水入渗速度和数量；作业后耕层土壤不乱，动土量小，减少了由于翻耕后裸露的土壤水分蒸发损失。

（四）技术效果

我们在吉林省农安县正邦农场对免耕无覆盖（NT），免耕+玉米秸秆全覆盖（免耕秸秆覆盖 NTS）和垄作（RT）对土壤性状的影响进行了研究。结果表明（图 5-13），免耕秸秆覆盖和免耕无覆盖处理在整个期间一直保持较高的土壤含水量，特别是免耕秸秆覆盖较垄作处理土壤含水量增加了 30%～78%。免耕无覆盖较垄作处理土壤含水量增加 6.9%～49.2%。在 10～20cm 土层，免耕秸覆盖处理土壤含水量一直维持在一定水平，基本无变化，而免耕无覆盖和垄作处理的变化较相似，均低于免耕秸覆盖处理；在 20～30cm 土层，3 种耕作方式的含水量变化无明显差别。

表 5-17 表明耕作方式对土壤容重的影响显著，在耕层 0～20cm，NT 和 NTS 处理较RT 处理土壤容重增加显著，而 NT 和 NTS 处理间变化不显著，表明在免耕条件下，秸秆覆盖在 5 年内对土壤容重的影响不显著；在耕层 20～30cm 内，耕作方式对土壤容重影响不显著。由此可以说明，免耕可增加耕层内土壤容重，对底层土壤容重影响不大。

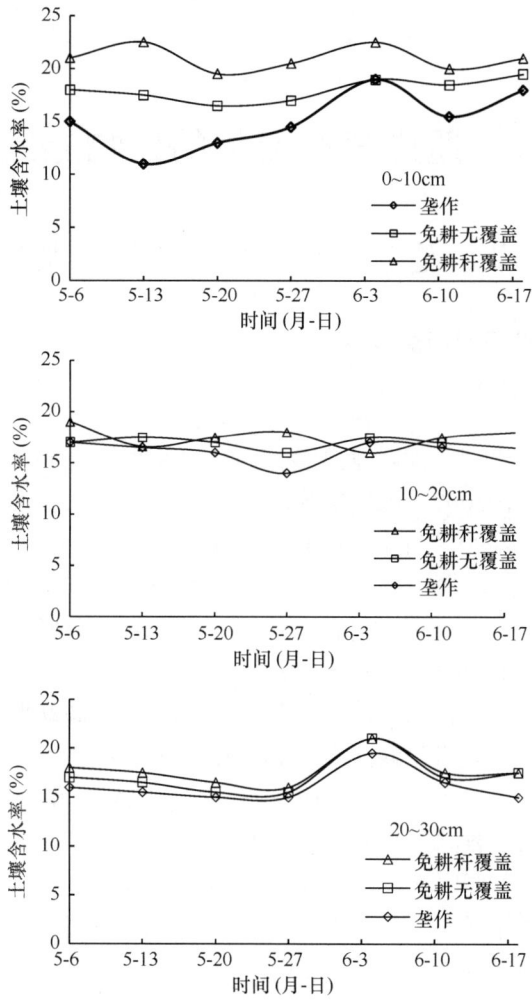

图 5-13 不同耕作方式对耕层土壤含水量的影响

表 5-17 不同耕作方式对耕层土壤容重的影响

土壤深度（cm）	土壤容重（g/cm³）		
	RT	NT	NTS
0～10	1.13	1.32	1.25
10～20	1.28	1.37	1.39
20～30	1.40	1.38	1.39

第六章　适应气候变化的作物施肥技术

第一节　适应气候变化的玉米施肥技术

一、适应降水量变化的玉米施肥技术

（一）适应问题

近 50 年东北地区年降水量和生长季降水量均呈减少趋势（孙凤华等，2006b；刘志娟等，2009；付长超等，2009；范昊明等，2009；姜晓艳等，2009），东北地区总的降水量减少 65mm 左右，减少率为 13mm/10a（孙凤华等，2006b），且不同区域、年代以及季节差异显著（赵秀兰，2010）。东北地区年降水量在 359～1091mm，但各地区年降水量的空间差异性较大，高值区年均降水量 800mm 以上，低值区年均降水量 500mm 以下；东北三省生长季降水量的平均值为 487mm，部分地区生长季降水量在 400mm 以下（王文峰和李克南，2006）。受气候变化的影响，年际降水量波动振幅增大。1971 年以来的 38 年中，吉林省生长季全省平均降水量最高值为 707mm（1986 年），最低值为 407mm（1997 年），相差 300mm（李秀芬等，2010）。气候变化导致的降水分布异常已经成为制约我国农业生产发展的重要因素，对国家粮食安全构成了严重威胁。对于雨养农业，降水量是影响作物产量的重要因素之一。因此，建立适应降水量变化的玉米环境友好型施用技术，对提高雨养条件下玉米产量及肥料利用率，减少施肥对环境的不利影响，增强农业生产对气候变化的适应能力具有重要意义。

（二）技术原理

该技术主要针对由于气候变化导致雨养农区年际间降水量变异增大，而目前农民习惯施肥并没有考虑降水量的变化特点，无论降水量多少，常年施肥量一致，导致降水多的年份玉米生长后期常出现脱肥现象；而降水少的年份玉米苗期生长不良，甚至出现烧苗现象。且存在施肥量大、产量低、养分利用效率低等问题。因而，建立适应降水量变化的玉米环境友好型施用技术，可依据气象部门对当年降水量的预测确定施肥量，通过降水量和施肥量的合理配置达到"以水促肥、水肥协调，环境友好"的目的。

在吉林省雨养农区（梨树县）研究了不同降水量及施氮量对玉米产量的影响，试验结果（表 6-1）表明：降水量在 450～550mm 时，施氮量在 200kg/hm^2，玉米产量最高为 11 150kg/hm^2，其氮肥肥料效应方程为 $y=555.18+1.5967x-0.0033x^2$，得到理论最高产量施氮量为 242kg/hm^2，理论最高产量可为 11 220kg/hm^2。结果表明，降水量在 450～550mm 时，玉米最高产量施氮量为 200～240kg/hm^2，最高产量为 10 500～11 250kg/hm^2。表 6-1 中当降水量在 550～650mm 时，施氮量 240kg/hm^2 玉米产量最高为 12 351kg/hm^2，其中的氮肥肥料的效应方程为 $y=600+1.5069x-0.0029x^2$，理论最高产量施氮量为 260kg/hm^2，理论最高产量可为 11 940kg/hm^2。表明，降水量在 550～650mm，玉米最高产量施氮量

为 240～260kg/hm²，最高产量 12 000～12 750kg/hm²。由表 6-1 可见，若降水量为 650～750mm 时，施氮量为 220kg/hm² 玉米产量最高可达 13 025kg/hm²，由其氮肥肥料效应方程为 $y=630.5+2.0154x-0.0042x^2$ 求得理论最高产量施氮量为 240kg/hm²，理论最高产量为 13 080kg/hm²。因此，降水量为 650～750mm，玉米最高产量施氮量为 220～240kg/hm²，最高产量为 12 750～13 500kg/hm²。根据上述试验结果，确定了吉林省雨养农区不同降水量的氮肥施用技术。

表 6-1 不同降水量及施氮量对玉米产量的影响

年降水量（mm）	施氮量（kg/hm²）	亩穗数	穗粒数	千粒重（g）	产量（kg/hm²）
450～550	0	4 551	383	319.5	8 200
	100	4 595	444	349.1	10 491
	200	4 659	452	359.6	11 150
	300	4 653	443	357	10 847
	400	4 470	445	347.1	10 185
550～650	0	4 533	403	338.9	9 120
	80	4 570	430	357.8	10 350
	160	4 653	469	352.4	11 341
	240	4 725	480	369.7	12 351
	320	4 598	476	360.7	11 639
650～750	0	4 499	417	348.1	9 633
	55	4 594	440	351.9	10 489
	110	4 668	476	375.9	12 312
	220	4 685	486	388.2	13 025
	330	4 653	475	385.1	12 531

（三）技术要点

本技术适用于降水量为＞450mm 的雨养农区。土壤类型以黑土、黑钙土为主。

1. 精细整地

秋收后应立即进行灭茬、整地。灭茬深度应达到 15cm 以上，灭茬后应立即进行整地，在上冻前起好垄并及时镇压，达到待播状态。

在秋季来不及灭茬、整地的地块，应在春季土壤化冻层达到 15～18cm 时尽早进行灭茬、整地，要做到随灭茬、随打垄、随镇压以待播种，还可结合整地进行深施底肥。

采用均匀垄，根据当地情况垄间距 60～65cm。

2. 品种选择及种植密度

（1）品种选择

应根据当地的自然条件，因地制宜地选用经国家和省品种审定委员会审定通过的优质、高产、抗逆性强的优良品种，水肥条件好的地块以耐密和半耐密型品种为宜。

（2）种植密度

种植耐密品种每公顷保苗 6.0 万～7.0 万株，半耐密型品种每公顷保苗 5.0 万～6.0 万株。

3. 依据降水量确定施肥量

（1）有机肥施用量

施有机肥 25～30 m^3/hm^2，在机械灭茬前表施或整地起垄前一次施入原垄沟中。

（2）磷钾肥施用量

施 P_2O_5 80～100 kg/hm^2，施 K_2O 70～90kg/hm^2，作基肥和种肥施用。

（3）氮肥施用量

在不考虑灌溉的情况下，可根据气象部门当年降水量预测确定氮肥施用量。

当降水量在 450～550mm 时，施氮量在 200～240kg/hm^2，氮肥作基肥、种肥和追肥分次施用，可获得该降水范围的最高产量，产量可达 10 500～11 250kg/hm^2。

当降水量在 550～650mm 时，施氮量在 240～260kg/hm^2，氮肥作基肥、种肥和追肥分次施用，最高产量可达 12 000～12 750kg/hm^2。

当降水量在 650～750mm 时，施氮量在 220～240kg/hm^2，氮肥作基肥、种肥和追肥分次施用，最高产量可达 12 750～13 500kg/hm^2。

4. 施肥方法

（1）基肥

化肥应结合整地深施于耕层 15～20cm。磷肥、钾肥总施用量的 85%～90%作基肥施用，氮肥总施用量的 30%～35%作基肥施用。

（2）种肥

播种时应采用侧深施方式，化肥置于种侧下 4～5cm，做到种肥隔开。磷肥、钾肥总施用量的 10%～15%作种肥施用，氮肥总施用量的 5%作种肥施用。

（3）追肥

在玉米拔节期和抽雄吐丝期采用条施和穴施的方法分两次追施氮肥，施肥深度 10cm 左右。拔节期追施总施氮量的 30%～35%，抽雄吐丝期追施总施氮量的 25%～35%。

（四）技术效果

吉林省中部（梨树县）的研究表明，降水量在 450～550mm 时，玉米施氮量可确定为 200～240kg/hm^2，最高产量可达 10 500～11 250kg/hm^2，比农民习惯施肥增产 10.4%～18.2%，氮肥利用率提高 6.6%～8.2%。降水量在 550～650mm，玉米施氮量可确定为 240～260kg/hm^2，最高产量可达 12 000～12 750kg/hm^2，比农民习惯施肥增产 12.8%～19.4%，氮肥利用率提高 5.4%～7.1%。降水量为 650～750mm，玉米施氮量可确定为 220～240kg/hm^2，最高产量可达到 12 750～13 500kg/hm^2，比农民习惯施肥增产 13.9%～20.6%，氮肥利用率提高 8.5%～10.6%。表明该技术在吉林省中部雨养农区，依据降水量确定氮肥施用量，与常规生产田相比，可使玉米增产 10%以上，且在降水少的年份可有效减少氮肥的挥发损失，而在降水多的年份可减少氮肥的淋溶损失，氮肥利用率提高 5%～10%。

二、适应温度升高的湿润冷凉区玉米施肥技术

（一）适应问题

近 50 年东北地区平均气温以 0.38℃/10a 的倾向率上升，明显高于全国平均水平（高锋和王宝书，2008）。未来东北地区的气候变化仍以温度增高为主要特征，2030～2050年温度可能再增高 2.0℃左右（张文兴和隋东，2005）。在水分条件得以保证的前提下，过去几十年气候变暖对东北地区的粮食增产有明显促进作用（娄秀荣等，1995；刘颖杰和林而达，2007）。其主要原因是气候变暖导致玉米生长季气温升高、积温增加，适宜生育期延长，使玉米生长发育和灌浆速度加快，生物量增加，从而提高单产；但如果水分得不到满足，气候变暖会限制热量资源的利用，将缩短玉米灌浆时间，降低灌浆速率，使千粒重下降，从而造成明显减产（马树庆等，2008b）。因此，气候变暖有利于提高非干旱区玉米单产，但对干旱区尤其是无灌溉条件地区产量形成不利（赵秀兰，2010）。可见，气候变暖给湿润冷凉区玉米生产带来机遇。因此，充分利用湿润冷凉区的降水资源，在气候变暖的背景下，充分发挥玉米的气候生产潜力和施肥效果，进一步提高玉米产量，建立适应温度升高的湿润冷凉区玉米环境友好型施肥技术，对增强农业生产对气候变化的适应能力、保障国家粮食安全具有重要作用。

（二）技术原理

该技术主要针对湿润冷凉区的气候特点，在气候变化导致温度升高的背景下，通过养分调控进一步提升玉米增产潜力和施肥效果，使玉米产量达到超高产（13 500kg/hm² 以上）水平。

在吉林省东部（桦甸市）开展的氮肥施肥量试验研究结果表明（图 6-1），施氮量300kg/hm² 玉米产量最高达 14 068 kg/hm²，依据获得的肥料效应方程 $y=10\,189+22.404x-0.0351x^2$，得到理论最高产量施氮量为 319kg/hm²，理论最高产量可为 13 764kg/hm²，因而，在吉林省湿润冷凉区施氮量 300～320kg/hm²，玉米产量可达到 13 700kg/hm² 以上。

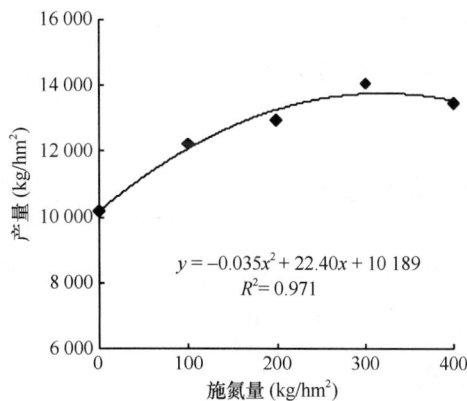

$$y = -0.035x^2 + 22.40x + 10\,189$$
$$R^2 = 0.971$$

图 6-1 吉林省东部（桦甸市）玉米氮肥肥料效应曲线

吉林省东部（桦甸市）进行的氮肥施用时期及分配比例试验研究结果表明（表 6-2 和图 6-2），玉米最高产量的氮肥追肥时期和比例为 N2 处理，即总施氮量 300kg/hm²，其中基肥占总氮量的 30%，拔节期追氮占 30%，抽雄期追氮占 40%，产量可达 14 278kg/hm²。根据上述试验结果，确定了吉林省湿润冷凉区玉米超高产氮肥施用技术。

表 6-2 吉林省东部（桦甸市）氮肥施用时期及分配比例试验设计

处理	施氮量	基肥	追肥（占施氮量%）		
	（kg/hm²）	（占施氮量%）	拔节期	喇叭口期	抽雄期
N0	0	0	0	0	0
N1	300	30	30	40	0
N2	300	30	30	0	40
N3	300	30	0	30	40
N4	300	30	25	45	0
N5	300	30	25	0	45
N6	300	30	0	25	45

注：各处理均施 P_2O_5 100 kg/hm²，K_2O 110 kg/hm²

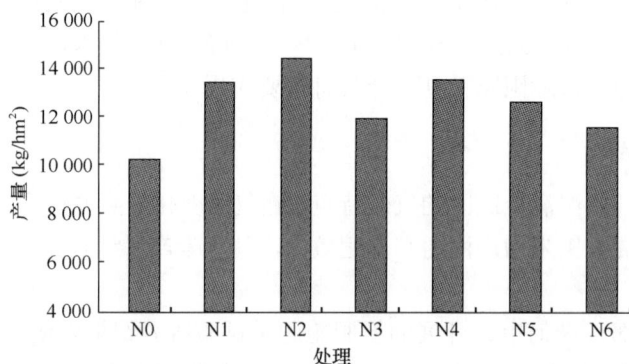

图 6-2 吉林省东部（桦甸市）氮肥施用时期及分配比例对玉米产量的影响

（三）技术要点

本技术适用于年均降水量＞750mm，年均气温 4.1℃左右，≥10℃的平均有效积温为 2600℃左右的湿润冷凉区。土壤类型以冲积土、灰棕壤和白浆土为主。

1. 精细整地

灭茬前先整地，用耙子把田间残留的秸秆清理干净，并且把腐熟的农家肥、底肥均匀抛入原垄沟，结合整地进行深施底肥。春季土壤化冻层达到 15～18cm 时，进行机械灭茬。灭茬深度＞15cm，碎茬长度要＜5cm。要做到随灭茬、随打垄、随镇压以待播种。采用均匀垄，根据当地情况垄间距 60～65cm。

2. 品种选择及种植密度

品种选择：应根据当地的自然条件，因地制宜地选用经国家和省品种审定委员会审定通过的优质、高产、抗逆性强的优良品种，以耐密品种为宜。

种植密度：种植耐密品种每公顷保苗 7.0 万～8.0 万株。

3. 施肥量的确定

有机肥施用量：施有机肥 25～30m³/hm²，可整地前表施，也可在机械灭茬或整地起垄前一次施入原垄沟中。

化肥施用量：施氮量在 300～320kg/hm²，氮肥作基肥、种肥和追肥分次施用。施 P_2O_5 100～120kg/hm²，磷肥作基肥和种肥施用。施 K_2O 110～130kg/hm²，钾肥作基肥、种肥和追肥施用。

4. 施肥方法

基肥：化肥结合整地机械灭茬或起垄深施于耕层 15～20cm。氮肥总施用量的 30% 作基肥施用；磷肥总施用量的 90% 作基肥施用；钾肥总施用量的 60% 作基肥施用。

种肥：播种时应采用侧深施方式。化肥混合后装入播种器的施肥箱，播种器施入种侧下 4～5cm，做到种肥隔开。氮肥总施用量的 5% 作种肥施用；磷肥、钾肥总施用量的 10% 作种肥施用。

追肥：追肥采用条施或穴施的方法，追施深度 10cm 左右。氮肥在玉米拔节期和抽雄吐丝期分两次追施，拔节期追施总施氮量的 25%，抽雄吐丝期追施总施氮量的 40%。钾肥在玉米拔节期追施总施钾量的 30%。

（四）技术效果

吉林省东部年均降水量＞750mm，≥10℃的平均有效积温为 2600℃ 左右，属湿润冷凉区。在气候变化导致温度升高的背景下，通过氮素营养调控可进一步挖掘玉米增产潜力，提升施肥效果。在吉林省东部湿润冷凉区的试验研究结果表明，施氮量 300～320kg/hm²，其中基肥占总氮量的 30%，拔节期追氮占 30%，抽雄期追氮占 40%，玉米产量可达 13 700～14 278kg/hm²，与农民习惯施肥相比，玉米增产 21.4%～26.6%，氮肥利用率提高 5.3%～6.1%。

三、适应降水量减少的半干旱区玉米膜下滴灌水肥一体化施肥技术

（一）适应问题

吉林省西部半干旱地区耕地面积约 214.9 万 hm²，占全省耕地面积的 33.3%（吉林省统计局和国家统计局吉林调查总队，2013），是决定吉林省粮食产量的敏感区，受自然条件约束明显，有效降水是影响该地区粮食产量的重要因素之一（陈新国，2014）。吉林省西部半干旱区年平均降水量为 300～400mm，雨量变化大，降水量＜300mm。年平均蒸发量达 1500～1900mm，蒸发量为降水量的 3.5～4.7 倍，不仅春旱频繁发生，夏旱、伏旱、秋旱也经常发生（孙毅等，2002；马树庆等，2005）。该区地下水资源虽较丰富，但开发利用率低，有效灌溉面积不足耕地的 15%。玉米是西部地区的主要作物，占粮食播种面积的 55%，平均产量 6500kg/hm² 左右，比全省平均水平低 30%（孙毅等，2002；侯庆国，2006；赵炳南，2010；吉林省统计局和国家统计局吉林调查总队，2013）。

为了解决干旱问题，绝大部分区域农业生产主要靠大水漫灌的灌溉方式，造成地下水资源严重浪费，水资源利用效率低。同时该地区玉米的施肥技术存在施用过量、施用方法不得当等问题，尤其是一次性施肥技术不合理，导致肥料利用率降低，施肥效益下降。因此，在该区域建立玉米膜下滴灌水肥一体化施肥技术，可有效解除季节性干旱和中后期脱肥对玉米产量的影响，对于实现吉林省西部半干旱区玉米高产、稳产具有重要的意义。

（二）技术原理

玉米膜下滴灌水肥一体化技术通过把溶解有肥料的水滴入作物根部土壤中，充分发挥水肥的协同效应，具有地膜增温保墒及按需灌溉的特点，使作物生长环境的"水、肥、温、气、盐、光"保持协调，水肥一体化技术减少肥料的挥发损失，为作物根系生长维持了一个相对优化的水肥环境，实现了节肥增效目标。

吉林省西部（乾安县）玉米膜下滴灌水肥一体化高效施肥技术试验研究结果表明：玉米产量（y，kg/hm²）与施氮量（x，kg/hm²）有显著的线性加平台关系（图6-3），其回归方程为$y=13x+9150$（$x<270$），$y=12\,660$（$x\geq270$），$r=0.9969*$，施氮量为270kg/hm²时，产量达到最高，为12 660kg/hm²。图6-4表明，玉米产量（y，kg/hm²）与施磷量（x，kg/hm²）有显著的线性加平台关系，其回归方程为$y=13.48x+11\,845.59$（$x<87.36$），$y=13\,002.5$（$x\geq87.36$），$r=0.9818*$，施磷量为87.36kg/hm²时，产量达到最高，为13 002kg/hm²。由图6-5可见，玉米产量（y，kg/hm²）与施钾量（x，kg/hm²）有显著的线性加平台关系，其回归方程为$y=21.8x+10\,681$（$x<84.8$），$y=12\,528$（$x\geq84.8$），$r=0.9121*$。施钾量为84.8kg/hm²时，产量达到最高，为12 528kg/hm²。

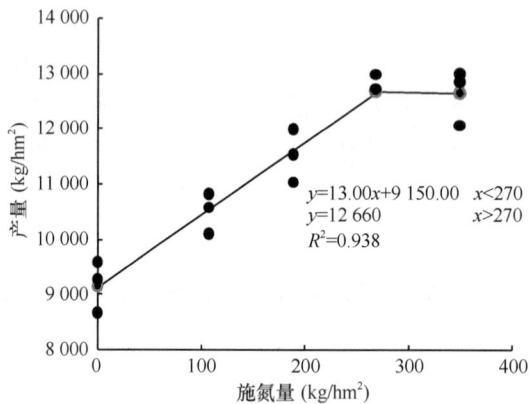

图6-3　膜下滴灌水肥一体化施氮量与玉米产量

吉林省西部半干旱区玉米膜下滴灌养分高效运筹试验研究结果表明（表6-3和表6-4），玉米最高产量的为处理7（六次施肥），即总施N量225kg/hm²、$P_2O_5$88kg/hm²、K_2O113kg/hm²，其中氮肥施用方式为基肥占总量的30%，拔节期滴肥占30%，大喇叭口期滴肥占20%，抽雄期滴肥占5%，吐丝期滴肥占10%，灌浆期滴肥占5%；磷钾肥施用方式为基肥占总量的50%，拔节期滴肥占20%，大喇叭口期滴肥占10%，抽雄期滴肥占5%，吐丝期滴肥占10%，灌浆期滴肥占5%，玉米产量可达12 394 kg/hm²。根据上述试验结果，确定了吉林省西部半干旱区玉米膜下滴灌肥料高效施用技术。

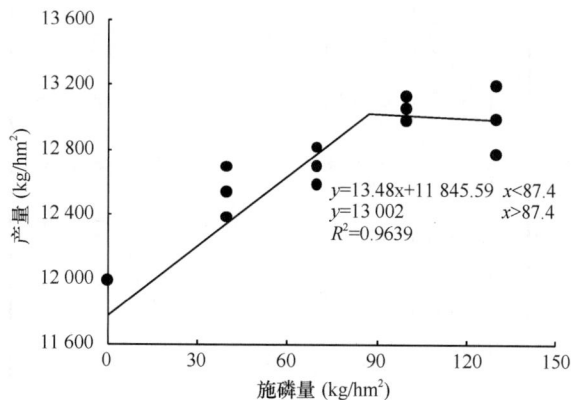

图 6-4 膜下滴灌水肥一体化施磷量与玉米产量

图中方程：

$$y=13.48x+11\,845.59 \quad x<87.4$$
$$y=13\,002 \quad x>87.4$$
$$R^2=0.9639$$

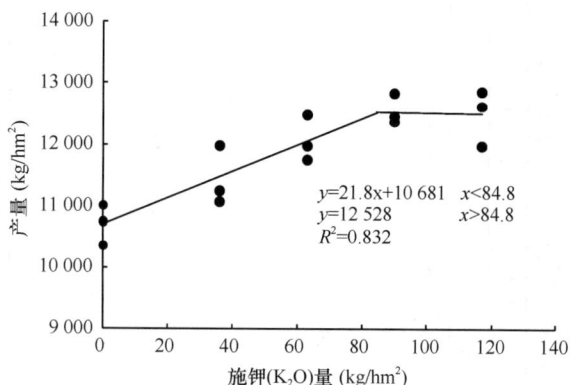

图 6-5 膜下滴灌水肥一体化施钾量与玉米产量

图中方程：

$$y=21.8x+10\,681 \quad x<84.8$$
$$y=12\,528 \quad x>84.8$$
$$R^2=0.832$$

（三）技术要点

本技术适用于降水量为 300～400mm 的半干旱农区。土壤类型以淡黑钙土为主。

1. 增密种植

种植密度 7.5 万～8.5 万株/hm^2。

2. 覆盖降解地膜

采用可降解地膜覆盖，覆膜前要喷施除草剂进行土壤封闭，覆膜时注意不要过度拉伸地膜。

3. 水肥一体化管理

当前吉林省以基施与随水滴施相结合的方式。

（1）水分管理

根据土壤墒情以及降水情况确定滴灌定额，保证玉米生育期内滴灌量与降水量总和达到 450mm 以上。玉米生育期内滴灌 4～5 次，每次灌水量 200～300m^3/hm^2。每次滴灌时都要施入一定数量肥料，做到水肥同步。

表 6-3 吉林省西部玉米膜下滴灌水肥一体化养分高效运筹试验设计

处理	施肥次数	施肥总量（kg/hm²）			各时期施肥量（kg/hm²）																				
					基肥			拔节期			大喇叭口期			抽雄期			吐丝期			灌浆期			乳熟期		
		N	P_2O_5	K_2O	N	P_2O_5	K_2O	N	P_2O_5	K_2O	N	P_2O_5	K_2O	N	P_2O_5	K_2O	N	P_2O_5	K_2O	N	P_2O_5	K_2O	N	P_2O_5	K_2O
1	不施肥	0	0	0	0	0	0	0	0	0	0	0	0	0	0	0	0	0	0	0	0	0	0	0	0
2	一次施用	180	70	90	180	70	90	0	0	0	0	0	0	0	0	0	0	0	0	0	0	0	0	0	0
3	五次施用	180	70	90	54	35	45	54	14	18	36	7	9	0	0	0	18	7	9	18	7	9	0	0	0
4	六次施用	180	70	90	54	35	45	54	14	18	36	7	9	9	3.5	4.5	18	7	9	9	3.5	4.5	0	0	0
5	七次施用	180	70	90	54	35	45	36	7	9	36	7	9	9	3.5	4.5	18	7	9	9	3.5	4.5	18	7	9
6	六次施用	135	53	68	40.5	26.5	34	40.5	10.6	13.6	27	5.3	6.8	6.8	2.65	3.4	13.5	5.3	6.8	6.8	2.7	3.4	0	0	0
7	六次施用	225	88	113	67.5	44	56.5	67.5	17.6	22.6	45	8.8	11.3	11.25	4.4	5.6	22.5	8.8	11.3	11.3	4.4	5.6	0	0	0

表 6-4　吉林省西部玉米膜下滴灌养分高效运筹方式与玉米产量

处理	施肥次数	穗粒数（粒）	千粒重（g）	产量（kg/hm²）	增产率（%）
1	不施肥	369.4c	273.7c	8327c	—
2	一次施用	415.0b	300.4b	9890b	18.8
3	五次施用	472.5a	318.9a	11895a	42.9
4	六次施用	485.3a	320.7a	12262a	47.3
5	七次施用	473.2a	317.2a	11742a	41
6	六次施用	423.7b	313.5a	10203b	22.5
7	六次施用	492.8a	323.5a	12394a	48.8

注：不同小写字母表示不同处理间存在显著差异，$P<0.05$

（2）养分管理

施 N 量在 225～270kg/hm²。氮肥施用方法：30%N 作底肥在播种前随机械施用。余下的作追肥结合膜下滴灌随水滴施水溶性氮肥，其中，30%N 在拔节期滴施、20%N 在大喇叭口期滴施、5%N 在抽雄期滴施、10%N 在吐丝期滴施、5%N 在灌浆期滴施。

施 P_2O_5 量在 60～100kg/hm²。磷肥施用方法：50%P_2O_5 作底肥在播种前随机械施用。余下的作追肥结合膜下滴灌随水滴施水溶性磷肥，其中，20%P_2O_5 在拔节期滴施、10%P_2O_5 在大喇叭口期滴施、5% P_2O_5 在抽雄期滴施、10%P_2O_5 在吐丝期滴施、5%P_2O_5 在灌浆期滴施。

施 K_2O 量在 80～120 kg/hm²。钾肥施用方法：50%K_2O 作底肥在播种前随机械施用。余下的作追肥结合膜下滴灌随水滴施水溶性钾肥，其中，20%K_2O 在拔节期滴施、10%K_2O 在大喇叭口期滴施、5% K_2O 在抽雄期滴施、10%K_2O 在吐丝期滴施、5%K_2O 在灌浆期滴施。

所有追施的肥料均使用水溶性肥料或液体肥料。施肥时，先滴清水 30min，待土壤充分湿润后开始施肥，施肥结束后再滴清水 20～30min，将管道中残留的肥液冲净。对追施肥料选择的要求：一是养分浓度要高，水溶性要好；二是不溶物要少，品质要好，流动性要强；三是能相互混合，不发生沉淀；四是腐蚀性要小，偏酸性；五是尽量减少其他添加物。

（3）化控抗倒

在玉米 8～9 展叶时期，喷施化控调节剂，以增加秸秆强度，控制植株高度，预防玉米密植栽培引起的倒伏。

（4）病虫害综合防治

在玉米螟、粘虫、大斑病、丝黑穗病等病虫害高发前及时喷施防治的药物。

（四）技术效果

玉米膜下滴灌水肥一体化施肥技术能够适应玉米不同生育阶段的需肥特性和根系分布范围，将养分定时、定量、均匀、准确地输送到玉米根部土壤，实现了玉米精确化和高效化施肥。吉林省西部半干旱区玉米膜下滴灌水肥一体化施肥技术试验研究结果表明，总施 N 量 225kg/hm²、P_2O_5 88kg/hm²、K_2O 113kg/hm²，玉米产量可达 12 394kg/hm²，与普通施肥方式相比，节约肥料用量 25%以上，提高玉米产量 20%以上，提高肥料利用效率 10%以上，经济效益和生态效益显著。

第二节 适应气候变化的水稻施肥技术

一、适应积温增加的寒带中晚熟水稻施肥技术

（一）适应问题

研究表明，近 50 年东北地区气温普遍呈升高趋势（董满宇和吴正方，2008；刘志娟等，2009；付长超等，2009），具体表现为平均气温、平均最高气温、平均最低气温均呈明显上升趋势。近 50 年平均气温上升 1.5℃，增温率为每 10 年 0.3℃。气温的普遍升高主要带来了以下两个问题：

1）作物生育期内积温明显增加，热量生产潜力明显提高（刘志娟等，2009）。东北地区大部分地区 ≥10℃ 有效积温增加了 200～400℃·d（贾建英，2009）。

2）作物适宜生育期延长，春季天气回暖提早，霜期缩短，初霜开始时间和稳定通过 10℃ 的结束时间推迟，其中大部分地区初霜日推迟 5～10 天（赵春雨等，2009）；终霜结束时间和稳定通过 10℃ 的开始时间提早。东北南部地区水稻适宜生长期延长近 8 天（纪瑞鹏等，2009）。

随着气候变暖带来的积温增加及积温带北移，中晚熟水稻品种适宜种植区域也越来越大。主栽作物品种由中晚熟品种替换早中熟品种，会使水稻的产量潜力增加（周光明，2009）。因此，建立适应中晚熟水稻品种的高效施肥技术，对适应因气候变化导致的积温增加、作物生育期延长具有重要的意义。

（二）技术原理

随着气候变暖，东北水稻种植区 5～9 月平均气温之和逐渐增加，为适应气候变化的趋势，充分利用逐步增加的光热资源，中晚熟品种的种植面积越来越大，中早熟水稻品种逐步被淘汰。该技术主要针对由于气候变化导致热量资源增加、水稻出苗期提前、成熟期推后、适宜生育期延长，而现在东北主要种植的水稻品种是中早熟品种，不能充分利用增加的光热资源，为能充分利用气候变化增加的光热资源、产量更高的中晚熟水稻品种建立配套施肥技术。该技术主要通过增加总用肥量，特别是增加中后期氮肥比例来满足中晚熟水稻品种对养分的需求，以期达到更高的水稻产量，进而形成该区域适应气候变化的中晚熟水稻品种氮肥高效实用技术。

（三）技术要点

1. 选择中晚熟品种

选择优质高产的中晚熟品种，如吉粳 88、吉粳 803、吉粳 83（丰优 307）、丰优 301 等。

2. 科学施肥

根据土壤肥力情况和目标产量确定氮、磷、钾肥用量。氮肥采用总量控制，分期调控；磷钾采用恒量监控，中微量元素采用因缺补缺的原则。

（1）氮肥施用

要想达到 9000kg/hm² 的产量，氮肥施用量一般为 100～180kg/hm²。同时，中晚熟水稻品种应该改变以往大量氮肥作为基蘖肥的施肥方式，实施前氮后移，按基肥∶蘖肥∶促花肥∶保花肥为 4∶1∶3∶2 的方式施肥，使氮肥施用与水稻需氮规律相一致，满足中晚熟水稻品种需氮关键期对氮素的需求，从而提高产量和氮肥利用率。

（2）磷钾肥施用

磷肥用量为 30～45kg/hm²，钾肥用量为 45～75kg/hm²。磷肥采用全部基施的方法。钾肥采用基肥加追肥的方式，在基肥和穗分化期分别施入 50%。

（四）技术效果

表 6-5 表明，随着水稻品种生育期的延长，水稻平均产量呈现增加的趋势。晚熟水稻品种平均产量达到 11 167kg/hm²，分别比中早熟水稻品种、中熟水稻品种和中晚熟水稻品种增产 31.7%、13.3% 和 3.9%；中晚熟水稻品种分别比中早熟水稻品种和中熟水稻品种产量提高 26.8% 和 9.1%。种植中晚熟或晚熟品种可以比中熟和中早熟水稻品种增产 9.1% 以上。

表 6-5　不同成熟期品种水稻产量情况　　　　　　　　（单位：kg/hm²）

中早熟水稻品种 （128～132 天）		中熟水稻品种 （133～137 天）		中晚熟水稻品种 （138～142 天）		晚熟水稻品种 （143 天以上）	
品种	产量	品种	产量	品种	产量	品种	产量
沈农 7	9 000	通粳 791	9 500	金浪 303	9 500	吉粳 88	11 500
超级稻	9 000	吉粳 74	10 000	通育 225-1	13 000	吉粳 803	11 500
白稻 8	8 100	农大 37	10 500	松辽 5 号	11 500	稻花香	10 500
长白 9 号	8 000	松粳 3	11 000	吉粳 503	9 500		
长白 10	8 050	长粒香	9 000	吉粳 83	10 500		
白粳 1 号	8 200	黑稻	9 000	丰优 301	10 500		
长白 13	9 000	吉开 318	10 000				
平均产量	8 479		9 857		10 750		11 167

二、水稻抗低温、促早熟防霜冻施肥技术

（一）适应问题

低温冷害和早霜是影响我国东北寒地水稻安全生产的主要气象灾害。阶段性低温在水稻整个生长发育时期阶段性发生，给水稻生产带来严重的影响，导致水稻产量出现不同程度的降低（张小明，2011；王旭一，2013；陈可心，2015）。气候变暖背景下，东北地区气温总趋势是逐渐升高，农作物生长季延长、生长季内总积温增加（董满宇等，2009；付长超等，2009；王江山等，2009）。但同时也出现极端温度事件趋多趋强、阶段性以及局地性的冷害也有所加重的现象（矫江等，2008；陈一等，2014）。为应对气候变化带来的早春低温、秋季早霜问题，建立抗低温、促早熟的水稻施肥技术，对保障水稻的高产稳产具有重要意义。

（二）技术原理

施磷能显著提高植物抗逆性、抗寒能力（李书英，2004；韦翔华等，2005；陈钢等，2007）。施磷可提升水稻幼苗低温下耐冷级别，增强水稻幼苗素质，减缓水稻幼苗叶绿素相对含量的降低程度，提高净光合速率、光能转化效率以及不饱和脂肪酸指数，从而提高水稻幼苗的耐冷性（侯立刚等，2013）。

有研究表明，基施锌肥能够显著缩短水稻生育期，提高有效穗数，减少不育穗数从而提高成穗率（魏义长等，2007）。张宇等（2013）研究表明，施锌可以促进水稻分蘖早生快发，提高了水稻返青（表6-6）。水稻施锌可以减少低温对水稻生长的影响。

表 6-6　施锌对寒地水稻返青率的影响　　　　　　　　　　（单位：%）

年份	处理	移栽后 1 天	移栽后 2 天	移栽后 3 天	移栽后 4 天
2010	Zn0	30.20dC	46.47	78.33	—
	Zn1	55.73bB	62.30cC	80.13	—
	Zn2	54.13cB	71.70bB	89.17	—
	Zn3	62.27aA	81.70aA	93.33	—
2011	Zn0	27.50dD	30.53dB	48.10C	62.27dC
	Zn1	49.97bB	64.50bB	69.53A	80.13bC
	Zn2	42.47cC	55.00cC	69.43B	76.90cB
	Zn3	67.47aA	72.90aA	86.73A	90.87aA

注：Zn0. 不施锌肥；Zn1. 返青期追施 $ZnSO_4 \cdot 7H_2O$ 20 kg/hm² 蘖肥；Zn2. 基肥施 $ZnSO_4 \cdot 7H_2O$ 20 kg/hm²；Zn3. 基肥施 $ZnSO_4 \cdot 7H_2O$ 40 kg/hm²。不同小写字母表示不同处理间存在显著差异，$P<0.05$；不同大写字母表示不同处理间存在极显著差异，$P<0.01$

该技术主要针对气候变化导致的早春低温、晚期早霜出现更加频繁的问题，通过增施磷肥补充锌肥的方式，达到增强水稻在苗期抵抗低温，生长后期抵御早霜的能力，是该地区适应气候变化形成抗低温、防早霜的施肥技术。

（三）技术要点

1. 增施磷肥

增加磷肥用量，磷肥施用量增加到 120kg/hm²，且全部基施。

2. 补充锌肥

每公顷补充七水合硫酸锌 40kg，施用方式为土壤基施加抽穗后叶面喷施。

3. 减少后期氮肥

氮肥总施用量控制在 150kg/hm²，其中穗肥追氮量控制在 10kg/hm² 以下。

（四）技术效果

1. 增施磷肥对盐碱地水稻生长的影响

从表 6-7 可见，不施用磷肥或者磷肥施用不足都会导致水稻产量严重降低，而增施磷肥后，水稻产量有较大的提升，但过量施用磷肥则无明显增产效果。本试验中施用磷肥 120kg/hm^2 产量达到最高。P_{120} 处理比 P_{40} 和 P_{80} 分别增产 42.1%和 11.3%。施用磷肥可以增加水稻分蘖数和千粒重，其中 P_{120} 和 P_{160} 处理千粒重最大。在早春低温条件下，土壤有效磷含量较低，增加磷肥可以降低早春低温对水稻生长发育的影响。

表 6-7　磷肥用量对水稻产量的影响

处理	分蘖数（个）	千粒重（g）	产量（kg/hm^2）
P_0	17.0	19.6	6696.9
P_{40}	18.2	21.0	6564.6
P_{80}	21.6	20.4	8376.9
P_{120}	17.9	21.7	9326.1
P_{160}	17.8	21.8	8259.3

注：P_0、P_{40}、P_{80}、P_{120}、P_{160} 分别表示磷肥用量为 0 kg/hm^2、40 kg/hm^2、80 kg/hm^2、120 kg/hm^2、160 kg/hm^2

此外，随着磷肥施用量的增加水稻成熟期（9 月 27 日）地上部生物量积累逐渐增加（表 6-8），积累量的差距主要在灌浆期（8 月 22 日至 9 月 27 日）形成。随着磷肥施用量的增加水稻千粒重增加、灌浆期干物质积累加快。这说明增施磷肥可以促进水稻成熟，进而可以避免水稻受到早霜的危害，提高水稻产量。

表 6-8　增施磷肥对水稻地上部干物质积累量的影响

日期	6 月 7 日	6 月 22 日	7 月 11 日	8 月 3 日	8 月 22 日	9 月 27 日
P_0	2.5	8.3	21.0	72.5	94.8	102.4
P_{40}	2.2	10.8	18.5	72.4	96.3	112.3
P_{80}	2.5	9.9	21.3	70.0	97.6	115.5
P_{120}	2.2	9.7	21.6	70.2	100.9	116.4
P_{160}	2.8	8.2	20.6	75.4	107.8	122.4

注：P_0、P_{40}、P_{80}、P_{120}、P_{160} 分别表示磷肥用量为 0 kg/hm^2、40 kg/hm^2、80 kg/hm^2、120 kg/hm^2、160 kg/hm^2

2. 锌肥用量对水稻产量的影响

试验证明，随着锌肥施用量的增加水稻产量也随之增加，本试验中 Zn_{40} 处理水稻产量达到 10 957.8kg/hm^2，比 Zn_0 处理增加 30.8%（图 6-6）。增加锌肥施用量主要是增加了水稻有效分蘖数，Zn_{40} 处理分蘖比 Zn_0 处理增加 3.7 个，提高了 17.6%。

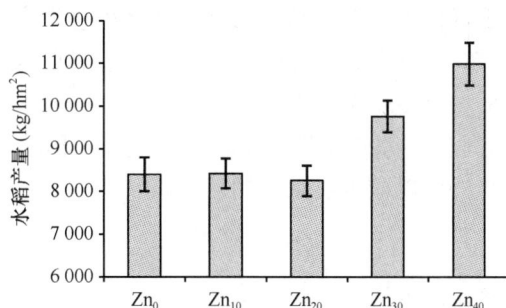

图 6-6　锌肥用量对水稻产量的影响

Zn_0、Zn_{10}、Zn_{20}、Zn_{30}、Zn_{40} 分别表示锌肥用量为 0 kg/hm^2、10 kg/hm^2、20 kg/hm^2、30 kg/hm^2、40 kg/hm^2

3. 后期氮肥用量对水稻产量的影响

试验结果表明，抽穗后不同追氮量处理水稻产量差异显著。N_{10}处理水稻产量最高，随着氮肥用量的增加水稻产量出现降低的趋势（图6-7）。原因可能与总体降水量多、温度偏低有较大关系，温度低而追肥过多会导致成熟度不够从而减产。

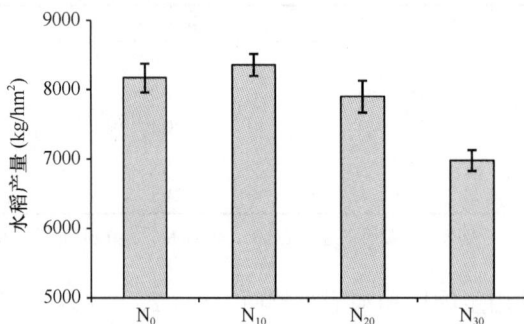

图6-7　穗肥不同氮肥用量对水稻产量的影响

N_0. 不追肥；N_{10}. 追施氮肥 10kg/hm²；N_{20}. 追施氮肥 20 kg/hm²；N_{30}. 追施氮肥 30 kg/hm²

综上所述，在早春低温条件下，增施磷肥可以使水稻比常规磷肥用量增产 11.3%～42.1%，磷肥施用量为 120kg/hm² 时水稻产量最高。补施锌肥也可以提高水稻产量，锌肥用量为 40kg/hm² 可以比不施锌肥水稻增产 30.8%。同时为防止早霜对水稻灌浆的不利影响，应尽量降低水稻抽穗后氮肥的用量。因此，在东北寒带盐碱地水稻种植中可以通过增磷补锌来增加水稻分蘖促进水稻成熟，降低早春低温和秋季早霜对水稻生长的危害。

三、直播水稻的施肥技术

（一）适应问题

针对春季气温回暖早，总生育期增加以及降雨减少的气候变化问题，直播水稻在东北地区也有了一定的种植面积。直播水稻可以减少育秧、拔秧、插秧等烦琐环节，减少用工，提高劳动效率。具有省秧田、省时、省工等特点，可以极大节省成本。机械直播、人工直播等轻简栽培技术的应用是现代农业的发展趋势。但是由于东北地区适宜水稻生长的生育期较短，不利于直播水稻的种植。虽然直播水稻总生育期比移栽水稻缩短 7～15 天，但播种一般推迟 20～30 天。近 50 年来，东北南部水稻适宜生长期延长大约 8 天，基本保证了直播水稻对总生育期的要求。

此外，近 50 年东北地区降水量呈现减少趋势，直播水稻还具有节水的特点，与传统水稻种植相比，直播水稻可以减少对水分的消耗。

（二）技术原理

直播稻播种浅，无移栽返青过程，分蘖早、分蘖节位低、分蘖高峰苗数出现早且持续时间长，最终形成有效穗多易获得足够穗数。直播稻在降低劳动强度的同时，减少了用种量和肥料投入量，更为重要的是减少了水分需求，增加了水分利用效率和植株耐旱能力。杨安中等（2009）研究表明，旱直播比水田栽插大幅降低了全生育期灌水量（表6-9），旱直播的灌溉水生产效率、水分利用效率分别是水田栽插的5.48倍和2.51倍。

表6-9　不同处理用水量及灌溉水分生产效率

处理	产量（kg/hm²）	全生育期灌水（m³/hm²）	灌溉水生产效率（kg/m³）	水分利用效率（kg/m³）
旱直播	8 264.3	2 396.4	3.45	1.23
水田栽插	9 164.3	14 508.8	0.63	0.49

注：灌溉水生产效率=单位面积产量/单位面积灌水量；水分利用效率=单位面积产量/单位面积耗水量（灌水量+有效降水量）

东北地区总生育期延长、春季气温回升早为水稻直播栽培创造了条件。该技术主要针对东北地区降水量不断减少的问题，通过采用同步开沟起垄施肥的水稻精量旱穴直播技术达到节水增产的目的。

（三）技术要点

合理施肥原则：氮、磷、钾的合理配比为1∶0.5∶0.5；注重增施钾肥、硅肥、锌肥和后期根外喷肥。

1. 氮肥施用

稻肥料运筹采用前重、中控、后补的施肥方法。根据土壤肥力，氮肥施用量一般为100～150 kg/hm²。氮肥运筹按基肥∶分蘖肥∶穗肥=5∶3∶2。

2. 磷钾肥施用

磷肥用量为45～75kg/hm²，钾肥用量一般为45～75kg/hm²。磷肥全部以基肥施入。钾肥采用基肥加追肥的方式，基肥施入50%和穗分化期追肥施入50%。

（四）技术效果

表6-10表明，采用同步开沟起垄施肥的水稻精量旱穴直播技术的处理水稻产量达到10 260 kg/hm²，比普通插秧移栽水稻产量增加了23.9%。从产量构成因素来看，直播水稻主要是增加了单位面积穗数，降低了穗粒数，结实率和千粒重略有提高。

表6-10　不同播种方式下水稻产量情况

栽培方式	穗数（×10⁴个/hm²）	穗粒数	结实率（%）	千粒重（g）	产量（kg/hm²）
直播	597±4.2	85.8±2.5	92.5±3.3	26.6±0.4	10 260±19.5
移栽	398±58.1	99.9±7.8	91.2±5.3	26.1±0.5	8 280±70.9

资料来源：房益民等，2014

第三节　适应气候变化的大豆及花生施肥技术

一、适应降水量变化的大豆施肥技术

（一）适应问题

中国现代气候变化特征研究表明，已经连续出现了17个全国大范围的暖冬，北方气候变暖趋势最为明显（邓振镛等，2007）。气候变暖，利弊并存。在气候变暖的影响下，气温升高，≥10℃有效积温增加，无霜期延长，冷害发生频率下降（王艳秋等，2007），均给高纬度地区大豆生产带来有利影响。但由于气温和土壤温度的升高，植物蒸腾耗水量和土壤的蒸发量都会增加，将导致土壤有变干的趋势（金之庆等，2002），加之降水减少，暖干化趋势加剧，三江平原气候暖干化尤为明显（孙凤华等，2005），松嫩平原作物生长季表层（0～30cm）土壤出现偏干的频率增加，土壤存在干旱化趋势（姜丽霞等，2009）。未来气候的暖干化将使农业干旱趋于严重而且频繁，这些不利的气候因素对大豆干物质积累和产量形成均存在不利影响，对大豆生产和发展将构成严重威胁。

大豆是我国东北地区的主要油料作物，年种植面积和产量占全国的 1/3（郑新利等，2012）。研究表明（刘景利等，2007），大豆主要受温度和降水的影响。气候变暖导致年平均气温升高，大豆的百粒重随年平均气温升高而下降，但随 9 月平均气温升高而增加，表明秋季增温对大豆产量有正效应，而年平均气温的升高对大豆产量存在负作用（杨晓强等，2013）。大豆的蒸腾系数较高，需水量大，抗旱能力相对较弱。受气候变化的影响东北地区年降水量呈减少趋势（谢安等，2003），且降水时空分布的不均衡性，导致干旱日趋严重（魏凤英和张婷，2009），而干旱加剧对大豆生长发育及产量、品质产生很大影响（郝兴宇等，2010）。气候变化对大豆施肥也产生很大影响，气候变化导致东北地区暖干化趋势加剧，氮素挥发损失比例增大，土壤养分固定作用增强，养分在土壤中的移动性减弱，进而导致养分利用率不高，同时也增加了生产成本，并引发一系列环境问题。因此，在气候变化背景下，根据大豆生育特性及其对气候条件的需求，建立适应降水量变化的大豆环境友好型施肥技术，合理高效利用气候资源，做到趋利避害，并在不同的降水条件下，确定适当的施肥水平，以达到稳产高产、环境友好的目的。保证大豆生产的持续发展，保障国家粮食安全。

（二）技术原理

气候条件对于大豆物候期及大豆产量、品质影响较大，并造成大豆产量波动也较大（刘景利等，2007）。吉林省是我国优质大豆的主要产区，吉林省大豆中晚熟品种出苗至成熟要求稳定通过 10℃积温 2500～2850℃，全生育期需水量 500～580mm（马树庆，1994）。而吉林省不同地区≥10℃积温及降水量存在较大差异。吉林省东部年均降水量＞750mm，年均气温 4.1℃左右，≥10℃的平均有效积温为 2400～2600℃，属湿润冷凉区。吉林省中部年平均降水量为 550mm 左右，年平均气温 5.9℃，≥10℃积温平均为 3000℃左右，属半湿润区。吉林省西部年平均降水量为 400mm 左右，年蒸发量 1200～1400mm，蒸降比 2.4～3.8，年平均气温为 4.6℃，≥10℃积温平均 3000℃～3200℃，属半干旱区。本技术主要依据大豆对积温、降水的需求，建立在不同的气候条件下的大豆环境友好型施肥技术，以增强大豆对气候变化适应能力，达到稳产高产、环境友好的目的。

（三）技术要点

本技术适用于吉林省年均降水量 400～800mm，≥10℃的平均有效积温为 2600～3000℃的地区。土壤类型以黑土、黑钙土、淡黑钙土、冲积土、灰棕壤和白浆土为主。

1. 选茬整地

（1）选茬

实行 3 年以上轮作，忌重茬、迎茬。在重、迎茬不可避免的情况下，坚持"宁迎勿重"的原则。

（2）耕整地

大豆是深根系作物，并有根瘤菌共生，要求耕层有机质丰富，活土层深厚，土壤容重较低，保水保肥性能良好的土壤环境。深松机具有打破犁底层，加深耕层、蓄水保墒、抗旱防涝作用，同时为根系生长和根瘤菌的繁殖创造了良好的土壤环境，为种子发芽提供一个良好的苗床，增产十分显著。可采用深松起拢或灭茬起拢，深松深度 25cm 以上，耕翻深度 18～20cm，破茬深度 15cm。

2. 品种选择及种子处理

（1）品种选择

选择优质品种是提高大豆品质、增加产量的主要手段。应选择熟期适宜、优质高产、抗病、抗逆性强的审定推广品种。播前进行人工或机械清选，清除病斑粒、虫口粒、破碎粒及杂质。其中，种子纯度不低于 98%，净度不低于 99%，发芽率不低于 85%，含水量不高于 13.5%。

（2）种子处理

种子包衣。在播前可选用高质量的大豆种衣剂包衣，防治地下害虫。

微肥拌种。凡是未经包衣处理的种子，可用钼酸氨、硼砂等进行拌种。1kg 种子拌钼酸氨 2～4g，硼砂 1～3g，硫酸锌 3～4g，硫酸锰 3～6g，硫酸镁 2～4g。

3. 依据降水条件确定施肥量

（1）有机肥施用量

有机肥可为大豆根系生长发育创造良好的水分、通气、温度条件，促进根瘤菌的形成。一般施优质有机肥 20～25m^3/hm^2，结合整地一次施入。

（2）化肥施用量

年平均降水量为 400～500mm，≥10℃积温平均为 3000～3200℃的地区：施 N量在 30～50kg/hm^2，氮肥作基肥、种肥和追肥分次施用；施 P$_2$O$_5$ 40～70kg/hm^2，磷肥作基肥和种肥施用；施 K$_2$O 40～70kg/hm^2，钾肥作基肥、种肥施用，产量可达 2400～2700 kg/hm^2。

年平均降水量为 500～700mm，≥10℃积温平均为 2800～3000℃的地区：施 N量在 45～70kg/hm^2，氮肥作基肥、种肥和追肥分次施用；施 P$_2$O$_5$ 60～90kg/hm^2，磷肥作基肥和种肥施用；施 K$_2$O 60～90kg/hm^2，钾肥作基肥、种肥施用，产量可达 3000～3300 kg/hm^2。

年平均降水量＞700mm，≥10℃积温平均为 2400～2600℃的地区：施 N 量在 35～60kg/hm^2，氮肥作基肥、种肥和追肥分次施用；施 P$_2$O$_5$50～80kg/hm^2，磷肥作基肥和种肥施用；施 K$_2$O 50～80kg/hm^2，钾肥作基肥、种肥施用，产量可达 2700～

$3000kg/hm^2$。

4. 施肥方法

（1）基肥

化肥应结合整地深施于耕层 15～20cm。氮肥、磷肥、钾肥总施用量的 70%～75% 作基肥施用。

（2）种肥

播种时应采用侧深施方式，化肥置于种侧下 4～5cm，做到种肥隔开。磷肥、钾肥总施用量的 25%～30%作种肥施用，氮肥总施用量的 20%～25%作种肥施用。

（3）追肥

氮肥总施用量的 5%～10%作追肥施用，在大豆开花始期和鼓粒期分两次追施，每次每公顷兑水 450～500kg 进行叶面喷施，同时配施硼、钼、锌肥，每公顷钼酸铵 200～250g，硼砂 500g，硫酸锌 1kg。

（四）技术效果

本技术主要是依据吉林省气候变化特点以及大豆对积温、降水的需求确定的施肥方法。在年均降水量 400～500mm，≥10℃积温平均 3000～3200℃的地区，施 N 量在 30～50kg/hm²，施 P_2O_5 40～70kg/hm²，施 K_2O 40～70kg/hm²，产量可达 2400～2700 kg/hm²，与常规施肥相比增产 10.3%，氮、磷、钾肥料利用率分别提高 5.6%、4.8%、6.4%。在年均降水量 500～700mm，≥10℃积温平均 2800～3000℃的地区，施 N 量 45～70kg/hm²，施 P_2O_5 60～90kg/hm²，施 K_2O 60～90kg/hm²，产量可达 3000～3300 kg/hm²，与常规施肥相比增产 12.5%，氮、磷、钾肥料利用率分别提高 6.8 %、5.6%、8.7%。在年均降水量＞700mm，≥10℃积温平均 2400～2600℃的地区，施 N 量 35～60kg/hm²，施 P_2O_5 50～80kg/hm²，施 K_2O 50～80kg/hm²，产量可达 2700～3000kg/hm²，与常规施肥相比增产 11.8%，氮、磷、钾肥料利用率分别提高 6.1%、5.2%、7.2%。

二、适应气候暖干化的花生施肥技术

（一）适应问题

气候变化导致东北地区暖干化趋势加剧，对花生的生长发育和产量形成必将产生一定影响，使花生生产的不稳定性加剧。在东北花生区，由于温度低、无霜期短，在秋季低温年份易发生低温冷害。由于气候变暖，特别是东北地区温度升高更加明显，低温冷害发生的概率将降低，花生受害的可能性减少（赵志强，1999）。但热量资源增加对花生生长发育的影响很大程度上受降水变化的制约。虽然花生是较为耐旱的作物，但干旱依然是花生生产的主要农业气象灾害之一，在花生花针后期和结荚后期两个水分敏感期，如果降水不能满足花生需求，会对花生的生长产生不利影响，造成花生严重减产，热量资源的增加得不到充分利用（山东省花生研究所，1982；王军海和王晖山，2005）。气候变化引发的暖干化，也影响到花生化肥的施用效果，化肥的肥效与环境温度及降水密切相关。温度升高土壤养分分解速度加快，尤其是氮素，温度增高 1℃，氮素的挥发损失将增加约 4%。即使花生需要的氮肥较其他作物少，但要保持原有肥效，每次的施氮量将增加 4% 左右（万书波，2008）。同时，施肥的增产效果也受到降水的限制，影响到养分的有效性及花生对养分的吸收利用。因此，在气候变化背景下，依据花生适应的气候条件及其养分需求，形成适应气候变化的花生环境友好型施肥技术，使水、热、肥等资源合理高效利用，以进一步提高花生的产量、经济效益和环境效益。

（二）技术原理

受气候变化的影响，花生生长的气候条件发生了变化，对花生的品质和产量也产生了重要影响（陶福禄等，2000；甄志高等，2004；马杰等，2014）。吉林省花生是继玉米、水稻、大豆之后的第四大作物，主要分布在松原市、白城市和四平市三大花生主产区（高华援等，2009）。这些地区有大面积的风沙土，年降水量为 400～600mm，无霜期为 120～150 天，年平均积温 2700～3200℃，基本可满足一些早熟花生品种生长发育的要求（杨继松等，2010）。吉林省花生单产水平很低，2011 年为 3040.6 kg/hm^2，低于 2007 年全国平均水平 3302.4kg/hm^2。单产水平低的主要原因之一是施肥盲目性大，并没依据花生的养分吸收积累特性科学合理施肥，施肥量、施肥时期和养分分配比例不科学，进而造成花生养分吸收利用效率低、产量不高、肥料利用率低、成本增加等一系列问题。本技术主要依据花生的需肥规律以及花生主产区的气候条件而建立的环境友好型施肥技术，对提高花生产量、增强花生对气候变化适应能力具有重要作用。

（三）技术要点

本技术适用于吉林省降水量 400～600mm，无霜期为 120～150 天，年平均积温 2700～3200℃的地区。土壤类型以风沙土为主。

1. 选地整地

（1）选地

花生是地上开花地下结果的作物，对土壤的要求与其他植物有很大区别。它在生长发育过程中最适宜的土壤条件是活土层深厚、耕作层疏松的砂质土壤。应先用 3 年内未种过花生或其他豆科作物，地下害虫发生不重的平岗地或坡地沙壤土种植花生。上茬施用过除草剂阿特拉津的地块不能种植花生。

（2）整地

整地方法最好能进行深翻或深松，提倡秋季深翻整地，翻深 25～30cm。春季整地一般在春分后清明前进行，做到随耕随耙保底墒。耕后耙细达到土壤平整细碎、无坷垃、无根茬。

2. 品种选择及种子处理

（1）品种选择

选用早熟或中早熟、产量潜力大、综合抗性好，并已通过国家或省农作物品种审定（鉴定）委员会审定、认定或鉴定的品种。播前做好种子发芽试验，花生的种子发芽势要求达到 90% 以上，发芽率要在 95% 以上才合格。

（2）种子处理

精选种子：剥壳前带壳晒种 2～3 天，播种前 10～15 天剥壳。剥壳时随时剔除虫、芽、烂果。精选籽仁大小均匀一致、饱满，于播种前 7 天做发芽试验。

拌种：用药剂拌种，防治地下害虫。用种子量 0.4%的钼酸铵，制成 0.6%的溶液，喷雾到种子上，边喷边拌匀，晾干种皮后播种，提高种子发芽率和出苗率。

3. 确定施肥量

（1）有机肥施用量

有机肥料全部用作基肥。一般施优质有机肥 25～30m³/hm²，结合整地一次施入。

（2）化肥施用量

在吉林省花生主产区的气候条件下，目标产量为 3000～3500kg/hm²，施 N 量为 70～90kg/hm²，氮肥作基肥、种肥和追肥分次施用；施 P_2O_5 80～100kg/hm²，施 K_2O 90～110kg/hm²，磷肥和钾肥作基肥、种肥施用。

4. 施肥方法

（1）基肥

氮肥、磷肥、钾肥总施用量的 75%～80%作基肥施用，结合整地深施于耕层 15～20cm。

（2）种肥

磷肥、钾肥总施用量的 20%～25%作种肥施用，氮肥总施用量的 15%～20%作种肥施用。花生种子不能与化肥接触，应在播种时用侧深施方式，将化肥置于种子侧下 4～5 cm，做到种肥隔开。

（3）追肥

追肥原则为壮苗轻施、弱苗重施、肥地少施、瘦地多施。根据长势长相，追施苗肥和花肥，可追施氮肥总施用量的 5%。

（四）技术效果

本技术主要是依据吉林省花生主产区气候特点，以及花生的养分吸收积累特性和对气候条件需求而确定的施肥方法。在吉林省降水量 400～600mm，无霜期 120～150 天，年均积温 2700～3200℃的地区，施 N 量 70～90kg/hm²，施 P_2O_5 80～100kg/hm²，施 K_2O 90～110kg/hm²，产量可达 3000～3500 kg/hm²。与常规施肥相比增产 10%以上，氮、磷、钾肥料利用率分别提高 7.2%、6.4%、8.5%。

第七章　适应气候变化的作物病虫害防控技术

科研和生产实践证明，作物病虫害的分布范围、发生程度、发生动态规律、危害损失等均受气候因素影响。气候因素的变化将导致作物病虫害发生规律变化，从而导致防治时期、防治指标，以及防治措施随之而变（刘彦随等，2010）。例如，在吉林省盐碱稻区，随着全球气候变暖、稻田生态系统中温度高、湿度大、昼夜温差加大等小气候变化，该稻区水稻稻瘟病、水稻纹枯病等真菌病害发生严重。水稻新病害——菌核秆腐病在该稻区有所分布，并已经成为该稻区一种危险性严重的病害。适应气候变化条件下，水稻二化螟、水稻潜叶蝇发生与分布面积不断扩大，已经成为吉林省盐碱稻区普遍发生的主要害虫。另外一方面，气候变化条件下，特别是气候变暖，作物病虫害发生期提前、发生与分布面积扩大。尤其是暖冬可造成主要危害农作物病虫越冬基数增加、翌年病虫害发生加重（张蕾，2013；周曙东等，2013）。对于一些气流传播的病害和迁飞性害虫，迁入期提前，危害期延长，发生世代增加，防控难度加大，致使农药的使用剂量过大、使用次数过多，从而大幅度地增加了农业生产成本，污染生态环境与农产品（李祎君等，2010）。因此，气候变化将使主要农作物病虫害发生与危害呈加重趋势。为适应气候变化特点，必须根据气候变化的规律、作物病虫害的发生与分布规律等，制订科学合理的防治时期与防治指标，采取超常规作物病虫害防控技术与对策，有针对性地将病虫害发生与危害控制在经济危害水平之下，确保农作物增产、增收。

第一节　适应气候变化的水稻主要病虫害防控技术

一、适应高温、高湿、多雨条件下的稻瘟病防控技术

（一）适应问题

近年来，由于全球气候变暖，东北稻区的气温普遍升高，尤其 8～9 月正值水稻拔节至孕穗期，雨日偏多，日照时数减少，稻田小气候处于高湿状态。在高温、高湿、多雨气候条件下，稻瘟病发病时期提前，特别是穗颈瘟发病程度明显加重，发生面积将逐步扩大（霍治国等，2012；赵先丽等，2014）。因此，控制高温、高湿、多雨气候条件下稻瘟病发生，有效地防治稻瘟病对保证水稻的高产稳产具有重要意义。

（二）技术原理

本项技术主要针对气候变化导致东北稻区高温、高湿、多雨气候特点，稻瘟病发生提前，危害程度加重。靳春鹏等（2011）研究了吉林省水稻品种对稻瘟病的抗性分析，结果表明，吉林省超过 98% 的供试品种均被稻瘟菌侵染，抗性较弱。因此，必须采取提高水稻品种抗病性为核心的防治策略，加强田间肥水管理，促进早熟及结合化学药剂防治，控制稻瘟病危害，使水稻产量达到高产、优质水平。

（三）技术要点

1. 选用抗病优质水稻品种

选用抗病品种是适应东北稻区高温、高湿、多雨气候条件下最经济有效的措施之一。目前，东北稻区生产上主推品种有沈农 016、沈农 6014、沈农 606、沈优 1052、辽星一号、吉粳 88、通稻 3、吉粳 803、吉粳 102、吉粳 94、吉粳 62、吉粳 800、通禾 383、通禾 855、长白 9、长白 19、长白 22、吉农大 809、吉农大 858、垦稻 11、龙粳 14、龙粳 18、龙粳 21、松粳 9、松粳 12 等，各地可以合理选用。

2. 加强稻田肥水管理

鉴于东北稻区高温、高湿、多雨有利于稻瘟病大发生的气候变化条件，要采取小水勤灌，避免大水漫灌，加强排水晒田。同时，多施磷钾肥，避免单一、过量施入氮肥，防治水稻生长过旺，控制稻瘟病发生。

3. 促早熟，避免贪青晚熟

针对东北稻区高温、高湿、多雨气候条件下，可以喷施 0.01%芸苔素内酯乳油每亩 20ml，也可以施用 56%磷酸二氢钾每公顷 200g，均有利于促早熟，避免贪青感染稻瘟病（王修慧等，2014）。

4. 适时施药

高温、高湿、多雨气候条件下应提前施药起到保护作用，避免水稻稻瘟病暴发，应急防控药剂除常用药剂外，选用 25%吡唑醚菌酯·三环唑可湿性粉剂，使用剂量 20g a.i./hm² （a.i.为有效成分）；发病较重时期，推荐使用剂量 40g a.i./hm²，在稻瘟病发病初期施药一次，间隔 10～15 天施药第二次，能够有效控制稻瘟病。

（四）技术效果

试验研究表明（表 7-1），目前气候变化条件下，不同水稻品种间的抗病性存在明显差异，我们研究了 17 个水稻品种，绝大多数品种表现为感病，占 64.7%，稻瘟病重发区不宜选用吉农大 37；吉农大 W477、农大白香稻表现为中感，种植时要及时采取防治措施；而吉农大 W553 和吉农大 31 表现为高感，因稻瘟病造成的损失率较高，在农业上应减少这些品种的种植；吉农大 82 表现为中抗，可在生产上扩大示范与应用。

表 7-1　瘟病抗性调查结果

品种	病情指数（%）	抗性类型
吉农大 W473	16.67	S
吉农大 809	22.50	S
吉农大 W477	17.50	MS
吉农大 W478	21.67	S
吉农大 815	22.50	S
吉农大 W482	35.00	S
吉农大 821	15.00	S

品种	病情指数（%）	抗性类型
吉农大 531	12.50	S
吉农大 82	5.00	MR
吉农大 37	10.00	S
吉农大 W553	18.30	HS
农大 735	20.00	S
农大白香稻	11.67	MS
吉农大 W551	25.00	S
吉农大 31	26.67	HS
农大 03-81	30.00	S

注：HR. 高抗；R. 抗；MR. 中抗；MS. 中感；S. 感；HS. 高感

在高温、高湿条件下稻瘟病发生初期，喷施杀菌剂是防治水稻稻瘟病应急的有效措施（唐正合，2011）。但是长期使用单一品种化学农药，容易使稻瘟病产生抗药性，农药混合使用极大地提高了稻瘟病的防治效果。我们研究了吡唑醚菌酯和三环唑不同配比的混剂对稻瘟病菌抑菌效果（表 7-2）。当吡唑醚菌酯和三环唑按质量比 1∶3 或 3∶1 混配后对稻瘟病菌的抑菌活性均优于单剂效果，EC50 值分别为 0.23 mg/L、0.45 mg/L，增效系数为 2.14 和 1.97，其中质量比为 1∶3 时增效作用显著。根据 Wadley 评价法，增效系数（SR）>1.5 为增效作用；吡唑醚菌酯和三环唑按质量比 1∶1、1∶5 混合后，增效系数在 0.5～1.5，表现出相加作用；其他质量配比表现为拮抗作用。

表 7-2　吡唑醚菌酯与三环唑混配试验结果

药剂处理	毒力回归方程	EC_{50}（mg/L）	相关系数（r）	增效系数
吡唑醚菌酯（P）	$y=5.4251x+6.3244$	0.57	0.9789	—
三环唑（T）	$y=6.4034x+3.9668$	1.45	0.9847	—
P∶T=1∶1	$y=3.4564x+3.2307$	3.25	0.9541	0.84
P∶T=1∶3	$y=5.2852x+8.3733$	0.23	0.9786	2.14
P∶T=1∶5	$y=4.3659x+2.0860$	4.65	0.9896	0.64
P∶T=3∶1	$y=3.5487x+6.2306$	0.45	0.8974	1.97
P∶T=5∶1	$y=1.5982x+3.8774$	5.04	0.8724	0.46

将筛选出防治稻瘟病混合药剂进一步进行田间试验，试验结果见表 7-3。从表 7-3 中可以看出，25%吡唑醚菌酯·三环唑可湿性粉剂于水稻稻瘟病发病初期施药 40g a.i./hm² 时，间隔 10～15 天施第二次，对水稻稻瘟病防治效果达 90%以上，是防治稻瘟病理想药剂。

二、适应高湿、多雨条件下的水稻纹枯病的防控技术

（一）适应问题

气候变化使东北地区自然降水量出现不均衡区域性分布，尤其在水稻生长季节 7～8 月雨量偏多、田间湿度大，是水稻纹枯病大发生与流行的主要因素（霍治国等，2012）。

表 7-3　水稻稻瘟病田间防治效果

药剂处理	剂量（g a.i./hm²）	平均防效（%）	差异显著性	
			5%	1%
25%吡唑醚菌酯·三环唑可湿性粉剂	20	76.5	b	BC
	40	92.9	a	AB
	60	81.7	a	A
250 g/L 吡唑醚菌酯乳油	16	75.1	b	B
75%三环唑可湿性粉剂	168.75	68.6	b	BC
40%稻瘟灵乳油	160	74.6	c	CD
1 万亿孢子/g 枯草芽孢杆菌可湿性粉剂	90	68.9	c	C
2%春雷霉素水剂	80	67.4	c	C
CK	—	—	—	—

一般在高湿、多雨气候条件下，纹枯病发病期提前，为害期延长，发病程度加重、发生面积扩大（王安等，2008；王胜宝等，2008）。因此，建立高湿、多雨气候条件下的水稻纹枯病防控技术，对于提高水稻产量、控制纹枯病危害具有重要意义。

（二）技术原理

本项技术主要针对东北稻区高湿、多雨气候变化条件下，水稻纹枯病发病期提早，为害期延长，危害程度加重等突出生产问题。对此，应该选用抗病水稻品种、采用合理的栽培模式、加强水肥管理等技术措施，以便降低水稻生态系统中的高湿环境条件，通风透光、提高水稻品种抗病性（桑海旭等，2009），同时，要建立应急规模化农药防控技术措施，有效地控制高湿、多雨气候条件下的水稻纹枯病发生与危害。

（三）技术要点

1. 选用抗病品种

应对高湿、多雨气候条件，首先选用抗病品种，尽量选用高秆晚熟品种如吉农大 82，控制水稻纹枯病发生。

2. 加强肥水管理

在高湿、多雨气候条件下，水稻分蘖阶段，实行浅水勤灌，并适当排水晒田，促根壮蘖；在水稻生育后期，保证田间土壤呈干干湿湿状况，以降低田间湿度，抑制病菌生长蔓延。做到湿润灌溉，适时晒田，控制田间湿度。在施肥方面，坚持底肥足，追肥准，要多施磷钾肥，少量施入氮肥，目的是降低田间小气候湿度。改善水稻生长发育的气候环境，保持良好的透光性，打破水稻易感病期和适宜于纹枯病发生流行的高温高湿环境。

3. 适时施药

在高湿、多雨气候条件下，水稻纹枯病发病初期，一定要提前施用化学农药。除常用药剂外，选用 42%咯菌腈·吡唑醚菌酯水乳剂 100g a.i./hm² 于纹枯病发病初期使用，防治效果达到 80%以上。

（四）技术效果

我们通过对吉林省水稻 18 个品种研究，证明了高湿、多雨气候变化条件下选择抗病品种和化学药剂防治是控制水稻纹枯病的有效措施（表 7-4）。从表 7-4 中可以看出，吉林省 18 个水稻品种中对水稻纹枯病的敏感性存在很大差异。吉农大 82 表现为抗性，吉农大 37 和吉农大白香稻的表现为中抗。因此，在吉林省建议使用吉农大 82。

表 7-4 不同水稻品种对纹枯病抗病性结果

品种	病情指数（%）	抗性类型
吉农大 37	34.7	中抗（MR）
吉农大 W473	52	感（S）
吉农大 809	68	感（S）
吉农大 W477	56	感（S）
吉农大 W478	62.7	感（S）
吉农大 815	59.2	感（S）
吉农大 834	52	感（S）
吉农大 W482	53.6	感（S）
吉农大 821	45.6	感（S）
吉农大 531	52.6	感（S）
吉农大 82	21.6	抗（R）
吉农大 W490	63.2	感（S）
吉农大 W553	72.6	高感（HS）
吉农大 735	64.6	感（S）
吉农大白香稻	42.4	中抗（MR）
吉农大 W551	63.4	感（S）
吉农大 31	72.6	高感（HS）
吉农大 03-81	74.3	高感（HS）

高湿、多雨气候条件下水稻纹枯病发生比较严重，因此，应急措施是应用化学农药，除了常规 250g/L 吡唑醚菌酯乳油、50%咯菌腈可湿性粉剂等药剂外，最好选用混合农药，减少抗药性，增加防治效果。我们通过室内复配药剂筛选，发现咯菌腈与吡唑醚菌酯以质量比 5∶1、3∶1、1∶1、1∶3、1∶5 复配，增效作用明显，对水稻纹枯病菌的抑制活性均较高，其中咯菌腈与吡唑醚菌酯的质量比为 5∶1 时，增效系数达到2.63，结果见表 7-5。

表 7-5 咯菌腈与吡唑醚菌酯复配筛选的盆栽试验

处理	质量配比	回归方程	EC_{50} 值（th）mg/L	EC_{50} 值（ob）mg/L	相关系数	增效系数
咯菌腈∶吡唑醚菌酯	5∶1	$y=4.682\,0+0.8850\,x$	6.0173	2.2874	0.9935	2.63
	3∶1	$y=4.7410+0.6697\,x$	6.1834	2.4360	0.9897	2.53
	1∶1	$y=4.6782+0.7119\,x$	6.7417	2.8319	0.9914	2.38
	1∶3	$y=4.7050+0.5571\,x$	7.4108	3.3841	0.9929	2.19
	1∶5	$y=4.5253+0.9536\,x$	7.6644	3.1464	0.9956	2.44
咯菌腈		$y=4.4498+0.7271\,x$		5.7105	0.9953	
吡唑醚菌酯		$y=4.2968+0.76823x$		8.2274	0.9608	

注：th 为理论值；ob 为实际观测值

田间试验进一步验证咯菌腈与吡唑醚菌酯复配的增效作用，试验结果见表7-6。从表 7-6 可以看出，施药时最好在纹枯病发病初期，42%咯菌腈•吡唑醚菌酯水乳剂在 200g a.i. /hm², 防治效果达到 92.43%，防效明显高于其他药剂。

表7-6　田间药效试验结果

药剂名称	剂量（g a.i./hm²）	病情指数	防治效果（%）	差异显著性 5%	1%
42%咯菌腈•吡唑醚菌酯水乳剂	200	1.84	92.43	a	A
	100	4.15	82.97	b	AB
	50	4.44	72.80	c	BC
50%咯菌腈可湿性粉剂	100	6.62	74.64	bc	BC
250g/L 吡唑醚菌酯乳油	100	7.20	70.02	c	CD
5%井冈霉素水剂	50	9.94	59.17	d	D
空白对照		24.06			

三、适应盐碱稻区高湿、多雨条件下的水稻菌核秆腐病的防控技术

（一）适应问题

近年来，受气候条件及环境变化的影响，特别是在吉林省西部地区盐碱地水稻生产中，降水量多，日照时间短，昼夜温差大，相对湿度高，水稻菌核秆腐病容易大发生（刘志恒等，2012；杨福等，2012）。尤其在水稻生产中后期，气候变化导致连续降雨、积水漫灌等，很容易造成水稻菌核秆腐病流行（刘娟，2012；张佳环等，2015）。因此，根据水稻菌核秆腐病的发生规律，在东北盐碱地稻区高湿、多雨的气候条件下，科学地制订适应气候变化条件下水稻菌核秆腐病防治措施，具有重要意义。

（二）技术原理

本项技术针对高湿、多雨气候导致水稻菌核秆腐病的频发问题，基于目前水稻菌核秆腐病缺少抗病品种的情况下，在发病严重的地区，生产上可以选用耐病品种或发病较轻的水稻品种，整地时要彻底清理稻田的菌核秆腐病残体，减少病菌来源（李红艳等，2012）。同时，加强肥水管理，并辅之以施用化学农药，在高湿、多雨气候条件下，能够有效控制菌核秆腐病发生与危害（李国友，2010）。

（三）技术要点

1. 选用耐病或发病轻的水稻品种

一般情况下，短粒、中熟到晚熟、分蘖的水稻品种更具有抗性。在黑龙江绥化稻区应用的较抗病品种有松绥 1031、87-6、东农 9103、东农 415 等；吉林省吉粳 88 和 9903 均表现出良好的抗性效果，适应盐碱稻区高湿、多雨的生态条件。

2. 清洁稻田，合理整地，减少菌源

在盐碱稻区，高湿、多雨气候条件下，通过清洁稻田，合理整地，减少菌源，控制

菌核数量与病菌侵染，能够比较有效地控制病害的发生与蔓延。

3. 加强肥水管理

在高湿、多雨气候条件下，一定要实行氮、磷、钾配方施肥。做到农家肥与化肥、长效肥与速效肥相结合，切忌偏施氮肥和中后期大量施用氮肥。目前生产条件下，氮、磷、钾的配合比例应尽量达到 2：1：0.5。灌水要做到灌、排畅通，切忌前期深水淹灌，后期落干过早、过重，以免促进病情发展。灌水要坚持浅灌为主，做到浅水勤灌，并根据水稻生育期的不同需要适当调节，促进水稻生长发育，提高抗病能力。

4. 适时用药

化学农药的使用是抑制水稻菌核秆腐病发生的最有效措施之一。根据气候变化进行预测预报，从水稻拔节后开始观察，一旦发生水稻菌核秆腐病要及早施药。除常用药剂外，选用 36% 啶酰菌胺·丁香菌酯 200g a.i./hm^2，防治效果达 90.%以上。

（四）技术效果

试验研究证明高湿、多雨气候条件下，通过利用植物自身的抗性特点，种植抗性品种以及应用化学农药，可以有效控制菌核秆腐病发生。研究结果见表 7-7。

表 7-7　吉林不同水稻品种对水稻菌核秆腐病的抗性结果

品种名称	发病率/%	病情指数/%	抗性
农大 823	25	6.25	MS
TLC008	15	3.75	MR
通禾 833	25	10.00	MS
九 1431	15	3.75	MR
吉粳 88	5	1.25	R
通禾 832	20	5.00	MR
通禾 838	25	3.75	MS
农大 878	15	2.50	MR
秋光	15	3.75	MR
9903	5	1.25	R
农大 888	10	5.10	MR
农大 858	10	5.00	MR
农大 868	20	5.00	MR
农大 809	10	2.50	MR
通育 25-1	10	2.50	MR
松粳 3	10	2.50	MR
8945	15	3.70	MR

注：HR. 高抗；R. 抗；MR. 中抗；MS. 中感；S. 感；HS. 高感

我们研究了 17 个水稻品种对水稻菌核秆腐病的敏感性，其中仅有吉粳 88 和 9903 表现出良好的抗性效果。

高湿、多雨条件下化学农药的使用是控制水稻菌核秆腐病发生的应急措施。除了使用常规化学农药 50%啶酰菌胺水分散粒剂、20%丁香菌酯悬浮剂和 50%多菌灵可湿性粉剂等以外，化学农药混合使用，减少抗药性发生，增强防治效果。通过试验，我们研究了啶酰菌胺与丁香菌酯联合作用效果（表 7-8）。从表 7-8 可以看出，当啶酰菌胺和丁香菌酯以质量比为 1：1、3：1、5：1 进行混配时，增效系数 SR＞1.5，表明混合杀菌剂的毒力效果好，表现出增效作用。

表 7-8 啶酰菌胺与丁香菌酯药剂复配试验结果

药剂处理	毒力回归方程	EC$_{50}$（mg/L）	相关系数	增效系数
啶酰菌胺（B）	$y=0.8095x+5.6851$	0.0061	0.9450	—
丁香菌酯（C）	$y=0.8763x+4.9380$	0.0086	0.8923	—
B：C=1：5	$y=0.4651x+5.1342$	0.0325	0.9858	0.27
B：C=1：3	$y=0.8095x+5.6851$	0.0084	0.9450	1.17
B：C=1：1	$y=0.6514x+5.1147$	0.0043	0.9829	2.00
B：C=3：1	$y=0.4904x+5.6267$	0.0078	0.9810	1.79
B：C=5：1	$y=0.5732x+6.1313$	0.00012	0.9385	6.28

田间试验结果进一步证明了农药混合使用的防治效果（表 7-9）。从表 7-9 可以看出，36%啶酰菌胺·丁香菌酯水分散粒剂对水稻菌核秆腐病的防治效果可达到 90%以上，明显高于其他药剂。

表 7-9 啶酰菌胺·丁香菌酯田间试验结果

供试药剂	用量（g a.i./hm^2）	3 次施药平均病情指数	3 次施药平均防效（%）
36%啶酰菌胺·丁香菌酯水分散粒剂	200	2.56	90.84
	150	3.53	83.91
	100	4.44	74.20
50%啶酰菌胺水分散粒剂	300	6.62	69.03
20%丁香菌酯悬浮剂	200	7.20	61.34
50%多菌灵可湿性粉剂	1500	9.94	51.45

四、适应高温、干旱条件下的水稻二化螟防控技术

（一）适应问题

随着全球气候变暖，东北地区冬季气温偏高、春季干旱等气候特点，表现为春季提前，生长季节延长，生长季内总积温增加，有利于二化螟的越冬，越冬基数和存活率提高，导致水稻二化螟种群数量增加，危害加重，危害期延长，给水稻生产造成较大威胁（李叶妮，2013；江守林等，2014）。因此，适应高温、干旱气候条件，有效控制水稻二化螟发生与危害具有重要意义。

（二）技术原理

本项技术针对高温、干旱条件下，水稻二化螟越冬种群基数和存活率提高，二化螟

发生期提前，世代增加，危害严重，危害期延长，越冬成活率提高等特点。通过有效及早监测水稻二化螟发生动态，采取物理防治、生物防治和化学防治协调的防控方法，在高温、干旱条件下有效控制水稻二化螟的发生与危害。

（三）技术要点

1. 水稻二化螟发生动态监测

高温、干旱条件下利用性诱剂、杀虫灯等及时地监测水稻二化螟发生时期与发生数量，准确地进行水稻二化螟预测预报，以便及时进行防治。水稻二化螟性诱剂测报技术如下：利用竹竿三脚架将简易诱捕器放置于水田中，高于水稻植株 10～20cm。诱盆每 3 天补充清水至最高水位，每 10 天左右换 1 次清水及洗衣粉。按 45 只/hm^2、盆之间的距离为 14.9m 的密度布放诱杀盆。从成虫羽化初期开始调查。每盆 2 芯，小区面积为 0.5hm^2。

2. 水稻二化螟诱捕

高温、干旱条件下，稻田安置频振式杀虫灯，灯控区面积每 667m^2 安置 6 盏，灯间隔＞240m，各灯呈棋盘式布局，使两灯之间互不干扰。杀虫灯安装高度为 1.3～1.5m（按虫口与地面间隔距离）。开灯时间为二化螟羽化初期，每天 20:00 至翌日 7:00。每日统计诱虫量。

3. 水稻二化螟生物防治技术

高温、干旱条件下，生物防治可采用释放赤眼蜂等，每亩释放 1 万只人工培殖的赤眼蜂，这些赤眼蜂将把卵产在二化螟的卵块中，杀灭二化螟虫卵，起到防虫作用。

4. 适时施药

高温、干旱条件下要合理使用农药，保护利用天敌，积极推广高效、广谱、低毒、低残留农药新品种。目前，防治二化螟较好的药剂有氯虫苯甲酰胺、氟虫双酰胺、杀螟单、苏云金芽孢杆菌等。建议每 667m^2 用氯虫苯甲酰胺•噻虫嗪 40%水分散粒剂 10g 或杀单•苏云 63.1%可湿性粉剂 50g 于二化螟卵孵盛期至二龄幼虫高峰期兑水 40kg 于水稻叶面均匀喷雾（衷敬峰，2015）。

（四）技术效果

针对近年来冬季气温偏高、春季干旱，使螟虫害活动期延长等特点，二化螟防治主要采用物理防治、生物防治和化学防治协调方法，取得很好防治效果。王丹和马晓慧（2015）应用赤眼蜂防治水稻二化螟，防治效果在 70%以上（表 7-10）。

利用水盆诱捕法（表 7-11）性诱剂处理可有效控制二化螟，防治效果达 70%以上（刘兴龙等，2015）。

目前，频振式杀虫灯是一种普遍使用方法，陈俊华等（2015）研究了频振式杀虫灯对二化螟平均控制效果为 80.40%（表 7-12）。

表 7-10　赤眼蜂防治二化螟效果

试验年份	每次放蜂量（万只/667m²）	放蜂田			对照田			防效（%）
		总卵量（粒/667m²）	寄生卵（粒/667m²）	寄生率（%）	总卵量（粒/667m²）	寄生卵量（粒/667m²）	寄生率（%）	
2012	0.5	1466	609	41.54	1360	153	11.25	72.92
	1.0	1505	1048	69.63	1360	153	11.25	83.84
	2.0	1328	1107	83.36	1360	153	11.25	86.50
2013	0.5	1296	664	51.23	1342	228	16.99	66.84
	1.0	1314	1132	86.15	1342	228	16.99	80.28
	2.0	1350	1243	92.07	1342	228	16.99	81.55
2014	0.5	1504	585	38.90	1405	275	19.57	49.70
	1.0	1497	1029	68.74	1405	275	19.57	71.53
	2.0	1610	1552	96.40	1405	275	19.57	79.70

表 7-11　性诱剂处理对二化螟防治效果

处理	株数（株）	枯心苗数（个）	枯心苗率（%）	虫伤株数（株）	虫伤株率（%）	防治效果（%）
1 芯/盆	2366	0	0	45	1.9	73.8a
2 芯/盆	2360	0	0	33	1.4	80.7a
施药对照	2479	0	0	24	1.0	86.4b
不施药对照	2441	89	3.65	177	7.3	—

注：不同小写字母表示不同处理间存在显著差异，$P<0.05$

表 7-12　不同处理田间二化螟危害情况及相对防效　　　（单位：%）

处理	河南省信阳市羊山区		河南省信阳市罗山县		河南省信阳市息县		平均防效
	枯心率	相对防效	枯心率	相对防效	枯心率	相对防效	
灯控施药区	0.67	89.33	0.19	96.15	0.39	88.11	91.20a
灯控不施药区	1.16	81.53	0.83	83.16	0.77	76.52	80.40b
非灯控施药区	0.91	85.51	0.61	87.63	0.54	83.54	85.56ab
非灯控不施药区	6.28		4.93		3.28		

注：不同小写字母表示不同处理间存在显著差异，$P<0.05$

五、适应高温、潮湿条件下的稻水象甲防控技术

（一）适应问题

随着全球气候变暖，春季气温高，稻水象甲发育期缩短，在东北的越冬安全性较高，害虫越冬后危害时间相对提前，繁殖力强，为害加重（孟维亮等，2011）。吉林省在 2010 年水稻生长中后期稻水象甲发生比较严重，由于冬季温度较高，利于其越冬，直接导致 2011 年水稻移栽后稻水象甲数量剧增，7 月中旬温度回升后适宜稻水象甲繁殖（杨洁，2013）。同时空气的相对湿度对活动期的稻水象甲产生较大影响，曲辉等（1998）证明，只有在有水条件下稻水象甲才完成世代发育，且在深水条件下产卵量增大。稻水象甲是一种国际性重大植物检疫对象，1988 年，在我国河北省唐山市首次发现了该虫的存在，目前稻水象甲已遍布东北地区（余守武等，2006；郭文超等，2011）。因此，建立稻水象甲防控体系，对于水稻高产稳产具有重要的意义。

（二）技术原理

本项技术针对早春持续平均气温高，稻水象甲出蛰活动和开始取食杂草的时间早，为害时间也相对提前，因此，针对稻水象甲采取"预防为主，综合防治"方针，从严格检疫入手，针对气候变暖，协调运用各种综合防治技术，控制稻水象甲害虫的危害（吴滔滔，2009）。

（三）技术要点

1. 严格检疫

禁止从疫区调运秧苗、稻草、稻谷和其他寄主植物及其制品，积极开展普查监测，力求做到早期发现，及时防治。

2. 诱捕杀虫

在稻水象甲发生区，安置频振式杀虫灯诱捕稻水象甲效果较好。灯控区面积 667 m^2 安置 1 盏，田间各灯呈棋盘式布局，杀虫灯安装高度为 1.3～1.5m。

3. 物理阻隔

在稻水象甲重发田设置高 2m、40 目的防虫网罩，主要阻止越冬代稻水象甲飞入本田。最好防效可以达到 90% 以上。

4. 提早用药

25%阿克泰水分散颗粒剂 3000 倍液，可采用秧田期施药或大田期施药，秧田期施药宜在抛秧前 5 天进行，大田期施药应在抛植后 7 天内进行。持效性较好，可 1 次施用防治稻水象甲。

（四）技术效果

刘萍等（2011）应用了不同类型杀虫剂防治稻水象甲试验研究。结果表明，25%阿克泰水分散颗粒剂有较好的防治效果，施药 7 天后的防效均达 80%以上，表现出良好的持效期（刘萍等，2011）。何永福等（2013）研究了不同药剂对稻水象甲幼虫田间防治效果，结果表明（表 7-13）5%丁硫克百威颗粒剂可作为防控稻水象甲幼虫的主要药剂，用 22%吡虫·毒死蜱乳油、40%氯虫·噻虫嗪水分散粒剂防控稻水象甲幼虫，需用高剂量 660g a.i./hm^2、150g a.i./hm^2，建议在生产上交替使用。

表 7-13 三种杀虫剂对稻水象甲幼虫防治效果

供试药剂	剂量（g a.i./hm^2）	平均防效（%）	
		药后 5 天	药后 15 天
5%丁硫克百威颗粒剂	2250	78.22aA	84.61aA
	1875	70.72bB	78.34bB
	1500	62.14cC	76.25bB

供试药剂	剂量（g a.i./hm²）	平均防效（%）	
		药后 5 天	药后 15 天
22%吡虫·毒死蜱乳油	330	51.43aA	66.46aA
	495	34.74bB	63.24aA
	660	34.29bB	60.08 aA
40%氯虫·噻虫嗪水分散粒剂	150	52.86 Ba	65.16 aA
	126	42.86 bA	61.94 aA
	102	29.65cB	57.21bA

注：不同小写字母表示不同处理间存在显著差异，$P<0.05$；不同大写字母表示不同处理间存在极显著差异，$P<0.01$

第二节　适应气候变化玉米主要病虫害的防控技术

在气候变化的背景下，中国农业生产的一个重要威胁来自于农业病虫害。据统计，中国农业产值因病虫害造成的损失为农业总产值的 20%～25%。而农作物病虫害的发生或流行与气候条件有着密切的关系，对于某一地区而言，气象条件则成为病虫害年际间波动的主要控制因子（张俊香和延军平，2001）。气候变暖，尤其冬季气温升高，有利于冬种作物面积的扩大，增加了寄主植物源，有利于病虫害的越冬、繁殖等。另外，气候变化还可能使新的病虫害类型出现，如 20 世纪 50～70 年代，每年暴发有害生物种类约有 10 种，21 世纪以来则增加到 30 种左右。而温度升高会加速某些害虫的发生世代数，延长害虫发生历期，增强害虫的种群繁殖力，致使农业因病虫害造成的损失将更为严重（刘德才，1989；王长燕等，2006）。全国由病虫害造成的损失在近 60 年间（1949～2009年）增加了 4 倍左右，其中 2000～2006 年，仅水稻、小麦、玉米、大豆 4 种主要粮食作物的实际产量损失就由 $105.39×10^8$kg 增加到 $127.08×10^8$kg，损失率增加了 20.58%（霍治国等，2012）。气候变暖后，病虫害的危害程度将加重，病虫害造成的粮食减产幅度将进一步增加 10%～20%（祝新建和胡宝霞，1999）。因而，研究气候变化背景下农业病虫害的防控技术具有十分重大的现实意义。

一、适应高湿、多雨条件下的玉米大斑病防控技术

（一）适应问题

玉米大斑病是玉米生产上的主要叶部病害，属于典型的气传流行性真菌病害，其流行程度除与玉米品种抗病性有关外，与环境中的温度、湿度等气象因子也密切相关（张崎峰等，2015）。近年来由于天气、种植环境等气象因素的改变及抗病品种的大面积单一化种植，玉米大斑病呈现出发生早、发生重的新特点，危害逐年加重（董金皋，2001）。2012 年东北地区玉米大斑病暴发流行，正常年份是 7 月下旬～8 月上旬出现病斑，2012年吉林省东部山区在 6 月 13 日表现病斑 3～5 级，危害面积达 8 万 hm²，大斑病发生面积大约占玉米种植面积的 80%，造成粮食的损失高达 46%，2013 年和 2014 年持续中等偏重发生。由于其传播快，且一般在玉米抽雄后发病，给防治工作带来了相当大的困难，给农业生产带来严重威胁。因此，气候变化条件下玉米大斑病防控就成为东北粮食主产

区迫切需求的农业技术。

（二）技术原理

针对高湿、多雨气候变化条件下玉米大斑病容易发生的特点，因地制宜开展短期、中期及长期的气候预报系统，综合分析预测病害发生可能性，采取相应防控技术措施。防治原则以种植抗病品种为主，通过农业防治措施改善和提高品种抗病性、减轻病原菌对玉米种子的侵染，必要时辅以化学防治，兼以生物防治、物理防治等，消除或降低玉米大斑病病源菌基数，有效控制玉米大斑病发生造成的危害，保障玉米生产安全，稳产增收。

（三）技术要点

1. 选育抗病品种

选育抗病品种是控制玉米大斑病菌重要的措施之一，同时要注意品种的搭配与轮换，避免品种的单一化种植（王良发等，2014）。根据东北地区气候呈现变暖趋势的特点，在玉米大斑病的常发区和重发区，选择高产稳产、抗病抗倒、适应性广、根系发达、抗旱性好的玉米杂交种。

2. 化学药剂提前施用，实施玉米大斑病控制前移技术

针对气候变化情景下玉米大斑病多发、重发的状况，从 10 多种药剂中筛选出两种低毒、高效，对作物生长安全，兼具内吸和保护作用的组合药剂。提出在玉米生长大喇叭口前期施药，即大斑病刚要开始发生时期施药，间隔 7～10 天再施一次连续喷施药剂的技术，控制玉米大斑病的发生，打破了以往大斑病发生后开始施药的观念。本技术针对玉米大斑病高感和感病的品种，平均防治效果最高可达 80% 以上，可有效控制玉米大斑病的发生。

该项技术在玉米大喇叭口期使用，能够保障玉米生长安全、无药害、成本低（每亩 10 元左右）、药效好的显著优点。同时随着机械化程度不断提高，高杆喷雾和航化飞机的使用也越来越广泛，大面积化学防治也就变得普遍而简单，而且施药期植株不高，便于操作。

3. 采用营养剂、杀菌剂、杀虫剂复配技术进行综合防治

由于气候变化条件下的玉米大斑病呈现出多发、重发的新趋势，气候变暖又增加了农药的挥发性，药效降低。因此，需要对农药配方、施用量、施用时间、重点区域进行调整，因地制宜，采用高效低毒农药，兼具营养功能的复合配方以预防为主，进行综合防治。

（四）技术效果

1. 抗病品种筛选技术效果

2013 年在吉林省中西部半温润地区梨树县进行了不同熟期玉米品种对玉米大斑病的抗性对比试验（图 7-1）。结果表明，中早熟组的病情指数在 2.03～10.07，中熟组为

0.70～2.73，而中晚熟组为 0.73～3.0。同一熟期不同品种之间比较，中早熟组不同品种病情指数依次为穗禾 369＞吉单 27＞南北 4＞原单 68；中熟组不同品种病情指数依次为先玉 335＞辽单 570＞迪卡 516＞利民 33。中晚熟组不同品种的病情指数依次为农华101＞郑单 958＞良玉 99＞京科 968。不同熟期品种玉米大斑病发病表现不同，早熟品种明显重于中熟、中晚熟品种。从 2013 年梨树县气候特点分析，由于早春低温、多雨冷凉，玉米生育前期抗性降低，易感病，增加了病菌侵染概率，同时早熟品种的开花期、灌浆期恰遇高温、高湿，气候条件利于大斑病发生，导致病害提前大面积发生，使早熟组品种大斑病的病情指数较高；而中熟组和中晚熟组的先玉 335 和农华 101 也在一定程度上发生了大斑病，二者属感病品种。因此，在气候变化条件下，选用抗病品种同时结合品种熟期，最大限度降低玉米大斑病的感病机会。

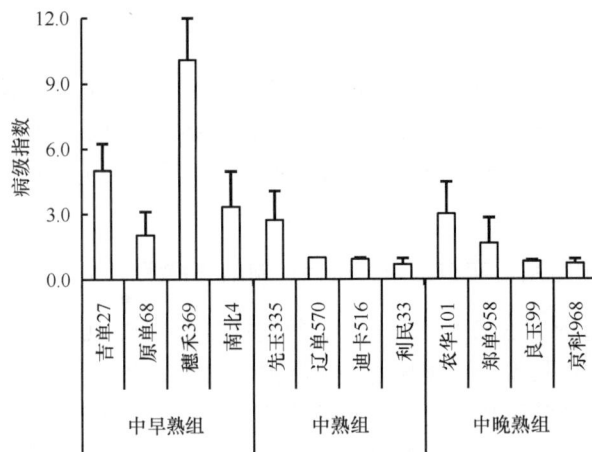

图 7-1　不同熟期的玉米品种对玉米大斑病的抗性差异

2. 化学防治技术效果

2012～2015 年，在吉林省半温润玉米主产区梨树县进行了不同化学药剂防控玉米大斑病效果试验。结果表明：各种化学药物防治剂对玉米大斑病均有效果，防效大致为57%～64.2%，各药剂对比来看，扬彩（丙环唑和嘧菌酯）＞枯草芽孢杆菌乳油＞咪鲜胺＞甲基托布津，不同年度间化学药剂防效具有相同的趋势（图 7-2）。

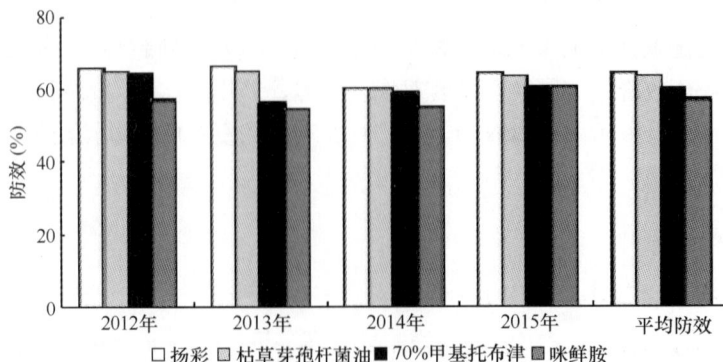

图 7-2　不同药剂对玉米大斑病的防治效果比较

针对病害发生的复杂性和多样性,对药剂进行了组合,综合防控玉米大斑病的发生。结果表明:不同药剂组合对玉米叶部病害控制均有效果(图7-3),病级指数和防效以组合1(15L/亩)效果最佳(图7-4),与不施药对照相比,组合1和组合2的病级指数分别下降73.4%和59.8%。

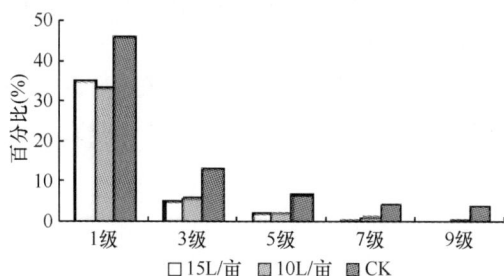

图 7-3　各病级株数占调查总株数的比例　　　图 7-4　不同处理的病级指数及防治效果影响

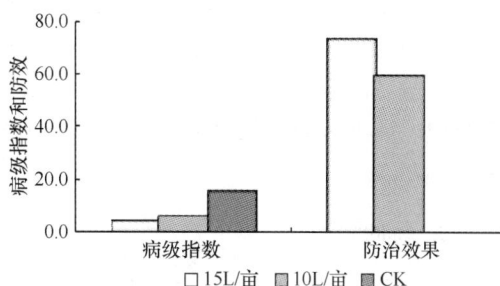

二、适应高温、高湿条件下的玉米螟防控技术

(一)适应问题

研究认为,一般大范围流行性、暴发性、毁灭性的农作物重大病虫害的发生、发展、流行都与气象条件密切相关,或与气象灾害相伴发生(霍治国等,2000)。影响亚洲玉米螟发生的因素主要有气象条件、虫源基数、食物和天敌数量等,气象条件是最重要的影响因素,其余因素均直接或间接受气象条件的影响和制约(武荣盛和陈素华,2011;张柱亭等,2013)。在气候变化背景下,玉米螟天敌数量减少也是其逐年重发的原因之一(杨长城等,2000)。东北地区的主要问题主要是随着气候变暖,玉米螟的发生历期延长,繁殖代数增加,如吉林省中部地区由原来的一代或一代半螟虫发生变化为完全二代螟虫发生(鲁新等,2005;袁福香等,2008),而且随着玉米播种面积的不断扩大,玉米秸秆根茬数量激增,造成玉米螟有效虫源基数增多。诸多因素致使玉米螟危害呈逐年加重的趋势。因此,研究气候变化情景下玉米螟的防控技术十分重要。

(二)技术原理

全球气候格局的变化,将严重影响农业害虫的发生期、发生量和发生程度。玉米螟大发生是自身生物学潜能和生态环境条件综合影响的结果。针对气候变化条件下的大发生年的中长期预测是进行防治决策的基础。根据虫源基数和气象条件进行玉米螟害发生预测和预报(郭永霞等,2002),进而采取农业防治、化学防治和生物防治等综合防治。

(三)技术要点

1. 生物防治

白僵菌封垛:在早春越冬幼虫开始复苏化蛹前,对残存的秸秆,逐垛喷洒白僵菌粉封垛。方法是每平方米垛面用每克含100亿孢子的菌粉100g,喷一个点,即将喷粉管插入垛内,摇动把子,当垛面有菌粉析出即可。也可用每克含80亿~100亿孢子的白僵菌粉加滑石粉或草木灰按 1∶5 充分混匀，每公顷用量 15～30kg，用机动喷粉器喷粉，防效 80%～90%。

生物菌剂：选用微生物农药杀螟杆菌、7216、白僵菌、苏云金杆菌等菌粉（每克含孢子 100 亿）灌注心叶，1kg 加水 1000～2000kg，另一种方式是配制成菌土或颗粒剂，菌土一般用 1kg 杀螟杆菌加细土或炉灰 100～300kg。颗粒剂一般配成 20 倍左右（1kg 白僵菌粉与 20kg 炉渣颗粒混拌即成），每株施 2g 左右。

释放赤眼蜂：根据预测预报确定玉米螟发生期，选用松毛赤眼蜂和玉米螟赤眼蜂在玉米螟产卵期放蜂。放蜂量和次数根据螟蛾卵确定。一般每公顷释放 15 万～30 万头，分两次释放。

2. 药剂防治

在 6 月下旬至 7 月初，在玉米螟成虫产卵前或幼虫蛀茎前选用福戈或者进口康宽化学药剂进行防治，同时在 7 月下旬至 8 月初，选用同一种药剂进行二次防治，利用高杆喷药机或航化飞机进行全田喷雾。

3. 物理防治

根据玉米螟的趋光性，采用高压汞灯或修建捕虫池等（许波等，2007；胡志凤等，2009），田间设置黑光灯或高压汞灯诱杀成虫。

在越冬代成虫发生期，用诱芯剂量为 20μg 的亚洲玉米螟性诱剂，设置水盆诱捕器 15 个/hm² 或选择 400W 内镇式汞灯，安装在玉米秸集中村、屯内开阔的地方，每村 3～5 盏，灯间距为 160m。于每年的 6 月下旬开灯，7 月末关灯，每天 20 时开灯，翌日 4 时闭灯进行诱捕。

（四）技术效果

1. 不同熟期玉米品种对玉米螟抗性差异

2013 年在吉林省半温润区梨树县进行了不同熟期玉米品种的抗病性差异试验，结果表明：不同熟期的玉米品种都不同程度受到了玉米螟危害，中早熟组、中熟和中晚熟的平均蛀茎率分别为 17.4%、16.5% 和 6.0%（图 7-5）。蛀茎率分级来看，以 10%～20% 品种较多，占 56%；＜10% 占约 4%；＞20% 占约 2%（表 7-14）。总体表现仍以早熟品种发病率高于中熟和中晚熟品种，不同品种玉米螟抗性差异较大。

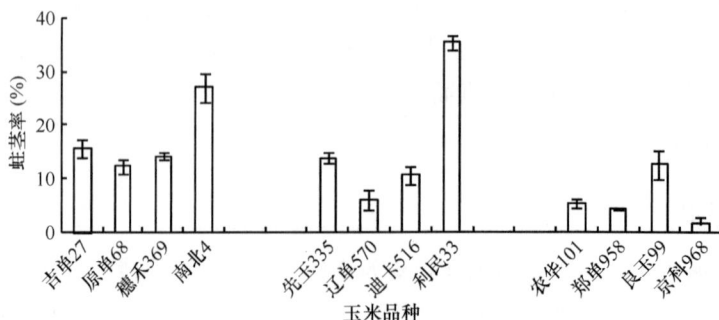

图 7-5　不同熟期玉米品种的玉米螟危害情况

表 7-14 不同品种对玉米螟抗性差异

	蛀茎率分级（%）			
	<10	10～20	20～30	30～40
品种个数	4	6	1	1
占比例（%）	36	56	4	4
品种名称	辽单 570、农华 101、郑单 958、京科 968	吉单 27、原单 68、穗禾 369、先玉 335、迪卡 516、良玉 99	南北 4	利民 33

2. 不同药剂处理对玉米螟防治效果评价

被害株减退率、虫口减退率和虫孔减退率是评价不同药剂对玉米螟防效的重要指标。研究结果表明，不同防治措施与空白对照相比都表现出了一定的防治效果（表 7-15）。从三项指标综合来看，福戈和进口康宽是较好的生防药剂，平均防效均在 85% 以上，常规药剂、BT 乳剂、国产康宽平均防效在 60% 左右，白僵菌和赤眼蜂的综合防效接近 50%。

表 7-15 不同药剂对玉米螟防治效果

防效指标	福戈	进口康宽	常规药剂	BT 乳剂	国产康宽	白僵菌	赤眼蜂
被害株减退率（%）	75.1	73.2	38.1	36.2	34.7	33.6	29.8
虫口减退率（%）	92.2	92.9	77.9	77.9	79.5	57.1	56.9
虫孔减退率（%）	90.6	91.3	65.7	59.7	59.2	58.5	57.8
平均防效（%）	86.0	85.8	60.6	57.9	57.8	49.7	48.2

注：被害株减退率（%）=［对照区被害株率（%）−防治区被害株率（%）］/对照区被害株率×100

虫口减退率（%）=［对照区虫口率（%）−防治区虫口率（%）］/对照虫口率×100

虫孔减退率（%）=［对照区虫孔率（%）−防治区虫孔率（%）］/对照区虫孔率×100

平均防效（%）=［被害株减退率（%）+虫口减退率（%）+虫孔减退率（%）］/3

施用化学药剂和生物药剂对玉米产量均有不同程度的挽回效应（表 7-16），产量挽回率在 5.90%～16.1%，挽回产量为 615.3～1685.3kg/hm²，每公顷挽回经济效益 923～2528 元。因此，不同的防治方法对玉米螟都有一定的防治效果，在玉米栽培中必须进行病虫害防治，否则会造成很大的经济损失。从防治效果角度出发，化学防治优于生物防治，从环境效益考虑，也可进行生物防治。

表 7-16 不同药剂对玉米产量指标的影响

产量指标	不施药（CK）	福戈	进口康宽	常规药剂	BT 乳剂	国产康宽	白僵菌	赤眼蜂
产量损失率（%）	18.3	2.2	2.8	8.8	9.4	10.3	12.3	12.4
挽回产量率（%）	—	16.1	15.5	9.4	8.9	8	5.9	5.9
挽回产量（kg/hm²）	—	1685.3	1626.5	991.2	933.5	834.8	621.6	615.3
挽回经济效益（元）	—	2527.9	2439.7	1486.8	1400.2	1252.1	932.4	923

注：①挽回产量损失率=对照区产量损失率−防治区产量损失率；②公顷产量和玉米价格分别按 10 500kg/hm² 和 1.5 元/hm² 计算

3. 化学药剂分次施用防治玉米螟效果比较

随着气候变化以及玉米螟的抗药性增强等原因，玉米螟危害越来越严重。为了提高化学药剂对玉米螟的防治效果，于 2012～2015 年连续 4 年进行了化学药剂对玉米螟防效的分次，即从原来化学防治一次改为化学防治两次。从而验证不同防治次数对玉米螟的防治效果。

结果表明，从被害株减退率、虫口减退率、虫孔减退率和平均防效等指标综合分析（图 7-6），两次喷药效果均优于一次喷药的防治效果，4 年的平均值分别高出 24.3 个、16.0 个、11.1 个和 13.9 个百分点。从挽回产量损失率分析（图 7-7），一次防治在 7.6%～9.6%，平均 8.63%；而二次防治在 9.5%～12.6%，平均 11.45%，高出 2.82 个百分点。化学药剂分次施用对玉米螟的防效以及挽回产量损失率都有十分明显的效果。

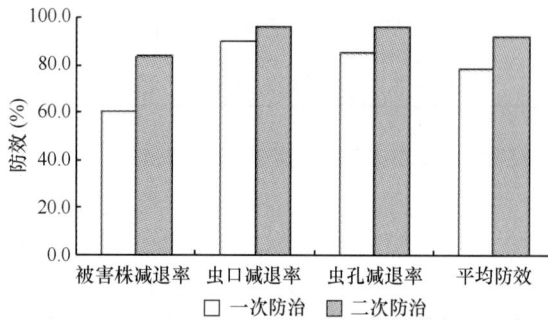

图 7-6　化学药剂分次施用对玉米螟的防治效果

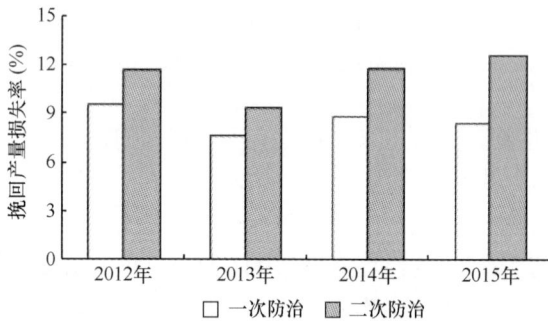

图 7-7　化学药剂分次施用挽回产量损失情况

三、适应高温、多雨条件下玉米粘虫的防控技术

（一）适应问题

粘虫 *Mythimna separata*（Walker）是我国粮食作物上一种典型的季节性远距离迁飞危害的重大农业害虫，具有发生范围广、危害世代多、作物损失重以及危害历史长的特点（李光博等，1964；李光博，1980）。近年来，粘虫在全国范围内大面积暴发成灾，严重威胁我国玉米、小麦和水稻等粮食作物的生产安全（曾娟等，2013；江幸福等，2014）。玉米粘虫的生长发育、繁殖与温度、湿度等有着密切的关系，是引起粘虫繁殖世代数的主要气象因素（李淑华，1993；徐仁吉，2013）。东北地区尤其是吉林中部存在强烈的

下沉运动,粘虫在下沉运动的作用下迫降,加之东北地区温度、湿度等气象条件有利于玉米粘虫的生存及产卵(王宁等,2014),严重威胁着东北地区的玉米、水稻等粮食作物的生产安全。因此,研究气候变化背景下东北地区玉米粘虫的防控技术具有十分重要的现实意义。

(二)技术原理

在气候变化背景下,区域化种植进程加快并且跨区收割,导致虫源基数逐年累积,加上不合理的种植栽培措施和复杂多变的气候条件,导致东北地区粘虫大面积发生,呈现范围广、面积大、虫量高和发生重的新特点。2012 年,二代粘虫和三代粘虫在东北部偏重发生和大发生。针对粘虫具有迁飞性、群聚性、杂食性和毁灭性的特点以及粘虫发生的适宜气候条件,防治粘虫要做到捕蛾、采卵及杀灭幼虫相结合,以"消灭成虫在产卵之前,采卵在孵化之前,药杀幼虫在 3 龄之前"为原则,主要从控制越冬虫源、选育抗病品种以及化学药剂防治等方面进行综合防治。

(三)技术要点

针对气候变化特点,根据粘虫常年发生动态,及时制订防治预案,有效开展以农业防治为主、物理化学兼防等综合防治,保障玉米生产安全,稳产增收。

1)农业综合防治:主要是加强田间管理,及时中耕除草,减少粘虫的食源和减少越冬虫源。其次保护天敌生活环境,增加天敌数量,能够对粘虫防治发挥重要作用。

2)物理防治:主要是诱捕成虫(蛾)、幼虫,诱卵,采卵等,从源头上进行控制预防。

3)化学防治:当玉米地苗期百株虫口密度 20~30 头,生长中后期百株虫口密度 50~100 头,即应用药剂防治,且防治时期掌握在幼虫 3 龄以前。使用复合药剂如高效氯氰菊酯+马拉硫磷防治等。

(四)技术效果

1. 不同熟期玉米品种对粘虫的抗性差异

2013 年 6 月 20 日调查了一代粘虫发生情况,结果表明,中早熟组的发病率在 0%~6.76%,平均为 5.59%;中熟组为 2.33%~4.98%,平均为 3.23%;而中晚熟组为 1.44%~3.74%,平均为 2.61%。整体表现以早熟品种发病率和发病种类高于中熟和中晚熟品种。但同一熟期不同品种个体间也有差别(表 7-17)。

表 7-17 不同品种对玉米粘虫抗性差异

不同熟期组	发病率变异范围(%)	平均发病率(%)	品种发病率高低排序
中早熟组	0~6.76	5.59	吉单 27>南北 4>穗禾 369
中熟组	2.33~4.98	3.23	辽单 570>先玉 335>迪卡 516>利民 33
中晚熟组	1.44~3.74	2.61	良玉 99>农华 101>郑单 958>京科 968

2. 化学药剂的防治效果

2012~2015 年,选择了感病品种连续 4 年进行了不同药剂及药剂组合对粘虫防治效果的田间试验（表 7-18）。结果表明，在各个年度化学药剂及其组合对粘虫都表现出了较好的防治效果，单一药剂的防效在 86.5%～88.5%，平均 88.1%；组合药剂防效在 94.7%～96.2，平均 95.7%。药剂组合比单一药剂防效提高 7.6 个百分点。因此，在生产中建议使用组合药剂进行防治。另外，因二代粘虫属暴食性害虫，虫龄增长较快，危害性也会随之增强，防治不利，可造成严重减产，甚至绝收，因此防治二代粘虫除了选择合适的药剂外，还一定要掌握好有利时机，一定要在 3 龄将其消灭。

表 7-18 不同药剂对玉米粘虫防治效果（2012～2015 年）

药剂	防效范围（%）	平均防效（%）	较单一药剂增加（%）
单一药剂	86.5～88.5	88.1	—
组合药剂	94.7～96.2	95.7	7.6

第三节 适应气候变化的大豆主要病虫害防控技术

一、适应多雨、潮湿条件下的大豆菌核病防控技术

（一）适应问题

近年来，气候变化导致东北降水量在整个作物生长季节分布极其不均，尤其东北大豆产区 7 月下旬至 8 月，由于降雨多、湿度大造成大豆菌核病容易发生。如果持续阴雨天气，降水量大，低温寡照，大豆菌核病有暴发流行的可能（唐亚平等，2010；顾鑫，2013）。因此，为适应多雨、潮湿、低温寡照的气候条件，有效地预测并控制大豆菌核病发生，对于提高大豆产量具有重要意义。

（二）技术原理

该技术针对雨量雨日多、潮湿、寡照的气候条件导致大豆菌核病发生严重问题，以及大豆菌核病发生与流行规律，通过准确预测预报大豆菌核病发生与危害动态，采用耐病大豆品种，结合合理栽培与耕作技术，在大豆封垄与开花盛期后，有效地降低田间湿度，并利用化学农药应急防控措施，控制大豆菌核病发生与危害（张波等，2004；战宇航等，2010）。

（三）技术要点

1. 选用耐病品种

东北地区大多适宜种植中熟和中晚熟高抗品种吉育 35；抗病品种吉农 16、吉农 20、吉农 21、吉农 23、吉科豆 1 号等。适合早熟、极早熟生态区种植的以抗菌核病为主的有黑农 47、黑农 57、黑农 52 等。

2. 采用合理栽培与耕作技术

为适应多雨、潮湿气候条件下，实行靶茬/深翻有机结合的秋整地制度，有效地减少大豆菌核病的病菌来源。结合核盘菌寄主范围，在东北地区采用大豆—玉米/小麦合理轮

作，能有效地控治菌核病的发生与危害。

3. 适时施药

为适应多雨、潮湿气候条件，当大豆封垄后，在发病初期或菌核萌发出土后至子囊盘形成盛期进行喷药。常用药剂配方有：25%施保克乳油，50%农利灵可湿性粉剂，50%速克灵可湿性粉剂，40%菌核净可湿性粉剂等，其中以农利灵（937.5g/hm^2）和速克灵（1500g/hm^2）防效最好。根据病害发生轻重，两次喷药效果明显高于一次喷药。

（四）技术效果

在雨量雨日多、潮湿、寡照的气候条件下，预测预报来确定大豆开花期间菌核病发生程度，采用种植抗病品种和化学防治相结合方法，控制菌核病发生（张伟，2009）。预测预报研究表明，一般 7 月底～8 月降雨多的年份发病较重。东北大豆开花期的气候正好符合大豆菌核病病菌萌发的条件，此时正是大豆封垄期，空气温度较高，但由于叶片密闭，冠层下面的温度相对较低，这时期正是菌核病子囊盘萌发高峰期，侵染植株后菌丝生长迅速，这个时期往往也是雨季，大豆若遇连续阴雨天气，则菌核病在田间进行二次侵染或多次侵染，有暴发流行的可能（曹旭，2014）。因此，通过施用化学农药能取得很好防治效果。

二、适应低温、多雨条件下的大豆根腐病防控技术

（一）适应问题

近几年来，由于气候变化，东北地区大豆苗期出现低温多雨现象，由于地温低、播种过深、幼苗生长慢、组织柔嫩、地下根部延长，病菌易侵染，大豆根腐病发生加重。特别是地势低洼、幼苗出土慢，大豆根腐病发病率可达 50%以上（吕慧颖等，2000；朱华敏，2009）。因此，建立适应低温、多雨气候条件的大豆根腐病的防治技术，对气候变化导致的大豆根腐病控制具有重要意义。

（二）技术原理

本技术适用于大豆生产中苗期温度低、湿度大或连续降雨导致大豆根腐病发生问题。由于播期土壤温度低、土壤含水量大，特别是低洼潮湿地，大豆幼苗长势弱，抗病力差，发病重。另外，在气温低、多雨的气候条件下，有利于病菌的发生发展，因此大豆根腐病发生严重。对此，通过选择适宜大豆品种、确定合理播种时期、提高播种质量、控制大豆播种深度、提高地温、促进出苗生长，以及施用药剂等措施控制大豆根腐病发生与危害（张全党，2009；姜伊，2014）。

（三）技术要点

1. 选育适应低温、多雨的高产优质抗病品种

东北三省抗病品种有合丰 55、垦丰 16、黑农 65、D09-005 和 D09-072，吉林抗病品种如吉育 75、吉育 84 和九农 27、九农 28、辽宁丹豆 12、辽豆 18 和沈农 6 号，这些品种均能够抗大豆根腐病，而且增产作用达到 20%～30%。

2. 调整大豆播种期，提高播种质量

根据土壤温度回升情况决定播期，寒冷地区要避免早播。在低洼潮湿地区，要注意加强排水通畅性，及时调节土壤湿度，使土壤含水量保持适中。在保墒情的前提下，播种深度尽可能不超过 5cm。加强田间管理，改善土壤通透性，提高地温，促使地上茎基部新侧根生成迅速吸收水分和养分，缓解病情；雨后及时排出田间积水，降低土壤湿度，促进植株根部发病部位的恢复生长。

3. 大豆根腐病应急防控技术

气候变化加剧了大豆根腐病危害，同时气候变暖又增大农药的挥发性，降低了药效。因此，需要对农药的使用量、使用时间进行调整。使用药剂进行种子处理或种子包衣是当前防治大豆根腐病的主要措施。0.5%甲霜灵和甲霜灵锰锌拌种，可以达到理想效果。或用 72%克露 1500～1800g/hm^2，加生根粉 105g/hm^2 兑水 450kg 进行叶面喷雾，均能有效控制大豆根腐病。

（四）技术效果

通过对三江平原地区主栽大豆品种进行盆栽接种和大田接种鉴定，结果表明，合丰 55 和垦丰 16 为抗病品种，是适合该地区种植的抗镰孢菌根腐病的大豆品种（杨晓贺等，2015）；东北三省主栽大豆品种中吉林省的九农 28 其抗病性最强，抗菌谱最广（肖彩霞，2013）。张旭丽等（2015）研究了不同药剂对大豆根腐病的防治效果（表 7-19），利用不同药剂拌种和包衣对大豆根腐病防治，结果显示，36.8%阿多福（阿维菌素·多菌灵·福美双）悬浮剂，18%福克悬浮剂和 40%卫福悬浮剂对大豆根腐病均有很好的防治效果，防效均在 90%以上，是大豆根腐病的理想防治药剂。

表 7-19　不同药剂处理对大豆根腐病的防治

处理	总株数	病株数	发病率/%	防治效果/%
36.8%阿多福（阿维菌素·多菌灵·富美双）悬浮剂	2000	56	2.8	95.3
18%福克悬浮剂	2000	67	3.5	93.7
40%卫福悬浮剂	2000	81	4.5	90.5
空白对照	2000	1021	51.5	

三、适应高温、少雨变化条件下的大豆食心虫防控技术

（一）适应问题

随着气候变暖，大豆食心虫（*Leguminivora glycinivorella*）已成为大豆生产中的最主要害虫，在各地种植区均普遍发生，其中以东北三省危害最重（孙凤华等，2005）。气象因素是影响大豆食心虫发生的主要因素之一，其中温度和降水量影响最大。由于气候变暖，大豆食心虫越冬后成活率升高，发生期提前；秋季气温高，雨水少有利于大豆食心虫虫体发育；适宜的土壤湿度有利于大豆食心虫羽化，大豆食心虫虫口基数增大，危害也重（孟祥海等，2012；张武等，2013）。因此，高温、少雨气候变化条件下如何

减少大豆食心虫的发生，已成为农业生产中的一个重要课题。

（二）技术原理

针对大豆食心虫的发生需要适宜的气候条件，东北地区大豆食心虫的发生受土壤湿度和温度影响很大。在东北夏季 7～8 月适温高湿的条件下大豆食心虫发生比较重，延长成虫期寿命；而持续的高温干旱不利于成虫发生，适当降水会造成空气湿度大，有利于成虫发生，而强降水量不利于成虫发生（冯雪菲等，2015）。时新瑞等（2014）研究了牡丹江地区大豆食心虫种群动态和气象因子关系，说明温度和降水量均是影响大豆食心虫发生的重要因子。因此，有效地进行大豆食心虫预测预报，利用赤眼蜂进行生物防治，以及结合化学农药应急防治具有重要意义。

（三）技术要点

1. 利用性诱剂进行大豆食心虫预测预报

利用大豆食心虫性诱剂、昆虫诱捕器、黄板、水盆诱捕器等均可以进行大豆食心虫消长动态监测，为防治大豆食心虫提供了依据。

2. 生物防治

赤眼蜂防治大豆食心虫绿色环保、无毒、无公害，是一种有效途径。利用赤眼蜂灭卵，这种防治方式在成虫产卵盛期进行 1 次放蜂工作，放蜂量在每亩 2 万～3 万头，间隔 5 天左右连续放 2 次，可使虫食率减少约 43%。期间可适当增加放蜂次数，以提高防治效果。

3. 化学防治

在大豆食心虫成虫高峰期（8 月中旬），进行药剂处理，20%吡虫啉可溶液剂防治效果达 97.45%。用 80%敌敌畏乳油 1.50～2.25L/hm^2，用高粱秆或玉米秆去皮蘸药制成药棒浸足敌敌畏药液，每隔 6 垄插 1 行，每隔 6m 插 1 根。此种方法防效可达 90%以上。

（四）技术效果

高温、少雨气候条件下，建立大豆食心虫预测预报制度，确定最佳防治时期（王克勤等，2006；2013）。可以采用昆虫性诱剂进行生物防治。在大豆食心虫大暴发的年份和地区，可采用生物防治和化学防治相结合紧急防除措施，能有效控制大豆食心虫危害（刘建彬等，2011；胡代花等，2012）。程媛等（2016）利用性诱剂、赤眼蜂和化学药剂协同作用防治大豆食心虫（表 7-20），结果表明 4 种防治方法中，敌敌畏熏蒸剂防治效果最好可达 89.31%，生物防治中性诱剂+赤眼蜂协同防治效果（60.89%）显著高于赤眼蜂防治效果（54.13%）和性诱剂防治效果（52.48%）。通过对 3 种生物防治方法比较，性诱剂+赤眼蜂协同防治效果好于单独使用一种方法的防治效果。

表 7-20　不同防治方法防治大豆食心虫效果

处理	防治效果（%）					平均（%）
性诱剂	47.64	55.83	49.32	50.86	58.76	52.48±2.08cB
螟黄赤眼蜂	54.02	43.64	53.42	57.43	52.12	54.13±2.30cB
性诱剂+螟黄赤眼蜂	57.37	71.43	52.12	56.92	66.62	60.89±3.53bB
敌敌畏熏蒸	91.65	88.17	88.8	87.63	90.30	89.31±0.74aA

注：不同小写字母表示不同处理间存在显著差异，$P<0.05$；不同大写字母表示不同处理间存在极显著差异，$P<0.01$

四、适应高温、干旱条件下的大豆蚜虫防控技术

（一）适应问题

随着气候的变化，大豆蚜虫已成为世界性的大豆害虫。大豆蚜虫发生的主要原因是冬季气温偏高，蚜虫越冬卵的存活率升高，导致虫量骤增。夏季气温高干旱少雨，蚜虫迅速繁殖（任海红等，2012；杨晓贺，2014）。2007 年吉林省大部分地区出现旱情，气温高，降雨少，使大豆蚜虫迅速繁殖，田间蚜量剧增，危害严重（孙赫和李学军，2010；顾鑫和丁俊杰，2010）。因此，为适应高温、干旱气候条件，掌握大豆蚜虫发生规律，有效地控制其发生与危害具有重要意义。

（二）技术原理

针对东北地区气温高干旱少雨，大豆蚜虫迅速繁殖以及大豆蚜虫发生与危害特点，采用抗虫品种为中心，并有效地协调生物防治与化学防治方法，有利于实现大豆蚜虫可持续控制。

（三）技术要点

1. 利用模拟风雨防治蚜虫

利用模拟风雨来防治蚜虫，处理风雨的强度越大，防治效果越好，合理的人工喷水或吹风处理可以获得最佳的防治效果和保产作用。

2. 物理防治

黄板诱杀，有翅成蚜对黄色、橙黄色有较强的趋性，可在黄板上涂抹机油、凡士林等诱杀。

3. 药剂防治

应选用兼具内吸、触杀、熏蒸作用的药剂，轮换使用防治。当大豆蚜虫点片发生，田间有 5%～10%植株卷叶，或有蚜株率超过 50%，百株蚜量 1500 头以上时，可采用 3%啶虫脒或 10%吡虫啉喷洒进行防治。利用 2%苦参碱 1200 倍液或烟碱+皂素 600 倍液在大豆蚜虫高发期对大豆田进行喷雾，两种植物源杀虫剂能够有效降低大豆蚜虫的虫食率，提高大豆产量。5%高效氯氟氰菊酯乳油 0.8L/hm^2 于大豆蚜虫始盛期对大豆田进行喷雾，7 天后防效达 90%以上。

（四）技术效果

赵云彤等（2013）研究了生物农药对大豆蚜虫防治效果（表 7-21），结果表明，2%

苦参碱和烟碱+皂素两种药剂处理防治效果均达 80%以上，而且具有良好的持效期。

表 7-21　两种不同植物源杀虫剂的杀虫率

药剂名称	药前蚜虫头数	药后蚜虫头数			校正虫口减退率（%）		
		1 天	4 天	7 天	1 天	4 天	7 天
2%苦参碱	595	168	110	87	71.76	81.51	85.378
烟碱+皂素	654	306	181	103	53.21	72.32	84.25
清水对照	625	584	983	1920			

注：不同小写字母表示不同处理间存在显著差异，$P<0.05$；不同大写字母表示不同处理间存在极显著差异，$P<0.01$

杨晓贺（2014）采用 3 种化学农药进行防治，均具有一定的防控效果，其中高效氯氟氰菊酯防效最好，在药剂喷施后 5 天后防效达 90%以上（表 7-22）。

表 7-22　不同药剂喷施后大豆蚜虫生存率及防效比较

处理	药后 1 天		药后 3 天		药后 5 天		药后 7 天	
	生存率（%）	防效（%）	生存率（%）	防效（%）	生存率（%）	防效（%）	生存率（%）	防效（%）
吡虫啉	0.87	28.39bA	0.74	45.99bB	0.68	56.07bB	0.47	73.62abA
S-氰戊菊酯	0.70	42.33aaA	0.64	54.48bAB	0，57	62.94bB	0.56	68.97bA
高效氯氟氰菊酯	0.72	41.34aA	0.43	639.33aA	0.15	90.35aA	0.13	92.67aA
CK	1.22		1.40		1.55		1.79	

注：不同小写字母表示不同处理间存在显著差异，$P<0.05$；不同大写字母表示不同处理间存在极显著差异，$P<0.01$

第八章　适应气候变化的土壤退化防治技术

土壤退化问题早已引起国内外土壤学家的关注，但土壤退化的定义，不同学者提出了多种不同的叙述。现在一般认为，土壤退化是指土壤数量减少和质量降低，前者表现为表土丧失、整个土体毁失或土地被非农业占用，后者表现为土壤物理、化学和生物学质量的下降。土壤退化是土壤环境和土壤理化性状恶化的综合表征，有机质含量下降，营养元素减少，土壤结构遭到破坏；土壤侵蚀，土层变浅，土体板结；土壤盐化、酸化、沙化等。其中，有机质下降，是土壤退化的主要标志。在干旱、半干旱地区，原来稀疏的植被受破坏，土壤沙化，就是严重的土壤退化现象。土壤退化导致土壤生产力下降、生物多样性减少、特殊生境消失等众多生态环境问题，严重威胁着人类的生存与可持续发展（陈杰等，2002）。

目前，关于土壤退化的分类尚没有统一的看法。1971 年，联合国粮食及农业组织（FAO）将土壤退化分为十大类，即侵蚀、盐碱、有机废料、传染性生物、工业无机废料、农药、放射性、重金属、肥料和洗涤剂，后来又补充了旱涝障碍、土壤养分亏缺和耕地非农业占用三类；2000 年，国际土壤信息参比中心（ISRIC）将土壤退化分为五大类，即土壤水蚀、土壤风蚀、土壤化学性质恶化、土壤物理性质恶化和土壤生物活动退化（Oldeman et al.，2000）。中国科学院南京土壤研究所借鉴了国外的分类，结合中国的实际，采用了二级分类。一级将中国土壤退化分为土壤侵蚀、土壤沙化、土壤盐化、土壤污染、土壤性质恶化和耕地的非农业用六大类，在这 6 类基础上进一步进行了二级分类（表 8-1）。

表 8-1　中国土壤退化分类

一级		二级	
A	土壤侵蚀	A1	水蚀
		A2	冻融侵蚀
		A3	重力侵蚀
B	土壤沙化	B1	悬移风蚀
		B2	推移风蚀
C	土壤盐化	C1	盐渍化和次生盐渍化
		C2	碱化
D	土壤污染	D1	无机物（包括重金属和盐碱类）污染
		D2	农药污染
		D3	有机废物污染
		D4	化学肥料污染
		D5	污泥、矿渣和粉煤灰污染
		D6	放射性物质污染
		D7	寄生虫、病原菌和病毒污染

续表

一级		二级	
E	土壤性质恶化	E1	土壤板结
		E2	土壤潜育化和次生潜育化
		E3	土壤酸化
		E4	土壤养分亏缺
F	耕地的非农业占用		

资料来源：黄昌勇，2000

　　土壤退化在某种程度上可视为与成土作用一样的自然过程，因此自然环境的变迁如全球气候变化必然会对土壤退化过程有深刻的影响（陈杰等，2002）。本章中，我们将就适应气候变化的土壤沙化、土壤侵蚀和土壤盐碱化防控技术做一阐述。

第一节　适应气候变化的土壤沙化防控技术

　　全球气候变化的背景下，中国东北地区正在暖干化，森林面积减少，耕地增加、沼泽减少（李颖等，2003；吴正方等，2003；徐新良，2004）。据报道，东北黑土区的风沙土主要分布在松嫩平原西部，黑龙江省现有风沙土面积 $4.29 \times 10^5 hm^2$，其中耕地 $1.46 \times 10^5 hm^2$，与第二次全国土壤普查相比增加了 1.7 倍；另外，江河两岸由于沙化、沙埋和沙压使流沙面积 6 年间（1985～1991 年）增长了近 4 倍（魏丹等，2006）。吉林省风沙土面积为 $7.08 \times 10^5 hm^2$，其中耕地 $3.48 \times 10^5 hm^2$，另有沙化趋势的土地面积 $4.59 \times 10^5 hm^2$（官甲义和孙宏刚，2013）。辽宁省风沙土面积 $5.50 \times 10^5 hm^2$，其中耕地 $1.53 \times 10^5 hm^2$，另有潜在沙化土地面积 $6.07 \times 10^5 hm^2$（夏广锋等，2008）。

　　目前认为，导致东北地区土壤沙化的气候因素主要包括以下两方面：一是干旱趋势加剧。干旱趋势加剧，是导致东北地区土壤沙化日趋严重的重要气候因素。由于温室气体的增加导致气候变暖，温度升高导致蒸发加大以及风速、大风日数的增加，干旱增强，致使农田风蚀沙化更加严重（赵艳霞和裘国旺，2001）。根据近 50 年（1950～2000 年）来的气象资料统计，东北地区在气温升高的同时，年降水量、生长季降水量和年降水日数均呈减少趋势，而无降水时段的连续累计日数趋于增加，气候暖干化倾向加剧，导致土壤湿度明显下降（居辉等，2007b；赵秀兰，2010；官甲义和孙宏刚，2013）。中国东北区西部干旱化的主要特征是土地覆盖类型上的荒漠化经向发展和区域气候变化的暖干倾向（廉毅等，2001）。以吉林省中西部地区为例，20 世纪 90 年代的降水量较 50 年代减少了 21%；另外，在松嫩平原嫩江下游地区，干旱的次数以及连续干旱的年份数也呈增加趋势（居辉等，2007a）。二是风蚀过程强烈。冬春地表植被覆盖低值期与降水低值期同步，以及较强的风力是引起风蚀的主要原因（杨新，2011）。嫩江年大风日数 1980年以来比 1950～1960 年多，年沙尘暴日数也有所上升，土壤风蚀环境趋于严重（张军涛等，2001）。东北黑土区西部不仅降水量少，而且风蚀区风速较大，其中年平均风速4.0m/s，春季平均风速 5.1m/s；历年>5 级风的平均日数为 133.9 天，春季为 56 天，占全年的 41.8%。该区域产生起沙风速的时间与干旱季节同步，为风蚀的发展创造了条件，导致该区春季风蚀强烈（范昊明等，2004；李发鹏等，2006）。据报道，43ºN～45ºN 的向海—乌兰图嘎沙带已逼近长春市农安县，而东辽河两岸的海丰沙带距长春市仅 60km，对粮食主产区的生态环境构成了严重威胁（廉毅等，2001）。

一、适应暖干多风的防沙型农业技术

（一）适应问题

东北平原西部地区，包括黑龙江省、吉林省、辽宁省的西部以及内蒙古自治区通辽市、赤峰市与兴安盟的部分县（旗、市），分布着科尔沁沙地和松嫩沙地，是我国有名的生态脆弱带、环境变化敏感带，也是著名的农牧交错带，亦是我国重要商品粮基地和商品畜牧业基地（赵兴梁和杨根生，2002；裘善文，2004）。自 20 世纪 50 年代至 80 年代末，土地沙漠化面积迅速扩大，平均每年以 1.5%～3.7%速度递增。由表 8-2 可见，自 90 年代以来，沙漠化呈现出逆转趋势，但就总体而言，沙漠化发展仍然大于逆转（李宝林和周成虎，2001；尹怀宁等，2003；裘善文等，2005）。

表 8-2　东北平原西部沙地土地沙漠化的动态变化　　　　（单位：km²）

荒漠化程度变化	微度	轻度	中度	重度
1990 年	38 216.3	21 411.1	3 551.9	3 268.2
1997 年	26 452.2	29 141.6	5 966.4	4 887.3
荒漠化动态变化	逆转		稳定	发展
（1990～1997 年）	5 309.9		36 056	27 500.5

资料来源：李宝林和周成虎，2001

气候变化是荒漠化发展的主要原因（崔瀚文等，2013）。近百年来，在全球变暖趋势下，从每 10 年为一个时段的气温和降水变化来看，东北平原西部沙地各典型测站的年平均温度都有增高的趋势（表 8-3），90 年代的平均温度比 50 年代增高 1℃以上；降水的变化趋势主要以波动为主。春季的干旱程度明显增强，加剧了荒漠化的发展（李宝林和周成虎，2001）。气候因素扰动下，沙质荒漠化变化的总体趋势为，沙质荒漠化与气温变化呈正比，与降水呈反比（崔瀚文等，2013）。气候变化导致的土壤沙化加剧，已经成为制约东北西部农田生态系统健康发展的重要因素，因此，建立适应气候暖干多风的防沙型农业技术，对综合治理土壤沙化、提高雨养条件下作物产量具有重要作用。

表 8-3　东北平原西部沙地典型测站气温和降水变化

年份	齐齐哈尔		通辽		赤峰		林东	
	温度/℃	降水/mm	温度/℃	降水/mm	温度/℃	降水/mm	温度/℃	降水/mm
1951～1959	2.5	459.67	5.84	449.78	6.3	375.33	4.5	431.44
1960～1969	2.67	447	5.98	411.8	6.95	367.7	4.81	341.2
1970～1979	2.77	350.8	6.13	357.9	7.04	357	4.88	370.7
1980～1989	3.1	485.5	6.34	350.6	7.47	326.6	5.35	380
1990～1997	3.77	428.63	6.85	421.88	7.67	434	5.61	416.75

资料来源：李宝林和周成虎，2001

（二）技术原理

农田风蚀是风力与土壤质地、土壤结构、土壤湿度、地表覆盖和地表粗糙度等多个因素综合作用的结果，主要取决于地表土壤物理性质、风速、地表覆盖及粗糙度状况等因素（臧英和高焕文，2002）。因此，基于降低风速、增加土壤湿度及土壤团聚性、提高地表覆盖与粗糙度的技术措施都能有效防治风蚀。防沙型农业是在风蚀沙化区以降低风速、保土、保水为目标，以减少传统翻耕和以作物残茬、秸秆覆盖为主要手段的新型农业技术体系。

国内外大量的实践证明，营造农田防护林带，可以降低风速，阻挡风沙侵袭，减轻风灾危害。同时改善农田小气候，改良土壤，提高土壤肥力，减轻倒春寒、寒露风、霜冻、沙尘暴等灾害性气候的发生频率和危害程度，给农业生产创造有利的生态屏障（胡海波等，2001；黄守科，2013）。

（三）技术要点

1. 防护林营造技术

营造农田防护林时，主林带的方向应与当地主风害的方向垂直，有利于耕作和交通；主林带的方向与主要风害的交角不得少于45°。副林带的方向可垂直主林带，在农田周围形成护田林网。农田耕作时，垄作的方向与主林带的方向平行为佳。两个防护林带的间距达到成龄树高度的20倍，两个副林带的间距为500m左右为宜。

除农田防护林外，在农田中使用秸秆、芦苇、塑料网等材料来设置风障。农田风障可以有效地控制风蚀，达到减沙、聚墒和改善土壤微气候的效果。

2. 地表覆盖与留茬技术

地表覆盖与留茬技术的目标是有效地增加土壤覆盖，降低土壤裸露程度。农田应具有50%以上的植被盖度和30cm以上的留茬高度，茬间覆盖大尺寸秸秆，秸秆覆盖量一般为4210kg/hm^2。秸秆覆盖和留茬能有效降低土壤风蚀速率，残茬既能保持土壤水分，减少蒸发，又能使冻土层变浅，有利于春季冻土层融化和提高地温。

带状间作与秋后留茬技术，即通过不同种作物之间、作物与草类之间或灌木与牧草之间按带状进行间作，秋季收获时条播作物或草类留茬，以保护穴播作物翻耕地的耕作技术，如马铃薯-春小麦间作、马铃薯-燕麦间作。经研究只要带宽控制在8m以内，留茬带的风蚀量可以降低75%～85%。

3. 坡耕地改造技术

横坡改垄：适合3°以下的顺坡耕地，沿等高线改顺坡垄为水平垄，拦蓄径流，减轻冲刷，垄距按不同作物的需要确定，一般垄距为50～70cm。

地埂植物带：适合3°～5°的坡耕地，在坡面顺坡垄改水平垄的基础上，按照坡度和土层厚度的不同，沿坡面每隔一定宽度布设一条土埂，埂上栽植苕条、紫穗槐等灌木，形成一条植物防冲带截短了坡长、控制坡面径流下泄，防治水土流失、提高土地生产力。

垄向区田：适合6°以下的坡耕地，结合中耕利用机械在垄沟内修筑土挡，间距一般为 60~70cm，高 16cm，拦蓄垄内径流。

果树台田：适用于土层较薄、水土流失严重、地形复杂的坡地。果树台田田面呈方形，四周设土埂，根据地形"品"字形布设，保证每个田面水平，拦蓄径流，防治水土流失，保证经济林所需水分。

柳跌水：适用于集雨面积大的沟头，由沟头起在沟道内连续铺设柳条，厚度为 15cm，宽度为 150~300cm，柳跌水的边沿用柳条捆压住，并用直径 5cm 的杨、柳树干打桩入土中 50cm 钉牢。柳条捆直径为 10cm。

埂带：适宜布设在深度<1m 的宽浅型侵蚀沟，从沟头开始，每隔 15~50m 横向用推土机在沟底推出宽 2.4m、深 0.35m 的砌埂沟槽，在砌埂沟槽内错缝摆放埂块。修复后的侵蚀沟作为排水通道。

4. 土壤改良技术

土壤改良技术包括：①通过施用天然土壤改良剂（如腐殖酸类、纤维素类、沼渣等）和人工土壤改良剂（如聚乙烯醇、聚丙烯腈等）来促进土壤团粒的形成，改良土壤结构，提高肥力和固定表土，保护土壤耕层，防治风蚀。②施肥技术。多施农家肥，是改善土壤质地、增加土粒团聚性的有效途径。腐殖酸类肥料能改良土壤，促进土壤水稳性团聚体形成，增大土壤粒径，同时协调了土壤水肥气热的状况，对改良过黏或过砂的低产土壤效果更好。③培肥技术。种植豆科绿肥作物在促进农牧副业中起着十分积极的作用，它能够实现培肥土壤、改良土壤、改善生态环境等重要功效。

5. 土壤耕作技术

免耕是指用免耕播种机在留茬和秸秆覆盖地上开一条窄窄的沟或槽，原茬保留于地表进行免耕播种。用特定的免耕播种机具可以一次完成破茬、开沟、深施肥、播种、覆土、镇压等工作。具体内容请见第三章第三节。少耕是风沙土防风蚀良好的耕作措施，包括深松与表土耕作。深松就是疏松土壤（作业深度 30cm 以上），不仅可以处理残茬，还可以打破犁底层，促进土壤蓄水保墒，增强抗旱防涝能力；促进农作物根系下扎，提高抗倒伏能力；促进农作物生产，提高作物产量。

（四）技术效果

研究表明，在中国东北西部地区，整个生长季有林网地区（覆盖率 15.8%）与无林网地区相比，日平均风速明显降低，5 月、7 月、9 月日均绝对防风效益分别为 2.2m/s、1.5m/s 和 1.5m/s，相对效益分别为 36.4%、38.7% 和 47.2%。此外，风速的日变化也有类似的规律，且风速越大时其防护效益越明显，最大可使风速降低 56.4%（向开馥等，1989；胡海波等，2001）。黑龙江富裕县 10 年生小黑杨林网，防护农田内风速降低平均为 21.0%；吉林乾安县杨树与榆树混交林网，防护农田内风速降低程度平均为 23.7%；吉林农安县成熟防护林由 4 条林带构成的林网，风速平均降低为 30.4%，最低风速可降低 60%（表 8-4）。

综合国内外研究成果，一般在半干旱和半湿润地区，农田防护林可使作物增产10%~30%，湿润地区可增产 5%~10%（王仁靖等，2014）。据黄守科（2013）的研究表明，农田防护林营造可使东北平原地区玉米增产 7.56%~17.60%，大豆增产 14.73%（表 8-5）。

表 8-4 农田防护林对风速的影响

地点	防护林形式	风速降低（%）	备注
黑龙江富裕	农田林网	21.0	10 年生小黑杨，通风结构，平均树高 11.1m，平均胸径 10.5 cm
吉林乾安	农田林网	23.7	杨树、榆树混交林，透风系数 0.5，带宽 15 m，平均树高 11.5 m
吉林农安	农田林网	30.4	主要优势树种为双阳快杨，主林带 500 m，副林带 250m、420m，平均树高 7~13 m

资料来源：胡海波等，2001；徐鹏等，2012

表 8-5 农田防护对东北平原作物产量的影响

地点		网格内作物	样地作物增产率（%）	林网总面积（m²）	主要防护林树种
黑龙江省	大庆市	玉米	8.49	246 016	小黑杨
	拜泉县	大豆	14.73	354 591	小黑杨和樟子松
	绥化市	玉米	12.10	246 016	小黑杨
吉林省	德惠市	玉米	12.27	246 016	小黑杨
	农安县	玉米	7.56	246 016	小黑杨
辽宁省	新民市	玉米	13.53	246 016	小黑杨
	昌图县	玉米	14.13	246 016	小黑杨
内蒙古	赤峰市	玉米	17.60	158 404	意大利杨和北京杨

资料来源：黄守科，2013

研究表明，小麦与马铃薯间作地的小麦留茬后，由于残茬对风的阻挡作用，近茬处和茬内风速降低了 33%~68%。据中国农业大学武川实验站的连续观测，留茬地能比裸地减少 51.0%~86.7% 的土壤风蚀量。麦类留茬与马铃薯带状间作轮作，留茬带的风蚀量降低 84.1%~88.7%，平均为 86.0%，间作 3.6~8.4m 宽裸露带风蚀量降低 51.5%~68.3%。油菜留茬与马铃薯带状间作轮作，留茬带风蚀量降低 75.7%~82.4%，平均为 79.0%，间作 3.6~8.4m 宽裸露带风蚀量降低 50.0%~65.5%。玉米留茬与豆类带状间作轮作，留茬带风蚀量降低 68.5%~78.4%，平均 74.4%，间作 3.6~8.4m 宽裸露带风蚀量也降低了 42.4%~50.4%（潘志华等，2014）。

国内外长期试验研究表明：保护性耕作技术具有控制农田水土流失、保墒蓄水、增产增收和改善生态环境等综合效益。由表 8-6 可见，山西省长治县大面积推广"秸秆覆盖+少耕"技术，1997 年在遭受大干旱的情况下，比传统耕作作物增产 34.2%（杨捷等，2007）。21 世纪以后，以秸秆还田和少免耕等技术为核心的保护性耕作在东北大部分地区试验、示范和推广。2005 年辽宁省阜新市推广了以秸秆覆盖和少耕免耕为中心的保护性耕作技术，玉米平均增产 945kg/hm²，比传统耕作方式增长了 15.0%，节支 300 元/hm²（王勇和邱立春，2007；吴海燕等，2014）。河北省丰宁坝上地区的土壤风蚀试验结果表明，秸秆覆盖和少免耕相结合的保护性耕作体系可增加地表抗蚀性，减少农田土壤损失；与传统翻耕相比，保护性耕作体系可以增加地表土壤含水量 35.6%，减少土壤风蚀量 77.2%（臧英，2003）。

表 8-6 保护性耕作技术防治土壤风蚀的效果

地点	作物	防治效果	保护性耕作措施	引用文献
山西省长治县	玉米	产量增加率为 34.2%	秸秆覆盖+少耕	杨捷等，2007
辽宁省阜新市	玉米	产量增加率为 15.0%	秸秆覆盖+少耕免耕	王勇和邱立春，2007

二、适应多风少雨的旱作农田耕作生态优化技术

（一）适应问题

气候是产生风蚀的动力因素，农牧交错带多风少雨的干旱气候条件决定其强烈的气候侵蚀能力。松嫩平原西部农牧交错区属半湿润半干旱气候区，年降水量 400～500mm，全年多风，年平均风速 3.9m/s，年大风（日平均风速≥5m/s）天数 77.1 天，年平均最大风速为 27.9m/s，年平均沙尘暴日数 3.1 日（刘志明等，2004）。农牧交错带由于沙漠化造成的草地和耕地退化现象十分严重，其退化面积分别占该区草地和耕地面积的 59.5% 和 46.9%（廖允成等，2002）。

近 52 年东北农牧交错区年平均气温呈整体震荡上升趋势，多年平均气温为 5.7℃，气候变暖现象明显；东北农牧交错区 1960～2011 年年平均降水量为 418.8mm，近 52 年来降水量小幅度下降（韩晓敏和延军平，2015）。从气候变化的分布特点来看，春季（3～5 月）降水量少，空气干燥，温度回升迅速，早晚温差较大，土壤冻融作用强烈，风速和大风日数都达到最高水平，因此此时是一年中风蚀气候侵蚀力最强的季节（何文清，2004）。由于耕作技术简单粗放，尤其是在冬春季节，气候干燥又多大风，农田无植被覆盖、地表裸露、土壤干燥，再加之不合时宜的传统翻耕，造成了严重的农田土壤风蚀（杨秀春，2004）。

（二）技术原理

为了维护我国的粮食安全，保持和提高耕地的生产力，促进旱作农业的可持续发展（刘彦随等，2000），重点应当放在土壤风蚀防治上（董治宝等，1996）。采用旱作农田耕作生态优化技术，在提高作物产量的同时能够有效减少土壤风蚀，是改善旱作农业区农村生态环境、提高农民收入以及促进农业持续发展的重要途径。

人类首先对生物种进行优选，同时，为栽培的作物营造优良的生长环境（如耕作、施肥、灌水、调节光热气水土等），从而增大系统内的能量流动及物质转化与积累，最终达到增大系统的生产量，因此科学合理的农作制度是关键。要实现农牧交错带的可持续发展，要在不破坏草地和恢复草地的基础上大力发展畜牧业，就要科学合理地利用天然草地放牧和进行舍饲，这就需要大量的饲草和饲料，除了对退化的草原进行恢复重建外，减少盲目开垦草原为农田，把不适合种植粮食作物的农田退耕还草，并且要根据农牧交错带的资源状况，合理有效地利用资源，提高资源利用效率，用生态学方法指导农业生产，提高粮食作物单产和保持良好的农田环境是保证农民增长增收、遏制生态环境继续恶化的关键（靳英华，2010）。

（三）技术要点

1. 秋整地代替春整地

松嫩平原农牧交错区应以秋整地代替春整地；如果不能进行秋天整地，在春天整地也要延迟到 4 月 25 日以后。春、秋整地时，不翻耕土壤，直接用四轮拖拉机牵引三铧犁打垄，然后镇压。

2. 更换品种熟性

在全球气候变化背景下，松嫩平原农牧交错区的生长季初终日期、长度及积温都发生了显著变化，生长季初日提前、终日延后、生长季长度和积温增加。可用晚熟和中晚熟品种代替中晚熟和中熟品种。也可仍然种植原有熟级的品种，根据春季气候状况，提前或延后播种。如果该地区传统播种时段内降水少、风大，可延后播种，最晚不能晚于5月末，否则影响产量。也可提前播种，4月10日播种，种子最好做低温催芽处理，直接坐水播种干种子也可，4月20日播种时气温较高，最好对种子做25℃催芽处理。

3. 改变播种位置

建议播种位置应从目前的垄台移到垄沟里，通过直接增加土壤水分和间接刺激捕获资源的生长器官（如叶和根）生长来增加产量。同时垄沟播种可以减少对土壤的扰动，减少土壤风蚀，维持农田生态系统健康，减少由于全球气候变化和人类活动造成的农田脆弱性的增加。

4. 调整垄距

松嫩平原农牧交错区调整垄距增加密度可以获得高产，该地区玉米种植最适垄距为98cm 种植双行，在调整垄距获得高产的同时，又为松嫩平原农牧交错区提供了更多的秸秆作饲料，为更好地发展草地畜牧业、维持草地健康服务。

5. 种植耐性强的作物

松嫩平原农牧交错区多沙荒、盐碱风沙薄地低产农田，向日葵耐盐碱、耐瘠薄，比较耐旱，适应性强，还可以起到对土壤脱盐碱的作用。目前，该地区大量种植向日葵，建议向日葵种植在传统垄距不变时，最佳株距为90cm；在传统株距不变时，最佳垄距为98cm 种植双行；垄沟播种代替垄台播种；最佳播种时间5月14日～5月25日。

（四）技术效果

综合近年来的研究成果，在春天较晚整地的垄高（18～20cm）显著高于较早整地的（10～12cm），因此晚整地的潜在可蚀性低。同时在晚春降水有增加趋势，所以在春天较晚整地有助于减少土壤风蚀。秋整地的土壤，在秋季被疏松，其后在冬季和春季再次被紧实；而春整地的土壤在春季被疏松，因此在春季大风的天气条件下，松嫩平原农牧交错区农田春整地比秋整地将导致苗床有更高的风蚀风险（靳英华，2010）。

在气候变化对玉米的生理和生态特征影响分析的基础上，2013年我们在吉林省梨树县中国农业大学实验示范基地，针对黑土区不同主导玉米品种适应气候变化的最佳播种模式进行试验研究。分别选择具有代表性的晚熟品种（生长期130天）；中熟品种（生长期127天）；早熟品种（生长期123天），进行了4个播期试验，并对物候期进行调查记载。试验结果如图8-1所示。由图8-1可见，不同的玉米品种产量是不同的，生育期越长，产量越高。同时，不同的播种期对玉米产量的影响较大。就晚熟的品种而言，播种期早，产量高；中熟品种，播种期迟5～10天的产量高，而早熟品种，则播种期延迟15天后产量最高。因此，对于多风少雨的旱作区，选择合适品种熟性及最佳播种期尤为重要。

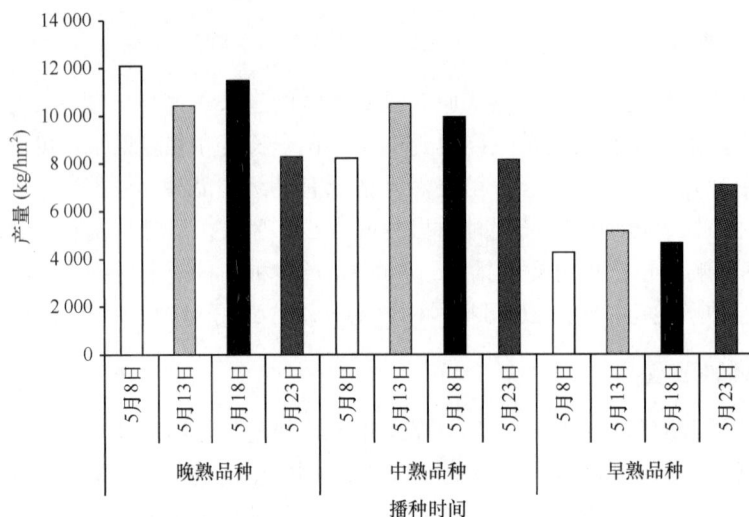

图 8-1　不同品种玉米播种时间不同情况下的产量状况

靳英华（2010）研究也发现，早播玉米与传统播期相比提前出苗、根扎深到干土层下，提高了抗旱能力；早播玉米各生长指标差异不显著，早播的玉米各生长指标均优于传统时间播种的，且差异显著。早播玉米各产量性状均优于传统播期的玉米，产量高出 35%～48%。从 2005～2007 年连续开展三年大田试验，设置 4 个垄距处理：传统的 65cm 垄距、43cm 垄距、98cm 垄距和 130cm 垄距。由表 8-7 可以看出，年份间产量差异显著，不同垄距的产量差异显著；98cm 垄距三个实验年的产量分别比传统垄距的产量高 15%、14%、27%。三年的收获指数差异显著，2005 年的收获指数低，2007 年的收获指数最高；三年中 98cm 垄距的收获指数都较高。说明调整垄距增加密度可以获得高产，以 98cm 垄距种植双行获得高产最为稳定。

表 8-7　不同垄距的玉米产量及收获指数

处理	产量（kg/hm²）			收获指数		
	2005 年	2006 年	2007 年	2005 年	2006 年	2007 年
65cm	7531c	8423c	6615b	0.48	0.51	0.55
43cm	8407c	9160b	6686b	0.40	0.46	0.52
98cm	8673b	9604b	8418a	0.46	0.51	0.57
130cm	9230a	11664a	7038b	0.46	0.53	0.50

资料来源：靳英华，2010

注：不同小写字母表示不同处理间存在显著差异，$P<0.05$

第二节　适应气候变化的土壤流失防控技术

土壤流失是土壤物质由于水力及水力加上重力作用而搬运移走的侵蚀过程，也称为水土流失作用。在自然界广泛存在，被称为自然侵蚀。土壤流失的主要类型包括流水侵蚀、重力侵蚀和冻融侵蚀等，各种侵蚀类型的发生发展有多种表现形式，它们既独立发展，又相互联系、相互转化。流水侵蚀分面蚀和沟蚀两种主要方式，前者又含溅蚀、片蚀和细沟侵蚀等不同发展阶段；后者为径流集中为股流而对地面土壤的冲刷，表现为细沟、浅沟、切沟、冲沟和河沟等形式。重力侵蚀在地表表现为滑坡、崩塌和山剥皮等。关于冻融侵蚀的分类尚没有一致的标准，根据侵蚀强度通常可将其分为微度、轻度、中度和强度侵蚀 4 级（魏霞等，2012）。

我国是世界上土壤侵蚀最严重的国家之一，侵蚀遍及全国，强度高，成因复杂，危害严重。据水利部遥感中心 1990 年调查统计，全国土壤侵蚀面积达 492.5 万 km^2，占国土面积的 51%，其中轻度以上水蚀面积 179.4 万 km^2、风蚀面积 187.6 万 km^2、冻融侵蚀面积 125.4 万 km^2（表 8-8）。

表 8-8　我国不同土壤侵蚀类型、强度和面积　　（单位：万 km^2）

类型与强度	水蚀		风蚀		冻融侵蚀		合计	
	面积	比例（%）	面积	比例（%）	面积	比例（%）	面积	比例（%）
轻度	91.9	51.2	94.1	50.2	68.0	54.2	254.0	51.6
中度	49.8	27.7	27.9	14.9	57.4	45.8	135.1	27.4
强度	24.5	13.7	23.2	12.4	—	—	47.6	9.7
极强	9.1	5.1	16.6	8.8	—	—	25.8	5.2
剧烈	4.1	2.3	25.8	13.7	—	—	30.0	6.1
合计	179.4	100	187.6	100	125.4	100	492.5	100

东北平原地区是我国土壤侵蚀发生的主要区域之一。20 世纪 50 年代初期，东北地区土壤侵蚀总面积约 $1×10^5$ km^2，到 50 年代末期增加到 $1.85×10^5$ km^2，80 年代末增加到 $2.81×10^5$ km^2。土壤侵蚀主要发生在黑土、黑钙土地区，尤其是低山丘陵和漫岗丘陵区，且以流水侵蚀（片蚀）为主（杨新，2011）。土壤水蚀是土壤在水外力作用下被重新分离和运输的过程，主要受土壤类型、植被覆盖、耕作方式和气候等因素影响。土壤水蚀不同于风蚀，水蚀不仅造成土壤流失，引起土壤肥力退化，还使土壤中营养物质随水流到河里，造成水体富营养化，污染水体。

冻融侵蚀是东北黑土区地形起伏较小、坡度较缓，但土壤侵蚀却比较严重的主要原因之一。黑土区年温差较大，冻融交替明显、冻层较深且冻结时间较长，土壤冻结过程中，由于水分不断增加和冻结，其体积可增大约 9%，导致土体出现冻裂现象；春季解冻后土壤疏松，抗蚀能力明显降低，因此冻融作用成为引起该区域土壤流失的主要因素之一（崔明等，2007；刘佳，2011）。据报道，黑龙江省克拜黑土区浅沟和切沟都有平行于干沟的裂缝，宽度和深度分别达 10 cm 和 120cm，裂缝靠沟壁边缘 30～100cm，这些裂缝在夏季土体融化时也不能复合，极易发生剥蚀，冻融侵蚀可使该地区耕地中沟壑每年扩张 50～100cm，加剧了侵蚀沟发展，给农业生产可持续性带来极大危害（刘绪军等，1999；崔明等，2007）。

一、适应极端降水事件的地表径流耕作阻控技术

（一）适应问题

随着全球气候变暖及生态环境的不断恶化，植被覆盖率低，造成东北黑土区水土流失

逐年加剧，土层在不断变薄（孙传生，2008）。黑土区现有水土流失面积为 27.59 万 km²，占黑土区总面积的 27.1%，其中水力侵蚀面积为 17.7 万 km²，占黑土区总面积的 17.4%，水土流失主要来源于坡耕地（杨爱峥，2012）。

我国黑土区属于北温带半湿润大陆性季风气候区，降水是该区域发生土壤流失的重要自然因素。黑土水蚀区具有降雨集中和降雨强度大的特点，多年平均降水量在 450～550 mm，夏季雨量充沛，年降水量的 70%～80% 集中在 6～9 月，其中大雨或暴雨的降水占年降水量的 40%～60%，容易造成严重的土壤流失（范昊明等，2009；单洪伟等，2009）。邓慧平和刘厚风（2000）研究结果表明，在全球气候变化情景下，黑土区极端降水将有所增加，发生异常降水时更易导致土壤侵蚀的发生（范昊明等，2004）。另外，黑土区因地处北温带和中温带，全年降雪比例较大，占全年降水量的 3.5%～7.9%，部分地区春季融雪造成的土壤侵蚀占全年侵蚀总量的很大比例（崔明等，2007）。

随着气候的变暖，在气温和降水变化的情况下，黑土区冻结层和融化层的深度趋于减小，发生冻融作用的程度趋于减小。在空间变化上，由北到南冻结层和融化层的深度逐渐在减小，发生冻融作用的程度也逐渐在减小，土壤有迟冻结、早融化的趋势。此外，随着初春（3 月）温度的上升，冬季降雪量的增加，春季解冻期融雪侵蚀有加剧的可能（范昊明等，2009）。

"东北与黄淮海粮食主产区适应气候变化技术研发与应用"课题组在前期东北地区农业耕作模式研究成果的基础上，提出了秸秆覆盖轮耕和免耕两种适应集中降雨或强降雨的地表径流阻控耕作技术，既能减少农田径流，又能对土壤氮、磷养分起到阻控作用。

（二）技术原理

坡耕地水土流失的主要外营力源于地表径流，垄作模式形成的垄沟为坡面地表径流汇集创造了有利的地形条件，使坡面股流快速形成，在顺坡垄作情况下，垄沟内股流流速增大，挟沙能力增强，径流系数增加。东北黑土区坡耕地存在局部顺坡耕作的地块，在传统的垄作方式下，耕地的垄沟促进了地表径流的汇集，加剧了地表径流的冲刷与挟沙能力，使溶解在径流中的可溶盐与土壤颗粒吸附的养分离子进入下游水体，提供了农业面源污染物质。因此，为减少地表径流对农田土壤养分离子的溶解与携带，必须采取措施以拦蓄地表径流，发挥农田对水分的涵蓄作用，降低地表径流的汇集量与流速，减小农田的土壤流失量。针对东北黑土区地形、气候及耕作方式特征，提出秸秆覆盖轮耕技术及秸秆覆盖免耕技术，在科学施肥条件下，可以增加地表径流的入渗与涵蓄水量，有效减少地表径流和氮、磷养分流失，降低氮、磷元素的水体中的富集。

（三）技术要点

1. 秸秆覆盖轮耕技术

将秋季收获的玉米秸秆覆盖于垄沟内，翌年春季播种时不进行翻耕，直接在原垄上播种，于侧向垄帮进行开沟施肥；连续免耕覆盖两年后，于第三年春季灭茬深耕重新起垄，进行第二轮覆盖免耕。该项技术针对垄作农田水土流失的特点，在垄沟内覆盖秸秆，以减小地表径流流速，提高降水的入渗量，减少地表径流量及土壤流失量，增加土壤有机质含量，改善土壤结构。秸秆具有较大的贮水容量，平均覆盖 825g/m² 的秸秆，可减少 1.246mm 的地表径流量。

2. 秸秆覆盖免耕技术

秋季玉米收获后，秸秆不收割或用联合收割机收获后直接将秸秆粉碎覆盖于地表，翌年春季不进行整地起垄，用播种机将玉米种子平播于上一年的行间，如此循环免耕。

该项技术可增加地表覆盖，提高农田土壤有机质含量，增强土壤的保水保肥性能，以降低地表径流流速，增加入渗，减少地表径流量及土壤流失量。

（四）技术效果

从垄沟秸秆覆盖技术对坡面产流及产沙的防治效应上看，不同坡度处理的覆盖减流率为 84.8%～97.9%，覆盖减沙率为 88.3%～92.9%（表 8-9），各坡度间相比，垄沟秸秆覆盖的减流减沙效应较为接近，说明垄沟秸秆覆盖后，减小了坡度对坡面产流产沙的影响（王宇等，2016）。

表 8-9　覆盖轮耕技术对径流与土壤流失的影响

处理		年径流量（mm）	年径流系数	覆盖减流率（%）	年土壤侵蚀模数 [t/（hm²·a）]	覆盖减沙率（%）
3°坡面	无覆盖	28.65	6.63	97.9	8.64	92.9
	垄沟覆盖	0.62	0.14		0.62	
6°坡面	无覆盖	34.43	7.97	88.2	37.03	88.3
	垄沟覆盖	4.06	0.94		4.32	
9°坡面	无覆盖	50.12	11.61	84.8	52.46	90.6
	垄沟覆盖	7.58	1.76		4.94	

注：年降雨总量：431.8mm，其中侵蚀性降水量 153.2mm

表 8-10 是秋季收获后对两种处理的农田土壤中氮、磷养分含量的测定结果，从表 8-10 中可以看出，在三个坡度范围内，秸秆覆盖处理的土壤碱解氮与全氮含量均高于无覆盖处理，表明覆盖措施具有拦蓄土壤氮素的作用。同时，各坡度间相比，随坡度的增大，覆盖措施对于碱解氮的拦蓄率越大，表明垄沟秸秆覆盖对碱解氮的拦蓄作用显著，对全氮的拦蓄率与坡度关系不显著，这将有利于提高作物对碱解氮的利用率。

由表 8-10 还可以看出，垄沟秸秆覆盖处理的农田土壤中速效磷含量均明显高于无覆盖农田土壤；全磷含量随坡度的增大，差异性减小。这说明垄沟秸秆覆盖对速效磷的拦蓄作用显著，对全磷的拦蓄作用随坡度的增大而降低（王宇等，2016）。

表 8-10　农田土壤中氮、磷养分含量

处理		碱解氮		全氮		速效磷		全磷	
		含量（mg/kg）	覆盖拦蓄率（%）	含量（%）	覆盖拦蓄率（%）	含量（mg/kg）	覆盖拦蓄率（%）	含量（mg/kg）	覆盖拦蓄率（%）
3°坡面	无覆盖	28.90	49.17	0.10	20.00	7.12	32.16	185.21	21.73
	秸秆覆盖	43.11		0.12		9.41		225.45	
6°坡面	无覆盖	26.89	51.51	0.11	18.18	6.75	11.85	194.44	6.86
	秸秆覆盖	40.74		0.13		7.55		207.77	
9°坡面	无覆盖	25.69	63.53	0.09	22.22	6.26	15.34	190.13	4.57
	秸秆覆盖	42.01		0.11		7.22		198.81	

耕作阻控技术可有效减少径流与泥沙的流失量，并通过覆盖轮耕与覆盖免耕的耕作措施对坡面农田产流、土壤侵蚀及氮、磷养分污染实现源头防控，将农田土壤的氮、磷养分拦蓄在坡面上以供作物利用。其中，覆盖轮耕技术可有效拦蓄地表径流与泥沙，在3°、6°和9°坡面上，覆盖轮耕技术较常规垄作可减少地表径流 30.3%～76.6%，减少土壤侵蚀模数 38.5%～100%，最高可减少可溶性碱解氮、速效磷流失 89.0%和 90.9%，减少总氮与总磷流失 83.5%和 92.2%。覆盖免耕技术的耕层土壤饱和导水率是常规垄作的 1.71 倍和 1.29 倍，并且由于秸秆覆盖作用可增加田间持水量 2.08kg/m^2，相当于减少 2.08mm 的地表径流量。

二、适应极端降水事件的植被过滤带耕作阻控技术

（一）适应问题

东北地区极端降水事件阈值由东南沿海向西北内陆逐渐减小，6～9 月是极端降水事件集中出现月份（杨素英等，2008；邹文秀等，2011）；1985～2002 年极端降水事件偏多，且为一突变现象；东北地区短时间内连续发生极端降水事件概率较大，其中 1～5天时间间隔极端降水事件占 23.7%，20 世纪 80 年代中期以后在东北地区增暖背景下，极端降水事件和有 1～5 天时间间隔的极端降水事件明显增加，特别是松花江下游和牡丹江流域及西辽河上游地区，频次和强度存在增加或增强趋势（杨素英等，2008）。

（二）技术原理

坡耕地土壤中氮、磷养分的流失主要是通过径流对泥沙的搬运实现的，水土流失相关研究表明，农田垄沟内的集中股流的挟沙能力高于坡面漫流的挟沙能力数十倍以上；吸附在土壤黏粒表面而被径流搬运出农田是氮、磷养分流失的主要途径。

国内外已有技术研究，多从坡面水土流失防治角度进行的水沙防治技术措施，布设以草本植物或灌丛为主的植被作为水沙拦蓄过滤设施，不考虑农作物产出，往往很难在农田中推广应用，多数布设在坡长较短的农田下方与水文网连接的缓冲带内，不占用农田，但在坡面较长且汇水面积较大的坡耕地上则需要布设多条过滤带以分散拦蓄地表径流及泥沙，涉及占用一定的耕地面积，且草本和灌丛的经济效益较低很难被农民接受。因此，考虑用耐密植的农作物代替效益较低的草本和灌丛，适宜在长坡面的坡耕地上设置多条过滤带并收获农作物产品。

地埂植物带是东北地区最为广泛的坡耕地水土流失防治措施之一，其主要功能是通过沿等高线修筑高出地表的地埂，按当地年平均降水量产生的地表径流量情况将坡面分割成若干田块，目标是切断地表径流线，减小田块间的汇流面积。若田块径流量较大，则每个地埂前需要开挖截流沟用来蓄水，沟内设有土挡，当沟内蓄水量过大，水位超过土挡高度后将沿截流沟坡向将多余径流排导入侧向沟道内。坡面随径流迁移的泥沙沉积在截流沟内，翌年春季清淤，将淤泥回覆至上方田块内。由于地埂植物带会占用一定面积的耕地，为弥补耕地减少带来的损失，同时也为增强地埂的稳定性。在地埂上种植黄花菜和红小豆，在坡耕地农业面源污染防治上可起到显著的径流泥沙阻控作用。

（三）技术要点

1. 植被过滤带技术

过滤阻控技术是通过设置植被过滤带和地埂植物带对地表径流及泥沙的下泄迁移进行拦蓄，主要作用表现为流失过程阻控。可最大限度地减少径流对泥沙的搬运和养分向水体的迁移。其中，植被过滤带对径流泥沙产生的拦蓄作用表现为过滤带越宽拦蓄量越大，淤积模数（带上+带内+带下）表现为谷子过滤带对泥沙的沉积作用最大。对氮、磷养分的拦蓄作用也表现为谷子过滤带优于大豆过滤带。地埂植物带的泥沙及氮、磷全量养分的拦蓄作用与地埂上方汇流农田的坡田地形特征有关，地埂的拦蓄效应随上方坡面的坡度增大而增强。

植被过滤带技术选择缓坡耕地上（坡度<5°），耕作方式为常规顺坡垄作。过滤带植物选择耐密植的谷子和大豆，种植方式为横坡无垄条播。

2. 地埂植物带技术

适合 3°~8°的坡耕地，在坡面顺坡垄改水平垄的基础上，按照坡度和土层厚度的不同，沿坡面每隔一定宽度布设一条土埂，埂上栽植大豆、谷子等作物，形成一条植物防冲带截短了坡长、控制坡面径流下泄，防治水土流失、提高土地生产力。

实施横坡耕作的坡耕地，在坡面从上到下，每隔一定距离，沿等高线修筑若干道地埂，地埂可以种植牧草或灌木，以截短坡长，减轻水土流失。

（四）技术效果

通过在黑龙江省拜泉县的监测数据显示（表 8-11），治理后的坡耕地每年可以保护 0.3~0.6cm 的黑土层不被侵蚀，有效地保持了土地的生产能力，黑龙江省拜泉县项目区内有 76.9%的水土流失面积降低至微度。改垄耕作粮食生产能力每年提高 105kg/hm²，地梗粮食生产能力每年提高 150kg/hm²，水平梯田粮食生产能力每年提高 225kg/hm²。据吕志学等（2015）报道，在"全国坡耕地水土流失综合治理试点工程"的黑龙江省穆棱市跃进北沟项目区，实施坡耕地复合地埂措施作物比当地平均水平增产 12.4%，取得较好的治理效果（表 8-11）。

表 8-11　水土保持综合防治技术对作物产量的影响

地点	水土保持综合防治技术	技术效果	引用文献
黑龙江省拜泉县	改垄耕作	粮食生产能力每年提高 105 kg/hm²	范建荣（2011）
	地梗	粮食生产能力每年提高 150kg/hm²	
	水平梯田	粮食生产能力每年提高 225 kg/hm²	
黑龙江省穆棱市	坡耕地复合地埂措施	平均年增产 88.7 万 kg，比当地平均水平增产 12.4%	吕志学等（2015）

"东北与黄淮海粮食主产区适应气候变化技术研发与应用"课题组选用谷子与大豆两种耐密植作物作为植被过滤带植物，在其紧密的根茎拦挡作用下，减缓了上游坡耕地垄沟内的地表径流的流速，降低了径流的挟沙能力。

通过试验观测发现，在坡耕地垄沟内的含沙水流布设过滤带后，集中的股流分散开来，流速明显降低。多次产流后可观察出过滤带内有明显的泥沙淤积，过滤带下方边缘出现黏粒沉积带，随降雨强度的增大，沉积带宽相应增加。对于谷子与大豆两种植被过滤带对垄作农田径流泥沙、土壤速效氮磷的拦截作用效果参见第四章第四节中的相关内容。

第三节　适应气候变化的盐碱地改良与利用技术

松嫩平原西部包括吉林省西部的 12 个县（市），黑龙江省西部的 15 个县（市）和内蒙古兴安盟的 5 个县（市），土地总面积 15.3 万 hm^2，总人口 1414.5 万人。属中温带大陆性半湿润、半干旱季风气候区，生态环境十分脆弱。根据最新卫星图像解译和实地调查，区内现有盐碱化土地面积 373 万 km^2，是世界上三大盐碱地集中分布地区之一，而且重度盐碱化土地面积仍以每年 1.4% 的速度扩展，盐碱化程度不断加剧，部分土地"碱斑"累累，造成了大片良田产量下降和草地退化，生态环境日趋恶化，制约了区域经济的发展。因此，盐碱地治理与生态环境改善是实现区域农业与农村经济可持续发展的前提，也是国家粮食安全基地建设的重要生态屏障。自然条件固然是土壤盐碱化的重要原因，但以往松嫩平原，几乎全部为草甸草原景观，植被茂密，存在草根层或腐殖层，虽有些土地有原生暗碱层，但"碱斑"面积很小，盐碱化程度很轻。随着人口的迅速增加，人类活动对自然环境的干扰强度不断增大，土壤盐碱化程度日益加重，"碱斑"面积迅速扩大，其形成速度之快、分布面积之广是前所未有的。新增的盐碱化土地，主要来自于草地的盐碱化，其次是耕地的次生盐碱化和沼泽湿地的次生盐碱化（李秀军等，2002）。

东北地区是世界三大盐碱土分布区之一，占地 $7.66×10^6$ hm^2，而且面积以每年 1.4% 的速度增加，其中松嫩平原是主要的盐碱土分布区，主要盐分是 $NaHCO_3$ 和 Na_2CO_3，土壤呈强碱性，pH 高达 8.5，严重区能达到 9～10.5，作物生长受到严重阻碍（徐璐等，2011）。

一、适应气候变化的盐碱地暗管改碱与生态修复技术

（一）适应问题

气候变化对东北地区盐碱土的形成占据着不可或缺的地位。松嫩平原受长白山阻挡，东南海洋性季风无法深入，同时又受蒙古内陆气候的影响。东北地区主要是半湿润-半干旱的温带大陆性季风气候，冬夏季风更替影响，降水季节变率大且分布不均，70%～80%的雨量集中在 6～8 月，年平均降水量 400mm 左右，蒸发量则能达到 1700mm，造成旱季积盐和雨季脱盐交替进行，促进土壤溶液中盐类离子和土壤胶体表面的交换性离子之间的动态交换平衡，从而加快了土壤盐碱化的强度和速度（徐璐等，2011）。松嫩平原常常是夏涝多雨，春旱多风，又有很多闭流区，一年四季的气候变化形成了 4 个水盐动态周期：春季暴发积盐期（4～6 月）、夏季淋溶脱盐期（7～9 月）、秋季短暂积盐期（10～11 月）和冬季隐蔽积盐期（12 月至翌年 4 月），导致盐分随季节变化不断向地表聚集，形成盐碱化。松嫩平原地区近 50 年间春季蒸发量达降水量的 6 倍，夏季约为 2 倍，秋季和冬季均在 10 倍以上，因此形成了春、秋、冬三季强蒸发易积盐，夏季弱淋溶不易脱盐的形式。并且近 50 年间夏季蒸发量与降水量的比值略呈上升趋势，春季的蒸降比

虽总体上呈略下降趋势，但近5年出现明显增加，加剧了盐分积聚的趋势。另外，东北地区洪涝灾害频繁，"大涝之后有大碱"现象时有发生。（张树文等，2010）。

从小气候来看，东北地区四季气候变化显著，冬季温度能达到–30℃以下，夏季温度能达到30℃之上，且冬夏两季时间最长，春秋两季变化快，冬夏交替使盐碱土经历了随冷暖变化的冻融作用。冻结时间大约是每年的10月底或11月初至翌年4月末或5月初。冬季来临时，冻层盐分随水分固定，非冻层的水分经土壤毛管作用向冻层移动，盐分也随之上升于冻层积累，同时非冻层的盐分由地下水借毛管作用补给，就形成了地下水—非冻层—冻层的水盐移动过程。随着冻层增厚，水分盐分都向冻层聚集，但并不表现在土壤表面，这种"隐蔽"积盐过程与地下潜水有直接的联系。待到春季气温回升至开始化冻，由于地表蒸发强烈，冻层盐分强烈聚集于地表，此时的盐分集聚与地下水位没有直接的关系（徐璐等，2011）。

（二）技术原理

盐渍土的形成离不开水，"盐随水来，盐随水去"。预防盐碱灾害主要应从控制水着手，一方面控制地下水位在临界水位以下，另一方面减少地下水通过毛细作用的蒸发。针对冷暖变化的冻融作用后春季地表返碱的问题，可以通过暗管改碱与生态修复技术来解决。暗管排水排盐技术是根据"盐随水来，盐随水去"的水盐运移原理，在有降水或灌溉发生时，盐随水下移至暗管处，通过暗管排出土体达到淋盐洗盐的效果，同时通过暗管将地下水位控制在临界深度，有效抑制高矿化度地下水的上移，减轻土壤次生盐渍化，从而达到改良盐碱地的效果（Ritzema et al.，2006；彭成山等，2006；王树怀，2009；于淑会等，2012）。

暗管排水技术创造了干湿交替的条件，有利于土粒重组微团聚体，且排水后的土层内土壤胶体由溶胶状态变为凝胶状态，促使土壤结构化、土壤孔隙率增大，特别是非毛细孔隙的增加，提高了土壤含气量和通透性，暗管埋设年限越长土壤通气孔隙增加越明显（艾天成和李方敏，2007；蒲胜海等，2014）。暗管埋设后改善了土体的通气状况，提高了土壤温度，加速土壤有机质分解，促进土壤养分矿化，从而增加了耕层土壤的速效钾、速效磷与碱解氮等的含量（于淑会等，2012；蒲胜海等，2014）。

（三）技术要点

盐碱地暗管改碱与生态修复技术在吉林应用时结合土地整理工程实施的；土地整理工程主要包括土地平整工程、农田水利工程、田间道路工程、农田防护林工程和其他工程等，其中，重点为土地平整工程、农田水利工程和盐碱地改良措施（王军等，2014）。

1. 土地平整工程

土地平整工程包括对规划为耕地的盐碱地进行翻耕松耙并覆盖客土，建立30cm左右的耕作层；对起伏不平的耕地进行平整，平整后地面坡度能保证灌溉均匀度，达到种植水稻、旱作物的要求。

2. 农田水利工程

农田水利工程依托"引嫩入白"供水工程，通过修筑灌排沟渠及暗管排碱等配套工程，建立完善的灌溉排水系统。

3. 盐碱地改良措施

盐碱地改良措施包括灌水洗盐、洗碱，淋洗盐分离子，并施用石膏、磷石膏、草炭、铝离子改良剂等降低土壤碱性；通过种植水稻等耐盐碱作物，并增施有机肥，将治盐和培肥相结合，达到改良盐渍化土壤的效果。

（四）技术效果

"十一五"国家科技支撑项目"暗管改碱与生态恢复技术开发与示范"课题在项目区所在地之一吉林省大安市实施，取得了可喜成效。2010 年 5 月以来，大安市利用该技术对土地整理项目区 500 多亩盐碱地进行工程治理。松嫩平原西部土地整理能有效改良盐渍化土壤，但新增耕地土壤质量仍低于原耕地，建议在土地整理中通过完善灌溉与排水系统、将土地平整工程与深耕深松和增施有机肥相结合及采用生物措施等提升盐渍化土壤的改良效果（王军等，2014）。一些学者研究发现（表 8-12），采用暗管改碱技术，同时施用农家肥（猪粪 34m³/hm²）和改良剂（15t/hm²）等配套措施，在暗管埋深 0.8m，水稻种植和配套措施相同的条件下，间距 5 m 处理的改良效果最好，到第 3 年时土壤表层 pH 已经降到 8.0 以下。田间试验表明，在暗管条件下，深松 0.6m，2010 年水稻产量为 4062kg/hm²，比对照提高 22.7%；2011 年水稻产量为 5937kg/hm²，比对照提高 42.6%（表 8-12）。

表 8-12 暗管改碱技术应用的效果

地点	作物	技术措施	技术效果	引用文献
吉林省大安市	水稻	暗管改碱+农家肥+改良剂	pH 降到 8.0 以下	田玉福等，2013
吉林省大安市	水稻	暗管改碱+深松	产量提高 22.7%	安丰华，2012
吉林省大安市	水稻	暗管改碱+深松	产量提高 42.6%	安丰华，2012

二、适应气候变化的松嫩平原盐碱地旱田改良培肥技术

（一）适应问题

松嫩平原盐碱地区域的年降水量 300～500mm，年蒸发量 1000～1500mm，蒸发量是降水量的 2～3 倍，成土母质释放的可溶性盐无法淋溶。况且年内降水变幅较大，6～8 月的降水占年降水的 60%～70%，春季的 4～5 月降水占年降水的 5%～10%，雨季淋溶与旱季积盐交替作用，再受到冬季冻融作用的影响，不但土壤发生盐化，而且产生碱化，pH 多在 8.5 以上。降水集中常发生洪涝灾害，"大涝之后有大碱"现象时有发生。区域内地下潜水埋藏于第四纪松散沉积层中，地下水埋深小于 2m，远小于盐碱化土壤地下水埋深 3m 的临界值。河流与湖泡资源丰富，水分侧渗作用强烈，对地下水补给增强。封闭湖泡作为承泄区，多已变为矿化度较高（10～30g/L）的"碱泡"，其周围土地亦随之重盐碱化。某些季节性"碱泡"，旱季干涸，在风力作用下碱尘飞扬，污染了其周围的土地而盐碱化（李秀军等，2000）。

（二）技术原理

盐碱地旱田虽然能生长作物，但土壤整体肥力低下往往导致产量不高。而改善土壤

肥力较有效的办法就是有机培肥。有机物料培肥盐碱地可以采取施用有机物料和种植绿肥两条途径（赵兰坡等，2013）。耐盐牧草改良盐碱地的生物改良机制是耐盐牧草作为生物泵带走土壤中的盐分；种植耐盐牧草减少土壤蒸发，阻止耕层盐分积累；种植耐盐牧草可以改善盐土理化性状，提高土壤肥力；耐盐牧草可以改善盐土区微生态环境（丁海荣等，2010）。

（三）技术要点

1. 旱地主要栽培作物

盐碱化草甸土上，可以选种谷子、高粱、向日葵等耐旱、耐盐碱、耐贫瘠的作物品种，一般种植技术结合修筑条田、施用有机物料、引水灌溉、碱斑换土及施用石膏改良剂等改良利用技术。

2. 加强草原管理，改良草场

实行量草记牧的放牧制度，控制牧草采食率在50%以下。推广青贮和农作物秸秆发酵饲料，放牧与舍饲相结合的管理方法，改变自然放牧、采草的经营方式。封场育草建设"草库仑"，使草原用养结合，提高草原生产力。对退化严重草场，通过浅翻、深松、施肥、补播等多种措施，逐步恢复草地生产力。在"碱斑"面积＞30%的重盐碱化地段，封闭休闲、禁牧禁樵，积极补播耐盐碱的星星草等草种，促进植被的恢复和土壤脱盐。

3. 苜蓿建植技术

选用耐酸碱综合性强的苜蓿品种（中苜1号苜蓿、公农2号苜蓿），为适应气候变暖，不同区域应适时提前播种，吉林西部宜选在6月中旬采用垄帮播种。6月中旬以后降水量充沛，能满足苜蓿生长所需，土层含盐量呈下降趋势，有利用苜蓿种子的萌发生长。

4. 耕作方法

在盐碱地旱地改良中，可以通过耕翻、耙地、深松、中耕等田间作业，来创造良好的土壤表面状态和耕层构造，阻止底层盐分向上运行，防止表层积盐。

5. 科学施肥

根据"肥能吃盐"的特点，增加土壤有机肥的投入量和秸秆还田量。实行农作物轮作倒茬，尤其是与豆科绿肥的轮作，培肥土壤，提高土壤有机质含量，降低盐分含量，提高粮食产量。

（四）技术效果

据相关资料显示，盐碱地连年栽培苜蓿具有明显的脱盐和培肥土壤效果，是生物措施改良盐碱地的有效途径之一。脱盐效果比较：苜蓿（脱盐率60%）＞红豆草（43.5%）＞苇状羊茅（39.4%）＞聚合草（37.5%）＞细茎披碱草（25%）＞小冠花（25%）（班乃荣等，2004；王越等，2006）。种植6年苜蓿的盐碱地结果表明，在盐碱地上种植苜蓿可明显改良盐碱土壤；0～60cm的耕作层中，苜蓿地的全盐含量比对照下降了29.8%，有机质比对照提高了4.5%（张瑛等，2009）。

第九章　极端气候灾害预防与应急补救措施

本章就气候变化引发的主要气象灾害对农业生产影响进行较为系统的阐述。针对农业生产的特点，对于极端气象灾害的预警和预防方法，以及灾后应急补救措施等内容进行较为深入的分析和论述。

第一节　东北地区气象灾害

一、气象灾害与地理环境

东北地区的气候表现为冷湿特征，这是与它所处的地理位置有密切关系。该地区是我国纬度位置最高的区域，它北面与北半球的"寒极"——维尔霍扬斯克-奥伊米亚康所在的东西伯利亚为邻，从北冰洋来的寒潮，致使气温骤降；西面是高达千米的蒙古高原，西伯利亚极地大陆气团也常以高屋建瓴之势直袭该地区，致使冬季气温较同纬度大陆低10℃以上；东北面与素称"太平洋冰窖"的鄂霍次克海相距不远，春夏两季从这发源的东北季风常沿黑龙江下游谷地进入，使东北地区夏温不高，北部及较高山地甚至无夏，农作物冷冻害时有发生（图9-1）；东北地区南面临近渤海、黄海，东面临近日本海，从小笠原群岛（高压）发源的东南季风，以及经华中、华北而来的热带海洋气团，亦可因经渤海、黄海补充湿气后进入东北，给这一地区带来较多雨量和较长的雨季，容易造成连阴雨的寡照天气（图9-1）。

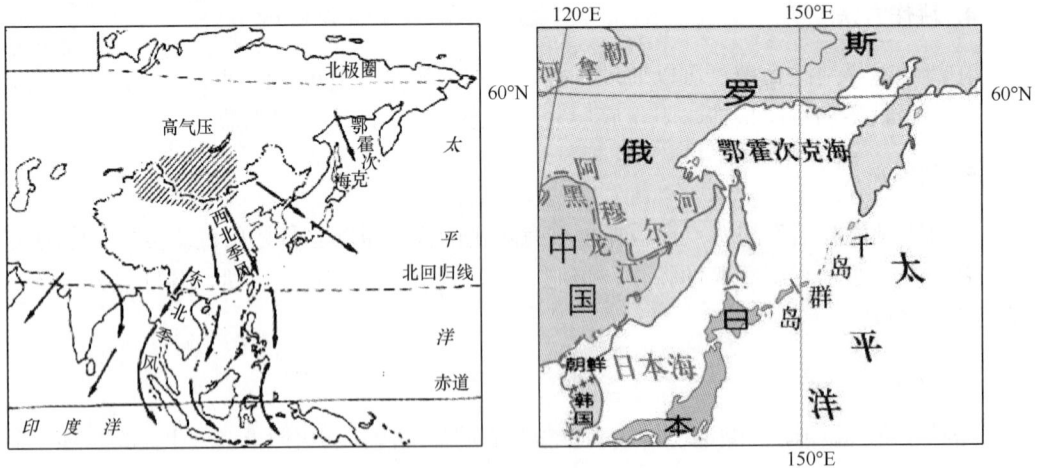

图9-1　东北地区气候与地理位置关系示意图

二、气象灾害类型

气候变化对东北地区农业生产利弊并存。一是变暖的气候使农作物种植带北移，为长生育期作物品种、种植制度、种植结构的调整提供了更多的选择；在1971～2008年，初霜日延后4～5天，无霜期延长了14～21天；这种变暖的气候可能导致蒸发量大幅度增加，导致该地区西部短时间的季节性高温和干旱加剧。二是东北地区农业生产多以遭受延迟型冷害为主，由北向南呈减少趋势，东北北部以及山地丘陵区多发，高值多出现在黑龙江、吉林西北部和东南部、辽宁的西北部；延迟型低温冷害主要发生在1961～1980年，出现频率平均为42%；1981～1990年为转折时期，出现频率为22%；1991～2008年为低发期，出现频率不足10%。三是气候变干，农业生产水分条件变差；东北地区湿润程度总体呈弱下降趋势，湿润区缩小，有变干的倾向；1991～2008年降水量减少，水分亏缺指数比1971～1990年升高1%～9%，农业生产水分条件变差。

东北地区气象灾害主要是干旱、洪涝、风雹和低温冷害等类型，干旱影响权重最大，并呈增加趋势；黑龙江省各种灾害权重均大于吉林省、辽宁省；东北地区气象灾害以小灾和轻灾为主，但气象灾害对农业生产危害程度越来越严重，特别是2000年以来，重大灾害的发生频率明显升高；东北地区农业气象灾害平均成灾率为18.71%，并呈增加趋势，每10年增加3.3%（张海娜等，2011）。这4种气象灾害对粮食作物平均单产的影响在不同省份表现不同，在辽宁为干旱＞风雹＞洪涝＞低温，而吉林为洪涝＞干旱＞低温＞风雹，黑龙江为干旱＞洪涝＞低温＞风雹，说明干旱和洪涝是影响东北地区粮食生产的主要气象灾害，而低温灾害的影响随着纬度的升高也不断增大（马建勇等，2012）。

第二节 高温危害、预防措施和预警

一、高温对玉米的危害

东北地区高温气象灾害多发生在大田作物灌浆期的伏天季节里，干旱少雨伴随着高温的出现，短则2～3天，多则7～10天，较长时期的高温造成作物严重减产，是东北地区粮食生产影响范围较大的气象灾害。

玉米各生育期受高温导致热害的气温不尽相同，苗期为36℃，生殖期为32℃，成熟期在28℃就可发生热害。东北地区春末夏初的玉米苗期气温难以达到35℃以上，若伏期无雨期超过10天以上，伴随着旱情可能出现不同程度热害（36℃左右），将对玉米生长产生很大影响。在玉米开花期易出现气温高于32℃的天气，此时高温不利于授粉（图9-2）。轻度热害为29℃，减产11.9%，中度热害33℃，减产52.9%；东北地区很少出现中度以上的热害，在伏天（7月中旬～8月中旬）的季节里易有轻度热害发生。

高温对玉米生长的不利影响主要有以下几方面。①高温条件下光合蛋白酶活性降低，叶绿体结构遭到破坏，引起气孔关闭从而使光合作用减弱；在高温条件下由于呼吸作用的增强使消耗增多，降低干物质积累。②高温迫使玉米生育进程中各种生理生化反应加速，各生育阶段缩短。例如，雌穗分化时间缩短，雌穗小花分化数量减少，果穗变小。在生育后期高温使玉米植株过早衰亡，或提前结束生育进程而进入成熟期，灌浆时间缩短，干物质积累量减少，千粒重、容重、产量和品质降低。

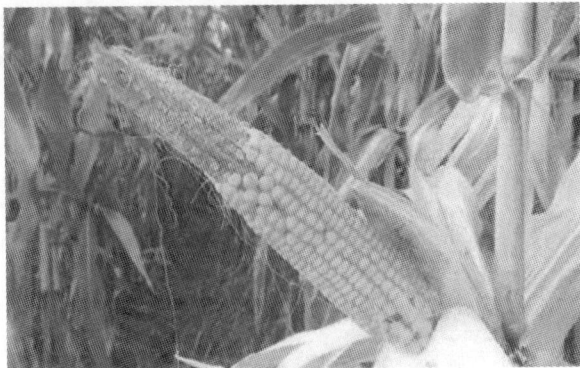

图9-2　玉米热害授粉不良（引自 http://image.baidu.com，另见彩图）

二、高温对水稻的危害

对于水稻而言，气温高于35℃时影响开花授粉和灌浆结实，在开花灌浆时期受到高温的影响，会使水稻叶温升高，降低叶片的同化能力，增加植株的呼吸速度，灌浆期缩短，千粒重下降，导致秕粒率增加，引起明显减产（图9-3）。水稻高温敏感期在盛花期，这个时期35℃以上高温持续1h，就会引起颖花的严重不育，其中正开放的花朵受害最大。水稻在含苞抽穗前后10天，对温度也极为敏感，最适宜的温度为24~28℃，日平均温度30℃以上就会产生不利影响。

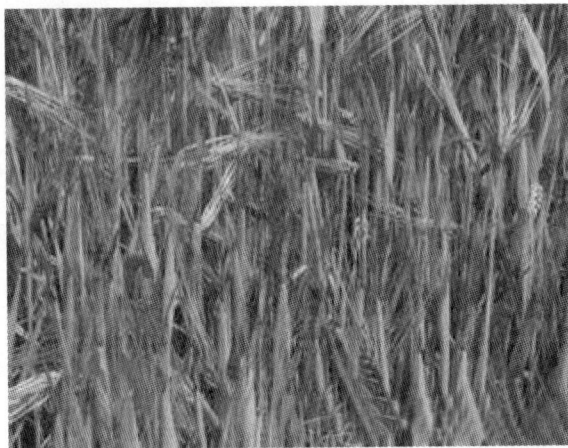

图9-3　水稻高温热害授粉不良导致秕粒率增加（引自 http://image.baidu.com，另见彩图）

三、缓解农作物高温危害的综合措施

（一）栽培方法

玉米在栽培上可采用宽窄行种植有利于改善田间通风透光，边行效应可培育健壮植株，增加对高温的抵御能力。

（二）施肥技术

在肥料施用上增加有机肥使用量，重视增施基肥促进早发，微量元素的施用使玉米苗壮前期促根壮秆，大喇叭口期至抽雄前适量追施氮肥。另外结合灌溉，采用以水调肥的办法，加速肥效发挥，改善植株营养状况，增强抗旱能力。高温时期可采用叶面喷肥，既有利于降温增湿，又能补充玉米生长发育必需的水分及营养元素。

（三）田间水分管理

高温时常伴随着干旱的发生，高温期间提前喷灌水，增加土壤湿度可直接降低田间温度。同时，在灌水后玉米植株获得充足的水分，蒸腾作用增强，也可使有效冠层温度下降，降低高温胁迫程度，还可以部分减少高温引起的呼吸消耗，减免高温热害。有条件的可利用喷灌将水直接喷洒在叶片上，降温幅度可达 1～3℃。

（四）选用中熟品种，避过高温伤害

水稻对温度和日照反应敏感，在高温短日照下，其生长量减少，发育加速，容易提早出穗，且穗型变小，穗粒数减少，粒重降低。所以，在高温干旱或温度多变的异常气候年份，宜种植生育期较短的中熟或偏中熟型品种，使幼穗发育和抽穗期避过高温干旱的时段，并应适当增加基本苗数，确保单位面积有足够的穗数。

（五）培育耐旱壮秧，适期早播早栽

中晚熟大穗型品种水稻营养生长期和灌浆结实期长，出穗期偏晚，出穗至成熟需≥20℃的有效积温为 950～1000℃。适期早育早栽可使出穗期提前，躲过幼穗发育期的高温影响，形成大穗，又能延长有效生长期和抽穗以后的结实期，避免生育后期受低温或早霜侵害，以充分利用当年气候肥力，发挥中晚熟型品种的生产潜力。

（六）养分管理

水稻分期多次施肥，保持平稳长势。异常气候年要以施足底肥为主，提供稻体生育营养，促进稻根生长，加快缓苗分蘖。追肥采取分期分次施，并配合使用磷、钾、锌肥；生育中期施足长穗肥，注意生育后期补给氮素营养，做到前后照应，均衡供氮，长势平稳，这对中晚熟大穗型品种防衰促熟，增加粒重至关重要，这种施肥方法对正常或异常气候年都是稳妥适用的。

对后劲不足的禾苗，在最后一片叶全展时，每亩可追尿素 2～2.5kg 或草木灰 400～500kg。在始穗至齐穗期间用尿素、过磷酸钙等溶于水进行叶面喷肥，有利于提高结实率和千粒重。

（七）水稻水层管理

在东北地区水稻生长期间，当日最高气温＜31℃，或当田面温度＜30℃时，水温高于气温（或面温）时，水体主要起保温作用，使作物免受冷害；当日最高气温＞31℃，或田面温度＞30℃时，水温低于气温（或面温）时，水体起降温作用，保护作物免受高温伤害。这主要是因为水的热容量比空气大得多的缘故。因此，扬花期要浅水勤灌，日灌夜排，适时落干，高温时白天加深水层。据测定深水灌溉或活水套灌可降低水层温度1.4～4.4℃。日灌夜排可增大昼夜温差，效果更好。另外一方面，日灌夜排还可以防止断水过早，以改善稻田小气候，促进根系健壮，增强抗高温的能力。

四、高温监测与预警

国家气象部门已经就高温对人们工作、出行和健康的影响规定了高温预警，分为黄色、橙色和红色三个级别，分别为连续 3 天日最高气温将在 35℃以上、24h 内最高气温将升至 37℃以上和 24h 内最高气温将升至 40℃以上。农业高温灾害预警级别还没有制定，但已有采用干旱指标、干旱统计频率、干旱空间分布和干旱过程进行分析，选择综合气象干旱指数（CI）作为当地农业气象灾害监测。通过气象学指标和生物学指标的对比分析，可选用日平均气温≥30℃和日最高气温≥35℃连续出现 3 天及以上的气象学指标作为高温热害指标。

随着现代网络通信技术的应用，GIS 和 RS 软件系统在农业气象灾害监测与预警应用上具有独特的优越性。软件通过对历史的气象观测资料和农业气象灾害发生规律的分析，构造预测模型，结合实际农作物生育期、产量、受灾记录等，确定农业气象高温灾害指标。软件根据大气温度与土壤温度的实地监测数据，确定高温危害等级，实时向农户发布监测预报信息，将高温灾害的损失降到最低限度。

预测预报系统的设计思路可采用 GIS 组件式二次开发方案，基于 ArcGIS Engine 平台，以 SQLServer 作为数据库技术，采用高级程序语言进行开发。系统可采用了 C/S 结构，用软件工程的思想和方法，将整个系统模块化、结构化，从系统的分析到系统的设计和实现，分步骤、分阶段地进行，采用组件嵌入式把模块添加到系统中。

第三节 干旱监测与预警技术

一、干旱对作物的危害

气候变暖直接引发干旱程度加剧，土壤水分蒸发加快，农业耗水量增加，地表水资源短缺和地下水位可能降低，这些都会影响作物的正常生长，并由干旱引发作物一系列危害反应。

干旱可分为土壤干旱和大气干旱两种。土壤干旱是因土壤中可利用水的缺乏，植物所吸收的水分少于蒸腾所失去的水分，因而植株体内缺水而不能维持正常活动，甚至死亡。大气干旱是空气过于干燥，相对湿度低于 20%，而蒸腾过强，根系所吸收的水分不能弥补蒸腾失去的水分。干旱影响植物的生长发育，表现为形态结构、生物化学方面的变化，最终造成减产。

形态结构的表现是：①光合作用降低。例如，气孔不能正常开张，使 CO_2 供应减少，抑制叶绿素的合成，叶绿体中 CO_2 的固定减慢等；图 9-4 是土壤含水量分别为 11%（干旱）和 18%~20%（CK）的光合速率试验，干旱处理的各生育期光合速率低于 CK 50%左右（李秋祝等，2006）。②呼吸作用减弱。③物质运输减慢。④同化产物不能正常的分配。⑤不同器官和不同组织之间的水分，按各部位的水势而重新分配，如渗透势较高的幼叶，从表叶夺取水分，促使老叶死亡。⑥胚胎状态的组织受害最大，因为胚胎组织细胞内的细胞液浓度较低，在水分不足时，其水分就被分配到细胞液较浓的成熟部位细胞中去。作物的生长需要水分的供应，干旱条件下，细胞液泡会发生质壁分离，最终导致作物死亡，同时，作物体内养分的运输需要水分协助运输，缺水会导致运输量减少，从而减低养分的有效性。

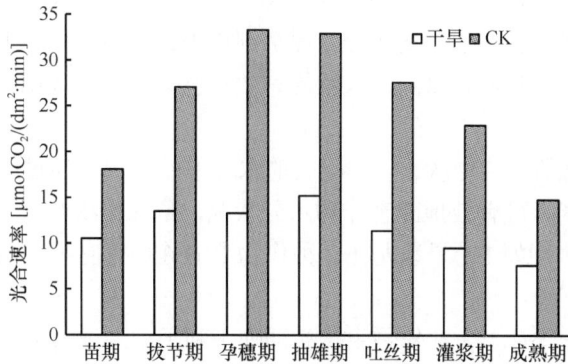

图 9-4　干旱对玉米各生育期光合速率的影响（李秋祝等，2006）

生物化学过程中，如细胞壁物质和蛋白质的合成，原叶绿素和叶绿素的合成，硝酸还原酶、苯丙胺解氨酶等的活性，都会因干旱受到抑制。

二、应对作物干旱的农艺措施

在易发生农业干旱地区要从耕作栽培方面采取措施，主要措施有：播种前，深耕土壤，增施有机肥，增加土壤蓄水保水能力；结合锄草、追肥等环节，搞好中耕培土，增强保水、保墒能力；经常观察田间土壤墒情，根据天气预报和玉米生长需水规律，确定是否需要灌溉。

调整种植结构，培育节水高产品种。由于作物种类的差异，作物水分利用率存在较大的差异，如玉米等 C_4 植物比小麦等 C_3 植物水分利用率高。因此要根据种植区域的实际情况，调整和优化种植结构，对提高农田整体水分利用效率是非常有利的。同时，利用生物技术、基因工程技术等现代技术培育节水高产品种是提高作物产量的重要途径，培育抗旱增产品种是现代作物育种的一个新方向，也是提高农业用水效率的重要措施。

农田覆盖。农田覆盖是一项人工调控土壤-作物间水分条件的栽培技术，是降低农田水分无效蒸发，提高用水效率的有效农业措施之一。农田地膜覆盖阻断了土壤水分的垂直蒸发和乱流，增大了水分蒸发的阻力，有效地抑制土壤水分的无效蒸发。覆膜的抑蒸保墒效应促进了土壤-作物-大气连续体系中水分有效循环，增加了耕层土壤贮水量，加大作物利用深层水分，改善作物吸收水分条件。地膜覆盖不仅具有增温、保墒、改善土壤理化性状的作用，而且可以促进作物对养分的吸收，促进种子萌发和早出苗、出壮苗，达到早熟高产的目的。秸秆覆盖是一种资源丰富、发展前景广阔、效益明显的节水技术，它能减少地表蒸发和降雨径流，提高耕层供水量，具有改土培肥、保持水土和节约灌溉用水的功能，增产效果明显。

增施有机肥，推广节水施肥技术。增施有机肥料，可以增加土壤有机质含量，促进土壤团粒结构的形成，使土壤容重变小，孔隙度变大，能使雨水和地表径流水渗入土层中。有团粒结构的土壤能把入渗土壤中的水变成毛管水保存起来，以减少蒸发。因此，增施有机肥既能提高土壤肥力，又可改善土壤结构，增大土壤涵蓄水分的能力，增强根系吸收水分的能力，达到以肥调水、提高水分生产率的效果。通过调节施肥水平也可以获得较大的作物水分利用效率，通过以肥调水，提高农业用水利用效率。

利用化学调控方法，采用保水剂拌种包衣。保水剂是一种高效吸水性树脂，能迅速吸收相当于自身重量几百倍以上的水分，保水剂拌种包膜后，播种于土中能很快吸收周围水分形成水分黏液保护膜，以高含水量的有效水包裹在种子周围，营造了种子萌发所需的湿度微环境。

降低作物过度蒸腾。植物从土壤中吸收的水分中的大部分通过叶表面的蒸腾作用而消耗掉，因而降低蒸腾可有效地改善作物水分状况，是农作物节水、防旱和抗旱的重要环节。腐殖酸类保水剂如 FA 旱地龙在多种作物上喷施均具有抑制蒸腾作用，增强作物的抗旱能力。

优先促进作物根系生长。在作物生长初期使用利于根系发育的营养元素和生长调节剂，可有效地促进根系扩展。例如，玉米种肥中适量增施微量元素 Zn，可增加玉米根系的长度（李志洪等，2004）。再如利用促根剂进行拌种，能促进根系生长和提高根系活力，增强根系吸收水分的能力。

耕地深耕深松和中耕。深耕可以打破较硬的犁底层，可在多雨季节增加土壤蓄水量。深耕深松促进作物根系下扎，改善作物根系的生长环境，增加对深层土壤水的吸收利用。中耕松土，可降低灌溉或者雨后的土壤水分蒸发，促进灌溉水及降雨的入渗与贮存，起到蓄水保墒效果。

三、干旱监测与预警

（一）干旱监测预警方法

农业生产适应气候变化的干旱监测预警技术主要分为两类。一类是通过地面监测网络采集相关信息并加以综合分析，开展干旱评估，进而结合气象预报开展干旱预警；另一类是采用遥感方法开展干旱监测评估，结合气象预报进行干旱预警。

地面监测网络应以县级气象监测站为单位，配以典型地貌类型的土壤墒情定位实时监测，以 GPRS 无线网方式统一上传服务器的中心数据库进行标准化存储。县级土壤墒情监测点的数量可根据国家土壤墒情监测规范根据地貌类型设置监测点的密度，以县级为中心数据库汇总大数据分析实现干旱监测预警的目标。这样全国 2200 多个县级气象站和数以万计的土壤监测点的大数据资源，是我国农业适应气候变化应对气候和农业干旱的预警平台。

除了地面监测网络系统，还要配以国家资源卫星数据进行干旱的广域性分析，与地面监测数据分析结合进行综合的干旱预警预报，达到预警预报准确。

从 20 世纪 80 年代开始，应用遥感方法开展干旱监测预警研究较为普遍，取得了比较满意的效果。目前利用遥感监测旱情应用比较成熟的主要有土壤热惯量法和植被供水指数法（郑有飞等，2012）。最早应用热惯量模型进行土壤水分反演的是 Waston 等（1971）。随着研究的进一步深入，Price（1990）通过引进地表热量平衡方程和热传导方程，对土壤热惯量模式进行了改进，并提出了表观热惯量的概念。张文宗等（2006）在总结前人相近监测方法利弊的基础上，根据土壤热力学理论，提出了一种利用 EOS/MODIS 资料遥感监测农业干旱的新方法——能量指数模式，并将该模式应用于河北省干旱监测的研究。根据郑有飞等（2012）利用黑龙江省自 2003～2009 年 5～9 月 40 个气象台站每旬观测的 10cm、20cm 和 50cm 的土壤相对湿度数据，结合 NASA（美国航空航天局）的陆地数据分发中心（Land Processes，DAAC）免费提供的 Terra-MODIS 标准数据，采用最大值法合成法的研究结论，能量指数法的旱情监测效果明显优于热惯量法和植被供水指数法，同时能量指数法还解决了另外两种方法不能连续监测土壤含水量的问题，适用于作物整个生长期内不同发育阶段以及不同深度土层的旱情监测。

通过土壤含水量地面观测与卫星遥感监测的有机结合，达到优势互补，使干旱监测服务工作达到准确及时。利用土壤相对湿度划分干旱等级，方法简单精确并容易业务化；卫星遥感监测在春季（6 月 1 日以前）采用热惯量法，夏季（6～8 月）利用植被指数法，秋季以地面监测服务为主。另外，卫星遥感受监测时间和植物生长特性的影响，监测结论难免出现滞后，尤其对干旱初期的判断就更加模糊，卫星遥感监测更适合在连续大旱的情况下对干旱的动态进行监测评估服务（李兴华等，2014）。

（二）农业旱情等级划分和指标

干旱监测预警要依据农业旱情等级进行评估和发布。2006 年 4 月国家防汛抗旱总指挥部办公室组织制定了《干旱评估标准》（试行），将农业旱情划分为轻度干旱、中度干旱、严重干旱和特大干旱 4 个等级。

农业旱情评估包括基本旱情评估和区域综合旱情评估两部分：①基本旱情评估用于作物受旱和播种期耕地缺墒（水）情况的确定。②区域综合旱情评估用于县级和县级以上行政区域农业综合受旱程度的判别。

农业旱情评估方法（表 9-1）有：土壤墒情法（表 9-2）、降水量距平法（表 9-3）、连续无雨日数法（东北地区，表 9-4）、缺水率法（表 9-5）、断水天数法（表 9-6）。区域综合旱情评估方法采用受旱面积比率法。

表 9-1　农业旱情评估适用方法表

二级分区类型	基本旱情评估				区域综合旱情评估
	雨养农业区	灌溉农业区		草原牧区	
		水浇地	水田		
适用评估方法	土壤墒情法；降水量距平法；连续无雨日数法	土壤墒情法；降水量距平法；连续无雨日数法	缺水率法；断水天数法	降水量距平法	受旱面积比率法

表 9-2　土壤墒情旱情等级划分表

干旱等级	轻度干旱	中度干旱	严重干旱	特大干旱
土壤墒情（%）	$60 > W \geqslant 55$	$55 > W \geqslant 45$	$45 > W \geqslant 40$	$W < 40$

表 9-3　降水距平百分比旱情等级划分表

季节	计算时段	轻度干旱	中度干旱	严重干旱	特大干旱
夏季（6～8 月）	1 个月	$-20 > D_p \geqslant -40$	$-40 > D_p \geqslant -60$	$-60 > D_p \geqslant -80$	$D_p < -80$
春秋季（3～5 月、9～11 月）	2 个月	$-30 > D_p \geqslant -50$	$-50 > D_p \geqslant -65$	$-65 > D_p \geqslant -75$	$D_p < -75$
冬季（12～2 月）	3 个月	$-25 > D_p \geqslant -35$	$-35 > D_p \geqslant -45$	$-45 > D_p \geqslant -55$	$D_p < -55$

表 9-4　东北地区雨养农业区连续无雨日数旱情等级划分表　（单位：天）

评估时段	轻度干旱	中度干旱	严重干旱	特大干旱
春季（3～5 月）秋季（9～11 月）	15～30	31～50	51～75	＞75
夏季（6～8 月）	10～20	21～35	36～50	＞50

表 9-5　缺水率旱情等级划分表

干旱等级	轻度干旱	中度干旱	严重干旱	特大干旱
缺水率（%）	$-5>D_w\geqslant-20$	$-20>D_w\geqslant-35$	$-35>D_w\geqslant-50$	$D_w<-50$

表 9-6　断水天数旱情等级划分表

	地区	季节	轻度干旱	中度干旱	严重干旱	特大干旱
断水天数（天）	南方	春秋季	7～10	11～15	16～25	＞25
		夏季	5～7	8～12	13～20	＞20
	北方		5～9	10～14	15～22	＞22

（三）农业旱情评估方法与分级

1. 土壤墒情法

土壤墒情法是用相对土壤水分含量，即土壤水分含量占田间持水量的百分数（*W*）表示。不同生育期土壤墒情涉及的土壤深度是不同的，这主要与作物根系在不同生育期的分布深度有关。播前及苗期为 0～20cm，发育前期为 0～40cm，发育中期为 0～60cm，成熟期为 0～60cm。根据土壤墒情（*W*）可将旱情等级划分为 4 级，轻度干旱、中度干旱、严重干旱和特大干旱（表 9-2）。

2. 降水量距平法（D_p）

降水量距平法为计算期内降水量与多年同期平均降水量的差值。这一方法是 20 世纪 60 年代中期 Palmer W C 对美国中西部地区多年气候资料进行分析研究，提出气候适宜降水量的概念（刘巍巍等，2003）基础上形成的。气候适宜降水量是指能够保持当地需求所需的降水量，利用历史资料通过计算每月气候适宜降水量之后，就可以求得实际降水量与气候适宜降水量的差值 D_p，D_p 可以作为衡量该地区同一时期不同年份之间的水分盈亏指标（表 9-3）。

3. 连续无雨日数法

连续无雨日数法适用于尚未建立墒情监测点的雨养农业区和水浇地主要作物需水关键期的旱情评估，就东北地区不同季节其评估指标不尽相同（表 9-4）。

4. 缺水率法（D_w）

首先计算某一时段内可供总水量与同期总需水量之差，缺水率（*D*）为缺水量与总需水量的百分比（表 9-5）。

5. 断水天数法

断水天数法（表 9-6）适用于水稻生长期干旱缺水的评估。

（四）区域综合旱情评估及旱情等级划分

区域综合旱情是指县级和县级以上行政区域农业综合受旱情况，其旱情等级评估采用受旱面积占耕地总面积比率（I）法。区域综合旱情等级划分按列于表 9-7。

表 9-7　区域综合旱情等级划分表

指标	区域	轻度干旱	中度干旱	严重干旱	特大干旱
受旱面积比率 （%）	全国	$5<I\leq10$	$10<I\leq20$	$20<I\leq30$	$I>30$
	省级	$5<I\leq20$	$20<I\leq30$	$30<I\leq50$	$I>50$
	市（地）级	$10<I\leq30$	$30<I\leq50$	$50<I\leq70$	$I>70$
	县（市）级	$20<I\leq40$	$40<I\leq60$	$60<I\leq80$	$I>80$

第四节　冷冻害监测与预警

低温冷害是中国主要的农业气象灾害之一，尤其是中国东北地区，而且随着 CO_2 浓度的升高，温度对作物产量的影响大于降水的影响（Abraha and Savage，2006；Jia and Guo，2010）。

在全球变暖的背景下，作物生育期内热量资源逐年增多，这可能导致人们对低温冷害的防御程度有所下降。但是，随着作物种植界限的北移东扩和作物品种人为地由中晚熟代替早中熟（王培娟等，2011；檀艳静等，2013），区域性或局地低温冷害的发生增加（赵秀兰，2010；Piao et al.，2010）。

低温冻害是全球性的自然灾害，是农林业生产的一种严重制约因素（李先文等，2010），全球每年因冻害造成的农作物经济损失都高达数千亿美元（Lin et al.，2004）。遇到周期性大冻害造成的经济损失更为惊人，如 1954 年、1957 年、1969 年、1975 年、1976 年、1985 年和 1995 年等年份，低温冷害导致东北大部分地区玉米单位面积产量减产 10% 以上，严重年份减产 15% 以上，同时造成玉米含水率高，品质下降。据广西、广东、福建三省（自治区）的不完全统计，仅在 1999 年大冻害中，经济损失就达 150 亿元人民币，而且，冻后几年累计的经济损失还大于当年（费云标等，2001）。对于寒带地区的林木、温带的常绿园林、木本植物以及高山植物，因冻害造成的损失更是难以估量（李先文等，2010）。

一、作物冷冻害的表现机制

冷害是指作物在生长发育季节里，由于气温下降到低于作物当时所处的生长发育期阶段的下限温度时（不一定低于 0℃），作物生理活动受到障碍（裴永燕和岳红伟，2009），严重时可使某些作物受到危害而最终导致严重减产或颗粒无收。

冷害对不同作物、品种、生育期的危害是不同的。一般作物在出苗期和生育后期对冷害抗御能力较强，而在生殖器官开始分化到抽穗、开花、受精及灌浆初期对冷害最为敏感。当作物遭到冷害时，作物体内细胞中具有生命的细胞质流动减慢，并逐渐停止流动，作物养分的吸收和输送也就因细胞质的停止流动而受到障碍。如果低温冷害持续时间短，温度回升后，细胞内细胞质仍能恢复正常流动，作物也能继续正常的生长发育；如果低温持续时间比较长，作物就会因细胞质的停止流动而停止生长发育，也就是遭遇到了冷害。冷害的轻重程度取决于低温的强度、持续日数的长短及气温回暖的快慢。

根据冷害对作物危害时期的不同，冷害可分为三种类型：其一是延迟型冷害。此种冷害是指作物营养生长期，在较长时间内遭受比较低的冷害危害，使作物发育期延迟，以致在初霜到来之前不能成熟，而导致作物减产。其二是障碍型冷害。此种冷害是指作物的生殖生长期内（主要是从颖花分化到抽穗开花）遭受短时间（一般仅为几天）异常的低温，使作物生殖器官的生理机制受到破坏，造成颖花不孕，空壳很多而减产。其三是混合型冷害，人们又称其为兼发型冷害。此种冷害是指作物生育初期遭受低温延迟生育和抽穗，到孕期又遇到低温危害，使部分颖花不育发生空壳瘪粒，给作物产量带来严重影响。冷害主要对冬小麦、水稻等农作物以及蔬菜、果树等经济作物影响很大。

冻害是指越冬作物和果树在越冬期间或冻融交替的早春或深秋，遭遇 0℃以下甚至 −20℃的低温或者长期处于 0℃以下，植物因体内水分结冰或者丧失生理活力，从而造成植株死亡或部分死亡，低温是导致组织结冰而引发植株死亡的原因。地面温度或者植物体温下降到 0℃以下，植物体内水分冻结，代谢过程受到影响，甚至死亡，这种低温危害被称为霜冻。霜冻是一种短时间的冻害，短则几分钟长则几小时都可能造成霜冻，是由组织结冰造成细胞膜损伤引起的（张养才等，1991）。从上述定义和发生机制来看，冷害、冻害和霜冻是不一样的，从采用的温度标准、受害作物、受害时间和是否结冰等就可以区分它们之间的不同（檀艳静等，2013）。

植物冻害属于非侵染性病害，它是气候因素引起的。低温下植物受害有以下几种情况：一是属于低温造成的间接危害。这主要是冬季常绿树种在遇到持久而强烈的风或不太冷而阳光很充足的晴天，蒸腾率相对较高，而土温又很低，致使根部吸水极慢，体内水分不能保持正常的平衡而组织变干受害，这实质是一种旱害也称为冬旱。二是当雪融化成雪水渗入土中后重又冻结时，常和冻结的土壤一起抬起以致破坏了根与土壤的紧密接触或把根撕断，在根系还没有来得及恢复前遇到促进强烈蒸腾的大气条件，植物就枯萎死亡，这种危害称为冻拔。三是因冰冻天气植物组织内出现冰晶而受害。

二、玉米发生冷害风险评估预测模型

马树庆等（2006）在孙睿等（1997）研究开发的玉米光合生产模拟模型（SIMPSM）的基础上建立玉米冷害动态评估、预测模型。该模型的核心是基于积温学原理，即玉米完成某一发育期的时间是由积温多少决定的，在其他条件基本正常的情况下，完成某一发育期所需的积温为一常数。考虑到近 10 年来气候变暖积温增加、品种熟型偏晚的实际情况，马树庆（1996）和马树庆等（1997）将 20 世纪 90 年代东北地区玉米主产区和不同熟期品种生长发育期所需积温（$\sum T$）等指标列于表 9-8。

表 9-8　东北地区不同品种玉米生长发育期及积温指标

品种	分布区域	指标	出苗	七叶	抽雄	乳熟	成熟	天数
早熟品种	北部和东部	D	5.23	6.13	7.23	8.17	9.14	110
		$\sum T$	0	354	1147	1164	2100	
中熟品种	中部和东部山区	D	5.21	6.11	7.23	8.19	9.17	120
		$\sum T$	0	371	1289	1908	2410	
中晚熟品种	中西部	D	5.17	6.09	7.23	8.19	9.19	126
		$\sum T$	0	427	1384	2007	2533	
晚熟品种	南部	D	5.15	6.08	7.23	8.21	9.24	133
		$\sum T$	0	458	1481	2147	2710	

注：D 为发育期出现日期（月.日），$\sum T$ 为活动积温（℃·d）
资料来源：马树庆等，2006

2015 年 5 月黑龙江省平均气温为 12.3℃，比历年同期偏低 1.2℃，比上年同期偏低 0.3℃。2015 年 5 月东北地区持续大风降温，出现严重"倒春寒"，尤其是 5 月 8 日晚上至 5 月 10 日凌晨，最低气温达到 2℃，部分乡镇气温在 0℃ 以下，正处在出苗期的玉米发生不同程度的冻害。

5 月吉林省平均气温为 15.1℃，比常年同期高 0.3℃。但月内各旬全省平均气温与常年同期相比，上旬低 0.5℃，中旬低 2.1℃，下旬高 3.4℃。5 月上、中旬气温偏低造成玉米苗期苗势可能偏晚，笔者于 6 月 13 日调查了吉林农业大学试验站玉米的苗情，七叶苗龄占 50% 左右，六叶和八叶苗龄各占 25% 左右，按照马树庆等（2006）的玉米生长发育冷害风险评估模型，东北中部地区七叶苗龄出现在 6 月 9 日，而在 6 月 13 日七叶苗龄仅占 50% 左右，ΔD 为 4 天，按照表 9-9 可知，出现低温冷害的概率在 65% 左右。但是近 10 年来秋天早霜日期多出现在 10 月 1 日后，所以基本没有出现玉米低温冷害的自然灾害，如果初霜出现在 10 月 1 日之前，吉林省玉米冷害发生的可能性比较大。

表 9-9　东北地区玉米低温冷害指标体系及风险程度

指标类型	发育期	一般冷害 $\Delta\sum T$（℃·d）	风险度（%）	严重冷害 $\Delta\sum T$（℃·d）	风险度（%）
主导指标	出苗至七叶	−40～−50	70	<−50	70
	出苗至抽雄	−46～−60	80	<−60	78
	出苗至吐丝	−50～−60	80	<−60	78
	出苗至成熟	−55～−70	97	<−70	95
		ΔD（d）		ΔD（d）	
辅助指标	七叶普遍期	3～5	65	>5	65
	抽雄普遍期	4～6	72	>5	70
	吐丝普遍期	4～6	72	>5	70
	成熟普遍期	6～7	95	>7	93

注：$\Delta\sum T$ 为积温距平指标，ΔD 为发育期延迟天数
资料来源：马树庆等，2006

马玉平等（2011）利用东北地区 72 个气象观测站近 49 年（1961～2009 年）的逐日最高、最低、平均温度，以及降水量、日照时数、水汽压和风速等数据，运用东北玉米

生长模型（NEC-MaGM）构造冷害监测指标，对玉米冷害监测预测方法研究并进行个例分析。从不利天气条件和玉米对低温响应两方面遴选的 8 个单项指标中，确立抽雄期到 9 月底的累积热量与同期多年平均值的差值百分率和当年抽雄期与多年平均抽雄期的差值对历史玉米冷害的概括能力最强。还构建了包含上述两指标外，另含水分适宜条件下模拟穗重与多年平均穗重的差值百分率和初霜冻日时模拟穗重与模拟成熟时穗重的差值百分率组合而成的东北玉米低温冷害综合指标。基于 NEC-MaGM 和冷害综合指标进行单点冷害监测，确定了若 45%以上站点出现玉米冷害即为区域性冷害的标准，独立样本监测检验与实际情况一致；利用 NEC-MaGM 在网格尺度上的监测可以得到更详细的冷害空间分布状况，有利于开展农业气象业务服务工作；根据前期天气实况加上区域气候模式预测的气象要素数据，再结合预报时效之后的多年平均气候数据，在格点尺度利用 NEC-MaGM 可以实现对东北玉米低温冷害的预测。预测个例表明，该方法能够反映冷害的形成过程和严重程度，但其准确性不仅与作物模型有关，还依赖于区域气候模式的模拟能力。

三、作物冷冻害的预防与补救措施

防御冷害的措施很多，目前主要是采取灌溉法，喷水法和根外追肥法，喷施营养剂(氮、磷、钾、微量元素等)、水面增温剂，赤磷造雾增温等措施来防御冷害对作物的危害。

（一）玉米预防冷冻害与补救措施

1. 品种选择

玉米冷害多为延迟型冷害，其主要原因是积温不足，玉米品种间耐低温差异不同，因此在选择玉米品种时，应考虑当地的气候状况、品种所需积温要求和栽培条件等，选择生育期适宜的耐低温品种，确保玉米在成熟时留有 100℃左右的有效积温，这样可防止或因早霜、或因过于早熟而减产。同时还可延长站秆晾晒的时间，降低玉米籽粒含水量，提高玉米品质。

2. 适期早播

适期早播可延长玉米的生长期，充分利用光热资源，巧夺前期积温 100～240℃，增加营养物质的积累，避免因秋霜冷害而造成的玉米减产，起到"秋霜春防"的作用。一般情况下，当土壤表层 5～10cm 的地温稳定在 7～8℃时即可播种，过早易导致种子霉烂。

3. 育苗移栽

为了在无须期较短的地区种植生育期稍长的品种，可采用育苗移栽技术。由于提早进行育苗，把玉米生育期相对延长了 10～15 天，积温增加 150～250℃，使高产的中晚熟品种获得充分的生长时间，避免了生育后期的低温和霜冻，从而充分发挥晚熟品种的增产潜力。

4. 增施磷种肥

现在东北地区多在播种前在根茬旋耕还田的同时将磷钾肥作为基肥施入，这样玉米苗期获得磷营养可能不充足，可以将磷肥用量的 1/3 以种肥施入，这样不仅可以保证玉米苗期对磷素的需要，而且还可以提高玉米根系的活性，是玉米抗低温发苗的最有效措施。

5. 冷冻害补救措施

玉米幼苗遭受冷冻害后，应及时调查田间受害情况，根据玉米幼苗受冻程度进行分类管理。

叶尖部受冻但尚未影响到生长点的幼苗，待气温回升至正常后 2～3 天，用剪刀将玉米苗受冻部分的卷曲叶片剪去，以便心叶及早抽出。

在叶面喷施生长调节剂，玉米生长至拔节期时每亩每次用磷酸二氢钾 100g 兑水 45kg 连续喷施 2 次，促使玉米快速生长。

根据田间情况，加强病虫的预测预报并及时做好防治工作，针对冷冻害程度进行分类管理，促进玉米苗均衡生长。

苗期早追肥。早追肥可以弥补因地温低，土壤微生物活动弱，土壤养分释放少，底肥不能及时满足玉米对肥料需求量的要求，从而促进玉米早生快发，起到发苗、促早熟和增产的作用。

对于受到低温冷害的地块本着"七不毁，八不粘"的原则，即有七成苗不毁地，八成苗不粘地，利用边行优势找回损失。对于五成苗地块建议马上人工刨坑补种，查苗补栽。催芽种 5～6 天即可出苗。对于四成苗地块建议立即毁种补栽适宜当地积温条件的中早熟品种。

（二）水稻低温冷害的预防措施

1. 水稻冷害的类型

冷害是我国水稻生产的重大灾害，可分为障碍型、延迟型和混合型三类。按发生时期，南方的冷害包括早稻苗期低温和晚稻抽穗灌浆期冷害。北方春秋季都可出现低温，夏秋的持续低温可造成延迟型冷害，有时也可出现障碍型冷害。

2. 水稻各生育期的冷害

1）秧苗期：早春低温时，秧苗从心叶开始失水萎蔫，逐步发展到整株枯萎死亡。一般是先死叶后死根。低温持续越长受害越重。

2）孕穗减数分裂期障碍型冷害：使花粉粒发育受阻，结实率降低。最低气温 15℃ 就可形成伤害。

3）开花期障碍型冷害：日平均气温 20～23℃ 下，开花延迟，开花势弱。低于 17.5～19℃，开花极少或不开花。温度越低，时间越长，结实率越低。

4）灌浆期冷害：可降低灌浆速度，养分不能从茎叶向籽粒顺利转移，瘪粒增多。北方还可能导致来不及在霜前成熟，表面上是受霜冻害，实际主要是冷害。

3. 减轻冷害的措施

1）按照气候规律调节品种和播栽期：一般以日平均气温稳定通过 10℃ 或 12℃ 的 80%

保证率日期为安全播种期，薄膜育秧可提早 10～20 天。以秋季日平均气温不出现连续 3 天以上低于 20℃（粳稻）和 22℃（籼稻）为安全齐穗期指标。

2）选用耐冷丰产品种：通常粳稻的耐寒力要强于籼稻。

3）适时播种培育壮秧：适时播种，采取旱育秧，培育出多蘖壮秧。

4）施肥：抽穗前 10～14 天施肥，可提早抽穗 1～3 天，基肥增施有机肥和磷肥可促进早发。

5）以水调温：秧田灌浅水或隔日换水有利于提高地温，夜间灌河水能提高田间气温，如冷空气较强可灌深水护苗。

6）应急措施：开花期喷施水面增温剂、增产灵、2,4-D、尿素、KH_2PO_4、KCl 等都有一定减少空秕率的效果。目前主要应该采取应急措施预防水稻低温冷害，即放浅田水，施用热性肥料，增放磷钾肥和配施微肥，如亩施草木灰 100～150kg，加 10～15kg 过磷酸钙与 1～2kg 硫酸锌，同时采取薅秧，疏松土壤，增强土壤的通透性，提高泥温，加快有益营养元素的释放，促进根系的生长发育，增强稻根的吸收能力，有利于光合作用，使水稻生长发育正常。

（三）小麦低温冷害的预防措施

小麦冻害的发生，受土壤种类和气候因素的影响。黏性土壤的含水量比沙质土高，土温变化幅度不大，冻害发生较轻；高旱地冻害较重，低洼的水浇地冻害较轻。小麦防冻应抓好以下措施：选用抗寒性强的优良品种，生长旺盛的优质小麦品种抵御冻害能力强，因此，选择抗寒性强的优良品种是防止小麦冻害的基础。

1. 适期播种

小麦播期不合适容易受冻害，特别是早播的小麦最容易受冻害。

培育冬前壮苗。播种早的小麦壮苗要多施粗肥，晚播的小麦，瘦地苗、弱苗要多施猪、牛粪和人禽粪便等精肥，这样可以促进小麦地下部分生长，增强分蘖力，储存较多的养分，增强抗寒能力。

2. 做好肥水管理

根据不同的苗情长势，加强管理，使弱苗转化成壮苗。对弱苗、缺磷苗，要分别对待，对症施肥，培养根深、叶大、叶壮的麦苗。

浇水防寒。密切注意气象预报，在寒流来临之前及时浇水，以减少土壤温度变化，减轻小麦冻害。

3. 喷施矮壮素

年前拔节的麦田，土壤冻解后，要在晴天抓紧镇压，以控制小麦地上部分的生长，并喷施矮壮素一次，或者追施土杂肥或泥浆，以保护小麦的分蘖节和幼穗。麦苗遭冻后，只要分蘖节不死，应及时浇水和追施速效肥料，使麦苗恢复生长，以促进小麦萌发高节位分蘖，产生新生分蘖。

（四）蔬菜低温冷害的预防措施

露地蔬菜管理。要加强对菠菜、白菜、莴苣、小白菜等露地蔬菜田间管理，天晴后及时中耕除草，加强病虫害防治和肥水管理，及时采收上市。露地栽培的茄果类蔬菜秧苗冻死后，要在灾后抓紧时间采用大棚或日光温室电热线温床快速育苗，有条件的地方要集约化育苗，缩短苗期，争取尽快补种。

大棚蔬菜管理。大棚内增设小拱棚，晚间多层覆盖防寒保温，白天揭去覆盖物增加光照；阴天后陡晴要注意适当遮阴逐渐增加光照；控制浇水，以免降低地温、增加空气湿度，引发病害；晴天加大放风，阴天也要在温度较高的时段适当放风，控湿防病；选用烟剂或粉尘剂防治病虫害。

在低温、大风来临前对大棚、温室进行检查，根据具体的天气和气温状况可适当生火，中小棚要及时扣盖提高棚内温度。

对于种植了瓜或其他作物的小棚，要尽量扣严、扣实、拉紧，有条件的加盖塑料薄膜等覆盖物提高棚内温度，或在小棚内用小堆锯末点烟升温，改变小气候，达到驱霜减霜的目的。

对地膜覆盖栽培的、已出苗的各类蔬菜要顺风燃烟，赶走冷气。

对已出苗的不耐冻的加工番茄、豌豆等作物要重点防护，顺风燃烟，有条件的也可加盖覆盖物以提高地温。

适当增施磷肥、钾肥、叶面肥，有条件的地方还可叶面撒施草木灰，增加作物抗逆性，预防冻害和病虫害。由于在低温高湿环境中，作物受冻害后，植株抵抗能力弱，要注意检查，发现病害要及时指导农民用药防治，防止病害进一步蔓延流行。

（五）果树冻害的预防措施

在东北地区，冻害是果树生产的重大灾害之一。由于果树品种及原产地不同，各种果树抗寒能力有很大差异，如果栽培或管理不当，冬季很容易发生不同程度的冻害，果树常因此而减产，甚至全株死亡。因此必须重视适地适栽，避免盲目南果北移，以减轻冻害，保证果树稳产、高产。

防止冻害的主要措施：

选择适宜的园地与品种。尽量选择背风向阳的地方建园，避免低洼地和背阴坡，因为这种地方秋季降温早，春季升温慢，冬季夜间积聚冷空气，积温较低。因地制宜，选择抗寒砧木和优良品种。

加强栽培管理。增加养分积累可有效提高果树抗寒性。肥水管理要注意前期促、后期控。要增施有机肥和磷钾肥，健壮树体，增强树体的抗寒性。7月以后要少施或不施氮肥，控制后期浇水，防止秋后树体旺长。秋季修剪，疏除过密枝，改善透光，旺枝及时采取连续摘心、扭梢、拉枝等措施予以控制，促进枝条成熟老化，积累营养。

加强病虫害防治。遭受病虫为害严重的果树，抗寒能力降低，易引起冻害。生长季节及时防除病虫，保护好叶片，可提高光合效能，增强树势及抗寒性。

保护树体。可采取覆盖，灌水，根部培土，树干可包草、涂白或喷白等。

覆盖法：在树冠下的地面上覆草、秸秆或地膜，可提高土温，防止根系受冻，又起到保墒的作用。

浇封冻水：10月末上冻前灌一次封冻水可以提高果树抗寒能力，使冬寒期间地温保持稳定，同时还能起到冬水春用、防止春旱的作用。结合灌水施入一些人粪尿，效果更好。

培土法：上冻后寒冬前结合中耕，进行树盘培土，可有效防止根颈受冻。

包裹法：用稻草、秸秆或草绳包扎树干、主枝，可有效阻隔寒风侵袭，减轻冻害，安全越冬。

涂白法：10月下旬用生石灰、水、石硫合剂、食盐、植物油按8∶30∶1.5∶2∶0.2的比例混拌均匀，制成涂白剂，涂抹在树干上，可防止或减轻冻害，同时能抵挡病菌侵入，杀死越冬害虫。

第五节　风灾监测与预警

一、风灾对农业的危害

风灾是我国的主要灾害性天气之一，在我国各地均有发生。风灾可分为三类，一是台风灾害，二是由龙卷风、雷暴等天气引起的大风灾害，三是由寒潮和强冷空气入侵伴随的大风造成的危害。东北地区多出现第二类和第三类风灾，特别是第二类风灾，风力短时间可达到8级或以上（风速≥17m/s），造成明显的农业灾害，如毁坏农业设施，作物严重倒伏，土壤风蚀耕层剥离，造成农作物减产甚至绝收（图9-5）。

图 9-5　2013 年吉林省梨树县风灾使玉米倒伏严重（另见彩图）

大风使叶片机械擦伤、作物倒伏、树木断折、落花落果而影响产量。大风还造成土壤风蚀、沙丘移动而毁坏农田。在干旱地区盲目垦荒，风将导致土地沙漠化。牧区的大风和暴风雪可吹散畜群，加重冻害。地方性风的某些特殊性质，也常造成风害。由海上吹来含盐分较多的海潮风，高温低温的焚风和干热风，都严重影响果树的开花、坐果和谷类作物的灌浆。防御风害，多采用培育矮化、抗倒伏、耐摩擦的抗风品种。营造防风林，设置风障等更是有效的防风方法。

二、农业风灾的预防

（一）大田作物预防风灾

对于无防风措施的大田农作为降低风灾要从抗倒伏的角度入手，降低倒伏率，其遵循的原理是避免作物营养过剩，特别是作物前期氮肥用量适当，防止突长；根据本地区的实际情况和作物的适应性，适当控制作物密度。

一般来说，前期大量施用氮肥，可能造成苗期营养过剩，不利于根系深扎，作物地上部近地面节间距过长，抗倒伏能力下降。研究表明，玉米在生育中期第一节间距＞9cm时，发生倒伏率大增（图9-6）。在东北地区，玉米种植密度每公顷控制在 6.0 万株左右，每公顷超过 7.0 万株，遇风灾时可造成大面积倒伏（图9-6）。在风灾多发地区应选择抗倒伏能力强的玉米品种。

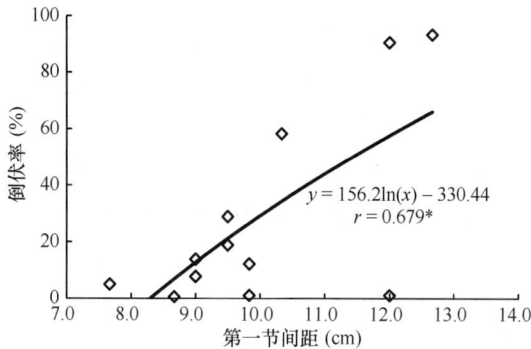

图 9-6　玉米第一节间距与倒伏率的关系

对于水稻作物品种的抗倒性是基础，特别在 7～8 月风灾严重的地区在选择水稻品种时要考虑品种的抗倒性。在增施有机肥的基础上，根据水稻需肥规律和土壤供肥能力科学合理配方施肥，氮、磷、钾肥有机配合，增强抗倒性。要根据不同品种的分蘖特性和土壤肥力状况、供肥水平，确定合理的栽插密度，栽插过稀群体不足，过密则群体过大，最后导致倒伏。科学管水做到浅水栽秧，寸水活棵，最高茎蘖数达到预期指标时进行晒田，这样既可控制无效分蘖，又可提高抗倒能力。灌浆期干湿交替管理，可满足根系对水、气的需求，达到养根保叶、抗倒伏壮籽的效果。

（二）设施农业预防风灾

针对某些设计防风措施不良的温室，一旦遇到大风天气，在几分钟之内塑料薄膜或硬塑料板就会被风吹得一干二净。一般塑料薄膜设计抗风能力应达到 8～9 级，在此范围内的防风措施为紧棚膜，四周薄膜埋入土内。特别要注意的是各部位的破裂，即使是很小的小孔也应消除，否则将被大风撕出裂口。一旦大风进入棚内，大棚有被全部拔起的可能，所有的压膜线都要压紧，必要时适当增加压膜线。风力大于棚的设计抗风能力时，应及时设置防风屏减小大棚的受力；或在棚的四角或中部每隔一定距离拴定于地下，用以加固；当棚内无作物或余物价值不大时，去薄膜。

春季大风天气发生比较频繁，特别是 3～4 月，外界气温仍然较低，温室、大棚的覆盖物一旦被大风刮掉，棚室内的蔬菜极易受到冻害。为此提醒菜农一定要做好棚室蔬菜的防风工作，避免棚膜受损，蔬菜受冻。为防大风危害可采取以下措施：

棚室上膜时一定要把塑料薄膜铺平，两端固定结实，并用压膜线压好，压膜线两端要捆绑在地锚上（棚顶一端也可在后墙上设锚）。

认真收听当地天气预报，若有大风天气来临，要仔细检查塑料薄膜是否有破洞、压膜线有没有压紧、覆盖物是否盖严压好，以防覆盖物被大风刮起，塑料薄膜被损坏，导致蔬菜受冻。

平常也要经常检查压膜线的松紧程度，若有松动要重新绑紧，以免因压膜线松动使棚膜和压膜线之间来回摩擦，导致棚膜受损，为大风危害埋下隐患。下午盖草苫时要将覆盖物盖严压好。

白天遇到大风天气时，如果拉开草苫，一旦压膜线不紧，或棚膜有空洞，棚膜很容易被大风吹破损坏。如果用草苫全盖棚，草苫容易被大风吹散吹乱，甚至被大风掀起，导致棚膜受损，蔬菜受冻。因此，白天遇到大风天气时，不要把草苫全部拉起，拉一半草苫即可，然后把苫压牢。同时，要多注意观察，针对出现的问题及时采取相应措施进行应对。

大风天气白天尽量不放风，如果棚内气温过高需要放风时，可小心放顶风，但顶部放风口不能开大，并要固定好放风口，放风 20～30min 即可。

（三）农业设施风灾补救措施

对于已遭受风灾的蔬菜棚室，要进行补膜、换膜、加固棚膜。毁坏严重的旧棚膜要全部换成新膜，新棚膜出现的裂口或缺口要进行缝补或粘贴，保证棚膜的密闭性。同时，检修倾斜或折断的拱杆、支架。

三、风灾应急补救措施

（一）玉米倒伏

玉米生育前期遇风灾发生倒伏的，可以培土扶正；对于单叶片受害的玉米苗不要毁种，通过加强田间管理来恢复，并适当清理干枯叶片；根系裸露的玉米苗及时趟一犁，上土覆盖裸露根系，新叶片长出以后，喷施叶面肥和植物生长调节剂。较大的丢苗地块，农户根据市场需求抓紧时间毁种其他作物。

玉米中后期遇风灾倒伏在 30° 以下的田块，在 3 天之内一定要人工扶直，从倒伏时的上风头开始，扶起时每 2 垄为一组，将每垄的 3～4 株玉米（两垄共 6～8 株）绑在一起，过 3 天后将绑绳剪断使玉米自然生长，这样对玉米的后期灌浆和产量基本没有影响（图 9-7）。倒伏度在 30°～60° 的田块，扶苗培土，促进玉米支持根产生。倒伏度在 60° 以上的田块可以不扶，尽量避免伤根，依靠植株自身向上的生理特性，让其自行恢复生长。

图 9-7　玉米倒伏人工扶直（另见彩图）

（二）玉米折损

对于折损 50%以下的玉米一般不要毁种，要及时清除折损的植株，增加透光通风，补种一些短季作物，如荞麦、绿豆、豇豆等。折损 50%以上的可以改种荞麦、绿豆、豇豆和蔬菜等作物。

（三）水稻风灾倒伏

1）水稻遇大风倒伏可先排除渍水。及时疏通排水道，修复毁坏的水利设施，尽早排除渍水，缩短稻株受淹时间，使秧苗尽早恢复正常生长，减轻受损程度。

2）可采取人工扎捆的方法，及时扶正减少损失。喷施植物生长调节剂、叶面肥，促进成熟（图 9-8）。

图 9-8 水稻倒伏人工扎捆（另见彩图）

3）对被水淹的秧苗尽早用清水洗掉黏附的污泥和杂物，对倒伏的秧苗要尽早进行扶苗，促使其恢复正常生长。

4）水稻风灾倒伏后抗逆性减弱，易受病菌的侵染，应及时进行病害的预防。主要是预防白叶枯病、稻瘟病、纹枯病，同时不能忽视害虫的防治，主要防治二化螟、稻纵卷叶螟、稻飞虱、稻蓟马等。

5）加强肥水管理。天气转好后一季稻根据灾后苗情补施速效肥料，根据灾后苗情补施尿素 5～6kg，钾肥 7～8kg，促发新蘖、壮蘖。

（四）陆地蔬菜

1）茄果类蔬菜，如果受灾程度较轻，可将植株进行适当修剪后追施速效肥（氮肥）促其早发新枝新叶，较快恢复生产能力。如果受害较重，则应酌情换茬，改种一些速生蔬菜。

2）豆类蔬菜，由于适宜播期较长，受害后重播成本相对较低，可将残枝败叶清除后重新播种。

3）瓜类蔬菜，由于叶面积较大，受冰雹危害较大，而瓜类蔬菜生长期长，育苗期也长，所以受灾后除黄瓜外一般应改种其他蔬菜，也可补种一季 40～60 天速生叶类蔬菜。

4）速生叶类蔬菜，生长期短，受灾后半月内可再补种一季。葱蒜类蔬菜因再生分株力强，叶片垂直而小，影响一般不大。

（五）棚室蔬菜

灾害过后应迅速清除破旧薄膜和植株的残枝败叶，及时盖上棚膜和补育菜苗，以将损失减到最低限度。

第六节 连阴雨洪涝监测与预警

连阴雨是指连续 3～5 天以上的阴雨天气现象（中间可以有短暂的日照时间）。连阴雨天气的日降水量可以是小雨、中雨，也可以是大雨或暴雨。不同地区对连阴雨有不同的定义，一般要求雨量达到一定值才称为连阴雨。洪涝灾害往往是由连阴雨天气引发的。

一、连阴雨洪涝对农业的影响

夏玉米开花至灌浆期连阴雨天气对产量影响最大，连阴雨 10 天减产幅度为 75% 左右，灌浆期连阴雨减产幅度为 20%～55%（李苗苗和张艳玲，2014）。连阴雨天气使玉米果穗变细、变短，秃尖增加，结实不良，干物质主要积累在茎秆等营养器官，穗粒重降低。此外，开花至灌浆期的连阴雨天气使灌浆高峰期出现晚，灌浆速率变慢，玉米在花期遭受连阴雨天气时籽粒达到最大灌浆速率的时间最晚，最大灌浆速率以及平均灌浆速率最小，且雌雄穗花期不遇现象出现较多（李苗苗和张艳玲，2014）。

春天连阴雨天的主要问题是地温低容易引起种子霉变、粉种等问题，遭受持续低温、阴雨及寡照灾害性天气危害，导致水稻秧苗生长受到较大影响，持续时间超过 15 天可能使水稻秧苗普遍出现黄化，甚至叶片枯黄，局部地方出现烂秧死苗现象，严重影响水稻秧苗的适时栽插。同时也影响玉米、小春作物及经济作物的正常生长，叶片发育缓慢，叶龄少等。

在农作物生长发育期间，连阴雨天气使空气和土壤长期潮湿，日照严重不足，影响作物正常生长；在农作物成熟收获期，连阴雨可造成果实发芽霉烂，导致农作物减产。在作物生长旺盛季节连阴雨可严重地降低作物的光合效率，农作物干物质积累缓慢。连续低温寡照，充沛的降水及其造成的高湿条件，容易诱发作物病虫害发生。连阴雨天气带来了足够的降水，减少了土壤水分的蒸发，这会改变旱地的特性，高的土壤含水量，旱地作物草害容易蔓延，部分低洼或圩区土壤墒情趋于饱和，也会造成农作物烂根等情况的发生。长时间的低温阴雨，降水多、湿度大、光照少，导致田间积水多，作物光合作用弱。

秋季连阴雨使玉米收获延迟，由于湿度大，玉米易发生霉烂，有的可能会出芽；秋季连阴雨玉米色泽不新鲜，严重影响产量。

如果长时间的连阴雨使露地作物田间发生积水，影响根系生长，部分低洼地作物受淹，土壤吸水饱和、松软，造成作物植株倒伏，产量受损；也可使作物延误收获，烂株造成减产减收。

二、连阴雨洪涝监测和预防

连阴雨天气的监测一是要充分利用气象现代化装备，密切监视天气变化，加强对连阴雨天气的监测、预警、预报服务工作；二是提前通过电视天气预报、短信平台、电子显示屏、网络、气象信息员、协理员等多渠道，发布连阴雨天气预报信息，并向农户提出科学合理的农事建议；三是加强与农业部门的沟通合作，组织农气技术人员深入田间，开展实地调查，收集掌握适时数据资料，并向当地政府和农业等部门提供服务专报，为监测和预防连阴雨提供科学决策依据。

季节性低温或雨涝其原因多为连阴雨或暴雨而形成的。2008 年 5 月，内蒙古东部及东北地区出现低温天气，其中内蒙古东部偏南地区、黑龙江东部、吉林、辽宁西南部等地气温较常年同期偏低 1～2℃。该年 5 月 17 日以来，上述地区又出现了连阴雨，致使玉米、大豆等作物光合作用降低，影响矿物质的吸收和养分的运转，根、茎、叶代谢过程受到抑制，小苗生长缓慢，发育延迟；5 月中后期，东北水稻处于移栽返青期，春小麦处于灌浆期，长时间低温使移栽秧苗扎根缓慢，不利于秧苗返青，也不利于春小麦充分灌浆。

2015 年 5 月吉林省全省平均降水量为 70.8mm（吉林省气象局数据资料），比常年同期多 27%。其中白城市、松原市、长春市和四平市月降水量比常年同期多 84%～149%，辽源市、吉林市和延边朝鲜族自治州比常年同期多 5%～39%，通化市和白山市分别比常年同期少 34% 和 42%。5 月内各旬全省平均降水量与常年同期相比，上下旬分别减少 64% 和 36%，而中旬多 199%，呈现连阴雨天气现象，致使中旬气温低了 2.1℃。5 月中旬的连阴雨天气已经对吉林省作物前期生长产生了不利影响，至 6 月 15 日梨树县玉米达到 5～6 叶（田间试验调查资料），估计玉米生长发育比常年晚 6～7 天，依据马树庆等（2006）的研究结果判断秋后发生迟熟的风险比较大。

我国的连阴雨灾害预报系统还没有建立起来，主要原因是预报的科学依据研究不够深入，缺少相应数据的积累。魏慧娟和武建华（2009）提出根据前期的气象数据，研究了河南省驻马店地区麦收期和秋季连阴雨的气候特征和预报方法，认为驻马店地区连阴雨过程前期受南支槽影响，后期受华北低槽影响。或者是中高纬度为两脊一槽形势，贝加尔湖地区为一低涡，乌拉尔山东侧为一高压，鄂霍次克海为阻塞高压，南支孟加拉湾有低槽发展，副热带高压脊线在 20°N～25°N 附近，西伸点在 110°E～120°E，我国东北部地区有低涡存在，驻马店处在副热带高压边缘。从 25°N～80°N、40°E～140°E 范围中选取了 9 个麦收期连阴雨天气类型的关键区，在关键区建立麦收期连阴雨天气系统模型，利用欧洲中心数值预报产品，作出未来各个时效的平均格点资料场，判断系统类型。在判断系统类型时，既要判断关键区系统的形状是否相似，还要判断系统的强度是否接近。出现符合麦收期连阴雨系统类型的天气形势时，预报未来将出现连阴雨天气。另外还建立了麦收期连阴雨的预报方程，这为东北地区连阴雨预报系统的研究提供参考。

三、连阴雨洪涝灾害的补救措施

连阴雨天气在春季往往伴随着低温寡照，可能造成玉米、水稻苗期生长缓慢，也易发生病害。玉米是需水量大但又不耐涝的作物。土壤湿度超过最大持水量80%以上时，玉米就发育不良，尤其在玉米苗期表现得更为明显。玉米种子萌发后，涝害发生得越早受害越重，淹水时间越长受害越重，淹水越深减产越重。一般淹水4天减产20%以上，淹没3天，植株死亡。玉米出现涝渍害以后应尽快采取补救措施，将损失降至最低限度。

（一）加强秧苗管理，促进苗情转化

在气温、水温、土温逐渐回升的情况下，要因地制宜做好水稻秧苗培育和管理，及时追施腐熟清淡肥水，促进返青、分蘖，恢复健壮生长。因秧苗脆嫩，切勿追施高浓度的粪水或化肥，防止发生肥害。同时，结合防治病虫喷施根外追肥，促进根系发育和秧苗生长。可采用0.5%尿素加0.2%磷酸二氢钾溶液或选购"黄秧坐苑"微量元素肥料，每袋兑水15～20kg，间隔7～10天再喷一次。对秧苗出现黄化、白化的田块，还可喷施0.2%硫酸亚铁溶液。对秧苗发生立枯病、绵腐病、猝倒病等真菌性病害的苗床，可选用68.75%氟菌霜霉威悬浮剂1000倍或15%立枯灵500倍或80%克霉威可湿性粉剂700倍液喷雾，控制其蔓延危害。

（二）疏松土壤提高地温促进幼苗生长

如果严重影响玉米苗期生长可进行育苗移栽工作。适时播种、肥团育苗、乳苗及单株定向移栽。大力推广玉米地膜覆盖集雨膜侧标准化栽培技术，增强抗旱减灾能力。一般在持续降雨20mm或通过人工浇灌透水后，立即将幅宽40～50cm的超微黑膜覆盖在垄面上，并将四周用泥土压实，当玉米苗龄达一叶一心（乳苗）时，移栽于覆膜的边际，每垄栽2行玉米，定向错窝移栽，亩植4000株左右。

（三）施肥管理

在夏秋季发生连阴雨更易有湿涝灾害的发生，排水降渍 要疏通田头沟、围沟和腰沟，及时排除田间积水，降低土壤湿度，达到能排、能降的目的。

中耕松土：降水后地面泛白时要及时中耕松土，破除土壤板结，促进土壤散墒透气，改善根际环境，促进根系生长。倒伏的玉米苗，应及时扶正，壅根培土。

早施苗肥：要及时追施提苗肥，大喇叭口期每亩追施尿素20kg。对受淹时间长、渍害严重的田块，在施肥的同时喷施高效叶面肥和促根剂，促进恢复生长。

加强病虫害防治：涝后易发生各种病虫害如大小斑病及玉米螟等。喷施叶面肥时，可同时进行病虫害防治。防治纹枯病可用井冈霉素或多菌灵喷雾，喷药时要重点喷果穗以下的茎叶；防治大小斑病可用百菌清或甲基托布津，7～10天一次，连续2～3次。防治玉米螟应在拔节至大喇叭口期用杀虫双水剂配成毒土或用辛硫磷灌心。

水稻发生连阴雨灾害的补救措施参照低温冷害补救方法。

（四）连阴雨天气蔬菜的补救

①加强露地蔬菜田间管理。对有上市价值的蔬菜瓜果，要及时抢收，减少损失。对受暴雨冲击、受淹的瓜果类蔬菜及时扶正、理藤，洗去叶面污泥，摘除枯死黄叶、病叶、病果。②增施速效肥料。灾后应及时补施氮磷钾等多元复合肥料，结合防治病虫害进行

根外喷施磷酸二氢钾和促根剂等叶面肥或生长调节剂，促进植株地下部新根的发育和地上部新叶的生长。③防枯萎。长时间积水受淹的蔬菜根系已出现霉烂损伤，一旦雨后转晴，极易造成枯萎死亡。因此，雨后天晴要注意适当遮阴，减少枯萎死亡。④抓好灾后病害预防。蔬菜受淹后，抗病能力下降，极易发生大面积病害，待雨止排除田间积水后及时做好霉病、疫病及害虫的预防工作。

参 考 文 献

艾天成, 李方敏. 2007. 暗管排水对涝渍地耕层土壤理化性质的影响. 长江大学学报 B(自然科学版), 4(2): 4-5, 8.

安丰华. 2012. 暗管排水改良苏打碱土技术应用研究. 长春: 吉林农业大学硕士学位论文.

安瞳昕, 李彩虹, 吴伯志, 等. 2007. 玉米不同间作方式对坡耕地水土流失的影响. 水土保持学报, 5: 18-20, 24.

白人海, 孙永罡. 2000. 松花江流域洪涝发生与流域内降水的关系. 自然灾害学报, 9(2): 49-54.

班乃荣, 陈兴会, 张永宏, 等. 2004. 耐盐植物对盐碱地的改良效果试验. 宁夏农林科技, 1: 26-27.

蔡红光, 袁静超, 闫孝贡. 等. 2014. 不同灌溉方式对春玉米根系分布、养分累积及产量的影响. 玉米科学, 4: 109-113.

蔡红梅, 汪孟丽, 王巍巍. 等. 2008. 吉林省自然环境条件与农作物布局的调整. 吉林农业科学, 33(3): 58- 61, 65.

蔡哲, 谭桂容, 孙力. 等. 2011. 吉林地表水资源对气候变化的响应. 安徽农业科学, 39(27): 16822-16825.

曹铁华, 梁烜赫, 李刚. 等. 2013. 玉米倒伏和扶直的产量效应研究. 玉米科学, 21(6): 81-83, 90.

曹旭. 2014. 大豆菌核病生防菌的筛选及应用研究. 北京: 中国农业科学院研究生院硕士学位论文.

曹艳芳, 古月, 徐健, 等. 2009. 内蒙古近47年气候变化对春小麦生育期的影响. 内蒙古气象, 4: 22-25.

陈兵兵, 石元亮, 陈智文. 2011. 不同 P、K、Si 肥对玉米苗期抗寒效果的研究. 中国农学通报, 03: 85-89.

陈长青, 类成霞, 王春春, 等. 2011. 气候变暖下东北地区春玉米生产潜力变化分析. 地理科学, 10: 1272-1279.

陈闯, 吴景贵, 杨子仪. 2014. 不同有机肥及其混施对黑土酶活性动态变化的影响. 水土保持学报, 28(6): 245-250.

陈钢, 周谟兵, 谭斯坦, 等. 2007. 低温下磷硼营养对西瓜幼苗生理生化特性的影响. 果树学报, 24(6): 815-819.

陈杰, 檀满枝, 陈晶中. 等. 2002. 严重威胁可持续发展的土壤退化问题. 地球科学进展, 17(5): 720-728.

陈俊华, 熊建伟, 史洪中. 等. 2015. 频振式杀虫灯对信阳稻区水稻害虫的控制作用. 河南农业科学, 44(3): 93-96.

陈可心. 2015. 1971—2014 年黑龙江省水稻低温冷害的研究. 黑龙江气象, 1: 29-32.

陈联寿, 端义宏, 宋丽莉, 等. 2012. 台风预报及其灾害. 北京: 气象出版社.

陈泮勤, 王效科, 王礼茂. 2008. 中国陆地生态系统碳收支与增汇对策. 北京: 科学出版社: 236-244.

陈其鲜, 王本辉, 刘路平. 2016. 西北旱作大豆田不同地膜覆盖模式保墒增温增产效应研究. 大豆科学, 35(1): 58-63

陈群, 耿婷, 侯雯嘉, 等. 2014. 近 20 年东北气候变暖对春玉米生长发育及产量的影响. 中国农业科学, 47(10): 1904-1916.

陈熙, 鲍建荣, 钟慧敏, 等. 1992. 西瓜蔓枯病研究——病害的消长规律. 浙江农业大学学报, 18(2): 55-59.

陈新国. 2014. 膜下滴灌技术在吉林省的应用研究. 吉林水利, 8: 1-8.

陈耀邦, 席承藩, 朱莲青, 等. 1993. 中国土种志. 北京: 农业出版社.

陈一, 王品, 张朝, 等. 2014. 全球变暖背景下东北三省水稻冷害风险研究(英文). 呼和浩特: 风险分析和危机反应中的信息技术——中国灾害防御协会风险分析专业委员会第六届年会论文集: 168-173.

陈瑜, 马春森. 2010. 气候变暖对昆虫影响研究进展. 生态学报, 30(8): 2159-2172.

陈兆波, 董文, 霍治国, 等. 2013. 中国农业应对气候变化关键技术研究进展及发展方向. 中国农业科学, 46(15): 3097-3104.

程延年. 1994. 气候变化对北京地区小麦玉米两熟种植制度的影响. 华北农学报, 9(1): 18-24.

程媛, 韩岚岚, 于洪春, 等. 2016. 性诱剂、赤眼蜂和化学药剂协同防治大豆食心虫的研究. 应用昆虫学报, 53(4): 752-758.

程正泉, 陈联寿, 李英. 2009. 登陆台风降水的大尺度环流诊断分析. 气象学报, 67(5): 840-850.

丑士连, 王奎云, 刘娜, 等. 2014. "布拉万"台风登陆引发吉林省中部大暴雨天气的分析. 吉林气象, 1: 7-11, 26.

丛山. 2016. 温度和水分对吉林省主要耕作土壤有机质矿化影响的模拟研究. 长春: 吉林农业大学硕士学位论文.

崔海山, 张柏, 于磊, 等. 2003. 中国黑土资源分布格局与动态分析. 资源科学, 25(3): 64-68.

崔瀚文, 姜琦刚, 邢宇, 等. 2013. 32a 来气候扰动下中国沙质荒漠化动态变化. 吉林大学学报(地球科学版), 02: 582-591.

崔明, 蔡强国, 范昊明. 2007. 东北黑土区土壤侵蚀研究进展. 水土保持研究, 14(5): 29-34.

崔巧娟. 2005. 未来气候变化对中国玉米生产的影响评估. 北京: 中国农业大学硕士学位论文.

崔学桢, 马跃平. 2005. 北秋南经是临夏州作物生态气候最佳种植结构. 甘肃农业, 12: 238.

戴海英, 张礼凤, 王彩洁. 2013. 四种杀虫剂对大豆蚜虫的室内毒力测定. 山东农业科学, 45(3): 100-101.

邓慧平, 刘厚风. 2000. 全球气候变化对松嫩草原水热生态因子的影响. 生态学报, 06: 958-963.

邓建平, 倪玉峰, 杜永林, 等. 2007. 江苏省主要稻作方式的应用评价与思考. 北方水稻, 3: 32-34.

邓荣鑫, 王文娟, 李颖, 等. 2013. 农田防护林对作物长势的影响分析. 农业工程学报, 29(增刊): 65-72.

邓振铺, 张强, 倾继祖, 等. 2009. 气候暖干化对中国北方干热风的影响. 冰川冻土, 31(4): 664-671.

邓振铺, 张宇飞, 刘德祥, 等. 2007. 干旱气候变化对甘肃省干旱灾害的影响及防旱减灾技术的研究. 干旱地区农业研究, 25(4): 94-99.

丁海荣, 洪立洲, 杨智青. 等. 2010. 盐碱地及其生物措施改良研究现状. 现代农业科技, 6: 299-300, 308.

丁一汇, 任国玉, 石广玉, 等. 2006. 气候变化国家评估报告(I): 中国气候变化的历史和未来趋势. 气候变化研究进展, 2(1): 3-8, 50.

丁一汇, 任国玉, 赵宗慈. 2007. 中国气候变化的检测及预估. 沙漠与绿洲气象, 1(I): 1-10.

丁一汇, 张锦, 宋亚芳. 2002. 天气和气候极端事件的变化及其与全球变暖的联系. 气象, 28(3): 3-7.

董佳苇, 钟昱, 孟凡瑶, 等. 2016. 引导玉米种植结构调整的对策研究——基于东北地区比价收益分析. 粮食科技与经济, 41(3): 6-8.

董金皋. 2001. 农业植物病理学. 北京: 中国农业出版社.

董满宇, 吴正方. 2008. 近 50 年来东北地区气温变化时空特征分析. 资源科学, 7: 1093-1099.

董满宇, 吴正方, 江源. 2009. 近百年来中国东北与日本北海道地区气温变化对比. 地理科学, 29(5): 684-689.

董治宝, 董光荣, 陈广庭. 1996. 以北方旱作农田为重点开展我国的土壤风蚀研究. 干旱区资源与环境, 02: 31-37.

董智, 解宏图, 张立军, 等. 2013. 东北玉米带秸秆覆盖免耕对土壤性状的影响. 玉米科学, 21(5): 100-103

段居琦. 2012. 我国水稻种植分布及其对气候变化的响应. 北京: 中国气象科学研究院硕士学位论文: 3-15.

范昊明, 蔡强国, 王红闪. 2004. 中国东北黑土区土壤侵蚀环境. 水土保持学报, 18(2): 66-70.

范昊明, 张瑞芳, 周丽丽. 2009. 气候变化对东北黑土冻融作用与冻融侵蚀发生的影响分析. 干旱区资源与环境, 23(6): 48-53.

范建荣. 2011. 东北黑土区水土流失综合防治技术体系. 东北水利电力, 11: 21-22, 71.

范文波, 吴普特, 马枫梅. 2012. 膜下滴灌技术生态-经济与可持续性分析——以新疆玛纳斯河流域棉花为例. 生态学报, 32(23): 7559-7567

方修琦, 王媛, 徐锁, 等. 2004. 近 20 年气候变暖对黑龙江省水稻增产的贡献. 地理学报, 59(6):

820-828.

方修琦, 王媛, 朱晓禧. 2005. 气候变暖的适应行为与黑龙江省夏季低温冷害的变化. 地理研究, 24(5): 664-672.

房益民, 夏广亮, 张磊, 等. 2014. 水稻直播节水高产栽培技术调研分析. 黑龙江水利科技, 12: 212-214.

费云标, 高素琴, 王维香, 等. 2001. 植物冻害与抗冻研究对策探讨. 科学新闻, 13: 42-43.

冯琳, 梁凤国, 王保泽. 2012. 辽宁 "2012.8.4" 暴雨洪水特征分析. 中国防汛抗旱, 22(6): 23-15.

冯雪菲, 张富荣, 张淑杰, 等. 2015. 辽宁东北区大豆食心虫的发生与气象条件关系研究. 现代农业科技, 1: 239-240.

冯玉香, 何维勋. 2000. 我国玉米霜冻的时空分布. 中国农业气象, 21(3): 6-10.

付长超, 刘吉平, 刘志明. 2009. 近 60 年东北地区气候变化时空分异规律的研究. 干旱区资源与环境, 23(12): 160-165.

付洪禹. 2015. 辽宁省彰武地区农田防护林网的栽培管理技术. 北京农业, 12: 90.

高锋, 王宝书. 2008. 全球变暖与东北地区气温变化研究. 海洋预报, 25(1): 25-30.

高洪军, 朱平, 彭畅, 等. 2015. 氮条件下长期有机无机配施对春玉米的氮素吸收利用和土壤无机氮的影响. 植物营养与肥料学报, 21(2): 318-325.

高华援, 徐宝慧, 由宝茹, 等. 2009. 吉林省花生生产现状及发展对策. 花生学报, 38(2): 30-34.

高利. 2010. 绥化地区玉米早期栽培关键技术. 农业科技通讯, 3: 137-139.

高明博, 张俊丽, 海江波, 等. 2011. 有机培肥化肥减量对夏玉米含碳率及固碳量影响. 西北农业学报, 12: 72-76.

高素华, 王春乙. 1994. CO_2 浓度升高对冬小麦、大豆籽粒成分的影响. 环境科学, 15(5): 24-30.

高晓容. 2012. 东北地区玉米主要气象灾害风险评估研究. 南京: 南京信息工程大学博士学位论文.

高晓容, 王春乙, 张继权, 等. 2012. 近 50 年东北玉米生育阶段需水量及旱涝时空变化. 农业工程学报, 12: 101-109.

高晓容, 王春乙, 张继权, 等. 2014. 东北地区玉米主要气象灾害风险评价与区划. 中国农业科学, 24: 4805-4820.

高永刚, 顾红, 姬菊枝, 等. 2007. 近 43 年来黑龙江气候变化对农作物产量影响的模拟研究. 应用气象学报, 18(4): 532-538.

高占义. 2010. 我国农田水利发展及技术研究与技术推广应用. 水利水电技术, 41(12): 8-15.

高振福, 郑玉才. 1985. 锦州地区温度的时间分布对不同生态型大豆品种产量形成的有效性研究. 大豆科学, 4(3): 219-226.

葛道阔, 金之庆. 2009. 气候及其变率变化对长江中下游稻区水稻生产的影响. 中国水稻科学, 23(1): 57-64.

葛会敏, 陈璐, 于一帆, 等. 2015. 稻田甲烷排放与减排的研究进展. 中国农学通报, 31(3): 160-166.

顾鑫. 2013. 气象因素对三江平原大豆菌核病的影响及预测模型的创建. 大豆科学, 32(5): 681-685.

顾鑫, 丁俊杰. 2010. 大豆蚜虫生物防治技术研究的回顾与展望. 中国农学通报, 13: 332-334.

官甲义, 孙宏刚. 2013. 吉林省中西部地区土地沙化原因及治理对策. 吉林林业科技, 42(6): 16-18.

郭天宝, 李根, 杨天红. 2015. 东北大豆生产效率分析. 税务与经济, 3: 64-70.

郭文超, 李晶, 魏振兴, 等. 2011. 新疆首次发现水稻重大外来有害生物稻水象甲. 新疆农业科学, 48(1): 70-74.

郭晓刚, 王晓梅, 侯志广, 等. 2015. 15 种杀菌剂相关配比对水稻稻瘟病菌的室内毒力测定及田间防效. 农药, 54(3): 223-226.

郭晓丽, 王立刚, 邱建军, 等. 2009. 基于 GIS 的东北地区水稻低温冷害区划研究. 江西农业大学学报, 31: 494-498.

郭永霞, 王颖, 王宝山, 等. 2002. 玉米螟综合防治技术研究的现状及展望. 牡丹江师范学院学报(自然科学版), 2: 27-28.

国家防汛抗旱总指挥部办公室. 2006. 干旱评估标准(试行).

韩宾, 孔凡磊, 张海林, 等. 2010. 耕作方式转变对小麦-玉米两熟农田土壤固碳能力的影响. 应用生态学报, 1: 91-98.

韩贵清. 2011. 中国寒地耕作制度研究. 北京: 中国农业出版社: 57-323.

韩湘玲. 1986. 中国农作物种植制度气候区划. 耕作与栽培, 1/2 合刊: 2-18.

韩晓敏, 延军平. 2015. 东北农牧交错带旱涝特征对气候变化的响应. 水土保持通报, 35(2): 257-262.

韩永强, 侯茂林, 林炜, 等. 2008. 北方稻区水稻害虫发生与防治. 植物保护, 34(3): 12-17.

郝兴宇, 韩雪, 居辉, 等. 2010. 气候变化对大豆影响的研究进展. 应用生态学报, 21(10): 2697-2706.

何文清. 2004. 北方农牧交错带农用地风蚀影响因子与保护性农作制研究. 北京: 中国农业大学博士学位论文.

何永福, 廖国会, 袁洁, 等. 2013. 不同药剂防治稻水象甲幼虫田间试验. 农药, 52(1): 60-62.

侯立刚, 马巍, 齐春艳, 等. 2013. 低温条件下磷肥对水稻幼苗耐冷性及相关生理特性的影响. 东北农业大学学报, 44(7): 39-45.

侯庆国. 2006. 吉林省西部半干旱地区生态环境特征及其水资源合理开发利用. 农业现代化研究, 27(1): 32-34.

胡代花, 蔡崇林, 张璟, 等. 2012. 大豆食心虫性信息素及其类似物的简易合成及田间引诱活性. 农药学学报, 2: 125-130.

胡海波, 王汉杰, 鲁小珍, 等. 2001. 中国干旱半干旱地区防护林气候效应的分析. 南京林业大学学报, 25(3): 77-82.

胡娟, 吴景贵, 孙继梅, 等. 2015. 氮肥减量与缓控肥配施对土壤供氮特征及玉米产量的影响. 水土保持学报, 29(4): 116-120

胡琼, 吴文斌, 宋茜, 等. 2015. 农作物种植结构遥感提取研究进展. 中国农业科学, 48(10): 1900-1914.

胡志凤, 孙文鹏, 孙雪, 等. 2009. 玉米螟的预测预报及防治技术. 现代农业科技, 9: 148-149.

胡宗辰. 2013. 基于 MODIS 的中国主要粮食作物种植时空分布信息提取方法研究. 成都: 电子科技大学硕士学位论文.

黄昌勇. 2000. 土壤学. 北京: 中国农业出版社: 29-293.

黄海涛, 许永妙, 张伟. 2014. 遮阳网覆盖方式对茶园霜冻害防御效果的比较研究. 杭州农业与科技, 5: 38-39.

黄建军, 赵明, 刘娟, 等. 2009. 不同抗倒能力玉米品种物质生产与分配及产量性状研究. 玉米科学, 04: 82-88, 93.

黄健, 王爱文, 张艳茹, 等. 2002. 玉米宽窄行轮换种植、条带深松、留高茬新耕作制对土壤性状的影响. 土壤通报, 33(3): 168-171.

黄明, 吴金芝, 李友军, 等. 2009. 不同耕作方式对旱作区冬小麦生产和产量的影响. 农业工程学报, 25(1): 50-54.

黄荣辉, 蔡榕硕, 陈际龙, 等. 2006. 我国旱涝气候灾害的年代际变化及其与东亚气候系统变化的关系. 大气科学, 30(5): 730-743.

黄守科. 2013. 农田防护林对我国平原地区作物产量的影响. 北京: 北京林业大学硕士学位论文.

霍治国, 李茂松, 王丽, 等. 2012. 气候变暖对中国农作物病虫害的影响. 中国农业科学, 45(10): 1926-1934.

霍治国, 刘万才, 邵振润, 等. 2000. 试论开展中国农作物病虫害危害流行的长期气象预测研究. 自然灾害学报, 9(1): 117-121.

霍治国, 钱拴, 王素艳, 等, 2002. 2001 年农作物病虫害发生流行的气候影响评价. 安全环境学报, 3(2): 3-7.

吉林省统计局. 2014. 吉林统计年鉴/2013. 北京: 中国统计出版社.

吉林省统计局, 国家统计局吉林调查总队. 2005. 吉林统计年鉴(2005). 北京: 中国统计出版社.

吉林省统计局, 国家统计局吉林调查总队. 2013. 吉林统计年鉴(2013). 北京: 中国统计出版社.

吉奇, 宋冀风, 刘辉. 2006. 近 50 年东北地区温度降水变化特征分析. 气象与环境学报, 22(5): 1-5.

吉奇, 徐璐璐, 宋冀凤. 2008. 1953—2005 年本溪地区气候变化及其对农业生产的影响. 气象与环境学报, 24(1): 36-39.

纪瑞鹏, 陈鹏狮, 张玉书, 等. 2009. 气候变化对辽宁农业的影响和减轻自然灾害的对策建议. 环境保护与循环经济, 3: 52-54.

贾建英. 2009. 气候变暖对东北玉米生产影响的研究. 北京: 中国气象科学研究院硕士学位论文.

贾建英, 郭建平. 2009. 东北地区近 46 年玉米气候资源变化研究. 中国农业气象, 30(3): 302-307.

简桂良, 齐放军, 张文蔚, 等. 2011. 气候变化对植物病害的影响. 现代农业科技, 7: 148, 150.

江守林, 全银华, 黄珂毓, 等. 2014. 气候变化下山东稻区水稻重大害虫灾变规律及其防控评价. 生物灾害科学, 37(1): 20-25.

江幸福, 姜玉英, 张蕾, 等. 2014. 粘虫越冬迁飞与危害的调查及监测技术. 应用昆虫学报, 51(4): 1114-1119.

姜丽霞, 李帅, 纪仰慧, 等. 2009. 1980—2005 年松嫩平原土壤湿度对气候变化的响应. 应用生态学报, 20(1): 91-97.

姜晓艳, 刘树华, 马明敏, 等. 2009. 东北地区近百年降水时间序列变化规律的小波分析. 地理研究, 128(12): 353-362.

姜伊. 2014. 大豆根腐病主要致病菌种类及防控技术. 哈尔滨: 黑龙江大学硕士学位论文.

焦加国, 张惠娟, 贺大连. 2012. 我国冷浸田的特性及改良措施. 安徽农业科学, 40(7): 4247-4248.

矫江, 许显斌, 卞景阳, 等. 2008. 气候对黑龙江省水稻生产影响及对策研究. 自然灾害学报, 17(3): 41-48.

矫江. 2002. 黑龙江省水稻生产发展问题. 垦殖与稻作, 2: 3-6.

金梁, 魏丹, 李玉梅, 等. 2015. 生物炭制备及其稳定性估测方法研究进展. 农业资源与环境学报, 32(5): 423-428.

金之庆, 葛道阔, 石春林, 等. 2002. 东北平原适应全球气候变化的若干粮食生产对策的模拟研究. 作物学报, 28(1): 24-31.

金之庆, 葛道阔, 郑喜莲, 等. 1996. 评价全球气候变化对我国玉米生产的可能影响. 作物学报, 22(5): 513-524.

靳春鹏, 孙庚, 刘金亮, 等. 2011. 吉林省水稻品种对稻瘟病的抗性分析. 华北农学报, 26(3): 214-218.

靳英华. 2010. 全球气候变化下的松嫩平原农牧交错区农田耕作生态优化研究. 长春: 东北师范大学博士学位论文.

居辉, 许吟隆, 熊伟. 2007a. 气候变化对我国农业的影响. 环境保护, 6A: 71-73.

居辉, 熊伟, 许吟隆, 等. 2007b. 气候变化对中国东北地区生态与环境的影响. 中国农学通报, 23(4): 345-349.

居辉, 熊伟, 许吟隆. 2008. 东北春麦对气候变化的响应预测. 生态环境, 17(4): 1595-1598.

冷益丰, 张彪, 杨俊品, 等. 2013. 植物生长调节剂对玉米植株涝害的缓解. 安徽农业科学, (30): 12015-12020.

李宝筏, 杨文革, 王勇, 等. 2004. 东北地区保护性耕作研究进展与建议. 农机化研究, 1: 710-716.

李宝林, 周成虎. 2001. 东北平原西部沙地的气候变异与土地荒漠化. 自然资源学报, 16(3): 234-239.

李波, 张吉旺, 崔海岩, 等. 2012. 施钾量对高产夏玉米抗倒伏能力的影响. 作物学报, 11: 2093-2099.

李成芳, 寇志奎, 张枝盛, 等. 2011. 秸秆还田对免耕稻田温室气体排放及土壤有机碳固定的影响. 农业环境科学学报, 30(11): 2362-2367.

李大林. 2010. 气候变化对黑龙江水稻生产可能带来的影响. 黑龙江农业科学, 2: 16-19.

李发鹏, 李景玉, 宗学. 2006. 东北黑土区土壤退化及水土流失研究现状. 水土保持研究, 13(3): 50-54.

李光博. 1980. 粘虫发生规律与综合防治技术. 农业科技情报, 3: 3-37.

李光博, 王恒祥, 胡文绣. 1964. 粘虫季节性迁飞为害假说及标记回收试验. 植物保护学报, 3(2): 101-109.

李国辉, 钟旭华, 田卡, 等. 2013. 施氮对水稻茎秆抗倒伏能力的影响及其形态和力学机理. 中国农业

科学, 46(7): 1323-1334

李国友. 2010. 水稻小粒菌核病的防治. 中国农业信息, 8: 33-34.

李红艳, 方喜和, 岳福顺, 等. 2012. 水稻秆腐病的发生特点及防治措施. 中国农业信息, 6: 18-19.

李虹. 1998. 浅析气候变暖对我国农业的影响及对策. 农业经济, (2): 13-14.

李祎君, 王春乙. 2010. 气候变化对我国农作物种植结构的影响. 气候变化研究进展, 6(2): 123-129.

李祎君, 王春乙, 赵蓓, 等. 2010. 气候变化对中国农业气象灾害与病虫害的影响. 农业工程学报, 26(增刊 1): 263-271.

李辑, 龚强. 2006. 东北地区夏季气温变化特征分析. 气象与环境学报, 22(1): 6-10.

李进永, 张大友, 许建权, 等. 2008. 小麦赤霉病的发生规律及防治策略. 上海农业科技, 4: 113.

李克南, 杨晓光, 刘志娟, 等. 2010. 全球气候变化对中国种植制度可能影响分析III. 中国北方地区气候资源变化特征及其对种植制度界限的可能影响. 中国农业科学, 43(10): 2088-2097.

李兰, 王盘兴, 陈长胜, 等. 2005. 东北夏季(6—8 月)气温异常的时空特征分析. 南京气象学院学报, 28(6): 801-807.

李力, 刘娅, 陆宇超, 等. 2011. 生物炭的环境效应及其应用的研究进展. 环境化学, 30(8): 1411-1418.

李苗苗, 张艳玲. 2014. 夏玉米开花至灌浆期连阴雨天气对植株性状及产量结构的影响. 气象与环境科学, 37(1): 88-92.

李宁, 李建民, 翟志席, 等. 2010. 化控技术对玉米植株抗倒伏性状、农艺性状及产量的影响. 玉米科学, 6: 38, 42.

李琦. 2013. 气候变化对粘虫生活史特征及潜在适生区分布的影响. 南京: 南京农业大学硕士学位论文.

李秋祝, 赵宏伟, 魏永霞, 等. 2006. 春玉米不同生育时期干旱对主要生理参数的影响. 东北农业大学学报, 37(1): 8-11

李荣平, 周广胜, 王宇. 2010. 中国东北玉米农田生态系统非生长季土壤呼吸作用及其对环境因子的响应. 科学通报, 55: 1247-1254.

李书英. 2004. 钼磷配施对冬小麦生长发育和抗寒力的影响. 武汉: 华中农业大学硕士学位论文.

李淑华. 1993. 气候变暖对病虫害的影响及防治对策. 中国农业气象, 14(1): 41-43, 47.

李先文, 黄新华, 刘京, 等. 2010. 植物冻害发生的机制及预防措施. 湖北农业科学, 49(10): 2579-2581.

李宪萍, 于翠红, 冯娟, 等. 2008. 气候变化对黑龙江农业气象灾害的影响及对策. 安徽农业科学, 36(32): 14220-14222.

李晓杰. 2009. 浅议玉米的涝害与防涝抗涝措施. 农村实用科技信息, 8: 8.

李兴华, 李云鹏, 杨丽萍. 2014. 内蒙古干旱监测评估方法综合应用研究. 干旱区资源与环境, 28(3): 162-166.

李秀芬, 陈莉, 姜丽霞. 2011. 近 50 年气候变暖对黑龙江省玉米增产贡献的研究. 气候变化研究进展, 7(5): 336-341.

李秀芬, 李帅, 纪瑞鹏, 等. 2010. 东北地区主要作物生长季降水量的时空变化特征研究. 安徽农业科学, 38(32): 18351-18353, 18364

李秀军. 2000. 松嫩平原西部土地盐碱化与农业可持续发展. 地理科学, 20(1): 51-55.

李秀军, 李取生, 王志春, 等. 2002. 松嫩平原西部盐碱地特点及合理利用研究. 农业现代化研究, 23(5): 361-364.

李叶妮. 2013. 近 50 年来我国东北地区主要城市气候变化分析. 南京: 南京信息工程大学硕士学位论文.

李祎君, 王春乙, 赵 蓓, 等. 2010. 气候变化对中国农业气象灾害与病虫害的影响. 农业工程学报, 26(增刊): 263-271.

李英. 2012. 农田防护林建设中的几项技术要点. 科技创新与应用, 2: 209.

李颖, 田竹君, 叶宝莹, 等. 2003. 嫩江下游沼泽湿地变化的驱动力分析. 地理科学, 23(6): 686-691.

李育军, 赵玉田, 常汝镇. 1990. 大豆萌发期对 6℃低温的反应. 大豆科学, 9(2): 136-144.

李正国, 杨鹏, 唐华俊, 等. 2011. 气候变化背景下东北三省主要作物典型物候期变化趋势分析. 中国农业科学, 44(20): 4180-4189.

李正国, 杨鹏, 唐华俊, 等. 2013. 近 20 年来东北三省春玉米物候期变化趋势及其对温度的时空响应. 生态学报, 33(18): 5818-5827.

李志洪, 王淑华, 高强, 等. 2004. Zn 和 ABT 对玉米根系生长及根际磷酸酶活性和 pH 的影响. 植物营养与肥料学报, 10(2): 156-160.

廉士欢, 靳英华, 彭聪. 2009. 吉林省太阳辐射变化规律及太阳能资源利用研究. 气象与环境学报, 25(3): 30-34.

廉毅, 高枞亭, 任红玲, 等. 2001. 20 世纪 90 年代中国东北地区荒漠化的发展与区域气候变化. 气象学报, 59(6): 730-736.

廉毅, 高极亭, 沈柏竹, 等. 2007. 吉林省气候变化及其对粮食生产的影响. 气候变化研究进展, 3(1): 46-49.

梁丰, 刘丹丹, 王婉昭, 等. 2015. 1961—2013 年东北地区夏季极端降水事件变化特征. 北京: 第 32 届中国气象学会年会 S1 灾害天气监测、分析与预报.

梁群, 张国林, 尹洪涛. 2015. 基于分期播种气温对大豆生长速度及产量的影响. 安徽农学通报, 21(5): 134-137.

廖永丰, 聂承静, 胡俊锋, 等. 2011. 灾害救助评估理论方法研究与展望. 灾害学, 26(3): 126-132.

廖永丰, 赵飞, 王志强, 等. 2013. 2000—2011 年中国自然灾害灾情空间分布格局分析. 灾害学, 28(4): 55-60.

廖允成, 付增光, 贾志宽, 等. 2002. 中国北方农牧交错带土地沙漠化成因与防治技术. 干旱地区农业研究, 02: 95-98.

林而达, 许吟隆, 蒋金荷, 等. 2006. 气候变化国家评估报告(Ⅱ): 气候变化的影响与适应. 气候变化研究进展, 2(2): 1673-1719.

刘德才. 1989. 气候变暖纵横谈. 新疆气象, 4: 16-18.

刘辉, 谭继春, 周玲, 等. 2013. 北方玉米高光效超大垄高产栽培技术. 现代农业科技, 14: 34-36.

刘会. 2010. 近年来异常气候对黑龙江省水稻的危害及对策. 黑龙江农业科学, 9: 123-125.

刘佳. 2011. 东北黑土冻融作用机理与春季解冻期土壤侵蚀模拟研究. 沈阳: 沈阳农业大学硕士学位论文.

刘建彬, 江志富, 郑喜, 等. 2011. 大豆食心虫发生规律及防治措施. 现代农业科技, 9: 164.

刘江卫, 刘俊芳, 党改侠, 等. 2014. 论渭北旱塬春玉米地膜覆盖栽培技术. 农业与技术, 4: 106-107.

刘杰, 姜玉英. 2014. 2012 年玉米病虫害发生概况特点和原因分析. 中国农学通报, 30(7): 270-279.

刘景利, 杨扬, 史奎桥, 等. 2007. 1985—2005 年锦州地区大豆物候期变化及气候响应. 气象与环境学报, 23(4): 29-32.

刘娟. 2012. 水稻秆腐病、霜霉病和潜根线虫病诊断与防治. 福州: 福建农林大学硕士学位论文.

刘明春, 蒋菊芳, 魏育国. 2009. 气候变暖对甘肃省武威市主要病虫害发生趋势的影响. 安徽农业科学, 37(20): 9522-9525, 9531

刘萍, 兰玲, 张玉华, 等. 2011. 几种药剂防治稻水象甲田间药效试验. 动物学研究, 增刊: 94-96.

刘庆福, 栾光辉. 2007. 垄上镇压式玉米精密播种机保墒抗旱播种试验. 农业机械学报, 38(4): 197-198

刘绍辉, 方精云. 1997. 土壤呼吸的影响因素及全球尺度下温度的影响. 生态学报, 17(5): 469-476.

刘实, 王勇, 缪启龙, 等. 2010. 近 50 年东北地区热量资源变化特征. 应用气象学报, 21(3): 266-278.

刘顺飞. 2007. 中国水稻布局变化研究——1978 年至 2004 年. 南京: 南京农业大学博士学位论文.

刘巍巍, 安顺清, 刘庚山, 等. 2003. 以气候适宜降水量为基础的水分距平的计算方法. 气象, 29(4): 14-18.

刘笑然. 2013. 东北三省的红小豆、绿豆生产. 中国粮食经济, 9: 38-41.

刘兴龙, 王克勤, 刘春来, 等. 2015. 性诱剂防治水稻二化螟效果的初步研究. 黑龙江农业科学, 5: 49-50.

刘绪军, 景国臣, 齐恒玉. 1999. 克拜黑土区沟壑冻融侵蚀主要形态特征初探. 水土保持科技情报, 01: 28-30.

刘彦随, 刘玉, 郭丽英. 2010. 气候变化对中国农业生产的影响及应对策略. 中国生态农业学报, 18(4): 905-910.

刘艳, 孙文涛, 宫亮, 等. 2013. 不同耕作措施对水稻土耕层理化性质及水稻产量的影响. 辽宁农业科学, (6): 16-18.

刘颖杰. 2008. 气候变化对中国粮食产量的区域影响研究——以玉米为例. 北京: 首都师范大学博士学位论文.

刘颖杰, 林而达. 2007. 气候变暖对中国不同地区农业的影响. 气候变化研究进展, 3(4): 229-233.

刘雨芳, 古德祥. 1997. 气候变暖后我国作物害虫发生趋势分析. 昆虫天敌, 19(2): 93-96.

刘志恒, 田玲, 杨红, 等. 2012. 水稻菌核秆腐病菌生物学特性研究. 沈阳农业大学学报, 1: 18-22.

刘志娟, 杨晓光, 王文峰, 等. 2009. 气候变化背景下我国东北三省农业气候资源变化特征. 应用生态学报, 20(9): 2199-2206.

刘志明, 晏明, 何艳芬. 2004. 吉林省西部土地盐碱化研究. 资源科学, 05: 111-116.

刘卓, 刘昌明. 2006. 东北地区水资源利用与生态和环境问题分析. 自然资源学, 21(5): 700-707.

刘作新. 2004. 试论东北地区农业节水与农业水资源可持续利用. 应用生态学报, 15(10): 1737-1742.

龙继锐, 宋春芳, 马国辉, 等. 2014. 机械精量穴直播和定位施肥对水稻生长与养分迁移的影响. 杂交水稻, 3: 60-64, 69.

娄秀荣, 王石立, 沙奕卓. 1995. 东北地区气温变化对粮食产量的影响. 应用气象学报, 6(5): 102-107.

鲁新, 张国红, 李丽娟, 等. 2005. 吉林省亚洲玉米螟的发生规律. 植物保护学报, 3: 241-245.

逯非, 王效科, 韩冰, 等. 2009. 农田土壤固碳措施的温室气体泄漏和净减排潜力. 生态学报, 29(9): 4993-5006.

吕慧颖, 许修宏, 杨庆凯. 2000. 大豆疫霉根腐病菌生物学特性的初步研究. 中国油料作物学报, 22(3): 75-76.

吕美蓉, 李增嘉, 张涛, 等. 2010. 少免耕与秸秆还田对极端土壤水分及冬小麦产量的影响. 农业工程学报, 26(1): 41-46

吕世翔, 傅建平, 李家磊, 等. 2014. 黑龙江省全谷物产业发展建议. 中国食物与营养, 20(4): 24-27.

吕硕, 杨晓光, 赵锦, 等. 2013. 气候变化和品种更替对东北地区春玉米产量潜力的影响. 农业工程学报, 29(18): 179-190.

吕岩, 吴景贵, 黄健, 等. 2013. 吉林省玉米主产区土壤肥力研究. 吉林农业科学, 38(4): 33-37.

吕志学, 陈英智, 屈远强. 2015. 复合地埂在黑土侵蚀山区坡耕地治理中的应用研究. 安徽农业科学, 43(18): 370-371, 374.

罗斌祥. 2013. 台风"布拉万"对黑龙江省农业的影响. 黑龙江气象, 30(1): 27-28.

雒鹉, 郭玉华, 裴丽丽, 等. 2011. 不同水稻品种抗倒伏性状的形态构成. 贵州农业科学, 39(5): 45-48.

马建勇, 许吟隆, 潘婕. 2012. 东北地区农业气象灾害的趋势变化及其对粮食产量的影响. 中国农业气象, 33(2): 283-288

马杰, 卢山, 刘桢, 等. 2014. 花生产量和生长发育进度对播期与气象要素的响应. 山东农业科学, 46(6): 54-58.

马丽, 顾晓鹤, 徐新刚, 等. 2009. 地块数据支持下的玉米种植面积遥感测量方法. 农业工程学报, 25(8): 147-151.

马丽. 2009. 多源信息复合的 SVM 混合地块分解法提取玉米种植面积. 西安: 西安科技大学硕士学位论文.

马书先, 王闯, 李景扬, 等. 2013. 玉米高光效种植方法和注意事项. 农机科技推广, 10: 43-44.

马树庆. 1994. 我省发展大豆生产的农业气候条件及主产区划分. 吉林农业科学, 4: 90-94.

马树庆. 1996. 吉林省农业气候研究. 北京: 气象出版社: 166-180.

马树庆, 刘玉英, 王琪. 2006. 玉米低温冷害动态评估和预测方法. 应用生态学报, 17(10): 1905-1910.

马树庆, 罗闻红, 曲金华. 1997. 与我省西部农业可持续发展有关的几个气候生态问题. 吉林气象, 3: 9-11, 29.

马树庆, 王琪, 春乙, 等. 2008a. 东北地区玉米低温冷害气候和经济损失风险分区. 地理研究, 5: 1160-1177.

马树庆, 王琪, 罗新兰. 2008b. 基于分期播种的气候变化对东北地区玉米生长发育和产量的影响. 生态学报, 28(5): 2131-2139.

马树庆, 王琪, 高素华. 2005. 半干旱区农业水资源平衡及生态农业规划初探——以吉林省西部为例. 中国生态农业学报, 13(1): 182-185.

马玉平, 王石立, 李维京. 2011. 基于作物生长模型的东北玉米冷害监测预测. 作物学报, 37(10): 1868-1878.

孟富荣. 2014. 简述林业工程中农田防护林的栽植与管理. 黑龙江科技信息, 2: 271.

孟维亮, 于飞, 敖芹, 等. 2011. 稻水象甲的入侵特征与适应性分析. 耕作与栽培, 2: 19-20.

孟祥海, 梁嘉领, 时新瑞, 等. 2012. 牡丹江丘陵区大豆食心虫发生规律及生物防治效果研究. 大豆科学, 31(2): 354-356.

缪晓宇, 郭昂青. 2010. 黑龙江省松嫩平原地下水资源开发利用中主要问题及对策. 地质与资源, 19(2): 105-108, 133.

宁金花, 申双和. 2009. 气候变化对中国农业的影响. 现代农业科技, 12: 251-254, 256.

牛世伟, 安景文, 刘慧屿, 等. 2014. 大垄双行疏密种植对玉米冠层结构及产量影响的研究. 玉米科学, 22(5): 98-103.

农业科学委员会. 2011. 10000 个科学难题——农业科学卷. 北京: 科学出版社: 20-22.

潘根兴, 高民, 胡国华, 等. 2011. 气候变化对中国农业生产的影响. 农业环境科学学报, 30(9): 1698-1706.

潘根兴, 张阿凤, 邹建文, 等. 2010. 农业废弃物生物黑炭转化还田作为低碳农业途径的探讨. 生态与农村环境学报, 26(4): 394-400.

潘根兴, 周萍, 李恋卿, 等. 2007. 固碳土壤学的核心科学问题与研究进展. 土壤学报, 2: 327-337.

潘华盛, 徐南平, 张桂华. 2004. 气候变暖对黑龙江省农作物结构调整影响及未来 50 年农业情景对策. 黑龙江气象, 3: 13-15, 27.

潘铁夫. 1998. 吉林气候变暖与农业生产. 吉林农业科学, 1: 86-89.

潘志华, 潘学标, 妥德宝, 等. 2014. 防沙型农业的内涵、关键技术与研究展望. 中国农业大学学报, 19(2): 201-206.

裴永燕, 岳红伟. 2009. 东北地区农作物低温冷害研究. 科技传播, 9: 16-17.

彭畅, 高洪军, 李强, 等. 2010. 长期连作与轮作种植体系中土壤含水率生育期动态变化. 吉林农业科学, 35(4): 26-28.

彭成山, 杨玉珍, 郑存虎, 等. 2006. 黄河三角洲暗管改碱工程技术实验与研究. 郑州: 黄河水利出版社.

彭光雄, 宫阿都, 崔伟宏, 等. 2009. 多时相影像的典型区农作物识别分类方法对比研究. 地球信息科学学报, 11(2): 225-230.

蒲胜海, 卡拉巴耶夫·努尔金, 王新勇, 等. 2014. 暗管排盐对吉尔吉斯斯坦楚河盆地盐碱地的改良效应. 新疆农业科学, 51(11): 2144-2149.

漆栋良, 胡田田, 李瑞, 等. 2013. 局部灌水条件下玉米根系的时空分布研究. 西北农林科技大学学报 (自然科学版), 3: 159-171.

钱维宏, 张玮玮. 2007. 我国近 46 年来的寒潮时空变化与冬季增暖. 大气科学, 31(6): 1266-1278.

钱正英. 2007. 东北地区有关水土资源配置、生态与环境保护和可持续发展的若干战略问题研究. 北京: 科学出版社: 160-278.

秦大河. 2009. 气候变化: 区域应对与防灾减灾——气候背景下极端事件相关灾害影响及应对策略. 北京: 科学出版社.

秦大河, 陈振林, 罗勇. 2007. 气候变化科学的最新认知. 气候变化研究进展, 3(2): 63-73.

裘善文. 2004. 中国东北平原西部沙漠化现状、成因及其治理途径研究. 中国沙漠, 24(2): 124-128.

裘善文, 张柏, 王志春. 2005. 中国东北平原西部荒漠化现状、成因及其治理途径研究. 第四纪研究,

25(1): 63-73.

曲辉, 李腾友, 江冬, 等. 1998. 辽宁省稻水象甲成虫的空间分布型及抽样方法的研究. 沈阳农业大学学报, 29(1): 30-31.

曲金华. 2007. 中国东北地区气候变化对地表水资源影响评估. 南京: 南京信息工程大学硕士学位论文.

全国土壤普查办公室. 1994. 中国土种志(第二卷). 北京: 中国农业出版社.

任国玉, 初子莹, 周雅清. 2005. 中国气温变化研究最新进展. 气候与环境研究, 10(4): 701-716.

任海红, 任小俊, 刘学义. 2012. 大豆蚜虫的危害特点与综合防治措施. 现代农业科技, 21: 163-165.

任海祥, 王燕平, 邵广忠. 2014. 东北春大豆耐涝品种的筛选. 大豆科技, 2: 18-22

任敬忠. 2013. 农田防护林对于吉林省西部的效益分析研究. 农业与技术, 33(12): 100.

任丽, 王承伟, 张桂华, 等. 2013. 台风布拉万(1215)深入内陆所致的大暴雨成因分析. 气象, 39(12): 1561-1569.

任宪平. 2004. 东北黑土区合理开发利用存在的问题与对策. 水土保持科技情报, 2: 48-49.

桑海旭, 王井士, 李运动, 等. 2009. 盘锦水稻纹枯病发生趋势及防控技术. 北方水稻, 39(6): 26-28.

山东省花生研究所. 1982. 中国花生栽培学. 上海: 上海科学技术出版社.

单洪伟, 葛文锋, 荣建东. 2009. 东北黑土区土壤退化表现及产生因素分析. 黑龙江水利科技, 37(4): 199.

沈学年, 刘巽浩. 1983. 多熟种植. 北京: 中国农业出版社: 2-3.

盛婧, 陶红娟, 陈留根. 2007. 灌浆结实期不同时段温度对水稻结实与稻米品质的影响. 中国水稻科学, 21(4): 396-402.

时新瑞, 赵云彤, 王克勤. 2014. 牡丹江丘陵区大豆食心虫种群动态及其与气象因子的关系. 中国农学通报, 30(19): 268-271.

史占忠, 戴春红, 薛文全, 等. 2004. 玉米低温冷害综合防御高产栽培技术. 中国农技推广, 1: 35.

宋晓燕. 2014. 辽西地区大豆蚜虫的发生原因及防治方法. 现代农业, 3: 20.

苏芳, 黄彬香, 丁新泉, 等. 2006. 不同氮素形态的氨挥发损失比较. 土壤, 38(6): 682-685.

苏前富, 贾娇, 李红, 等. 2013. 玉米大斑病暴发流行对玉米产量和性状表征的影响. 玉米科学, 21(6): 145-147.

孙传生. 2005. 吉林黑土区水土流失与生态安全. 全国水土保持监测工作会议暨中国水土保持学会水土保持监测专业委员会学术研讨会.

孙传生, 黄长海, 朱大为, 等. 2006. 东北黑土区水土保持保护性耕作措施探讨. 水土保持研究, 13(5): 132-133, 136.

孙传生, 黄长海, 朱大为, 等. 2008. 东北黑土区水土保持保护性耕作措施探讨. 见: 中国水土流失与生态安全综合科学考察领导小组办公室、中国小流域治理管理项目指导委员会秘书处、中国水土保持委员会秘书处. 水土保持发展战略——中国水土流失与生态安全综合科学考察及水土保持发展战略研讨会论文集.

孙凤华, 袁健. 2005. 东北地区 1959—2002 年最高最低气温时空变化特征. 气候变化研究进展, 1(4): 168-171.

孙凤华, 杨素英, 陈鹏狮. 2005. 东北地区近 44 年的气候暖干化趋势分析及可能影响. 生态学杂志, 24(7): 751-755.

孙凤华, 杨修群, 路爽, 等. 2006a. 东北地区平均、最高、最低气温时空变化特征及对比分析. 气象科学, 26(2): 157-162.

孙凤华, 吴志坚, 杨素英. 2006b. 东北地区近 50 年来极端降水和干燥事件时空演变特征. 生态学杂志, 25(7): 779-784.

孙凤华, 袁健, 路爽. 2006c. 东北地区近百年气候变化及突变检测. 气候与环境研究, 11(1): 101-108

孙凤华, 杨素英, 任国玉. 2007. 东北地区降水日数、强度和持续时间的年代际变化. 应用气象学报, 18(5): 610-618.

孙凤华, 袁健, 关颖. 2008. 东北地区最高、最低温度非对称变化的季节演变特征. 地理科学, 28(4):

532-536.

孙广玉. 2001. 黑龙江省三江平原大豆抗涝防旱土壤耕作技术探讨. 大豆通报, 4: 11-12.

孙桂华. 2003. 辽宁省小杂粮区域发展的探讨. 辽宁农业科学, (5): 29-30.

孙赫, 李学军. 2010. 大豆蚜虫主要天敌控害作用研究进展. 辽宁农业科学, 1: 43-46.

孙继梅, 吴景贵, 李建明, 等. 2015. 不同有机肥对黑土氮素时空分布的影响. 水土保持学报, 29(5): 75-81.

孙继颖, 高聚林, 吕小红. 2007. 施氮量对大豆抗旱生理特性及水分利用效率的影响. 大豆科学, 26(4): 517-522.

孙力. 2007. 中国东北地区空中水资源的时空分布特征. 地理科学, 27: 2-9.

孙力, 安刚, 高枞亭, 等. 2004. 中国东北地区地表水资源与气候变化关系的研究. 地理科学, 24(1): 42-49.

孙睿, 洪佳华, 曹永华. 1997. 夏玉米光合生产模拟模型初探. 中国农业气象, 18(2): 20-23.

孙世贤, 戴俊英, 顾慰连. 1989. 氮、磷、钾肥对玉米倒伏及其产量的影响. 中国农业科学, 3: 28-33.

孙嵬, 李建平, 张强. 2014. 生物杀虫剂对大豆蚜的室内毒力及田间药效的筛选研究. 应用昆虫学报, 51(2): 385-391.

孙向军, 黄猛. 2014. 保护性耕作农田秸秆残茬管理技术要点. 农业与技术, 5: 141.

孙雪. 2015. 水稻纹枯病的防治技术研究. 长春: 吉林农业大学硕士学位论文.

孙雪, 侯志广, 赵晓峰, 等. 2015. 多种药剂对水稻纹枯病菌的毒力测定及田间药效. 农药, 54(2): 139-142.

孙毅, 高玉山, 朱知运, 等. 2002. 吉林省西部半干旱区增强玉米抗旱力及增产技术研究. 干旱地区农业研究, 20(3): 7-11.

孙玉亭. 1986. 黑龙江省玉米、大豆、小麦合理布局的农业气候区划. 耕作与栽培, 1/2 合刊: 82-86.

谭凯炎, 房世波, 任三学, 等. 2009. 非对称性增温对农业生态系统影响研究进展. 应用气象学报, 20(5): 634-641.

檀艳静, 张佳华, 姚凤梅, 等. 2013. 中国作物低温冷害监测与模拟预报研究进展. 生态学杂志, 32(7): 1920-1927

唐国平, 李秀彬, Fischer G, 等. 2000. 气候变化对中国农业生产的影响. 地理学报, 55(2): 129-138.

唐继洪. 2011. 我国草地螟对气候变暖的响应. 北京: 中国农业科学院硕士学位论文.

唐亚平, 张凯, 张伟. 2010. 东北雨季降水集中度和集中期的变化特征. 安徽农业科学, 38(2): 806-811.

唐彦. 2015. 辽西地区农田防护林的栽培管理技术. 辽宁农业科学, 2: 89-90.

唐蕴, 王浩, 严登华, 等. 2005. 近50年来东北地区降水的时空分异研究. 地理科学, 25(2): 172-176.

唐正合. 2011. 防治水稻稻瘟病的新型复配剂研制与使用技术研究. 南京: 南京农业大学硕士学位论文.

陶福禄, 熊伟, 许吟隆, 等. 2000. 气候变化情景下我国花生产量变化模拟. 中国环境科学, 20(5): 392-395.

田福平, 师尚礼, 洪绂曾, 等. 2012. 我国草田轮作的研究历史及现状. 草业学报, 29(2): 320-326.

田玉福, 窦森, 张玉广, 等. 2013. 暗管不同埋管间距对苏打草甸碱土的改良效果. 农业工程学报, 29(12): 145-153.

屠其璞, 邓自旺, 周晓兰. 1999. 中国近117年年平均气温变化的区域特征研究. 应用气象学报, 10(增1): 34-42.

妥德宝, 段玉, 赵沛义, 等. 2002. 带状留茬间作对防治干旱地区农田风蚀沙化的生态效应. 华北农学报, 17(4): 63-67.

万书波. 2008. 气候变暖对花生生产的影响及应对策略. 山东农业科学, 6: 107-109.

汪金英. 2009. 东北粮食主产区的旱涝灾害及对策分析. 学术交流, 183(6): 115-118.

汪景宽, 王铁宇, 张旭东, 等. 2002a. 黑土土壤质量演变初探 Ⅰ. 不同开垦年限黑土主要质量指标演变规律. 沈阳农业大学学报, 33(1): 43-47.

汪景宽, 张旭东, 王铁宇, 等. 2002b. 黑土土壤质量演变初探 Ⅱ. 不同地区黑土中有机质、氮、硫和磷现状及变化规律. 沈阳农业大学学报, 33(4): 270-273.

王安, 郝明德, 臧逸飞, 等. 2013. 秸秆覆盖和留茬的田间水土保持效应. 水土保持研究, 20(1): 47-51.

王安, 刘剑峰, 胡兆平. 2008. 水稻纹枯病发生规律与防治技术. 中国农村小康科技, 2: 58, 65.

王长燕, 赵景波, 李小燕. 2006. 华北地区气候暖干化的农业适应性对策研究. 干旱区地理, 29(5): 646-652.

王春乙. 2007. 重大农业气象灾害研究进展. 北京: 气象出版社.

王丹, 马晓慧. 2015. 应用赤眼蜂防治水稻二化螟的效果评价. 江苏农业科学, 43(5): 113-114.

王馥棠. 2002. 近十年来我国气候变化影响研究的若干进展. 应用气象学报, 13(6): 755-766.

王刚, 肖伟华, 路献品, 等. 2014. 气候变化对旱涝事件影响研究进展. 灾害学, 29(2): 142-148.

王恒亮, 吴仁海, 朱昆, 等. 2011. 玉米倒伏成因与控制措施研究进展. 河南农业科学, 10: 1-5.

王建国, 刘文雄, 刘鸿翔, 等. 1995. 松嫩平原粮草轮作定位试验研究. 黑龙江农业科学, 6: 25-28.

王江山, 孙凤华, 赵春雨, 等. 2009. 气候变暖对东北地区农业生产的影响. 安徽农业科学, 19: 9053-9056.

王金霞, 邵桂珍, 金明棠, 等. 2003. 水稻"牡丰"壮秧剂防治水稻苗期立枯病试验总结. 现代农业, 7: 43.

王敬亚, 齐华, 梁熠, 等. 2009. 种植方式对春玉米光合特性、干物质积累及产量的影响. 玉米科学, 17(5): 113-115.

王静, 杨晓光, 李勇, 等. 2011. 气候变化背景下中国农业气候资源变化VI. 黑龙江省三江平原地区降水资源变化特征及其对春玉米生产的可能影响. 应用生态学报, 22(6): 1511-1522.

王军, 顿耀龙, 郭义强, 等. 2014. 松嫩平原西部土地整理对盐渍化土壤的改良效果. 农业工程学报, 30(18): 266-275.

王军海, 王晖. 2005. 6月气温和降水对花生产量的影响. 山东气象, 3: 30-31.

王克勤, 李新民, 刘春来, 等. 2006. 大豆食心虫危害高峰期和最佳防治时期研究. 作物杂志, 5: 57-58.

王克勤, 梅相如, 刘兴龙, 等. 2013. 大豆食心虫两种性诱芯和诱捕器田间诱蛾效果. 黑龙江农业科学, 5: 34-36.

王丽, 霍治国, 张蕾, 等. 2012. 气候变化对中国农作物病害发生的影响. 生态学杂志, 31(7): 1673-1684.

王良发, 张守林, 徐国举, 等. 2014. 玉米小斑病流行特点及防治技术综述. 安徽农学通报, 20(19): 43-45.

王明娜, 潘华盛. 2009. 气候变暖对黑龙江省粮食作物种植格局的影响评估. 黑龙江气象, 26(4): 17-20.

王明星. 2001. 中国稻田甲烷排放. 北京: 科学出版社: 142-150.

王宁, 马梁臣, 姚瑶. 2014. 2012年东北地区玉米粘虫爆发的气象成因分析. 气象灾害防御, 04: 33-36, 48.

王培娟, 梁宏, 李祎君, 等. 2011. 气候变暖对东北三省春玉米发育期及种植布局的影响. 资源科学, 10: 1976-1983.

王琪, 马树庆, 郭建平, 等. 2009. 温度对玉米生长和产量的影响. 生态学杂志, 28(2): 255-260.

王仁靖, 杨晶, 郭宇. 2014. 农田防护林效益与可持续发展策略研究. 农业科技与装备, 3: 12-13.

王蓉芳, 黄德明, 崔勇. 2000. 我国不同地区土壤肥力监测报告(1988～1997)——东北区土壤肥力变化趋势及原因分析. 土壤肥料, 6: 8-13.

王绍美, 金胜利, 王刚. 2010. 半干旱区全覆膜双垄沟播技术对玉米产量和水分利用效率的影响. 甘肃农业大学学报, 45(4): 100-106.

王绍武, 黄建斌. 2006. 全新世中期的旱涝变化与中华古文明的进程. 自然科学进展, 16(10): 1238-1244.

王胜宝, 邓根生, 王晓娥, 等. 2008. 陕南水稻纹枯病主要发病因素及其防治指标. 植物保护学报, 35(4): 375-376.

王石立, 庄立伟, 王馥棠. 2003. 近20年气候变暖对东北农业生产水热条件影响的研究. 应用气象学报, 14(2): 152-164.

王树怀. 2009. 垦利县董集乡采用暗管排碱改良土壤. 山东国土资源, 25(5): 58.

王文峰, 李克南. 2009. 气候变化背景下我国东北三省农业气候资源变化特征. 应用生态学报, 20(9): 2199-2206

王晓敏. 2014. 吉林省中西部农田防护林的现状及更新改造问题及对策. 生物技术世界, 11: 48.

王孝峰. 2012. 玉米高光效保护性耕作栽培技术试验报告. 农机使用与维修, 3: 109.

王新兵, 侯海鹏, 周宝元, 等. 2014. 条带深松对不同密度玉米群体根系空间分布的调节效应. 作物学报, 40(12): 2136-2148.

王修慧, 舒畅, 李浩元, 等. 2014. 0.01%芸苔素内酯可溶液剂促进水稻增产及抗御寒露风的效果. 江西农业学报, 5: 36-38.

王修兰, 徐师华. 1996. 气候变暖对土壤化肥用量和肥效影响的实验研究. 气象, 22(7): 12-6.

王旭一. 2013. 水稻低温冷害下生理研究进展. 北方水稻, 3: 71-72, 75.

王雅婕, 黄耀, 张稳. 2009. 1961—2003 年中国大陆地表太阳总辐射变化趋势. 气候与环境研究, 14(4): 405-413.

王亚平. 2008. 1960—2005 年气候变化对东北三省地表干湿状况和作物生长期的影响. 南京: 南京农业大学硕士学位论文: 3-7.

王亚平, 黄耀, 张稳. 2008. 中国东北三省 1960—2005 年地表干燥度变化趋势地球科学进展. 23(6): 619-626.

王彦辉, Rade P. 1999. 环境因子对挪威云杉林土壤有机质分解过程中重量和碳的气态损失影响及模型. 生态学报, 19(5): 641-646.

王艳秋, 高煜中, 潘华盛, 等. 2007. 气候变暖对黑龙江省主要农作物的影响. 气候变化研究进展, 3(6): 373-378.

王应君, 王淑珍, 郑义. 2006. 肥料深施对小麦生育性状、养分吸收及产量的影响. 中国农学通报, 22(9): 276-280.

王永宏, 仵均祥, 苏丽. 2002. 温度对小麦上玉米蚜种群增长的影响. 西北农林科技大学学报(自然科学版), 30(6): 111-114.

王勇, 邱立春. 2007. 阜新市机械化保护性耕作实施进展. 农机化研究, 9: 248-250.

王宇, 韩兴, 赵占军, 等. 2016. 垄沟秸秆覆盖对黑土顺坡耕地氮、磷养分阻控效果. 水土保持学报, 01: 137-140.

王媛, 方修琦, 徐铁, 等. 2005. 气候变暖与东北地区水稻种植的适应行为. 资源科学, 27(l): 121-127.

王越, 赵辉, 马凤江. 2006. 盐碱地与耐盐碱牧草. 山西农业科学, 34(1): 55- 57.

王宗明, 宋开山, 李晓燕, 等. 2007. 近 40 年气候变化对松嫩平原玉米带单产的影响. 干旱区资源与环境, 21(9): 112-117.

韦翔华, 李华兴, 陆申年. 2005. 应用最优混合设计研究氮磷钾不同配比对甘蔗产量和产糖量的效应. 土壤肥料, 4: 6-10.

魏丹, 杨谦, 迟凤琴. 2006. 东北黑土区土壤资源现状与存在问题. 黑龙江农业科学, 6: 69-72.

魏凤英, 张婷. 2009. 东北地区干旱强度频率分布特征及其环流背景. 自然灾害学报, 18(3): 1-7.

魏慧娟, 武建华. 2009. 小麦生长发育期内主要气象灾害的发生特征及预报技术研究. 杭州: 第 26 届中国气象学会年会农业气象防灾减灾与粮食安全论文集: 340-346.

魏霞, 李占斌, 李勋贵. 2012. 黄土高原坡沟系统土壤侵蚀研究进展. 中国水土保持科学, 10(1): 108-113.

魏义长, 白由路, 杨俐苹, 等. 2007. 测土推荐施锌对水稻产量结构及土壤有效养分的影响. 中国水稻科学, 21(2): 197-202.

吴才武, 夏建新. 2015. 保护性耕作的水土保持机理及其在东北黑土区的推广建议. 浙江农业学报, 27(2): 254-260.

吴海燕, 孙甜田, 范作伟, 等. 2014. 东北地区主要粮食作物对气候变化的响应及其产量效应. 农业资源与环境学报, 31(4): 299-307.

吴景贵, 任军, 赵欣宇, 等. 2014. 不同培肥方式黑土腐殖质形态特征研究. 土壤学报, 51(4): 35-43.

吴荣生, 姜承光, 宋祖武. 1987. 涝渍对夏玉米产量的影响及其防御措施. 江苏农业科学, 4: 13-15.

吴滔滔. 2009. 稻水象甲发生危害规律及防治技术研究. 长沙: 湖南农业大学硕士学位论文.

吴正方, 靳英华, 刘吉平, 等. 2003. 东北地区植被分布全球气候变化区域响应. 地理科学, 23(5): 564-570.

武兰芳, 陈阜, 欧阳竹, 等. 2002. 种植制度演变与研究进展. 耕作与栽培, 3: 1-5.

武荣盛, 陈素华. 2011. 内蒙古地区亚洲玉米螟发生的气象条件适宜度预报. 中国农业气象, 32(3): 471-474.

夏广锋, 周昊, 朱悦, 等. 2008. 辽宁省沙化土地现状及防治措施. 内蒙古林业调查设计, 31(1): 17-20.

向达兵. 2012. 钾对套作大豆的抗倒伏效应与提高产量的机理研究. 雅安: 四川农业大学博士学位论文.

向开馥, 周葆果, 赵雨森, 等. 1989. 农田防护林体系区域性气候效益研究. 见: 向开馥. 东北西部内蒙古东部防护林研究(一). 哈尔滨: 东北林业大学出版社: 296-305.

肖彩霞, 关雪松, 王晓艳, 等. 2013. 东北三省大豆品种(系)对大豆根腐镰孢菌的抗性分析. 中国油料作物学报, 35(2): 201-206.

肖风劲, 张东海, 王春乙, 等. 2006. 气候变化对我国农业的可能影响及适应性对策. 自然灾害学报, 15(6): 327-331.

肖国举, 张强, 王静. 2007. 全球气候变化对农业生态系统的影响研究进展. 应用生态学报, 18(8): 1877-1888.

肖佳雷. 2013. 北方寒地春大豆抗旱高产产量性能特征及关键技术调控效应的研究. 沈阳: 沈阳农业大学博士学位论文.

谢安, 孙永罡, 白人海. 2003. 中国东北近 50 年干旱发展及对全球气候变暖的响应. 地理学报, 58(增刊): 75-82.

谢立勇, 郭明顺, 曹敏建, 等. 2009. 东北地区农业应对气候变化的策略与措施分析. 气候变化研究进展, 5(3): 174-178.

谢立勇, 侯立白, 高西宁, 等. 2002. 冬小麦 M808 在辽宁省的种植区划研究. 沈阳农业大学学报, 33(1): 6-10.

谢立勇, 李艳, 林淼. 2011. 东北地区农业及环境对气候变化的响应与应对措施. 中国农业生态学报, 19(1): 197-201.

信乃诠, 程延年. 1995. 未来气候变化对农业的影响及其对策. 中国农学通报, 11(3): 1-4.

邢福, 周景英, 金永君, 等. 2011. 我国草田轮作的历史、理论与实践概览. 草业学报, 20(3): 245-255.

邢海波, 马全洋, 催丽敏, 等. 2008. 玉米保护性耕作技术要点. 现代农业科学, 15(11): 32-33.

邢跃先, 檀国庆, 张好, 等. 2006. 吉林省玉米高产栽培技术. 玉米科学, (3): 126-128.

徐斌, 辛晓平, 唐华俊, 等. 1999. 气候变化对我国农业地理分布的影响及其对策. 地理科学进展, 18(4): 316-321.

徐丽娜, 黄收兵, 陈刚, 等. 2012. 玉米抗倒伏栽培技术的研究进展. 作物杂志, 1: 5-8.

徐璐, 王志春, 赵长巍, 等. 2011. 东北地区盐碱土及耕作改良研究进展. 中国农学通报, 27: 23-31.

徐明霞. 2006. 方正县水稻适时育秧、插秧期温度指标与产量的初步分析. 黑龙江气象, 1: 18-19.

徐鹏, 邹春静, 李苗苗, 等. 2012. 吉林省农安地区农田防护林生态经济效益分析. 现代农业科技, 1: 204-205, 209.

徐仁吉. 2013. 粘虫发生的气象条件与防治方法. 农村科学实验, 6: 12.

徐新良, 刘纪远, 庄大方, 等. 2004. 基于 3S 技术的中国东北地区林地时空动态特征及驱动力分析. 地理科学, 24(1): 55-60.

徐兴波, 韩庆红, 徐驰. 2015. "布拉万"和"梅花"北上影响吉林省产生天气降水差异的天气学特征对比分析. 气象科技进展, 5(1): 53-59.

许波, 崔向华, 许海涛. 2007. 玉米螟的发生危害及防治技术. 现代农业科技, 12: 69-73.

许俊伟, 孟天瑶, 荆培培, 等. 2015. 机插密度对不同类型水稻抗倒伏能力及产量的影响. 作物学报, 41(11): 1767-1776.

许青云, 杨贵军, 龙慧灵, 等. 2014. 基于 MODIS NDVI 多年时序数据的农作物种植识别. 农业工程学报, 30(11): 134-144.

许文波, 田亦陈. 2005. 作物种植面积遥感提取方法的研究进展. 云南农业大学学报, 20(1): 94-98. .

许吟隆, 郑大伟, 刘晓英, 等. 2014. 中国农业适应气候变化关键问题研究. 北京: 气象出版社.

阎琦, 吴艳青, 朱宇, 等. 2008. 鞍山市春季气候变化及其对农业的影响. 安徽农业科学, 36(4): 1599-1600, 1633.

颜景波, 于洪波, 董敬超, 等. 2007. 风沙土农田防风蚀保护性耕作几点措施. 辽宁农业科学, 2: 45-46.

杨爱峥. 2012. 黑龙江省西部丘陵漫岗区坡耕地综合治理技术模式研究. 哈尔滨: 东北农业大学硕士学位论文.

杨安中, 朱启升, 陈周前, 等. 2009. 栽培方式对"绿旱1号"产量、水分利用效率及生产成本的影响. 中国农学通报, 7: 122-126.

杨长城, 丛斌, 宋亚坤, 等. 2000. 玉米螟不同虫态发生期、发生量对第1, 2代玉米螟发生程度的影响. 沈阳农业大学学报, 31(5): 435-438.

杨春. 2009. 中国主要粮食作物生产布局变迁及区位优化研究. 杭州: 浙江大学博士学位论文.

杨飞, 姚作芳, 宋佳, 等. 2012. 松嫩平原作物生长季气候和作物生育期的时空变化特征. 中国农业气象, 33(1): 18-26.

杨福, 李景鹏, 左静红. 2012. 对吉林省新增盐碱地水田种稻技术的几点新认识. 吉林农业科学, 5: 12-14.

杨慧. 2015. 水稻菌核秆腐病的防治技术研究. 长春: 吉林农业大学硕士学位论文.

杨慧, 王晓梅, 侯志广, 等. 2015. 几种杀菌剂对水稻菌核杆腐病的室内毒力测定及田间防效. 农药, 54(5): 381-383.

杨继松, 李新, 郭洪海. 2010. 东北三省花生生产现状、问题及发展对策. 安徽农业科学, 38(30): 17308-17310.

杨洁. 2013. 吉林省主要作物害虫及捕食性天敌种群动态研究. 长春: 吉林农业大学硕士学位论文.

杨捷, 梅旭荣, 严昌荣. 2007. 保护性耕作技术的发展和效益研究. 中国农业气象, 28(增刊): 73-76.

杨黎, 王立刚, 李虎, 等. 2014. 基于 DNDC 模型的东北地区春玉米农田固碳减排措施研究. 植物营养与肥料学报, (1): 75-86.

杨庆凯, 桂明珠, 武天龙. 1986. 大豆品种抗倒伏能力与产量、植株形态、茎解剖性状的相关分析. 大豆科学, 5(2): 113-116.

杨荣明. 2004. 江苏农作物虫害发生新动态. 农药市场信息, 4: 33.

杨素英, 孙凤华, 马建中. 2008. 增暖背景下中国东北地区极端降水事件的演变特征. 地理科学, 28(2): 224-228.

杨天悦, 史振鑫, 孟安华, 等. 2014. 农林废弃物与有机肥配施对黑土团聚体组成及稳定性的影响. 南京林业大学学报, 38(1): 47-52.

杨晓贺. 2014. 佳木斯地区大豆蚜及其天敌种群发生规律的研究. 大豆科学, 33(1): 95-98.

杨晓贺, 顾鑫, 于铭, 等. 2015. 三江平原主栽大豆品种对大豆根腐病尖孢镰孢菌的抗性分析. 中国农学通报, 31(31): 199-202.

杨晓强, 张立群, 李帅, 等. 2013. 1980—2008 年黑龙江省气候变暖及其对大豆种植的影响. 气象与环境学报, 29(2): 96-100.

杨新. 2011. 中国土壤侵蚀分区及土壤流失调查. 自然灾害学报, 04: 131-136.

杨新, 郭江峰, 刘洪鹄. 2006. 东北典型黑土区土壤风蚀环境分析. 地理科学, 26(4): 443-448.

杨秀春. 2004. 旱作农田土壤风蚀防治的保护性耕作技术研究. 北京: 北京师范大学博士学位论文.

杨艳华, 朱镇, 张亚东, 等. 2011. 不同水稻品种(系)抗倒伏能力与茎秆形态性状的关系. 江苏农业学报, 27(2): 231-235.

杨子仪, 吴景贵, 冯娜娜, 等. 2015. 不同畜禽粪与化肥配施对黑土中 Cu 有效性的影响及相关因素分析. 环境科学学报, 35(1): 294-301.

姚凤梅, 秦鹏程, 张佳华, 等. 2011. 基于模型模拟气候变化对农业影响评估的不确定性及处理方法. 科学通报, 56: 547-555.

冶明珠. 2012. 气候变化背景下东北地区玉米气候资源适宜度评价. 合肥: 安徽农业大学硕士学位论文.

叶彩玲, 霍治国. 2001. 气候变暖对我国主要农作物病虫害发生趋势的影响. 中国农业信息快讯, 04: 9-10.

尹怀宁, 汤姿, 吕芳. 2003. 东北平原西部近百年来生态环境退化机制分析. 水土保持研究, 10(4): 190-192.

于凤丽, 崔杰印, 刘冬影, 等. 2013. 大豆品种抗旱性对比分析与综合评价. 吉林农业, 6: 56-57.

于吉琳. 2013. 播期与密度对玉米物质生产及产量的影响. 沈阳: 沈阳农业大学博士学位论文.

于淑会, 刘金铜, 李志祥, 等. 2012. 暗管排水排盐改良盐碱地机理与农田生态系统响应研究进展. 中国生态农业学报, 20(12): 1664-1672.

余守武, 杨长登, 李西明. 2006. 我国稻水象甲的发生及其研究进展. 中国稻米, 6: 10-12.

余卫东, 冯利平, 刘荣花. 2013. 玉米涝渍灾害研究进展与展望. 玉米科学, 4: 143-147.

於凡, 曹颖. 2008. 全球气候对区域水资源影响研究进展综述. 水资源与水工程学报, 19(4): 92-97, 102.

俞方圆. 2011. 近 50 年东北地区气候变化及其对河川径流和泥沙的影响研究. 杨凌: 西北农林科技大学硕士学位论文.

原万坤. 2010. 黑龙江省西部风沙土区覆膜喷灌节水增产效应研究. 哈尔滨: 东北农业大学硕士学位论文.

袁彬, 郭建平, 冶明珠. 等. 2012. 气候变化下春玉米品种熟型分布格局及其气候生产潜力. 科学通报, 57(14): 1252-1262.

袁福香, 刘实, 郭维, 等. 2008. 吉林省一代玉米螟发生的气象条件适宜程度等级预报. 中国农业气象, 29(4): 477-480.

云雅如. 2004. 过去 20 年我国黑龙江省主要粮食作物种植格局变化同气候变暖之间的关系. 呼和浩特: 内蒙古师范大学硕士学位论文.

云雅如, 方修琦, 王媛, 等. 2005. 黑龙江过去 20 年粮食作物种植格局变化及其气候背景. 自然资源学报, 20(5): 697-705.

臧生. 2003. 保护性耕作防护土壤风蚀的试验研究. 北京: 北京农业大学博士学位论文.

臧英. 2003. 保护性耕作防治土壤风蚀的试验研究. 北京: 中国农业大学博士学位论文.

臧英, 高焕文. 2002. 国外农田风蚀发生机理与防治技术的研究. 农业工程学报, 03: 195-198.

曾娟, 姜玉英, 刘杰. 2013. 2012 年黏虫暴发特点分析与监测预警建议. 植物保护, 39(2): 117-121.

扎日, 王军, 李俊有. 2012. 阿鲁科尔沁旗杂粮杂豆种植气候区划. 内蒙古农业科技, 1: 81.

翟盘茂, 邹旭恺. 2005. 1951—2003 年中国气温和降水变化及其对干旱的影响. 气候变化研究进展, 1(1): 16-18.

翟盘茂, 王萃萃, 李威. 2007. 极端降水事件变化的观测研究. 气候变化研究进展, 3(3): 144-148.

翟志芬, 胡玮, 严昌荣, 等. 2012. 中国玉米生育期变化及其影响因子研究. 中国农业科学, 45(22): 4587-4603.

战宇航, 宋巍巍, 范冬梅, 等. 2010. 黑龙江不同地区大豆菌核病病原菌分离物的形态学分析. 大豆科学, 29(1): 72-76.

张爱静. 2013. 东北地区流域径流对气候变化与人类活动的响应特征研究. 大连: 大连理工大学博士学位论文.

张波, 王国庆, 王桂华, 等. 2004. 大豆菌核病发病因素分析与防治方法. 杂粮作物, 24(1): 48-49.

张登荣. 2009. 保护性耕作机械化技术要点. 农机使用与维修, 6: 44-45.

张冬梅, 张伟, 刘恩科, 等. 2013. 早熟区不同播期旱地玉米产量对施肥水平和种植密度的响应. 中国生态农业学报, 12: 1449-1458.

张福锁, 范明生, 陈新平, 等. 2013. 主要粮食作物高产栽培与资源高效利用的基础研究. 北京: 中国农业出版社: 17-787.

张海娜, 李晶, 吕志红, 等. 2011. 东北地区农业气象灾害定量评估. 气象与环境学报, 27(3): 24-28

张红锋, 王伟, 魏素珍. 2015. 地膜覆盖对西藏林芝土壤性质及玉米产量的影响. 西北农林科技大学学

报(自然科学版), 4 3(10): 14-18

张厚宝. 2009. 玉米品种郑单958在东北春玉米区的生态适应性研究. 泰安: 山东农业大学硕士学位论文.

张厚宝, 李少昆, 谢瑞芝, 等. 2009. 郑单958玉米生态适应性研究初报. 中国种业, (5): 46-47.

张厚瑄. 2000. 中国种植制度对全球气候变化响应的有关问题. 1 气候变化对我国种植制度的影响. 中国农业气象, 21(l): 9-13.

张佳环, 刘巍, 潘姣, 等. 2015. 苏打盐碱地水稻秆腐菌核病病原鉴定及其生物学特性. 植物保护, 6: 72-78.

张建云. 2010. 气候变化与中国水安全. 阅江学刊, 2(4): 15-19.

张建平, 王春乙, 杨晓光, 等. 2009. 温度导致的我国东北三省玉米产量波动模拟. 生态学报, 29: 5516-5522.

张建云, 章四龙, 王金星, 等. 2007. 近50年来中国六大流域年际径流变化趋势研究. 水科学进展, 18(2): 230-234.

张劲松, 孟平, 宋兆明, 等. 2004. 我国平原农区复合农林业小气候效应研究概述. 中国农业气象, 25(3): 52-62.

张京英, 赵海军, 王庆华, 等. 2010. 一次台风大暴雨成因及落区分析. 气象科技, 38(增刊): 35-41.

张军涛, 李哲, 郑度. 2001. 东北农牧交错区水分条件及其对植被分布的影响. 地理科学, 21(4): 297-300.

张俊香, 延军平. 2001. 陕西省农作物病虫害与气候变化的关系分析. 灾害学, 16(2): 27-30.

张兰亭. 1988. 暗管排水改良滨海盐土的效果及其适宜条件. 土壤学报, 25(4): 356-365.

张蕾. 2013. 气候变化背景下农作物病虫害的变化及区域动态预警研究. 北京: 中国气象研究院硕士学位论文.

张蕾, 霍治国, 王丽, 等. 2012. 气候变化对中国农作物虫害发生的影响. 生态学杂志, 31(6): 1499-1507.

张丽华, 史奎桥, 刘景利, 等. 2009. 气候变化与气候事件对锦州农田生态的影响及预防政策. 安徽农学通报, 15(19): 141-143.

张丽娟. 1998. 气候变化对黑龙江省农业生态环境的影响. 哈尔滨师范大学自然科学学报, 14(4): 105-108.

张崎峰, 王晓鸣, 蔡鑫鑫, 等. 2015. 玉米大斑病防控技术研究. 黑龙江农业科学, 8: 55-57.

张强, 邓振镛, 赵映冬, 等. 2008. 全球气候变化对我国西北地区农业的影响. 生态学报, 28(3): 1210-1218.

张庆良, 徐文铎, 林长清. 1989. 乾安县农田生态经济效益的研究. 见: 向开馥. 东北西部内蒙古东部防护林研究(一). 哈尔滨: 东北林业大学出版社: 296-305.

张全党. 2009. 大豆根腐病发生规律及防治关键技术研究. 乌鲁木齐: 新疆农业大学硕士学位论文.

张绍军. 2012. 中耕深松对不同作物土壤含水量的影响. 农业科技与装备, 4: 17-19.

张淑杰, 张玉书, 孙龙彧, 等. 2013. 东北地区玉米生育期干旱分布特征及其成因分析. 中国农业气象, 3: 350-357.

张树文, 杨久春, 李颖, 等. 2010. 1950 s 中期以来东北地区盐碱地时空变化及成因分析. 自然资源学报, 25(3): 435-442.

张苏平, 陈文凯, 周中红, 等. 2015. 中国西部地区大地震(MS≥7)烈度衰减关系改进. 自然灾害学报, 01: 104-113.

张苏平, 李春, 白燕, 等. 2006. 一次北方台风暴雨(9406)能量特征分析. 大气科学, 30(4): 645-659.

张溯, 刘远和. 2013. 四平市玉米高光效栽培技术应用研究. 农业科技与装备, 10: 5-7.

张伟. 2009. 大豆菌核病综合防治技术. 哈尔滨: 东北农业大学硕士学位论文.

张文兴, 隋东. 2005. 气候变化对沈阳地区的影响及对策研究. 辽宁气象, 4: 18-19.

张文宗, 姚树然, 赵春雷, 等. 2006. 利用MODIS资料监测和预警干旱新方法. 气象科技, 34(4): 501-504.

张武, 李宝华, 李红鹏, 等. 2013. 黑河地区大豆食心虫发生规律调查. 大豆科学, 32(5): 725-726.

张小明. 2011. 低温冷害对黑龙江省水稻生长发育的影响及防御措施. 北方水稻, 4: 32-33, 53.

张旭丽, 邢宝龙, 王桂梅, 等. 2015. 不同药剂对大豆根腐病的防治效果. 山西农业科学, 43(8): 1006-1009.

张养才, 何维勋, 李世奎. 1991. 中国农业气象灾害概论. 北京: 气象出版社.

张瑛, 罗世武, 王秉龙. 2009. 紫花苜蓿改良盐碱地效果研究. 现代农业科技, 20: 121, 125.

张勇勤, 向毓意. 1999. 气候变化对长江三角洲地区水资源供需平衡的影响. 南京气象学院学报, S1: 529-535.

张宇. 1993. 水热变化对冬小麦生长发育的模拟试验. 气象, 19(7): 19-22.

张宇, 彭显龙, 罗盛国, 等. 2013. 施锌对寒地水稻返青和产量的影响. 土壤通报, 2: 437-441.

张郁, 邓伟, 杨建锋. 2005. 东北地区的水资源问题、供需态势及对策研究. 经济地理, 25(4): 565-568, 541.

张志亮, 张富仓, 郑彩霞, 等. 2008. 局部根区灌水和施氮对玉米导水率的影响. 中国农业科学, 7: 2033-2039.

张志莹, 吴景贵, 杨天悦, 等. 2013. 不同处理牛粪与氮肥混配挥发的模拟研究. 水土保持学报, 27(6): 285-289.

张柱亭, 李静, 孙嵬, 等. 2013. 干旱和洪涝灾害对亚洲玉米螟种群动态的影响. 玉米科学, 21(1): 141-143.

章基嘉, 徐祥德, 苗俊峰. 1992. 气候变化及其对农作物生产潜力的影响. 气象, 18(8): 3-7.

赵炳南, 朱凤文, 杨威, 等. 2010. 吉林省西部半干旱区玉米灌溉现状分析及对策. 吉林农业科学, 35(6): 8-10, 15.

赵春雨, 王颖, 张玉书, 等. 2009. 近50年辽宁省作物生长季气候条件变化及对农业生产的影响. 灾害学, 24(4): 102-106.

赵季秋. 2013. 东北大豆种植面积下滑原因探讨. 辽宁农业科学, 6: 56-58.

赵锦, 杨晓光, 刘志娟, 等. 2014. 全球气候变暖对中国种植制度的可能影响 X. 气候变化对东北三省春玉米气候适宜性的影响. 中国农业科学, 47(16): 3143-3156.

赵俊芳, 郭建平, 张艳红, 等. 2010. 气候变化对农业影响研究综述. 中国农业气象, 31: 200-205.

赵俊芳, 穆佳, 郭建平. 2015. 近50年东北地区≥10℃农业热量资源对气候变化的响应. 自然灾害学报, 24(3): 190-198.

赵兰坡, 冯君, 王宇, 等. 2013. 松嫩平原盐碱地改良利用——理论与技术. 北京: 科学出版社.

赵先丽, 刘志恒, 纪瑞鹏, 等. 2014. 辽宁水稻主产区稻瘟病发生特征分析. 气象与环境学报, 30(2): 88-92.

赵欣宇, 吴景贵, 李建明, 等. 2014. 玉米秸秆及相关废弃物对黑土腐殖质结合形态影响. 水土保持学报, 28(5): 193-198.

赵兴梁, 杨根生. 2002. 论北半球三大温带草原农垦与沙漠化的关系. 中国沙漠, 22(5): 446-451.

赵秀兰. 2010. 近50年中国东北地区气候变化对农业的影响. 东北农业大学学报, 41(9): 144-149.

赵艳霞, 裘国旺. 2001. 气候变化对北方农牧交错带的可能影响. 气象, 05: 3-7.

赵云彤, 时新瑞, 孟祥海. 2013. 牡丹江丘陵半山区利用苦参碱、烟碱+皂素防治大豆蚜虫效果研究. 大豆科学, 33(2): 287-289.

赵志强. 1999. 未来全球气候变暖对我国花生生产的影响. 花生科技, 12(增刊): 93-96.

赵宗慈, 罗勇. 2007. 21世纪中国东北地区气候变化预估. 气象与环境学报, 23(3): 1-4.

甄志高, 王晓林, 段莹, 等. 2004. 气象条件对花生蛋白质和脂肪含量的影响. 花生学报, 33(3): 22-24.

郑长春, 王秀珍, 黄敬峰. 2008. 基于特征波段的SPOT-5卫星影像水稻面积信息自动提取的方法研究. 遥感技术与应用, 23(3): 294-299.

郑新利, 张丙双, 寇贺. 2012. 东北地区大豆生产主要问题及发展对策. 黑龙江农业科学, 2: 146-149.

郑有飞, 刘茜, 王云龙, 等. 2012. 能量指数法在黑龙江干旱监测中的适用性研究. 土壤, 44(1):

149-157.

中国工程院"东北水资源"项目组. 2006. 东北地区有关水土资源配置生态与环境保护和可持续发展的若干战略问题研究. 中国工程科学, 8(5): 1-24.

钟新科, 刘洛, 徐新良, 等. 2012. 近30年中国玉米气候生产潜力时空变化特征. 农业工程学报, 28(5): 94-101.

衷敬峰. 2015. 几种药剂防治水稻二化螟田间药效试验. 农药科学与管理, 36(2): 59-61.

周光明. 2009. 松嫩平原作物气候生产潜力分析及其气候变化响应. 黑龙江农业科学, 5: 35-37.

周慧秋, 王常君. 2006. 东北地区粮食综合生产能力分析. 东北农业大学学报, 4(1): 5-8.

周京平, 王卫丹. 2009. 极端气候因素对中国农业经济影响初探. 现代经济, 8(7): 142-145.

周岚, 姜英, 陈阜, 等. 2013. 玉米—大豆轮作及氮肥水平对玉米农艺性状及产量的影响. 中国农业大学学报, 18(6): 61-67.

周立宏, 宋丽瑛, 王洪丽, 等. 2006. 扎兰地区近30年气象条件变化及与作物产量的关系. 气象, 32(8): 113-117.

周丽静. 2009. 气候变暖对黑龙江省水稻、玉米生产影响的研究. 哈尔滨: 东北农业大学硕士学位论文.

周平. 2001. 全球气候变化对我国农业生产的可能影响与对策. 云南农业大学学报, 16(1): 1-4.

周曙东, 周文魁, 林光华, 等. 2013. 未来气候变化对我国粮食安全的影响. 南京农业大学学报(社会科学版), 13(1): 56-65.

周曙东, 周文魁, 朱红根, 等. 2010. 气候变化对农业的影响及应对措施. 南京农业大学学报, 10: 34-39.

周锁拴, 廖启龙. 1999. 区域气候变化评估模式的参数确定及预测. 南京气象学院学报, 4: 493-499.

朱华敏. 2009. 大豆疫霉根腐病的发生与防治. 现代化农业, 5: 5-6.

朱庭芸. 1985. 北方水稻浅湿灌溉的省水增产作用及其理论探讨. 水利学报, 11: 44-53.

朱晓禧, 方修琦, 王媛. 2008. 基于遥感的黑龙江省西部水稻、玉米种植范围对温度变化的响应. 地理科学, 28(1): 66-71.

祝廷成, 李志坚, 张为政, 等. 2003. 东北平原引草入田、粮草轮作的初步研究. 草业学报, 12(3): 34-43.

祝新建, 胡宝霞. 1999. 气候变暖对获嘉县农作物病虫害发生流行的影响. 河南气象, 2: 29.

邹江石, 吕川根, 姚克敏, 等. 2005. 两系法杂交稻安全制种的低温防御灌水理论与技术. 中国农业科学, 38(9): 1780-1786.

邹文秀, 韩晓增, 江恒, 等. 2011. 东北黑土区降水特征及其对土壤水分的影响. 农业工程学报, 27(9): 196-202.

Abraha M G, Savage M J. 2006. Potential impacts of climate change on the grain yield of maize for the midlands of Kwa-Zulu-Natal, South Africa. Agriculture, Ecosystems and Environment, 115: 150-160.

Adams R, McCarl B, Segerson K R, et al. 1999. The economic effects of climate change on US agriculture. *In*: Mendelsohn R, Neumann J. The Impact of Climate Change on the United States Economy. Cambridge: Cambridge University Press: 343.

Arvor D, Jonathan M, Meirelles M S P, et al. 2011. Classification of MODIS EVI time series for crop mapping in the state of Mato Grosso, Brazil. International Journal of Remote Sensing, 32(22): 7847-7871.

Biradar C M, Thenkabail P S, Noojipady P, et al. 2009. A global map of rainfed cropland areas(GMRCA)at the end of last millennium using remote sensing. International Journal of Applied Earth Observation and Geoinformation, 11(2): 114-129.

Boryan C, Yang Z, Mueller R, et al. 2011. Monitoring US agriculture: the US department of agriculture, national agricultural statistics service, cropland data layer program. Geocarto International, 26(5): 341-358.

Chang J, Hansen M C, Pittman K, et al. 2007. Corn and soybean mapping in the united states using MODIS time-series data sets. Agronomy Journal, 99(6): 1654-1664.

Copeland P J, Allmaras R R, Crookston R K, et al. 1993. Corn-soybean rotation effects on soil water depletion. Agronomy Journal, 2(82): 203-210.

Díaz J A R, Weatherhead E K, Knox J W, et al. 2007. Climate change impacts on irrigation water requirements in the guadalquivir river basin in Spain. Regional. Environmental Change, 7(3): 149-159.

Doll P. 2002. Impact of climate change and variability on irrigation requirements: A global perspective. Climatic Change, 54(3): 269-293.

FAO, IAEA. 1992. Measurement of methane and nitrous oxide emissions from agriculture. a joint undertaking by the food and agriculture organization of the united nations and the international atomic energy agency. International Atomic Energy Agency, Vienna: 5-6.

Fischer G, Tubiello F N, Van Velthuizen H, et al. 2007. Climate change impacts on irrigation water requirements: effects of mitigation, 1990-2080. Technological Forecasting and Social Change, 74(7): 1083-1107.

Foley G R, Hanstrum B N. 1994. Capture of tropical cyclones by cold fronts of the west of Australia. Weather and Forecasting, 9(4): 577-592.

Forster P, Ramawamy W, Artaxo P, et al. 2007. Changes in atmospheric constituents and in radiative forcing. Cambridge: Cambridge University Press.

Fu B, Wang J, Chen L, et al. 2003. The effects of land use on soil moisture variation in the Danangou catchment of the Loess Plateau. China Catena, 54 197-213.

Glaser B, Haumaier L, Guggenberger G, et al. 2001. The 'Terra Preta' phenomenon: A model for sustainable agriculture in the humid tropics. Naturwissenschaften, 88(1): 37-41.

Guo Y, Tang W, Wu J G, et al. 2014. Mechanism of Cu(II)adsorption inhibition on biochar by its aging process. Journal of Environmental Sciences, 26(10): 2123-2130.

Hartfield K A, Marsh S E, Kirk C D, et al. 2013. Contemporary and historical classification of crop types in Arizona. International Journal of Remote Sensing, 34(17): 6024-6036.

IPCC. 1992. Climate Change. The supplementary report to the IPCC scientific assessment. NewYork: Cambridge University Press.

IPCC. 2007. Climate Change. The physical science basis, contribution of working group I to the fourth assessment report of the intergovernmental panel on climate change. Cambridge: Cambridge University Press.

IPCC. 2008. Climate change and water. Cambridge UK and New York, USA: Cambridge University Press.

Jenkinson D S, Adams D E, Wild A. 1991. Model estimates of CO_2 emissions from soil in response to global warming. Nature, 351: 304-306.

Jia J Y, Guo J P. 2010. Effects of climate changes on maize yield in Northeast China. Agricultural Science and Technology, 11: 169-174.

Keven B K. 1993. Gas hydrates—geological perspective and global change. Review Geophysics, 31: 173-187.

Kirschbaum M U F. 1995. The temperature dependence of soil organic matter decomposition, and the effect of global warming on soil organic C storage. Soil Biology and Biochemistry, 27: 753-760.

Laird D A, Brown R C, Amonette J E, et al. 2009. Review of the pyrolysis platform for coproducing bio-oil and biochar. Biofuel Bioprod Bior, 3(5): 547-562.

Li C, Frolking S, Xiao X, et al. 2005. Modeling impacts of farming management alternatives on CO_2, CH_4, and N_2O emissions: A case study for water management of rice agriculture of China. Global Biogeochemical Cycles, 19: GB3010.

Li J M, Wu J G. 2013. Compositional and structural difference of fulvic acid from black soil applied with different organic materials: assessment after three years. Journal of Integrative Agriculture, 12(10): 1865-1871.

Li J M, Wu, J G, Shao C, et al. 2013. Effect of different organic materials on the structure of humus in black soil revealed by thermal(TG-DTA)analyses. Journal of Biobased Materials and Bioenergy, 7(4): 504-508.

Li Z, Tang H, Yang P, et al. 2012. Spatio-temporal responses of cropland phenophases to climate change in Northeast China. Journal of Geographical Sciences, 22: 29-45.

Lin S Z, Zhang Z Y, Lin Y Z, et al. 2004. The role of calcium and calmodulin in freezing—induced freezing resistance of Populus tomentosa cuttings. Journal of Plant Physiology and Molecular Biology, 30: 59-68.

Liu Z J, Yang X G, Wang W F, et al. 2009. Characteristics of agricultural climate resources in three provinces of Northeast China under global climate change. Chinese Journal of Applied Ecology, 20(9): 2199-2206.

Ma H L, Zhu J G, Xie Z B, et al. 2007. Responses of rice and winter wheat to free-air CO_2 enrichment(China FACE)at rice/wheat rotation system. Plant and Soil, 294: 137-146.

McKane R B, Rastetter E B, Shaver G R. 1997. Climatic effects on tundra carbon storage inferred from experimental data and a model. Ecology, 78: 1170-1187.

Newman J E. 1980. Climate change impact on the growing season of the North American corn belt. Biometeorology, 7(2): 128-142.

Oldeman B E, Krauskopf B, Champneys A R. 2000. Death of period-doublings: Locating the homoclinic-doubling cascade. Physica D: Nonlinear Phenomena, 146(1-4): 100-120.

Orchard V A, Cook F J. 1983. Relationship between soil respiration and soil moisture. Soil Biology and Biochemistry, 15(4): 447-453.

Ozdogan M. 2010. The spatial distribution of crop types from MODIS data: Temporal unmixing using independent component analysis. Remote Sensing of Environment, 114(6): 1190-1204.

Paterson R R M, Lima N. 2010. How will climate change affect mycotoxins in food? Food Research International, 43: 1902-1914.

Piao S L, Ciais P, Huang Y, et al. 2010. The impacts of climate change on water resources and agriculture in China. Nature, 467: 43-51.

Price J C. 1990. Using spatial context in satellite data to infer regional scale evapotranspiration. IEEE Transactions on Geoscience and Remote Sensing, 28: 940-948.

Ragsdale D W, Voegtlin D J, Oneil R J. 2004. Soybean aphid biology in North America. Entomological Society of America, 97: 204-208.

Ritzema H P, Nijland H J, Croon F W. 2006. Subsurface drainage practices: From manual installation to large-scale implementation. Agricultural Water Management, 86(1-2): 60-71.

Rossi G, Cancelliere A. 2013. Managing drought risk in water supply systems in europe: A review. International Journal of Water Resources Development, 29(2): 272-289.

Seko H, Samoto K, Suzuki K. 1959. Lodging of rice plant in relation to several different cultural condition (II). Japanese Journal Crop Science, 27: 173-176.

Seo S N, Mendelsohn R. 2008. An analysis of crop choice: Adapting to climate change in South American farms. Ecological Economics, 67(1): 109-116.

Smith P, Martino D, Cai Z, et al. 2008. Green house gas mitigation in agriculture. Philosophical Transactions of theRoyal Society B, 363(1492): 789-813.

Stella A E, Max D C. 2001. Effect of soybean plant populations in a soybean and maize rotation. Agronomy Journal, 93: 396-403.

Sundquist E T. 1991. The global carbon dioxide budget. Science, 259: 934-941.

Tao F L, Yokozawa M, Xu Y L, et al. 2006. Climate changes and trends in phenology and yields of field crops in China, 1981-2000. Agricultural and Forest Meteorology, 138(1-4): 82-92.

Van Groenigen K J, Qi X, Osenberg W C, et al. 2014. Faster decomposition under increased atmospheric CO_2 limits soil carbon storage. Science, 344(6183): 508-509.

Van Niel T G, Mcvicar T R. 2004. Determining temporal windows for crop discrimination with remote sensing: A case study in south-eastern Australia. Computers and Electronics in Agriculture, 45(1): 91-108.

Vintrou E, Desbrosse A, Begue A, et al. 2012. Crop area mapping in West Africa using landscape stratification of MODIS time series and comparison with existing global land products. International Journal of Applied Earth Observation and Geoinformation, 14(1): 83-93.

Wardlow B D, Egbert S L, Kastens J H. 2007. Analysis of time-series MODIS 250 m vegetation index data for crop classification in the US Central Great Plains. Remote Sensing of Environment, 108(3): 290-310.

Wardlow B D, Egbert S L. 2008. Large-area crop mapping using time-series MODIS 250 m NDVI data: An assessment for the US Central Great Plains. Remote Sensing of Environment, 112(3): 1096-1116.

Watson K, Pohn H A. 1974. Thermal inertia mapping from satellites discrimination of geologic unit in Oman. Journal of Research Geology Surveying, 2(2): 147-158.

Watson K, Rowen L C, Offield T W. 1971. Application of thermal modeling in the geologic interpretation of

IR image. Remote Sensing of Environment, 3: 2017-2041.

Woolf D, Amonette J E, Street-Perrott F A. 2010. Sustainable biochar to mitigate global climate change. Nature Communications, 1(5): 1-9.

Wu W, Shibasaki R, Yang P, et al. 2007. Global-scale modelling of future changes in sown areas of major crops. Ecological Modelling, 208(2): 378-390.

Xia T, Wu W B, Zhou Q B, et al. 2014. Spatio-temporal changes in the rice planting area and their relationship to climate change in northeast China: A model-based analysis. Journal of Integrative Agriculture, 13(7): 1575-1585.

Xiao X, Boles S, Frolking S, et al. 2006. Mapping paddy rice agriculture in south and southeast Asia using multi-temporal MODIS images. Remote Sensing of Environment, 100(1): 95-113.

You L Z, Rosegrant M W, Wood S, et al. 2009. Impact of growing season temperature on wheat productivity in China. Agricultural and Forest Meteorology, 149(6/7): 1009-1014.

Zak D R, Holmes W E, Macdonald N W, et al. 1999. Soil temperature, matric potential and the kinetics of microbial respiration and nitrogen mineralization. Soil Science Society of America Journal, 63: 575-584.

Zhang G L, Xiao X M, Dong J W, et al. 2015. Mapping paddy rice planting areas trough time series analysis of MODIS land surface temperature and vegetation index data. Journal of Photogrammetry and Remote Sensing, 106: 157-171.

Zhong L, Gong P, Biging G S. 2013. Efficient corn and soybean mapping with temporal extendability: A multi-year experiment using Landsat imagery. Remote Sensing of Environment, 140: 1-13.

Zhou Y, Ma Z, Wang L. 2002. Chaotic dynamics of the flood series in the huaihe river basin for the last 500 years. Journal of Hy-drology, 258(1): 100-110.

彩　　图

图 5-3　夹心肥料块点施肥

图 5-4　夹心肥料块免耕作

图 5-5　围绕夹心肥料块的轮簇种植

图 5-6　施用夹心肥料块玉米在大喇叭口期的生长状况

图 5-7　施用夹心肥料块玉米收获后还田及饲料化

图 5-12　不同有机培肥模式下覆膜滴灌效果试验

图 9-2　玉米热害授粉不良
（引自 http://image.baidu.com）

图 9-3　水稻高温热害授粉不良导致秕粒率
增加（引自 http://image.baidu.com）

图 9-5　2013 年吉林省梨树县风灾使玉米倒伏严重

图 9-7　玉米倒伏人工扶直

图 9-8　水稻倒伏人工扎捆